KB202243

한국
철학
콘서트

한국
철학
콘서트

홍승기

민음사

일러두기

1. 맞춤법과 띄어쓰기는 한글 맞춤법과 외래어 표기법에 따랐다.
2. 단행본은 『』로 표시했고, 개별 작품은 「」, 정기 간행물은 《》로 표시했다.
3. 공식적인 초상이나 영정이 없는 경우 생략했다.

우리의 삶과 맞닿는
선인들의 보석 같은 고민

한국 사람이 한국 철학을 읽고 쓰고 말하는 것은 너무나 당연하다. 그런데 이것이 당연하게 생각되지 않은 때가 있었다. 철학이라는 말 자체가 어렵게 느껴지는 면도 있지만, 한국 철학 하면 왠지 고루하게 여겨졌기 때문이다. 또한 용어의 문제도 있는데, 서양 철학에서 쓰이는 정신이나 물질 같은 용어는 뭔가 손에 잡히는 느낌, 그래서 이해하기 쉬울 것 같다는 느낌을 주지만, 한국 철학의 이(理)나 기(氣) 등은 그 뜻을 헤아리기가 매우 어려울 거라는 생각을 갖게 한다. 철학이라는 말이 영어의 Philosophy를 번역한 것이다 보니, 한국에는 서양의 것과 같은 철학이 있을 수 없다는 선입관도 작용했다. 결정적으로는 우리나라가 과거 일제의 식민지로 전락했었기에, 치욕스러운 역사의 원인이 되는 과거의 것에 대한 부정 속에서 우리나라의 전통 철학 역시 관심 밖으로 밀려났다.

그러나 우리나라에는 엄연히 철학이 있어 왔다. 그것은 고루하지도 않을 뿐만 아니라 서양 철학에 비해 후진적이지도 않다. 또한 현실과 세상사에 대한 치열한 고민 가운데 생겨난 것이기에 가볍게 부정되거나 버려질 수 있는 것도 아니다. 물론 우리나라의 옛 학자들이 '철학'을 한다는 의식을 갖고 있지는 않았다. 철학이라는 말 자체가 없어서이기도 하겠지만, 학자가 해야 할 일에 대해 달리 생각했기 때문일 것이다. 학자들은 어렸을 때 학식을 쌓고 관직에 나아가 충성하고, 물러난 뒤에는 조용히 은거하며 수양하는 것을 이상적인 삶이라 생각했다. 자신의 마음은 시(詩)와 같은 문학으로 표현하고자 했다. 간혹 철학적인 글을 쓰더라도 자기 문집의 잡저(雜著) 편에나 싣는 잡문 정도로 생각했다. 이렇듯 우리의 옛 학자들은 특정 학문을 하는 사람이 아니라 정치가이자 문인이었다.

여기에 소개하는 학자들을 모두 철학자라 할 수 있을지 문제를 제기하는 사람도 있을 것이다. 철학을 전문적으로 하는 사람을 철학자라 한다면 우리의 옛 학자들 중에는 사실 그런 의미의 철학자는 거의 없다. 그렇지만 철학은 보통 사람들이 접근할 수 없는 세상 밖의 어떤 것이 아니다. 자신의 삶과 그것을 둘러싼 사회적·자연적 환경에 대해 생각하고, 그 속에서 자신이 할 일을 결정하고 실행해 나가는 일이 바로 철학을 하는 것이다. 그래서 철학이라는 말은 생각보다 친숙한 말이다. 뭔가 소견이 뚜렷한 사람에 대해 철학이 있는 사람이라 하지 않는가. 오죽하면 어쭙잖은 말은 개똥철학이라고 하지 않는가. 철학에 대해 이렇게 접근하면 우리의 옛 학자들은 모두 훌륭한 철학자들이다. 그들은 문학 작품과 서신 등을 통해 철학적 주제라고 할 만한 것들에 대해 자신들의 생각을 뚜렷하게 밝혀 놓았다. 이런 글들은 한국 철학의 훌륭한 텍스트이다. 이것이 다양한 학자들을 모아 '한국 철학 콘서트'를 여는 이유다.

나 역시 한국 철학을 읽고 쓰는 것이 당연한 일이라 생각하지 않았던 사람들 중 하나였다. 우리 사회의 변화에 대해 관심을 가지고, 우리 사회가 어떤 방향으로 나아가야 할지 고민할 때 한국 철학은 아무런 도움을 주지 못할 거라고 생각했다. 그저 한국 철학은 유학자들이 세상과 관계없는 일로 다투는 과정에서 나온 것 정도로 여겼다. 그런 고정 관념이 있었기에 오로지 서양의 철학과 학문 속에서만 답을 찾으려고 했다. 그러나 역시 뚜렷한 해답을 얻지는 못했다.

우리 사회에 대한 관심은 자연스레 우리 역사에 대한 관심으로 이어졌고, 여기에 관련된 책을 뒤적이게 되었다. 역사를 공부하다 보면 필연적으로 인물을 만나게 된다. 그런 인물들 중에는 이순신 장군 같은 위인이 있는가 하면 이황, 이이 선생 같은 학자들도 있다. 나는 학자들을 외면했다. 이황 선생은 도덕군자이고 이이 선생은 십만양병설을 주장한 정치가일 뿐이라는 선입관이 앞섰기에 그들로부터 특별히 얻을 것이 없다고 생각했기 때문이다. 그렇지만 언제까지 그런 생각으로 외면할 수만은 없었다. 몇 년 전, 우리 옛 학자들이 무슨 말을 했는지 한번 들어 보기로 했다. 서양의 최신 이론이 담겼다는 책들을 읽고 이해하는 것이 너무나 어려운 일이었기에 더욱 우리 학자들의 얘기를 듣고 싶었다. 그래서 그들의 글을 읽기 시작했고, 그러는 동안 그 속에 보석 같은 지혜와 철학이 들어 있음을 발견하게 되었다.

한국 철학자들에 관한 공부를 하다 보니, 지인들을 만날 때면 그에 관한 얘기를 주섬주섬 하기 시작했다. 주변에서는 별 걸 다 공부한다는 식의 부정적인 반응을 보였다. 그래도 굽히지 않고 공부한 내용을 가지고 대화를 나누었다. 그러던 중 한 인터넷 매체에 근무하는 후배가 한국의 철학자들에 대해 연재를 해 보면 어떻겠느냐고 제안해 왔다. 밑천이 얼마 안 되는 형편이었으니 당연히 거절했어야 했다. 그런데 덜컥 승낙하고 말았다. 그래서 몇 달 동안 한 주에 한 편씩 글을 써내느라 꽤 고생을 했다.

그렇게 해서 이 책의 초안에 해당하는 글이 완성되었다. 이 책은 그 글을 대폭 수정·보완한 것이다.

이 책은 한국 철학에 대한 개설서도 아니고, 철학사는 더더욱 아니다. 보통의 독자들은 물론 학생들도 쉽게 읽을 수 있도록 그들의 눈높이에 맞춰 철학자들의 생애와 주장을 정리해 놓은 것이다. 이 책을 통해 독자들이 한국 철학자들의 고민과 생각을 읽고 느껴 보기를 바란다.

글을 선뜻 출판할 수 있도록 해 준 민음사 대표께 감사의 말씀을 드린다. 졸필을 글답게 만드느라 고생한 민음사 편집부에도 감사의 말씀을 남긴다.

2012년 12월

홍승기

차례

원효

한국 철학의 새벽을 열다

원효는 신라 진평왕 39년인 617년에 지금의 경상북도 경산시 암량면
에서 태어났다. 성은 설(薛)씨이고, 그의 아버지 담날(談捺)은 내말
(奈末, 육두품 출신이 맡는 제11등급 관직)이라는 벼슬을 했다. 어렸
을 때 이름은 서당(誓幢) 혹은 신당(新幢)이다. 원효는 법명으로, '새
벽'이라는 뜻이다. 열 살이 되기도 전에 동자승이 되었다. 34세 때인
650년에 의상과 함께 당나라로 유학을 떠났다가 고구려에서 체포되어
탈출했다. 44세 때인 660년에 백제가 멸망했다. 그 이듬해 다시 유학
길에 올랐으나 중간에 득도해 유학을 포기했다. 이후 요석 공주와 결
혼해 설총(薛聰)을 낳았다. 그 뒤 스스로를 소성거사(小姓居士)라 부
르고, 춤추고 노래하며 전국을 떠돌아다녔다. 52세 때인 668년에는
고구려가 멸망했다. 67세 때인 683년『금강삼매경론(金剛三昧經論)』
을 짓고, 황룡사에서 강의했다. 686년 70세의 나이로 혈사(穴寺)에서
사망했다.『대승기신론소(大乘起信論疏)』,『금강삼매경론』등 240여
권의 저서를 지었으며, 이 중 현재 스물두 권이 전해진다.

관음보살의 두 모습

옛날에 의상 법사가 처음 당나라에서 돌아와 관음보살의 진신(眞身)이 이 바닷가 동굴 안에 머물고 있다는 말을 듣고는 이름을 낙산(洛山)이라 했다. (중략) (의상이) 재계한 지 7일 만에 깔고 앉은 자리[坐具]를 새벽 물 위에 띄웠더니, (불법을 수호하는) 용천 팔부(龍天八部)의 시종들이 (그를) 동굴 안으로 인도해 들어가 허공에 예를 올렸다. 물에서 수정 염주 한 꾸러미를 내주자, 의상이 받아 가지고 나왔다. (중략) 그 후에 원효 법사가 발자취를 찾아 이곳에 와서 예를 올리려고 했다. 처음에 남쪽 교외에 이르자, 논에 흰옷을 입은 한 여인이 벼를 베고 있었다. 법사가 장난 삼아 그 벼를 달라고 하자, 여인도 장난조로 벼가 영글지 않았다고 대답했다. 또 가다가 다리 아래에 도착하니 한 여인이 개짐을 빨고 있었다. 법사가 물을 달라고 부탁하니까, 여인은 그 더러운 물을 떠 바쳤다. 법사는 그 물을 쏟아 버리고 다시 물을 떠서 마셨다.

고려 시대 승려 일연(一然)이 지은 『삼국유사(三國遺事)』가 전해 주는 이야기이다. 원효(元曉, 617년~686년)와 의상(義湘, 625년~702년)은 같은 곳을 방문했다. 지금의 낙산사이다. 방문한 목적도 같다. 관음보살을 만나기 위해서였다. 그런데 그들이 취한 방식이 사뭇 다르다. 의상은 용천 팔부의 시종들에게 안내를 받아 공중에다 예를 올렸다. 의상에게 관음보살은 허공 위 먼 곳에 있는 존재였다. 반면 원효는 벼를 베고 개짐을 빠는 평범한 여인들을 만났다. 그들이 바로 관음보살이었지만 원효는 알아보지 못했다.

의상의 관음보살은 아득한 곳에 있는 반면 원효의 관음보살은 바로 우리 주변에 있다. 의상의 불교는 백성과 멀리 떨어져 있고, 원효의 불교는 백성 속에 있다. 우리나라에 전래된 불교가 보여 주는 두 가지 모습이다.

불교는 고구려 소수림왕, 백제 침류왕, 신라 법흥왕 때 공인되었다. 고구려와 백제의 왕실은 처음부터 불교를 적극적으로 받아들였다. 불교를 통해 왕실의 권위를 확고히 하려는 의도에서였다. 즉 부처의 말씀에 따라 나라가 세워졌고, 왕은 부처로부터 점지되었다는 점을 부각시키기 위해서였다.

신라의 법흥왕 역시 이와 같은 이유로 불교를 공인하려 했지만 신하들의 반대에 부딪혔다. 그러자 이차돈(異次頓)이 왕과 짜고 스스로 죽임을 당했다. 이 사건을 계기로 왕이 강력히 밀어붙여 불교를 공인했다. 이는 왕이 귀족들을 누르고 왕권을 강화하기 위해 불교가 필요했음을 의미한다.

법흥왕과 그 뒤를 이은 진흥왕은 왕위에서 물러난 뒤 중이 되었다. 이후로도 수많은 왕족과 귀족 들이 불교에 귀의했다. 불교는 왕실을 중심으로 한 귀족들의 종교로 자리매김했다. 그것은 국가 종교였을 뿐만 아니라 국가를 통치하는 사상으로서의 역할을 했다. 이런 불교의 지위는 신라가 삼국을 통일한 이후는 물론 고려 때까지 유지되었다.

그러나 귀족 불교와는 다른 흐름이 있었다. 신라에서 불교가 공인되기 100여 년 전인 눌지왕 때 고구려의 승려 아도(阿道)가 신라 민간에 불교를 전했다. 그 당시 불교는 국가의 탄압을 받아 승려들이 비밀리에 전교해야 했음에도 백성들에게 널리 퍼져 나갔다. 불교는 모든 인간 속에 부처가 있으므로 평등하고, 일상의 삶 속에서 부처를 발견할 것을 가르침으로써 억눌리고 피폐한 삶을 넘어서고자 하는 백성들의 염원을 담아내는 종교였기 때문이다.

이렇듯 불교는 신라에 도입될 때부터 왕족과 귀족을 중심으로 하는 귀족 불교와 백성의 삶 속에 함께 하고자 하는 민중 불교로 나뉘어 있었다.

뛰어넘어 갈 수 없는 부처의 세계

귀족 불교를 대표하는 사상가는 의상이다. 의상의 사상은 통일 신라 시대를 지배했다. 의상은 진골, 즉 왕족 출신으로 성은 김(金)씨다. 19세에 황복사에서 승려가 되었다. 37세 되던 661년에 당나라로 유학해 지엄(智儼)의 제자가 되어 『화엄경(華嚴經)』을 연구했다. 46세인 670년에는 신라에 돌아와 경북 영주의 부석사를 건립하는 등 수많은 사찰을 지었다.

의상은 뛰어난 능력을 지닌 사람이었다. 유학 시절 스승인 지엄과 함께 『화엄경』을 연구했는데, 스승의 능력을 뛰어넘었다고 한다. 그의 대표작인 「화엄일승법계도(華嚴一乘法界圖)」(이하 「법계도」) 역시 유학할 때 지은 것으로, 210개의 한자를 도장 모양으로 배열해 놓은 독특한 모양의 시(詩)이다. 이 시를 짓는 과정이 고려 시대 균여(均如)가 쓴 『일승법계도원통기(一乘法界圖圓通記)』에 다음과 같이 전해진다.

지엄이 의상과 함께 부처님 앞에 나아가 기도를 하고 글자들을 태우면서 말했다. "말이 성스러운 뜻과 합치되면 타지 않게 하소서." 타지 않고 남은 210자를 한 번 더 사나운 불에 던졌으나 끝끝내 타지 않았다. 지엄이 의상에게 그것들을 연결해 시를 지으라고 했다. 여러 날 문을 걸어 잠그고 서른 구(句)의 시를 지었는데, 진리를 찾아가는 길과 진리의 깊은 뜻이 담겨 있다.

불필요한 말들을 모두 없애고 불교의 핵심적인 사상을 210자로 된 서른 구의 시에 담았다는 얘기이다. 그런데 의상조차도 그 시에 담긴 뜻을 도저히 전달할 수 없어 해설을 써야 했다. 그 이후로도 수많은 사람들이 해설을 하는 바람에 불필요하다고 태워 버린 글자보다도 수백 배, 수천 배나 많은 글자들이 동원되어야 했다.

이 시 구절 중에 "일중일체다중일(一中一切多中一), 일즉일체다즉일(一卽一切多卽一)"이라는 두 구절이 있다. "하나 가운데 일체가 있고 많은 것 가운데 하나가 있으니, 하나가 바로 일체이고 많은 것이 곧 하나이다."라는 말이다. 하나는 부처를 가리키고 일체, 많은 것은 만물(萬物)을 가리킨다. 부처가 만물이고 만물이 부처라고 했으니, 만물 속에 부처가 있음을 말하고자 한 것이다. 불교 사상의 정수를 보여 주는 구절이다.

의상이 세속의 구체적인 문제를 두고 발언한 것은 아니지만, 그 구절을 당대의 질서와 연관 지어 보면 의상 사상의 지향점을 알 수 있다. 당대의 정치 질서로 보면 하나는 임금이고 많은 것은 백성을 뜻한다. 따라서 임금이 곧 백성이요, 백성이 곧 임금이라는 말이 된다. 이는 백성을 임금과 같이 귀하게 여긴다는 말처럼 들리지만 실상 여기에는 정반대의 뜻이 내포되어 있다. 백성이 임금에게서 비롯되었다는 것이니, 백성들은 임금 중심의 질서에 일체감을 가지고 따라야 한다는 얘기이다. 의상의 사상이 귀족 불교를 대표하면서 통일 신라의 지배적인 사상이 될 수 있었던 이유가 여기에 있다.

의상이 직접 지은 「법계도」 해설서를 보면 그의 관심사가 무엇인지 알 수 있다. 의상은 세계를 물질의 세계, 인간의 세계, 부처의 세계로 구분한다. 물질의 세계는 인간을 둘러싼 주변 환경을 말하므로, 이를 인간의 세계와 묶어 일상생활의 세계라 할 수 있다. 그러면 일상생활의 세계에서 부처의 세계로 나아갈 수 있을까? 의상은 일상생활의 세계에 대해서는 일언반구도 하지 않고 오로지 부처의 세계만 말한다. 두 세계는 분리되어 있을 뿐이다.

부처의 세계와 일상생활의 세계가 떨어져 있으니, 어쩔 수 없이 멀리뛰기 선수처럼 부처의 세계로 뛰어넘어 가는 방법을 찾아야 한다. 그런데 중생들에게는 그게 쉽지 않다. 절과 같이 일상생활에서 벗어난 곳에서 열심히 도를 닦으며 그 방법을 찾아야 하는데, 먹고 살기에 바빠 그럴 시간이 없다. 일주일에 한 번 절에 가서 드리는 예불만으로는 멀고 먼 부처의 세계에 도달하기에 충분치 않다.

의상은 일상생활의 세계를 외면했다. 그 속에 살아가는 백성의 삶과 고통은 그의 관심사가 아니었다. 그의 철학적 관심사는 부처의 세계 뿐이었다. 이것은 당대의 상황에서 보면 백성의 삶과 떨어진 왕족, 귀족의 세계가 의상의 관심사였음을 말해 준다.

무릎이 얼음처럼 시리더라도

원효와 의상의 관계에 대한 몇 가지 이야기가 전해진다. 앞에서 인용한

『삼국유사』의 일화도 그중 하나이다. 두 사람은 두 차례에 걸쳐 함께 당나라 유학길에 나섰다고 한다. 한 번은 원효가 34세 때인 650년이었고, 또 한 번은 45세 되던 해인 661년으로 백제가 멸망한 그다음 해이다.

첫 번째 유학길은 고구려 땅을 가로질러 가는 것이었는데, 두 사람은 압록강에서 붙잡혔다. 간첩 혐의로 조사를 받던 중 탈출했다. 두 번째 유학길에서 원효가 해골에 고인 물을 마시고 득도했다는 유명한 사건이 일어났다. 그래서 원효는 유학을 포기했다. 요샛말로 원효는 국내파가 되었고, 의상은 유학파가 된 셈이다.

여러 가지 일화들은 원효와 의상이 가까운 관계였다기보다 오히려 서로 매우 대조적인 사람이었음을 보여 준다.

원효는 신라 진평왕 39년인 617년에 지금의 경상북도 경산시 압량면의 불지촌이라는 마을에서 태어났다. 원효의 어머니가 동네 근처 골짜기에 있는 밤나무 아래를 지나다가 갑자기 산기를 느끼고는 급한 나머지 집으로 돌아가지도 못한 채 남편의 옷을 나무에 걸어 놓고 그 안에 누워 아기를 낳았다고 한다.

그는 열 살이 되기도 전에 출가해 동자승이 되었다. 아무리 조숙하다 해도 그 나이에 스스로 출가를 결정했다고는 할 수 없다. 당시 불교가 성행했기에 출가를 통해 자식을 출세시키고자 하는 부모의 뜻이 작용했을 것으로 보인다. 아이는 기대 이상으로 크게 대성해 신라를 뛰어넘어 동아시아의 대사상가가 되었다.

원효는 나면서부터 총명하고 특이했다고 한다. 그러나 타고난 재능만으로는 대성할 수 없다. 스승을 좇지 않고 스스로 공부했는데, 학문에 대한 결심이 대단했다. 청년기에 썼다는 『발심수행장(發心修行章)』에 다음과 같은 구절이 나온다.

절하는 무릎이 얼음처럼 시리더라도 불기운을 그리워하는 마음이 없어야 하며, 주린 창자가 마치 끊어지듯 하더라도 음식을 구하는 마음이 없어야 한다. 백 년도 잠깐인데 어찌 배우지 않는다 말할 것이며, 수행하지 않고 놀기만 할 것인가.

온갖 어려움을 다 이겨 내며 배우고 수행하겠다는 의지가 잘 드러난다. 원효는 그러한 의지로 평생 불철주야 공부했고 무려 240여 권에 이르는 책을 지었다. 그는 당대의 모든 불경을 두루 섭렵하고 불교계의 흐름을 소상히 파악했다. 그런 면에서 원효는 뛰어난 학승(學僧), 즉 공부하는 승려였다. 원효가 학승이 되는 데 영향을 미친 사람으로 승려 낭지(朗智)가 있다. 그는 오늘날의 양주에 있는 영취산에 암자를 짓고 생활하면서 『법화경(法華經)』을 강론했다고 한다.

원효는 젊은 시절 반고사(磻高寺)에 머무르면서 낭지를 찾아가 배웠다. 낭지는 원효에게 『초장관문(初章觀文)』과 『안신사심론(安身事心論)』을 짓게 했는데, 원효는 다음과 같은 시를 함께 지어 보냈다.

> 서쪽 골짜기의 중이 머리 조아려
> 동쪽 산봉우리의 상덕(上德) 고암(高巖) 앞에 예를 갖추나이다.
> 미세한 먼지를 불어 보내 영취산에 보태고
> 가느다란 물방울을 날려 용연(龍淵)에 던지나이다.

'서쪽 골짜기의 중'은 원효이고 '동쪽 산봉우리의 상덕 고암'과 '용연'은 낭지를 빗댄 말이다. 원효는 낭지에게 깍듯하게 예를 갖추면서 자신의 글이 미세한 먼지와 가느다란 물방울에 불과하다고 겸양했다.

화쟁 사상을 통해 화합을 도모하다

원효는 책을 통해서만 배운 게 아니었다. 혜공(惠空)과의 일화는 이러한 사실을 잘 보여 준다. 원효는 불경을 해석하면서 의심나는 부분이 있으면 혜공을 찾아가 물어보았다. 혜공은 어릴 적부터 신통력이 있어 승려가 되었다고 하는데, 승려가 된 이후에도 매일 만취해 거리에서 춤을 추었다고 한다. 그러니 그는 학식이 높은 중이 아니었다. 그런데도 왜 원효는 혜공에게 물었던 것일까?

어느 날 원효와 혜공이 시냇가에서 물고기와 새우를 잡아먹고 돌 위에 대변을 보았다. 혜공은 그것을 가리키며 "자네가 눈 똥은 내 물고기이다."라고 했다. 똥처럼 더러운 것이 물고기처럼 깨끗한 것이라는 말이다. 죽은 것이 산 것이라는 말이기도 하다.

원효가 배우고자 한 바가 이것이다. 혜공은 매일 길거리에서 백성과 어울려 놀며 보고 듣고 알게 된 백성들의 생활과 말, 지혜를 원효에게 가르쳐 주었다. 원효는 불경을 읽다가 막히는 부분이 있으면 백성의 삶과 지혜로 풀어 보고자 했던 것이다.

원효의 사상을 '화쟁 사상(和諍思想)'이라고 한다. 이 말은 그가 지은 『십문화쟁론(十門和諍論)』에서 유래했다. 불교 교리상 대립되는 열 가지 주요 주제에 대해 검토해 화합을 얻고자 저술한 글인데, 그 열 가지 주제란 '없음[空]과 있음[有]', '불성(佛性)', '사람과 법(法)', '열(涅)과 반(槃)', '진(眞)과 속(俗)', '삼성(三性)', '불(佛)과 성(性)', '불(佛)과 신(身)', '두 가지 장애(障礙)', '삼승(三乘)과 일승(一乘)' 등이다.

원효는 이러한 것들의 근원이 물과 얼음처럼 다르지 않으니, 통(通)하고 융합해야 함을 말하고자 했다. 그런 화쟁 사상은 『대승기신론소』(이하

『소』)를 통해 보다 구체적으로 드러난다.

원효는 먼저 학문하는 자세를 다루었다. 당시에 많은 사람들이 『대승기신론』이라는 불경을 해설했는데, 그 내용이 제각기 달라 혼란과 갈등이 일어났다. 원효는 그런 차이가 생겨난 이유에 대해 다음과 같이 썼다.

종래 논(論, 『대승기신론』)을 해석하는 사람들은 이 논의 근본정신에 대해 조금씩 파악하고 있으나, 각자가 자기가 배운 것에만 사로잡혀 있거나 문장에만 이끌려 허심탄회하게 그 논지를 파악하지 못했다.

근본정신은 하나인데 각자 자기가 배운 것에만 매달리다 보니 제대로 그 논지를 파악하지 못했다는 말이다. 그러다 보니 "근원을 바라보면서도 흐름을 기술하게 되고, 잎을 잡고 줄기라 말하고, 옷깃을 잘라 소매를 깁고, 가지를 잘라 뿌리에 두르게 된다." 근본은 버려두고 지엽 말단에 매달려 이를 근본이라 하고, 내용이 다른 것도 모르고 엉뚱한 데 갖다 붙이려고 한다는 얘기이다.

원효는 이런 잘못을 시정해 혼란과 갈등을 극복하고, 각 불교 종파의 주장을 통합하자고 했다. 그는 『대승기신론』이 "심오하면서 보편성을 가지고 있어 주장하지 않는 것이 없지만, 스스로 그 주장을 버린다."라고 했다. 또한 "다른 주장들을 모두 타파하면서도 그 주장들을 다시 허용한다."라고도 했다. 이는 자신의 주장이 옳지만 틀릴 수도 있고, 다른 주장들이 틀리지만 옳을 수도 있음을 인정하는 것이다. 그렇게 해야 갈등이 지나쳐 화합과 멀어지는 사태를 막을 수 있다. 이것이 화쟁 사상이다.

하나는 하나가 아니고 둘은 둘이 아니다

화쟁 사상은 학문하는 태도에만 국한된 것이 아니라 세상의 근본 이치이자 그 이치를 알아 가는 방법이며, 또한 그 이치를 실행하는 지침이다. 원효는 대표작인 『금강삼매경론』(이하 『논』)에서 자신의 철학을 생생하게 펼쳐 보였다.

『논』은 원효가 죽기 3년 전인 67세 때 바다 용이 권유해 길가에서 소의 두 뿔 사이에 붓과 벼루를 놓고 지었다고 한다. 길가에서 지었다 함은 이 책을 쓰는 데 시간이 오래 걸리지 않았다는 말이다.

이 책의 본래 제목은 『금강삼매경소(金剛三昧經疏)』였다. '소'란 부처님의 말씀을 기록한 '경(經)'과 그것을 해설한 '논'에 주(註)를 다는 것이다. 그런데 『금강삼매경소』가 중국과 일본으로 전파되면서, 원효의 사상적 깊이에 감동한 그곳 학자들이 책 제목을 『논』으로 승격했다.

원효는 『논』의 서두에서 자신이 추구하는 철학의 핵심을 다음과 같이 요약했다.

> 마음의 근원은 있는 것도 아니고 없는 것도 아니어서 홀로 깨끗하다. 진리를 찾아가는 길에는 귀한 것과 천한 것이 융합되어 있다. 귀한 것과 천한 것, 그 둘은 융합했으나 하나는 아니다. 홀로 깨끗해 가장자리를 떠났지만 가운데가 아니다. 가운데가 아니면서 가장자리를 떠났으므로, 만물의 이치가 있다고 할 수는 없지만 그렇다고 없는 것도 아니고, 이 세상이 없다고 할 수는 없지만 있는 것도 아니다. 하나가 아닌데도 둘을 융합했기 때문에 귀하지 않은 세상이 천하지도 않고, 천하지 않은 이치가 귀하지도 않다.

만물의 근본적인 이치와 우리들이 살아가는 이 세상 사이의 관계에 대해 말하는데, 그 뜻을 헤아리기가 쉽지 않다.

대립되는 쌍을 순서대로 들어 보자. 있음과 없음, 하나와 둘, 가운데와 가장자리, 귀한 것과 천한 것이 그것이다. 원효는 우선 있음과 없음에 대해 '있는 것도 아니고 없는 것도 아니'라고 했다. 모든 존재가 있는 것도 아니고 없는 것도 아니라는 것, 즉 있으면서도 없고 없으면서도 있다는 것이다. 이는 불교의 기본 교리이다.

다음으로 하나와 둘에 대해 '둘을 융합했으나 하나가 아니고, 하나가 아닌데도 둘을 융합했다.'라고 했다. 의상의 경우 하나와 일체의 관계를 거론하며 하나가 일체이고 일체가 하나라고 했다. 하나와 일체 사이에는 갈등이 없다. 그 사이에는 오직 하나로 모아지는 조화만이 있을 뿐이다.

그런데 원효는 일체 대신 둘을 등장시켰다. 여기에 원효 사상의 위대함이 있다. 둘은 대립과 갈등을 표현한다. 음(陰)과 양(陽), 좌(左)와 우(右) 등 대립하는 쌍을 떠올려 보면 알 수 있다. 원효는 '둘'을 도입함으로써 현실 문제를 이해할 수 있는 고리를 마련했다. 현실에는 조화뿐만 아니라 대립과 갈등 역시 존재한다. 의상은 그 대립과 갈등을 외면했지만, 원효는 그것들을 인정하는 데서 출발했다. 더 나아가 그 속에서 조화를 이루는 길을 찾고자 한 것이 원효의 철학이다.

'둘을 융합했으나 하나가 아니'라는 말은 하나 속에 둘이 들어 있다는 뜻이고, '하나가 아닌데도 둘을 융합했다.'라는 말은 둘은 하나로 융합된다는 뜻이다. 하나는 조화, 둘은 갈등이다. 조화 속에 갈등이 있으며, 갈등 속에 조화가 있다. 조화와 갈등은 둘이면서 하나이고, 또 하나이면서 둘인 것이다. 이것이 원효가 밝히고자 했던 근본 이치이다.

귀한 것과 천한 것, 가운데와 가장자리의 대립 쌍을 통해 원효는 근본 이치가 사회에 적용될 수 있음을 보여 준다. 귀한 것과 천한 것은 귀족과 백성을 말한다. 가운데와 가장자리는 귀족과 백성을 나타내는 동시에 중앙과 지방을 의미하기도 한다. 귀족과 백성, 중앙과 지방 사이에는 불평등이 있어 대립과 갈등이 발생한다. 그 둘은 '융합했으나 하나가 아니다.' 즉 갈등 관계에 있다. 동시에 '하나가 아닌데도 둘을 융합했다.' 즉 조화를 이룬다. 원효는 둘 사이의 불평등을 시정하고 갈등을 넘어설 것을 주장한다.

의상이 갈라놓은 일상생활의 세계와 부처의 세계는 어떠한가? 그것들 역시 둘이 아니고 하나이면서 하나가 아니고 둘이다. 일상생활의 세계와 부처의 세계는 함께 있으므로 하나이다. 그렇지만 일상생활의 세계에 매몰되어 버리면 부처의 세계로 나아갈 수 없다. 그래서 둘이다.

원효는 "하나의 울타리 안에서 그것에 매몰되지 않으면서 그것에서 벗어나지 않고, 바르게 생각하고 관찰하면 그것이 진리에 이르는 길이다."라고 했다. '하나의 울타리 안'이란 일상생활을 뜻한다. 일상생활에 매몰되지도 않고 그것을 벗어나지도 않으면서 바르게 생각하면 근본 이치를 깨달을 수 있다는 말이다. 이것이 일상생활의 세계에서 부처의 세계로 나아가는 길이다. 이는 또한 인식론이자 실천론이다. 원효에게 인식과 실천은 둘이면서 하나이다.

왜 돌아보았을까?

하지만 원효가 제시한 탁월한 인식과 실천의 지침은 여전히 백성들이 받아들이기 어려웠다. 그는 백성들을 교화할 방법을 찾아 자신의 철학을 실천해야 했다. 원효는 승복을 벗어던지고 과부이던 요석 공주와 결혼

해 아들 설총을 낳았다. 그런데 그가 결혼한 해가 언제인지 명확하지 않
다. 요석 공주가 태종 무열왕의 딸이므로 만약 무열왕 재임 기간 중에 결
혼했다면 656년에서 661년 사이일 것이다. 그런데 원효가 의상과 함께 당
나라 유학을 시도하던 때는 661년이었다. 그렇다면 그는 결혼한 이후에도
여전히 승려로서 유학길에 나섰다는 말이 된다.

이처럼 원효의 일생에 대한 역사적 기록에는 혼란스러운 점이 있다. 그
렇지만 전해 오는 얘기들을 종합해 보면 원효가 40세를 전후해 큰 깨달
음을 얻었음을 알 수 있다. 그래서 그는 승복을 벗어던졌고, 유학을 포기
했다.

원효는 귀족의 신분조차 벗어던진다. 스스로 이름을 소성거사라 짓고
백성 속으로 들어갔다. 광대들에게 큰 박을 얻어 도구를 만들고, 그들로
부터 춤을 배웠다. 그 박을 가지고 춤추며 노래 부르고, 시장판에서 백정
들과 어울려 술을 마셨다. 이렇게 그는 수많은 마을을 돌아다녔다.

일연은 『삼국유사』에서 원효의 업적을 이렇게 평가했다.

> 가난하고 무지한 무리까지 모두 부처의 이름을 알고, 나무아미타불을
> 부르게 된 데에는 원효의 교화가 컸다.

원효는 전쟁과 혼란의 시기를 살았다. 그의 나이 44세 때 백제가, 52세
때 고구려가 멸망했다. 신라가 당나라와 연합해 백제를 침공하면서부터
시작된 전쟁은 백제와 고구려가 멸망하고 당나라 군대가 이 땅에서 물러
갈 때까지 10여 년간 계속되었다. 전쟁은 백성의 삶을 극도로 피폐하게
했다. 멸망한 고구려, 백제의 유민들과 신라인 사이의 갈등도 심각했다.

원효는 이런 혼란과 갈등의 현실을 인정하고, 그 속에서 새로운 것이

생겨남을 설파했다. 그리고 백성과 함께 생활하며 그들에게 일상생활 속에 부처의 세계가 있음을 가르쳤다.

귀족들은 그를 배척했다. 그들이 볼 때 원효는 떠돌이 파계 중에 불과했다. 왕이 백 명의 승려들을 초청해 개최하는 백좌인왕경대회(百座仁王經大會) 같은 데에도 원효는 초청을 받지 못했다.

이런 상황이 원효를 더욱 분발하게 했다. 그래서 원효만이 홀로『금강삼매경』을 해설하고 강의할 수 있게 되었다. 황룡사에서 왕과 신하, 수많은 승려들에게『금강삼매경』을 강의하고 나오며 원효는 말했다.

"지난날 서까래를 백 개 고를 때에는 끼이지 못하다가, 오늘 아침 대들보를 하나 가로질러 놓아야 하는 곳에서는 나 혼자 능력을 발휘하네."

밤낮 없는 공부에 백성의 삶에서 나오는 지혜를 보태 한 시대를 풍미하는 통찰을 이루었던 것이다.

원효가 죽자 아들인 설총이 유해를 부수어 원효의 얼굴을 만들고 분황사에 모셨다고 한다. 그런데 설총이 예를 올리자 그 소상이 돌아보았다고 한다. 이 세상에 미련이 남았던 것일까, 아니면 구제하지 못한 숱한 중생에 대한 안타까움 때문일까? 법명 원효는 '새벽'이라는 뜻이다. 그는 한국 철학의 새벽을 열었다. 어쩌면 그는 아침을 열고 대낮을 맞이해야 할 후학들을 격려하고 그들의 분발을 촉구하기 위해 뒤돌아본 것이 아닐까?

발심수행장

원효가 청년기에 지은 책으로, 남에게 보여 주기 위한 것이 아니라 스스로 마음을 다잡고자 쓴 것이다. 초심자를 위한 불교 입문서 『초발심자경문(初發心自警文)』에 합본되어 있다.

무릇 수많은 부처님께서 적멸궁(寂滅宮)[1]을 장엄하게 하신 것은 수많은 겁(劫)의 바다에서 욕심을 버리고 고행하셨기 때문이다. 수많은 중생들이 불타는 집 문 앞에서 윤회하는 것은 헤아릴 수 없는 세상을 살아가면서 탐욕을 버리지 못하기 때문이다. 천당(天堂)의 길을 가로막는 것이 없음에도 이곳에 이르는 사람이 적은 것은 삼독(三毒)[2]의 번뇌를 자기 집의 재산처럼 여기기 때문이다. 악도(惡道)[3]로 유혹하지 않았는데도 그리로 가는 사람이 많은 것은 망령된 마음을 보물처럼 여기기 때문이다.

누구인들 산에 들어가 수도하고 싶지 않은 사람이 있겠냐마는 그렇게 하지 못하는 이유는 애욕에 얽혀 있기 때문이다. 산속에 들어가 마음을 닦지 못할지라도 자신의 능력으로 할 수 있는 선행을 해야 한다. 자신의 쾌락을 기꺼이 버릴 수 있으면 성인과 같은 믿음과 공경을 받을 것이고, 하기 힘든 어려운 일도 능히 할 수 있으면 부처님처럼 존중받을 것이다. 물질에 지나치게 집착하는 것은 마귀의 손에서 벗어나지 못하는 것이고, 자비와 보시는 법왕(法王)[4]의 자식이다.

높고 큰 산봉우리의 바위는 지혜로운 사람이 거처하는 곳이고, 푸른 소나무의 깊은 계곡은 수행자가 사는 곳이다. 배고프면 나무 열매를 먹고서 주린 창자를 달래고 목마르면

1) 불상을 모시지 않고 법당만 있는 불전(佛殿).

2) 사람의 마음을 해치는 욕심, 성냄, 어리석음 등 세 가지 번뇌.

3) 지옥도, 아귀도, 축생도, 수라도 등 악업(惡業)을 지은 이가 죽은 뒤에 가게 되는 괴로운 세계.

4) 법문의 왕이라는 말로, 부처를 가리킨다.

흐르는 물을 마시며 갈증을 푼다. 맛있는 것을 먹고 사랑으로 양육을 받아도 그 몸은 무너지기 마련이고, 부드럽게 지키고 보호해도 생명에는 끝이 있다. 소리 울리는 굴을 불당(佛堂)으로 삼고, 애처롭게 우는 기러기 소리를 기쁜 마음으로 벗으로 삼는다. 절하는 무릎이 얼음처럼 시리더라도 불기운을 그리워하는 마음이 없어야 하며, 주린 창자가 마치 끊어지듯 하더라도 음식을 구하는 마음이 없어야 한다. 백 년도 잠깐인데 어찌 배우지 않는다 말할 것이며, 수행하지 않고 놀기만 할 것인가.

마음 안에 애욕이 없는 이를 사문(沙門)[5]이라 하고 세속에 연연하지 않는 것을 출가(出家)라고 한다. 수행자가 비단 옷을 입는 것은 개가 코끼리 가죽을 덮어쓴 것과 같으며, 도를 닦는 사람이 애욕을 가지는 것은 고슴도치가 쥐구멍에 들어간 것과 같다. 비록 재주와 지혜가 있더라도 마을에서 살면 모든 부처님이 이 사람을 슬퍼하고 걱정한다. 설령 도를 닦지 않더라도 산속에 머무는 사람이 있다면 많은 성인들이 그 사람으로 인해 기뻐하는 마음을 갖는다.

재주와 학식이 있더라도 계행(戒行)[6]하지 않는 자는 마치 보물이 있는 곳으로 데려가려 해도 일어나 움직이지 못하는 것과 같다. 부지런히 수행하나 지혜 없는 사람은 동쪽으로 가려 하면서 서쪽으로 간다. 지혜 있는 사람의 수행은 쌀로 밥을 짓는 것이고, 지혜가 없는 사람의 수행은 모래로 밥을 짓는 것이다. 모두가 밥을 먹어서 주린 창자를 채울 줄은 알면서도 불법(佛法)을 배워서 어리석은 마음을 고칠 줄은 모른다. 수행과 지혜를 모두 갖추면 수레가 두 바퀴를 갖추는

5) 불문에 들어가서 도를 닦는 사람.

6) 계를 받은 뒤 계법에 따라 실천, 수행함을 말한다.

것과 같고, 나와 남을 모두 이롭게 하는 것은 새가 두 날개를 갖는 것과 같다.

죽을 얻어 축원하면서 그 뜻을 이해하지 못하면 시주가 부끄러워하지 않겠는가. 밥을 얻어 염불하면서 그 이치를 알지 못하면 그 또한 성현들이 부끄러워하지 않겠는가. 사람들이 보잘것없는 곤충이 더럽고 깨끗한 것을 가리지 못함을 싫어하듯이, 성현들은 사문들이 깨끗하고 더러운 것을 가리지 못함을 싫어한다. 세상을 떠나 천상에 오르려면 계(戒)가 훌륭한 사다리이다. 그러므로 계를 깨뜨리고 다른 사람을 복되게 하려는 것은 날개 부러진 새가 거북을 업고 하늘로 날아오르려는 것과 같다. 자신의 죄업에서 벗어나지 못하면 다른 사람의 죄업을 닦아 줄 수 없다. 그러므로 계행이 없는 자가 어찌 다른 사람으로부터 공양을 받을 수 있겠는가.

수행이 없는 빈 몸뚱이는 잘 기르더라도 이익이 없고, 떠도는 목숨은 영원할 수 없으니 사랑하고 소중히 하더라도 보존할 수 없다. 용상(龍象)[7]의 덕(德)을 바란다면 오랫동안 고통을 참을 수 있어야 하고, 사자좌(獅子座)[8]를 기대한다면 욕망과 쾌락을 영원히 등져야 한다. 수행자가 마음을 깨끗이 하면 모든 천신이 칭찬하고, 도를 닦는 자가 색(色)을 사모하면 착한 신(神)도 버리고 떠날 것이다. 사대(四大)[9]가 홀연히 흩어져 영원히 머무를 수 없으니, 오늘 저녁이구나, 서둘러 아침을 준비하자.

세상의 즐거움 뒤에는 고통이 따르는데 어찌하여 탐내고 집착하는가. 한번 참으면 영원히 즐거운데 어찌 수행하려 하지 않는가. 도 닦는 사람이 탐욕을 부리는 것은 수치이고, 출

7) 덕과 학식이 높은 중을 용과 코끼리에 비유해 이르는 말.

8) 부처가 앉는 자리.

9) 세상 만물을 구성하는 땅, 물, 불, 바람 등 네 가지 요소.

가한 사람이 부귀를 좇는 것은 군자의 웃음거리이다.

말로는 끊는다고 하지만 끝없는 탐욕을 다스리지 못하고, 애착을 끊지 못하는구나. 사람 일은 끝이 없고 세상일은 버리지 못하니, 그것을 도모하는 마음이 끝이 없어 끊고자 하는 마음조차 일어나지 않는구나. 오늘도 끝나지 않았는데 악을 짓는 일은 날로 많아지고, 내일은 끝이 없는데 선한 일을 하는 날은 적어지는구나. 금년이 다 가지 않았는데 번뇌는 끝이 없고, 내년은 끝이 없는데 보리(菩提)[10]로 나아가지 못하는구나.

시간은 흘러 흘러 빠르게 하루가 지나가고, 하루하루 지나다 보니 어느덧 한 달이 지나간다. 한 달 한 달 지내다 보니 홀연 연말이 되고, 한 해 한 해 흘러서 잠깐 사이에 죽음의 문턱에 이른다. 수레가 부서지면 움직이지 못하듯이 늙은 사람은 수행할 수 없고, 누우면 게으르고 나태해지고 앉아 있으면 난잡한 생각만 생겨난다. 어찌 살아서 수행하지 않고 헛되이 밤낮을 보내는가. 어찌 빈 몸으로 태어났으면서 일생 수행하지 않는가. 몸은 반드시 끝이 있는데 다음 생은 어찌 되는가. 다급하고 다급하구나.

10) 불교 최고의 이상적인 지혜.

금강삼매경론

원효가 67세 때 지은 대표 저작이다. 아래의 인용 부분은 머리말에 해당하는 것으로서 『금강삼매경』이라 이름 붙여진 이유와 그 대의(大義)를 설명하고 있다.

마음의 근원은 있는 것도 아니고 없는 것도 아니어서 홀로 깨끗하다. 진리를 찾아가는 길에는 귀한 것과 천한 것이 융합되어 있다. 귀한 것과 천한 것, 그 둘은 융합했으나 하나는 아니다. 홀로 깨끗해 가장자리를 떠났지만 가운데가 아니다. 가운데가 아니면서 가장자리를 떠났으므로, 만물의 이치가 있다고 할 수는 없지만 그렇다고 없는 것도 아니고, 이 세상이 없다고 할 수는 없지만 있는 것도 아니다. 하나가 아닌데도 둘을 융합했기 때문에 귀하지 않은 세상이 천하지도 않고, 천하지 않은 이치가 귀하지도 않다. 둘을 융합했으나 하나가 아니니 귀한 것과 천한 것의 본성이 다르지 않은 바 없고, 더러움과 깨끗함의 세계가 없다 할 수 없다.

그러므로 다른 주장을 깨뜨리지 않으나 깨뜨리지 못하는 것이 없고, 스스로 주장을 세우지 않으나 세우지 못하는 것이 없다. 이치가 없는 듯하지만 지극한 이치가 있고, 그런 듯하지 않으나 더 크게 그러하다.

이것이 이 경(經)의 큰 뜻을 풀이한 말이다.

진실로 그런 듯하지 않으나 크게 그러하기 때문에 이 경에서 설파하는 말이 진리에 부합하고, 이치가 없는 듯하지만 지극한 이치가 있으므로 설파한 근본 취지가 시간과 공간의 제약을 넘어선 것이다.

1) 큰 그릇이라는 말로, 불교의 교리, 이상, 목적 그리고 그것들을 받아들이는 중생의 능력이 큰 그릇과 같이 크고 깊다는 것을 말한다. 여기에서 대승 불교라는 개념이 나왔다.

다른 주장을 깨뜨리지 못한 것이 없으므로 '금강삼매'라 이름 붙인 것이고, 세우지 못한 것이 없으므로 대승(大乘)[1]을 아우르는 경이라 한다. 일체의 근본이 이 두 가지 의미를 벗어나지 않기 때문에 또한 무한한 뜻을 가진 근본이라고 한다.

여러 가지 의미들 중에서 하나를 들어 제목을 붙여 그 머리에 나타냈기 때문에 『금강삼매경』이라고 말한다.

더 읽어 보기

박상주, 『원효, 그의 삶과 사상』, 한국문화사, 2007

신오현, 『원효 철학 에세이』, 민음사, 2003

원효 외, 이기영 옮김, 『한국의 불교 사상』, 삼성출판사, 1981

이기영, 『원효 사상 1 : 세계관』, 원음각, 1967

일연, 김원중 옮김, 『삼국유사』, 민음사, 2007

최유진, 『원효 사상 연구』, 경남대학교 출판부, 1998

김부식

맹목적 사대주의자인가, 유교적 합리주의자인가

김부식은 고려 문종 29년인 1075년에 국자좨주(國子祭酒) 좌간의대부(左諫議大夫) 근(覲)의 셋째 아들로 태어났다. 본관은 경주, 호는 뇌천(雷川), 시호는 문열(文烈)이다. 신라 왕실의 후예로서 고려 태조 왕건(王建)에게 협조해 경주의 주장(州長)이 되었던 위영(魏英)의 증손자이다. 첫째 형은 부필(富弼), 둘째 형은 부일(富佾), 동생은 부의(富儀)이다. 네 형제는 모두 문장에 뛰어나 일찍이 과거에 합격했다. 형제들이 돌아가며 과거 시험 운영관인 지공거(知貢擧)를 역임해 집안을 크게 일으켜, 경주 김씨(慶州金氏) 가문을 인주 이씨(仁州李氏), 해주 최씨(海州崔氏) 가문과 아울러 고려 전기 삼대 문벌로 만들었다.

23세 때 과거에 급제해 안서대도호부(安西大都護府)의 사록(司祿)과 참군사(參軍事)를 거쳐 직한림(直翰林)에 발탁된 이후, 20여 년간 한림학사(翰林學士)를 지내는 등 학문을 다루는 직책을 거치며 임금에게 경전과 역사를 강의하는 일을 맡기도 했다. 43세 때 중국 송나라에 사신으로 가 여섯 달을 머물렀고, 송나라 황제 휘종으로부터 사마광(司馬光)이 지은 역사서인 『자치통감(資治通鑑)』을 선물로 받았다. 61세 때인 1135년 묘청(妙淸)이 반란을 일으키자 토벌 대장이 되었고, 반란을 진압한 후 검교 태보 수태위 문하시중 판이부사(檢校太保守太尉門下侍中判吏部事) 겸 감수국사 상주국 태자태보(監修國事上柱國太子太保)가 되어 만인지상(萬人之上)의 자리에 올랐다. 71세 때 『삼국사기(三國史記)』를 편찬했고, 그 6년 후인 1151년 사망했다. 그의 나이 77세였다. 지은 문집이 스무 권 된다고 하나 오늘날 전해지는 것은 없다.

유교 발전을 이끈 육두품

엎드려 바라옵건대, 성상(聖上) 폐하께서 뜻은 컸지만 내용은 소홀하게 된 것을 널리 헤아려 주시고 함부로 만든 죄를 용서해 주십시오. 비록 명산(名山)에 보관해 두기에는 부족할지라도 장독 덮개로 사용하는 일은 없게 해 주시기를 바랄 뿐입니다. 변변치 못한 망령된 뜻을 하늘의 해처럼 두루 살펴주시옵소서.

김부식(金富軾, 1075년~1151년)은 『삼국사기』를 지으며 이렇게 말했다. 물론 그 저작은 명산에 보관하기에 부족함이 없었고, 장독 덮개로 사용되는 일도 없었다. 그것은 중국에서 마련한 역사 서술의 방식을 따르면서 문장에서도 높은 수준을 보여 준 뛰어난 작품이었다. 그가 『삼국사기』를 집필한 것은 당대의 가치관을 정립하고, 유교를 바탕으로 한 학문적 역량을 기르기 위해서였다.

유교가 언제 한반도에 들어왔는지 정확한 연대를 확인하기는 어렵다. 유교를 국가 철학으로 공인했던 중국의 한나라가 한반도 북부에 한사군을 설치한 무렵 우리나라에 전해진 것으로 보인다.

그러나 삼국 시대에 유교는 지배적인 철학으로서의 역할을 하지 못했다. 경전 공부를 통한 한문 습득이 유교를 배우는 주된 이유였다. 고구려, 백제, 신라 삼국이 국가 체제를 갖추면서 행정 실무 능력을 지닌 사람들이 필요해졌다. 또한 외교나 행정에서 외국과의 의사소통과 문서 작성 등의 필요성이 증대하면서 한문을 사용할 수 있는 능력 역시 중요해졌다. 이러한 상황들이 유교 경전에 대한 학습을 본격화한 것으로 보인다.

초기에는 문자 습득의 수단으로써 유교 경전 학습이 이루어졌지만, 점차 학습자의 수가 늘고 우수한 인재들이 등장하면서 유교의 사상적 깊이가 깊어졌다. 신라의 강수(强首), 설총 등이 그 대표적 인물들이다. 그렇다고 해서 유교가 지배적인 철학으로 자리매김한 것은 아니었다. 여전히 불교가 우세했고, 유교를 공부한 사람들은 국가 체제의 정비와 유지를 위한 실무적인 분야만을 담당했다.

통일 신라 시대에 유교적 소양을 갖춘 능력 있는 육두품 신분의 사람들이 대거 등장했다. 그들은 뛰어난 능력을 가졌음에도 신분적 제약으로 인해 올라갈 수 있는 관직이 제한되어 있었다. 그런 현실에 큰 불만을 가져 통일 신라가 후삼국으로 분열하고 고려에 의해 재통일되는 과정에서 대거 고려에 협조했다. 육두품 계층은 고려 지배층의 일원이 되어, 통일 신라의 발전된 문화를 고려에서 꽃피우는 데 커다란 역할을 했다.

최치원이 당나라로 간 사연

통일 신라 시대의 육두품 중 대표적인 인물은 최치원(崔致遠, 857년~?)이다. 그는 탁월한 능력을 인정받지 못하고, 후삼국으로 분열한 시대를 맞아 갈 길을 정하지 못한 채 방황하다 자취를 감추었다.

제가 열두 살 때 집을 떠나 중국으로 가는 배를 타려 할 때, 돌아가신 아버님께서 "네가 십 년 공부해 진사(進士)에 급제하지 못하면 나의 아들이라 하지 마라. 나도 아들 두었다고 하지 않겠다. 그곳에 가서 부지런히 공부하고 시간을 낭비하지 마라."라고 말씀하셨습니다. 저는 엄격하신 그 말씀을 가슴에 새겨 조금도 멈추거나 잊지 않았습니다. 졸음이 오면 머리카락을 묶어 매달고 허벅지를 송곳으로 찔러 가며 공부해서 길러 주신 뜻을 받들고자 했습니다. 다른 사람이 백 번을 하면 저는 천 번을 하는 노력으로 중국에 간 지 6년 만에 과거에 합격했습니다.

최치원이 『계원필경(桂苑筆耕)』에서 한 이야기이다. 과거에 합격해 출세하고자 12세 때 당나라로 유학을 떠났다. 그리고 6년 만인 18세 때 뜻하는 대로 과거에 합격했다. 그는 처음에 선주(宣州)의 율수현위(溧水縣尉)로 임명되었는데, 그때의 생활에 대해 "봉급이 많고 직무가 한가로웠다."라고 했다. 최치원이 세상에 자신의 이름을 알린 계기는 시중 고변(高騈)의 종사관이 되면서였다. 황소(黃巢)의 난이 일어나자 고변이 토벌 대장을 맡았는데, 이때 최치원이 「격황소서(檄黃巢書)」(일명 「토황소격문」)를 지었다. 황소가 이 격서를 보다 놀라 침상에서 떨어졌다는 일화가 있을 정도로 명문이었다.

최치원이 당나라까지 가서 과거를 보아야 했던 이유는 신라의 엄격한 신분제 때문이었다. 신라에는 성골, 진골, 육두품, 오두품에서 일두품으로 이어지는 신분 질서, 즉 골품제(骨品制)가 있었다. 신분에 따라 맡을 수 있는 직책, 결혼 대상, 집의 규모 등이 정해졌다. 신라 초기에는 성골 출신만 왕위에 오를 수 있었다. 그러나 점차 그 숫자가 줄어들면서 진덕 여왕을 마지막으로 성골의 시대가 끝나고, 김춘추(金春秋)가 왕위에 오르며 진골의 시대가 시작되었다.

육두품은 귀족층의 일원이었지만 총 17개의 관등 중 제6관등까지만 오를 수 있었다. 육두품 출신은 주요 직책을 맡을 수 없었다. 그들은 주로 왕의 문서 수발과 행정 실무를 담당했다. 통일 신라 후기에 이르러 사회가 극도로 혼란스러워지면서 육두품의 지위는 더욱 불안해지고 출세의 기회도 점점 줄어들었다. 이런 상황에서 그들이 택한 전략은 당나라에 유학해 과거에 성공한 후 귀국해 국내에서 자리를 얻어 보려는 것이었다.

최치원은 그 전략을 그대로 실행했다. 유학을 떠난 지 16년 만인 28세 때 귀국해 육두품이 오를 수 있는 최고의 관직인 아찬(阿飡) 벼슬을 얻음으로써 새로운 성공 신화를 썼다.

좌절된 성공 신화

최치원은 관직이나 명성을 얻는다는 측면에서는 성공한 사람이었다. 그러나 내면적으로는 커다란 좌절감을 느끼며 살았다. 고변의 종사관 시절 생활에 대해 "때마침 난리를 만나 군대의 막사에서 기식하게 되어 밥을 얻어먹고 죽을 얻어먹는 신세가 되었다."라고 했다. 종사관이나 된 사람이 먹고살기 힘들었을 리 없으니, '밥을 얻어먹고 죽을 얻어먹는 신세'라는 말은 외국인으로서 느낄 수밖에 없는 한계의 표현이라 할 것이다.

그는 당나라 체류 시절, 「진정상태위(陳情上太尉)」라는 글을 통해 자신의 심경을 다음과 같이 밝혔다.

해내(海內) 사람 누가 해외(海外) 사람을 가엾게 여기겠는가,

어느 길이 내가 갈 길과 통하는지 묻노라.

본래 식록(食祿)을 구했지 이(利)를 구하지 않았고,

단지 어버이의 영광을 위했을 뿐 나를 위하지 않았다.

나그네가 가는 길에 이별의 마음은 강 위의 빗소리이고,

고원(故園)으로 돌아갈 꿈을 꾸는 날에 봄은 아직 멀기만 하구나.

해내는 당나라를 말한다. 당나라 사람이 해외 사람, 즉 신라인을 가엾게 여길 리 없다고 했다. 명분상으로는 '어버이의 영광'을 내세웠지만 당나라에 간 진짜 이유는 출세 때문이었다. 그렇지만 당나라에서 외국인이 오를 수 있는 관직에는 한계가 있었다. 명성이 높아질수록 좌절감은 더욱 깊어졌다. 그래서 고원, 즉 고향으로 돌아갈 꿈을 꾸게 되었다.

마침내 최치원은 꿈에 그리던 고향으로 돌아왔다. 그리고 높은 관직에 올랐다. 육두품이 오를 수 있는 가장 높은 자리인 아찬이었다. 그러나 그것이 한계였다. 최치원은 1만여 수나 되는 시를 지었다고 자부했다. 그의 시는 그 수준에서도 중국의 시들과 대등했다. 게다가 그는 유교는 물론 불교, 도교까지 공부해 대단히 박학했다. 한마디로 말해 학문의 넓이와 수준에서 최치원은 당대 최고였다. 그러나 그가 올라갈 수 있는 자리는 정해져 있었다. 그런 현실은 최치원에게 또다시 커다란 좌절감을 안겨주었다.

신라를 혁파해야 한다며 지방 호족들이 들고 일어났다. 고려와 후백제가 세워지면서 나라가 다시 삼국으로 분열되었다. 당나라에 유학해 성공한 대표적 육두품 인사 중 세 명의 최씨가 있었는데, 그중 최언위(崔彦撝)는 고려를 선택했고 최승우(崔承祐)는 후백제를 선택했다. 하지만 최치원은 그럴 용기가 없었다. 시름과 번민만이 있을 뿐이었다. 「추야우중(秋夜雨

中)」에 그러한 심경이 잘 표현되어 있다.

> 가을바람만이 괴롭게 불고,
> 온 세상에 지음(知音)은 적구나.
> 창밖은 한밤중인데 비가 내리고,
> 등불 앞에 만 리(萬里)의 마음이구나.

쓸쓸한 가을바람만이 불어오는데 지음, 즉 자기를 알아주는 사람은 없다고 했다. 창밖 세상은 소란스럽지만 자신은 방 안 등불 앞에서 먼 곳을 생각한다고 했다. 최치원은 자신을 알아주지 않는 현실을 한탄하면서 좌절감만 표현할 뿐, 세상을 바꾸고자 하는 노력은 외면했다.

역사의 수레바퀴는 구르고

최치원은 「난랑비서문(鸞郞碑序文)」에서 화랑도에 대해 다음과 같이 썼다.

> 우리나라에는 현묘한 도가 있으니 이를 풍류라 한다. 이 풍류 사상은 유교와 불교와 도교를 포함하는 것으로서, 많은 사람들을 교화했다. 가정에서 부모에게 효도를 다하고 나라에 충성을 다하는 것은 공자(孔子)의 가르침과 같으며, 모든 일을 순리에 따라 묵묵히 실행하는 것은 노자(老子)의 가르침과 같고, 악한 행동을 아니하고 착한 행실만을 신봉하면서 열심히 살아가는 것은 부처의 가르침과 같다.

유교, 불교, 도교의 지식을 활용해 화랑도를 정의했다. 그렇지만 이는 최치원 자신의 사상이 아니다. 당나라를 숭상한 그는 유교든 불교든 당나라에 가서 배워야만 그 본질을 알 수 있다고 했다. 그렇지만 그가 각 사상의 본질을 파악했다고 할 수는 없다. 유교를 공부했지만 철저한 유교 사상가는 아니었다. 불교와 도교를 공부했지만 그 사상을 자기 것으로 소화하지도 못했다. 당나라 유학으로 얻은 박학다식함과 탁월한 문장력으로 출세를 도모했지만 철학이 빈곤했다. 그는 결국 현실 속에서 방향을 잃은 채 번민하다 세상을 등지고 가야산 속으로 숨어 버렸다.

최치원은 도피했지만 역사의 수레바퀴는 굴러갔다. 그 주역은 신라의 육두품 출신자들로, 그들은 왕건을 도와 신라와 후백제를 무너뜨리는 데 커다란 역할을 했다. 후백제의 멸망을 본 신라는 고려에 나라를 갖다 바치다시피 했다. 비굴한 항복에 대해 신라 안에서 반발도 거의 없었다. 천 년 가까이 이어져 온 국가 치고는 허무한 종말이었다.

고려는 골품제를 폐지하고 과거제를 도입했다. 출세하고자 하는 사람들이 힘들여 당나라에 가서 과거를 볼 필요가 없어졌다. 그렇다고 인재가 골고루 등용될 수 있었던 것은 아니었다. 고려의 과거제는 지공거라는 시험관에 의해 운용되다 보니, 지공거와의 친분 관계에 의해 급제 결과가 좌우될 수밖에 없었다. 지공거를 담당하는 일부 가문을 중심으로 문벌 귀족이 형성되었다. 그 귀족층을 대표하는 인물이 김부식이다.

공자를 받들어 모시다

김부식은 신라 왕실의 후예로서 경주 김씨 가문 출신이다. 그는 네 형제 중 셋째로 태어났는데, 네 형제 모두 문장에 뛰어나 일찍이 과거에 합격했다.

김부식은 형제들 중에서도 독보적인 존재였다. 그는 22세에 과거에 급제해 안서도호부의 사록과 참군사를 거쳐 직한림에 발탁되었다. 이후 20여 년간 학문을 다루는 직책을 거치며 임금에게 경전과 역사를 강의하는 일도 맡았다.

조선 시대 실학자 한치윤(韓致奫)은 김부식에 대해 "널리 배우고 많이 기억하며 글을 잘 짓고 고금의 일을 잘 알아 학사(學士)들의 신임을 받는 것이 그보다 더한 사람은 없었다."라고 평가했다.

김부식은 42세 때 송나라에 사신으로 가서 여섯 달을 머물렀다. 그때 송나라 휘종으로부터 사마광이 지은 역사서 『자치통감』을 선물로 받아 왔다. 이 책은 커다란 자극이 되었고, 훗날 그가 『삼국사기』를 편찬하는 한 계기가 되었다.

김부식은 관직 생활을 하면서 이자겸(李資謙)과 대립했고, 윤언이(尹彦頤)를 탄핵했으며, 묘청의 서경 천도 운동을 진압했다. 이 사건들은 정치 투쟁이기도 했지만, 그의 사상을 실천해 가는 과정이기도 했다.

그는 공자를 몹시 추앙한 유교 사상가였다. 「중니봉부(仲尼鳳賦)」에서 공자를 봉황에 비유해 찬양하면서 다음과 같이 자신의 바람을 드러냈다.

보잘것없는 선비는 대대로 내려온 보물을 일찍 물려받았으나 아로새긴 붓은 아직 꿈을 꾸지 못한다.
어려서는 문장을 공부하고 나이 들어서는 경전을 즐기고 음풍하며,
남기신 기풍을 찬양하면서 기어이 공자께 붙은 영광을 차지하려고 한다.

대대로 내려온 보물이란 공자의 가르침을 말한다. 공자를 찬양하면서 공자와 같은 영광을 자신도 누릴 수 있게 하겠다는 포부를 밝혔다. 김부식은 공자의 가르침을 개인적으로 받드는 것뿐만 아니라 공자의 가르침에 따라 정치가 이루어져야 한다고 생각했다. 왕이 국학을 방문해 공자에게 제사를 지낸 일을 찬양하며 써 올린 「하행국학표(賀行國學表)」에서 그러한 생각을 드러냈다.

> 성상께서는 도(道)가 지극히 높으시고 정치를 인의(仁義)로 하시니, 중국의 요임금과 순임금의 정치를 이어받으셨고, 은나라와 주(周)나라의 전통을 체득하셨습니다. 예법에 따라 제사를 지내시어 공자께 절하고 잔을 드리시며, 박사들에게 명령하시어 경전을 강의하게 하셨습니다. 군자가 기른 인재가 다시 수많은 인재를 양성하고, 용감한 장수들이 적을 섬멸해 반드시 나라의 기틀을 튼튼히 하는 것을 보시게 될 것입니다. 이는 다만 한때의 아름다움이 아니라 만대에 길이 남을 모범이옵니다.

공자는 요와 순을 이상적인 정치를 한 임금으로 추앙했고, 은과 주를 이상적인 국가로 본받아야 한다고 보았다. 김부식은 왕이 요순과 은, 주를 본받고 있음을 찬양하며, 공자를 숭상하니 인재가 많이 나고 나라가 튼튼해질 것이라고 했다. 또한 왕이 공자를 받드는 일이 만대에 이어지기를 희망했다. 공자에 대한 김부식의 추앙이 어느 정도였는지 알 수 있다.

공자에 대한 추앙은 중국에 대한 추앙으로 이어졌다. 김부식은 고려가 중국의 정치, 사상, 문화를 배우고 따라야 한다고 생각했다. 그의 형인 김부일은 이를 "화(華)로써 이(夷)를 변혁해야 한다."라고 표현했다. 화는 중국을, 이는 고려를 가리킨다. 화에 대한 절대적인 추앙과 숭상이 드러나는 말이다. 김부식의 사상은 모화주의적(慕華主義的) 유교였다.

김부식의 시대가 열리다

김부식은 이자겸과 같은 문벌 귀족이었지만, 그와는 입장이 달라 대립했다. 이자겸은 인주 이씨 집안 출신으로 당대 최고의 권력자였다. 집안 권세에 힘입어 과거를 보지도 않고 관직에 임명되었고, 둘째 딸이 예종의 비가 되어 아들을 낳자 권력을 쥐었다. 예종이 죽자, 외손자인 인종을 왕위에 앉히고 자신의 셋째, 넷째 딸을 인종에게 시집보냈다. 그는 인종의 외할아버지이자 장인이 되었다.

인종이 이자겸에게 내린 관직명은 무려 마흔한 자에 달했다. 양절익명공신 중서령 영문하상서도성사 판이병부 서경유수사 조선국공 식읍팔천호 식실봉이천호(亮節翼命功臣中書令領門下尚書都省事判吏兵部西京留守事朝鮮國公食邑八千戶食實封二千戶). 이것이 그 관직명이다. 이자겸은 왕을 자신의 집에 살게 하면서 국사를 마음대로 처리하는가 하면, 매관매직으로 막대한 부를 축적했다. 자신의 생일을 인수절(仁壽節)이라 부르게 하기도 했다.

이에 김부식은 "신하의 생일을 절이라 하는 것은 옳지 않다."라며 반대했다. 또한 유교 경전과 중국 역사의 예를 들어 이자겸에 대한 특별 대우에 강력 반발했다. 이후 이자겸이 스스로 왕이 되고자 반란을 일으켰을 때에도, 김부식 등이 반대해 좌절시켰다.

이자겸의 난으로 사회적 분위기가 어수선한 가운데, 북송을 무찌르고 여진족이 세운 금나라가 세력을 키우면서 고려에 군신 관계를 요구해 왔다. 이런 혼란의 시기에 풍수지리의 대가로 알려진 묘청이 인종의 고문이 되었다. 그를 추천한 사람은 서경(西京, 오늘날의 평양) 출신의 문신 정지상(鄭知常)이었다.

묘청은 서경 천도를 주장했다. 풍수지리적으로 볼 때 수도인 개경(開京, 오늘날의 개성)의 기운은 끝났다는 게 천도의 논리였다. 또한 금나라의 요구를 거부하고 칭제건원(稱帝建元), 즉 왕의 칭호를 황제로 하고 독자적인 연호를 사용할 것과 금나라에 대한 정벌을 주장했다. 이런 묘청의 주장에 동조하는 세력을 서경파라 하는데, 서경 출신 인사들이 주를 이루었다. 이에 반해 서경 천도에 반대하는 세력을 개경파라 한다. 개경을 주 근거지로 하는 문벌 귀족이 여기에 속했고, 김부식이 그 중심이었다. 두 세력은 첨예하게 대립했다.

인종은 초기에는 묘청의 주장에 우호적이었다. 서경에 새로운 궁궐을 짓게 했고, 직접 그곳을 방문하기도 했다. 그러나 마침 그때 천재지변이 일어나면서 왕의 마음이 바뀌었다. 결국 인종은 서경 천도 계획을 포기했다.

그러자 묘청이 반란을 일으켰다. 그는 국호를 대위(大爲), 연호를 천개(天開)라 하고 군사를 일으켜 순식간에 서북 지역 일대를 장악했다. 왕조는 김부식을 토벌 대장으로 하여 진압에 나섰다. 김부식은 포위를 위주로 하는 전술로 묘청의 군대를 압박한 끝에 1년 2개월여 만에 반란군을 완전히 진압했다.

묘청의 난을 진압한 공로로 김부식은 만인지상의 자리에 올랐다. 그는 수충정난정국공신(輸忠定難靖國功臣)에 책봉되었고, 검교 태보 수태위 문하시중 판이부사 겸 감수국사 상주국 태자태보로 임명되었다. 모두 국사를 결정하는 핵심적인 자리였다. 바야흐로 김부식의 시대가 열렸다. 그의 나이 62세였다.

진취적 기운은 꺾이고

묘청의 난을 두고 일제 강점기의 독립운동가 신채호는 "조선 역사상 일천 년 내 제일 대사건"이라며, 묘청의 패배로 우리 역사의 진취적인 방향이 꺾이고 말았다고 평가했다. 또한 이를 '낭(郎), 불(佛) 양가 대 유가의 싸움'으로 보고 유교의 승리로 귀착되었다고 했다.

유교를 대표하는 김부식 측이 승리한 것은 맞지만, 묘청이 낭가 사상 (朗家思想)과 불교를 대표했다고 할 수 있는 근거는 없다. 낭가 사상이란 신채호가 우리 민족의 전통 사상이라 지칭한 것이다. 하지만 묘청은 기본적으로 풍수 사상가였다. 또한 묘청의 난을 계기로 유교가 불교에 비해 우위를 점하게 되었다는 것은 사실에 부합하지 않는다.

고려 시대의 지배적인 철학은 불교였다. 일찍이 고려의 창건자 왕건은 훈요십조(訓要十條)의 제1조로 불교를 받들 것을 천명했다. 고려 초기의 재상이자 유학자인 최승로(崔承老)는 불교와 유교의 관계에 대해 "불교는 수신(修身)의 근본이고, 유교는 이국(理國)의 근원이다. 수신은 내세를 준비하는 것이고, 이국은 바로 지금 힘써야 할 것이다. 오늘은 아주 가깝고, 내일은 멀다."라고 했다.

수신은 몸과 마음을 수양하는 것을 말하고, 이국은 치국(治國), 즉 나라를 다스리는 일을 말한다. 불교는 내일을 준비하는 것이고 유교는 오늘 할 일을 하는 것이라 하여 유교의 중요성을 강조하는 것 같지만 실상은 그렇지 않다.

몸과 마음을 수양하는 일은 철학의 영역이다. 우주 만물의 이치를 밝혀야 그것에 맞게 수양할 수 있기 때문이다. 반면 나라를 다스리는 일은 실용 학문의 영역이다. 유교의 4대 경전의 하나인 『대학(大學)』에서는 '수

신제가치국평천하(修身齊家治國平天下)'라고 하여 이 둘 중 무엇이 우선되어야 하는지를 밝혀 두었다. 이에 따르면 몸과 마음을 수양하고 집안을 평안하게 한 다음에 나라를 다스리고 천하를 평정해야 한다.

최승로의 말은, 철학은 불교가 담당하고 실용적인 것은 유교가 담당한다는 것이다. 중세 시대는 오늘날과 달리 실용 학문보다 사상과 문화를 더 중요시하던 시기이므로 이는 불교가 유교에 비해 우위에 있음을 인정한 말이다.

유학을 공부하는 사람들의 관심이 어디에 있었는지는 과거 시험의 결과를 통해서도 알 수 있다. 과거 시험의 과목은 제술업, 명경업, 잡업으로 나뉘어 있었다. 제술업은 시(詩)와 부(賦), 요샛말로 하면 글짓기 능력을 보는 시험이고, 명경업은 유교 경전에 대한 연구 내용으로 치르는 시험이다. 잡업은 기술직을 말한다. 고려 시대를 통틀어 제술업 합격자는 6000여 명, 명경업 합격자는 400여 명이었다. 경전 공부의 목적이 사상 연구보다는 읽기와 쓰기 같은 문장 학습에 치우쳐 있었음을 알 수 있다.

김부식 역시 불교의 우위를 인정했다. 그는 대각 국사(大覺國師) 의천(義天)의 비문에 "글로써 비석 아래에 이름을 적어 두게 되어 대단한 영광이고 행복이다."라고 썼다. 또한 흥국사에서 열린 법회의 축사에서 "바라옵건대 부처님의 말씀으로 국운이 더욱 융성하고 기후가 순조로워 백성이 이로움과 즐거움을 누릴 수 있게 해 달라."라고 했다. 부처님의 말씀으로 나라가 발전하고 백성이 편안해지기를 기원한 것이다.

유교는 고려 후기 주자학(朱子學)이 들어오면서부터 철학적으로 불교에 맞설 수 있게 되었다. 주자학으로 무장한 신진 사대부가 조선을 개국한 뒤 억불 숭유(抑佛崇儒) 정책을 추진하고, 불교를 논리적으로 비판하기 시작할 때까지 불교는 여전히 우위에 있었다.

김부식은 불교가 아니라 고려가 창건될 때부터 있어 왔던 한 경향과 투쟁하고자 했다. 그 경향이란 고려가 고구려를 이어받았다고 하는 데서 형성된 북방을 향한 진출 의지였다.

윤언이와의 불화도 북방 진출을 희구하는 세력과의 갈등으로 볼 수 있다. 윤언이는 왕건의 고려 창건을 도운 삼한공신(三韓功臣) 윤신달(尹莘達)의 후손으로, 그의 아버지는 윤관(尹瓘)이었다. 윤관은 여진족을 정벌하고 9성을 설치했다. 그러나 여진족의 강력한 요구에 밀려 중앙 정부는 9성을 반환할 수밖에 없었고, 결국 윤관은 여진 정벌 실패의 책임을 지고 은퇴했다.

김부식은 윤언이를 끊임없이 탄핵했다. 윤언이는 정지상 등과 가깝게 지내는 사이였지만 서경파는 아니었다. 실제로 그는 묘청의 난이 일어나자 김부식을 도와 정벌에 나섰다. 그럼에도 김부식은 묘청의 난을 진압한 이후에 윤언이가 정지상 등과 내통했다고 탄핵했다.

김부식이 북방 진출 의지를 가진 세력을 제거하려 했던 것은 고려의 국력으로는 그것이 불가능하다는 냉철한 현실 인식 때문이기도 했지만, 모화주의적 세계관에 입각한 것이기도 했다. 그의 관심사는 신라의 문화를 계승해 중국의 수준으로 발전시키는 것이었다. 그런 입장은 분명 우리나라의 진취적 기운을 꺾어 버리는 일이었다.

중화로써 오랑캐를 변혁한다

김부식은 묘청의 난을 진압한 후 인종에게 "하천과 도랑, 산과 고개를 안정시켜 진실로 만대의 안녕을 회복했다."라고 했다. 김부식이 진실로 안정시키고 회복하고자 한 것은 "화(華)로써 이(夷)를 변혁시켜야 한다."라는 모화사상이었다. 『삼국사기』 편찬은 이를 위해 필요한 작업이었다.

그는 「진삼국사기표(進三國史記表)」에서 새롭게 삼국 시대의 역사서를 편찬해야 하는 이유를 다음과 같이 밝혔다.

> 옛 기록은 문장이 거칠고 졸렬하며 사적도 빠진 것이 많습니다. 그로 인해 군주와 왕비의 선과 악, 신하의 충성스러움과 사악함, 나라의 안정과 위태로움, 백성의 도리가 무엇인지 제대로 드러나지 않았습니다. 그래서 권장하거나 징계하는 데 사용할 수 없습니다.

역사서는 군주와 신하, 나라와 백성의 행위의 옳고 그름을 가려 교훈을 주어야 한다는 것이 유교의 역사관이다. 그런데 옛 기록은 그러한 역사관을 갖추지 못했다. 그로 인해 어떤 행위는 권장하고 어떤 행위는 징계해야 하는지에 대한 역사적 교훈을 얻을 수 없다. 그래서 역사서를 다시 쓰게 되었다는 것이다.

『삼국사기』는 김부식의 진두지휘 아래 1140년부터 편찬 작업을 시작해 5년 후인 1145년에 완성되었다. 그의 나이 71세 때였다.

이 책은 중국 역사서의 전통에 따라 기전체(紀傳體) 형식으로 편찬되었는데, 본기(本紀) 28권, 지(志) 9권, 표(表) 3권, 열전(列傳) 10권으로 구성되었다. 주요 사건과 인물에 대해서는 유교 사상에 입각한 평론을 해 놓았다. 문장도 우아하고 세련되어 고려 전기 귀족 문화의 높은 수준을 한껏 보여 주었다. 중국의 역사서들과 비교해도 결코 뒤떨어지지 않는 것으로, "화로써 이를 변혁한다."라는 김부식의 사상을 유감없이 보여 준 작품이었다.

그러나 『삼국사기』에서는 논리적으로 설명하기 어려운 귀신 이야기는 배격해야 한다는 유교적 역사관에 따라 단군 신화를 비롯한 여러 가지 건국 신화가 무시되거나 평가 절하되었다. 신라 정통성론에 입각해 발해는 우리 역사에서 제외되었다. 졸렬한 문장이라 하여 신라 향가에 대한 이야기는 사라졌다. 훗날 이규보(李奎報)는 「동명왕편(東明王篇)」에서, 일연은 『삼국유사』에서, 이승휴(李承休)는 「제왕운기(帝王韻紀)」에서 이에 대해 비판했다.

김부식의 성과는 후학들에게 근원적인 물음을 제기했다. 그는 사상과 문화에서 중국과 대등한 수준을 이루고자 했고, 나름 성과도 얻었다. 그러나 그 과정에서 우리 고유의 역사와 문화는 무시되거나 폄하되었다. 그렇다고 하여 고유한 역사와 문화를 재인식하는 것만으로 김부식을 넘어섰다고 할 수는 없다. 원효가 그러했듯 선전적인 사상과 문화에 대한 이해와 아울러 현실에 대한 투철한 인식을 통해 통찰과 창조를 해내야 한다.

김부식은 그런 커다란 과제를 남겨 놓고 『삼국사기』를 편찬한 지 6년 후인 1151년 사망했다. 그의 나이 77세였다.

떠오르는 새로운 세력

김부식과 정지상에 관한 일화가 전해진다. 정지상은 당대의 문인으로, 이별의 슬픔을 노래한 「송인(送人)」으로 알려져 있다.

비 갠 언덕 위 풀빛 푸른데
남포로 임 보내는 구슬픈 노래

대동강 물이 언제 마르겠느냐

해마다 이별 눈물이 보태지는 것을.

김부식은 정지상의 재능을 몹시 부러워했다고 한다. 하루는 정지상이 지은 시구("절에 경 소리 그치니/ 하늘빛이 유리처럼 맑구나.")가 좋아, 김부식은 자신이 지은 것으로 하자고 제안했으나 거절당했다고 한다.

묘청의 난이 일어나자 김부식은 즉각 정지상을 처형했다. 정지상은 묘청을 처음 임금에게 소개했고, 서경 천도 운동에도 참여했다. 그러나 묘청이 반란을 일으켰을 때 정지상은 개경에 있었다. 반란에 가담하지 않은 것이다. 그럼에도 김부식은 서경으로 출정하기 전에 정지상부터 제거해 버렸다. 정지상의 재능에 대한 김부식의 시기심 때문이었다고 한다.

김부식이 죽고 난 반세기 후에, 이규보는 『백운소설(白雲小說)』에서 김부식과 정지상에 얽힌 일화를 소개했다.

정지상은 김부식에게 죽임을 당한 후 귀신이 되었다. 하루는 김부식이 "유색천사록 도화만점홍(柳色千絲祿 桃花萬點紅, 버드나무 가지는 천 갈래 실처럼 푸르고/ 복숭아꽃은 만 개가 붉구나.)"라는 시구를 지었다. 이 때 귀신이 된 정지상이 나타나 "누가 천 갈래인지 만 개인지 세어 보았느냐? 왜 '유색사사록 도화점점홍(柳色絲絲綠 桃花點點紅, 버드나무 가지는 가닥가닥 푸르고/ 복숭아꽃은 송이송이 붉구나.)'이라고 하지 않느냐."라고 했다. 하루는 김부식이 화장실에 갔는데 정지상 귀신이 나타나 힐난을 하며 그의 불알을 잡아당겨 김부식이 죽었다고 한다.

김부식이 죽음에 이르게 된 경위야 알 수 없으나, 이 일화는 정지상의

창의성을 들어 김부식을 조롱하고 있다. 김부식이 천사(千絲), 만점(萬點)'
이라 표현한 것을 비판하며 정지상은 '사사(絲絲), 점점(點點)'으로 표현하
지 않은 것을 힐난했다. 이러한 일화를 소개한 이규보의 글은 김부식을
넘어서는 새로운 세력, 즉 고려 전기 문벌 귀족들과는 다른 세계관과 철
학을 가진 세력이 역사에 등장했음을 알리는 신호이기도 했다.

진삼국사기표

김부식이 『삼국사기』를 편찬하면서 인종에게 올린 글로, 편찬 동
기와 그의 역사관이 드러나 있다. 서거정(徐居正)이 지은 『동문선
(東文選)』권44에 실려 있다.

신(臣) 김부식은 말씀 올립니다.

옛날부터 여러 나라가 각각 사관(史官)을 두어 자신들의
일을 기록했습니다. 그러므로 맹자(孟子)께서 말씀하시길, 진
(晉)나라의 『승(乘)』, 초나라의 『도올(檮杌)』, 노나라의 『춘추
(春秋)』는 모두 같다 하셨습니다. 생각하건대 우리나라의 삼
국은 역사가 길고 오래되어 마땅히 그 사실을 역사책에 기
록해야 합니다. 이에 이 늙은 신하에게 명하시어 편찬하게
하셨습니다. 생각하건대 제 스스로 부족할 따름이어서 어찌
할 바를 모르겠습니다.

엎드려 생각하옵건대, 성상 폐하께서는 당(唐)[1]의 높은
뜻을 타고나시고, 하나라 우임금의 근면함과 검소함을 체득
하시어, 아침부터 밤늦게까지 정사를 돌보시는 가운데에서
도 옛 고전을 두루 섭렵하셨습니다. 그래서 말씀하시길, 오
늘날의 학사, 대부(大夫) 들은 오경(五經)과 제자(諸子)의 글,
진(秦)나라와 한(漢)나라의 역대 역사에 대해서는 두루 통해
자세히 말하는 자가 있어도 우리나라의 일에 대해서는 까마
득히 잊어 그 시작과 끝을 알지 못하니 심히 한탄스럽다고
하셨습니다.

게다가 생각해 보니 신라, 고구려, 백제가 나라를 열어 솥
의 세 발처럼 서로 맞섰으나 예(禮)를 갖추어 중국과 상통했

1) 도당씨(陶唐氏), 즉 요
임금을 가리킨다.

기에, 범엽(范曄)의 『한서(漢書)』, 송기(宋祁)의 『당서(唐書)』에 모두 열전이 있지만, 자기 나라의 일은 상세하게 다루고 다른 나라의 일은 간략하게 다루어 제대로 갖추어 싣지 않았습니다.

또한 옛 기록[2]은 문장이 거칠고 졸렬하며 사적도 빠진 것이 많습니다. 그로 인해 군주와 왕비의 선과 악, 신하의 충성스러움과 사악함, 나라의 안정과 위태로움, 백성의 도리가 무엇인지 제대로 드러나지 않았습니다. 그래서 권장하거나 징계하는 데 사용할 수 없습니다. 마땅히 삼장지재(三長之才)[3]가 역사에 대한 일가(一家)를 이루고 만세(萬世)에 물려주어 해와 별처럼 빛나게 해야 합니다.

신과 같은 사람은 본래 재주가 뛰어나지 못한 데다가 깊은 식견도 없습니다. 나이가 들다 보니 정신이 날로 혼미해져서 아무리 책 읽기를 부지런히 해도 책을 덮으면 곧 잊어버리고 맙니다. 붓을 잡아도 힘이 없어 종이를 앞에 놓고도 써 내려가기가 어렵습니다. 신의 학술이 천박하기가 이와 같고 예전의 말과 지난 일들에 대해 깜깜하기가 그와 같습니다. 그러므로 온 정력을 다해 겨우 편찬을 마쳤으나 별로 볼 만한 것이 없어 부끄러울 따름입니다.

엎드려 바라옵건대, 성상 폐하께서 뜻은 컸지만 내용은 소홀하게 된 것을 널리 헤아려 주시고 함부로 만든 죄를 용서해 주십시오. 비록 명산에 보관해 두기에는 부족할지라도 장독 덮개로 사용하는 일은 없게 해 주시기를 바랄 뿐입니다. 변변치 못한 망령된 뜻을 하늘의 해처럼 두루 살펴 주시옵소서.

2) 『삼국사기』 이전에 우리나라에서 편찬되었던 삼국 시대의 역사서를 가리킨다. 지금은 전해지는 것이 없다.

3) 재능, 학문, 식견을 갖춘 자.

중니봉부

김부식이 장년의 나이에 지은 것으로, 공자를 봉황에 비유하며 찬
양하고 따르겠다는 뜻을 나타냈다. 서거정이 지은 『동문선』 권1에
실려 있다.

중니(仲尼, 공자의 자)는 인륜(人倫)의 으뜸이요, 봉황은 날
개 가진 새들 중의 왕이다.

이름은 조금 달라도 가지고 있는 덕은 서로 비슷하다.

신중히 행동해 나타남과 사라짐을 삼가니 나아갈 때와
들어올 때를 앎과 같다.

예악(禮樂)이 업신여김을 바로잡음은 빼어난 빛깔과 무늬
가 있음과 흡사하다.

공자께서 『춘추』[1]에 뜻을 두어 도로써 계씨(季氏)와 맹씨
(孟氏)를 물리쳤음은[2]

어질고 슬기롭지 못하면 중화(中和)의 성품을 따를 수 없
으니, 저 봉황과 같도다.

한때 상서로운 세상이라 불린 시대에 태어나, 저 어지신
분이 수백 대에 걸쳐 성스러운 스승이 되었다.

무늬가 빛나는 것처럼 도로써 이치를 꿰었다.

덕(德)이라는 깃털을 날려 무리를 이끌었고, 예(禮)라는
날개를 펼쳐 시대를 구했다.

금과 옥으로 만든 악기가 내는 것과 같은 아름다운 목소
리는 여덟 가지 악기 소리 중에서도 가장 빼어난 소리와 같
다.[3]

움푹 들어간 눈, 거북 무늬를 가진 위대한 모습은 오색(五

1) 공자가 노나라 역사에
의거해 엮은 것으로 유
교 오경의 하나.

2) 노나라의 두 대부 제
경공이 공자에게 계씨와
맹씨의 중간 대접을 하
겠다고 하자, 공자가 그
것을 거부했다고 한다.

3) 맹자가 공자의 덕을
음악을 빌어 찬양한 말.

色)을 갖춘 사내답다.[4]

요순의 도를 받들고 문왕(文王), 무왕(武王)을 본받아 동서 남북 천하를 주유하며,

인의의 숲에서 덩실덩실 춤추고 시서(詩書)의 세계에서 활개 치며 날았다.

송나라를 지날 때 나무가 베어지자 머무는 것의 위태로움을 탄식했고,[5]

제나라에서 순임금의 음악인 소(韶)가 울리자 봉황의 덕이 드러났음을 알았으니,

겉모습은 비슷하지 않아도 오직 지혜로움으로 그 뜻을 알았구나.

기예(技藝)를 가지고 주유했지 안개 속을 헤매듯 하지 않았고,

제후의 땅을 다녔지 울퉁불퉁한 곳을 다니지 않았다.

너그럽게 질그릇에 받은 것은 음식을 탐내지 않음이고,[6]

봉액(縫掖)[7]을 즐겨 입었으니 어찌 덕이 쇠퇴했다고 말하겠는가.

나아감과 물러남에 향기가 나는 것은 날개를 굽혔다 폈다 함을 빠르게 하여 나는 것과 같다.

정공(程公)에게 양산을 기울였구나,[8] 진실로 같지 않았기에.

큰 잉어가 정원에서 기뻐 뛰는구나,[9] 과연 선생이 있음을 알았기에.

요순시대를 즐겨 말함은 살리기를 좋아하고 죽이기를 싫어하는 시절로 돌아가자는 것이요,

제나라 환공, 진나라 문공을 말하지 않음은 알을 깨고 둥

4) 봉황이 앞은 기린, 뒤는 사슴, 뱀의 머리, 용의 무늬, 거북의 등을 가지고 있다 하여 나온 말.

5) 공자가 송나라를 지날 때 제자들과 함께 큰 나무 아래에서 예를 익혔는데, 송나라의 환퇴가 공자를 죽이고자 그 나무를 베었다.

6) 공자가 진채에서 포위되어 7일간 굶다가 질그릇에 밥을 받아먹었다.

7) 겨드랑이만 꿰매어 옆이 터진 옷.

8) 『가어』에 "공자가 길에서 정자를 만나 양산을 기울이고 말씀하셨다."라는 말에서 온 것.

9) 공자가 혼자 서 있는데 잉어가 인사를 하고 지나가자 잉어에게 "시와 예를 배워라."라고 했다 한다.

지를 뒤엎는 마음을 멀리하고자 함이다.

높고 높은 덕과 의(義), 깨끗하고 맑은 예법에 맞는 몸가짐이다.

이산(尼山)[10]보다 훨씬 높아 단혈(丹穴)[11]에 머물러 있지 못한다.

쇠퇴한 주나라의 칠십 제후들이 솔개와 부엉이처럼 마침내 웃었고, 궐리(闕里, 공자가 살던 마을)의 삼천 제자들은 새와 참새처럼 따랐다.

보잘것없는 선비는 대대로 내려온 보물을 일찍 물려받았으나 아로새긴 붓은 아직 꿈을 꾸지 못한다.

어려서는 문장을 공부하고 나이 들어서는 경전을 즐기고 음풍하며,

남기신 기풍을 찬양하면서 기어이 공자께 붙은 영광을 차지하려고 한다.

10) 공자의 아버지와 어머니가 이구산(尼丘山)에서 기도해 공자를 얻었다고 한다.

11) 단사(丹砂)를 내는 산의 구멍. 단혈이 있는 산을 단산(丹山)이라 하는데 그곳에 봉황이 깃든다고 한다.

더 읽어 보기

김부식 외, 고전연구실 옮김, 『신편 고려사 1』, 신서원, 2001

김부식, 신호열 옮김, 『삼국사기』, 동서문화사, 2007

정영애, 『최치원』, 파랑새, 2007

최영성, 『최치원의 철학 사상』, 아세아문화사, 2001

한영우 선생 정년 기념 논총 간행위원회 엮음, 『63인의 역사학자가 쓴 한국사 인물 열전 1』, 돌베개, 2003

이규보

우리 민족의 역사와 문화를 재발견하다

이규보는 1168년 황려현(黃麗縣, 지금의 여주)에서 태어났다. 어렸을 때 이름은 인저(仁低), 자는 춘경(春卿)이다. 호는 백운거사(白雲居士), 삼혹호선생(三酷好先生)이며, 시호는 문순(文順)이다. 삼혹호선생이라는 호는 시와 거문고와 술을 좋아해서 스스로 붙인 것이다. 이규보의 집안은 조상이 누구인지도 잘 알 수 없는 보잘것없는 가문이었다. 그의 아버지 역시 말단 관원이었다.

이규보는 어렸을 적부터 신동으로 불렸다. 9세 때부터 중국 고전들을 공부했고, 14세 때부터 본격적으로 과거 시험을 준비했다. 16세 때 처음 과거 시험을 보았지만 낙방했고 그 후로도 두 번이나 더 낙방의 고배를 들어야 했다. 그가 과거 시험에 합격한 것은 23세 때였다. 24세 때에는 아버지가 돌아가셨다.

1207년 40세 때 권보직한림(權補直翰林)에 발탁되었다. 이후 사재승(司宰丞), 우정언(右正言), 집현전 대학사(集賢殿大學士) 등 30년간 주로 학문을 다루는 관직을 맡았고, 외교 문서를 전담했다. 1237년 문하시랑평장사(門下侍郎平章事) 겸 감수국사 겸 태자대보를 마지막으로 관직에서 물러났다. 1231년 64세 때 몽골의 침략이 시작되었고, 그 10년 후인 1241년 사망했다.

저서로는 『동국이상국집(東國李相國集)』, 『백운소설』 등이 있다.

만물은 스스로 생겨난다

한여름 밤, 모기에게 시달려 잠을 설쳐 본 사람들은 그 괴로움을 잘 알 것이다. 그래서 조물주에게 물었다.

"하늘이 사람을 먼저 내고 온갖 곡식을 냈으므로 사람이 그것을 먹습니다. 그다음에 뽕나무와 삼나무를 냈으므로 사람이 그것으로 옷을 지어 입습니다. 그렇게 보면 하늘이 사람을 사랑하심을 알 수 있습니다. 그런데 왜 독을 가진 것들 또한 냈습니까? 곰, 호랑이, 늑대, 승냥이에서부터 모기, 등에, 벼룩, 이에 이르기까지 사람에게 몹시 해로운 일을 합니다. 그렇게 보면 하늘이 사람을 미워해 죽이려 하는 것 같습니다. 사랑하고 미워하는 일이 이렇듯 일정치 않으니, 그 까닭은 무엇입니까?"

조물주가 대답했다.

"사람과 사물이 생겨남은 원인을 알 수 없이 자연스럽게 일어나는 일이라 하늘도 알지 못하고 조물주인 나도 알지 못한다. 사람은 스스로 태어나지 하늘이 내지 않는다. 곡식과 뽕나무, 삼나무도 자기 스스로 생겨났다. 어찌 하늘이 이로움과 해로움을 가려서 조치를 취할 수 있겠는가."

(중략)

그래서 다시 물었다.

"하늘도 알지 못하고 조물주도 알지 못한다 하는데, 하늘은 스스로 행동하지 않으니 모른다 해도 조물주가 어찌 모른다고 하십니까?"

조물주가 다시 답했다.

"내가 만드는 걸 네가 보았느냐? 물(物)은 스스로 생겨나서 스스로 변화한다. 내가 어찌 만들겠느냐. 내가 어찌 알겠느냐. 나를 조물주라고 부르는데 나는 그 이유도 모르겠다."

이규보(李奎報, 1168년~1241년)가 쓴 「문조물(問造物)」의 한 부분이다. 물은 인간과 자연을 모두 포함하는 만물(萬物)을 말한다. 이 물이 스스로 생겨나서 스스로 변화한다. 한문으로는 '물자생자화(物自生自化)'이다. 만물을 만든다고 알려진 조물주가 한 말이다. 이규보는 조물주의 입을 빌려 만물이 누군가에 의해 만들어지는 게 아니라 스스로 생겨나고 성장, 발전한다고 했다.

이렇게 되면 조물주보다는 만물이 스스로 생겨나고 성장하는 현실 자체가 관심사가 된다. 이렇듯 이규보는 학문의 관심 영역을 현실 밖에서 현실 안으로 옮겨 놓았다. 그것은 새로운 철학이었다.

무신의 난과 새로운 세력의 등장

1170년(고려 의종 24년), 무신의 난이 일어났다. "문신의 씨를 말려라."라는 기치 아래 문신들에 대한 처참한 도륙이 행해졌다. 산속 깊숙이 숨거나 절로 도피해 승려가 된 문신들만이 겨우 목숨을 유지할 수 있었다.

정권을 잡은 무신들 사이에 치열한 권력 투쟁이 벌어졌다. 이의방(李義方)에서 정중부(鄭仲夫)로, 다시 정중부에서 경대승(慶大升)으로, 이어서

이의민(李義旼)으로 이어지는 투쟁과 권력 교체의 역사가 26년간이나 계속되었다. 1196년 최충헌(崔忠獻)이 집권한 뒤에야 혼란이 수습되고 정치는 안정을 되찾았다.

당대의 문신 이인로(李仁老)는 무신들의 문신 제거와 이로 인한 사회적 혼란, 그리고 오랜 기간 이어진 무신 통치로 인해 문화의 암흑기를 맞이하게 되었다고 평가했다. 그는 자신이 지은 『파한집(破閑集)』에서 무신의 난 이전에 임금과 신하들이 어울려 시를 짓고 풍류를 즐기던 시절을 회상했다. 특히 그는 예종 시절을 동경해 "임금과 신하가 서로를 알아주던 때"라고 했다.

과연 예종 때가 태평성대였을까? 그때는 문벌 귀족들이 득세한 시기로 특히 이자겸의 권세가 높았다. 이인로는 이자겸과 같은 집안사람의 후손이니, 그가 예종 시대를 찬미했던 이유를 알 수 있다.

이인로는 고려 전기 3대 문벌 중 인주 이씨 가문 출신이다. 이자겸의 난이 실패한 이후 인주 이씨 가문은 영향력이 줄어들었지만, 여전히 기세등등한 집안이었다. 이인로는 19세 때 무신의 난이 일어나자 절에 숨어 가까스로 목숨을 건졌다. 그는 최충헌이 실권자가 된 뒤 세상에 나와 과거를 치르고 관리가 되었으나, 예전처럼 높은 직책을 얻지 못했다. 과거의 영광은 다시 돌아오지 않았다.

이인로는 중국의 죽림칠현(竹林七賢)을 본떠 비슷한 처지에 있던 문인들과 함께 죽림고회(竹林高會)를 결성했다. 산과 들을 찾아 음풍농월하며 신세를 한탄하는 모임이었다. 그들은 무신 정권에 대해 큰 불만을 가지고 있었지만, 이를 감히 드러내지는 못했다. 그저 풍류를 즐긴다며 허송세월했다. 그러면서도 자신들은 대단한 재능을 가지고 있다고 교만한 태도를 보여 오히려 주변 사람들로부터 배척당했다.

이처럼 고려 전기에 권력을 주무르던 문벌 귀족층은 무신의 난을 거치며 몰락했다. 대신 지방의 신진 세력이 등장하기 시작했다.

최충헌은 실권자가 된 후 서방(書房) 등의 기구를 두어 문신들을 다시 등용했다. 이인로와 같은 구귀족층이 등용되기도 했지만, 최충헌 시대 이후 등장한 문신들은 출신과 사상 면에서 고려 전기의 문신들과 전혀 달랐다. 대부분은 그동안 소외되었던 지방 출신으로, 현실적이고 혁신적인 사상을 추구했다. 이것은 세력 교체였고, 역사의 격변이었다.

새로 등장한 이 세력은 구귀족층이 이루어 놓은 사상과 문화를 혁신했을 뿐만 아니라 고려를 붕괴시키고 조선을 개국하는 데까지 이르게 된다. 이들을 가리켜 신진 사대부라고 한다. 이렇게 볼 때 무신 정권 시기를 문화의 암흑기라 평가하는 것은 일면적이다. 무신 정권은 구세력을 몰락시키고 신세력을 등장시키는 촉매의 역할을 했다. 무신 정권·시기에 등장한 신세력의 선구자가 이규보였다.

현실에 적극적으로 참여한 지식인

이규보는 1168년 황려현(지금의 여주)에서 태어났다. 호는 백운거사, 삼혹호선생이다. 삼혹호선생이란 호는 시와 거문고와 술을 좋아해 스스로 붙인 것이다. 특히 시를 몹시 좋아해 이를 가리켜 자신의 병이라 하기도 했다. 그는 무려 8000여 수의 시를 지었다고 하는데, 신라의 최치원 이래 그만큼 많은 시를 지은 사람은 없었다. 조선 시대의 문인 서거정은 이규보를 가리켜 "우리나라의 시호(詩豪)는 오직 규보 한 사람 뿐"이라고 했다.

이규보는 또한 술을 몹시 좋아했다. 11세 때 숙부가 '종이'를 주제로 시를 지어 보라 하자 "기나긴 종이 길에 붓이 가고/ 술잔의 마음은 항상 누룩에 있다."라는 시를 지었다고 한다. 그 나이에 벌써 술맛을 알았는지 알 수 없으나, 이미 15세 때부터 술에 대해서는 일가(一家)를 이루었다.

술을 좋아하고 술 마시면 시를 짓고 거문고를 뜯는 그는 분명 일류 풍류객이었다. 또한 성격상 얽매이는 것을 싫어해 자신의 호를 백운거사라 하기도 했다. 흰 구름처럼 한가로이 어디든 다니고 싶다는 마음을 표현한 것이다.

이쯤 되면 한량으로 일평생을 살았을 것 같은데, 이규보는 그러지 않았다. 그가 살았던 시대는 격동기였다. 2세 때 무신의 난이 일어나 28세가 되던 해까지 무신들 간의 권력 투쟁으로 극심한 정치적 혼란의 시기가 계속되었다. 또한 이때 각지에서 농민 반란이 일어나 사회적으로도 몹시 혼란스러웠다. 그는 이런 현실에 적극 참여했고, 자신에게 주어진 역할을 다하고자 했다.

이규보는 어렸을 적부터 신동으로 불려, 9세 때부터 중국 고전들을 공부했고, 14세 때부터 본격적으로 과거 시험 준비를 했다. 하지만 이미 15세 때 술에 대해 일가를 이루었으니 시험공부가 제대로 될 리 없었다. 16세 때 처음 과거 시험을 보았지만 낙방했다. 그 후로도 두 번이나 더 낙방하고, 23세 때 과거에 합격했다. 그렇지만 바로 관직을 받지는 못했다. 게다가 24세 때 아버지가 돌아가시자 실의와 좌절 속에서 세월을 보냈다. 그렇다고 현실에 불만을 토로하며 염세적으로 살지는 않았다. 이인로 등이 주축이 된 죽림고회에서 그에게 가입을 권유한 적이 있는데, 이규보는 "칠현(七賢)의 자리가 관직도 아닌데 어찌 빈자리를 채우려 하는가."라며 거절했다. 이규보는 죽림고회의 문인들을 가식과 허위로 가득 찬 속물로 보았고 그들의 도피사상 역시 경멸했다.

우리 역사의 재발견

이규보는 관직을 얻지 못하자 개경 근처의 천마산으로 들어가 살았다. 정중부와 경대승에 이어 이의민이 무신 정권의 실권자인 시절이었다. 이의민은 아버지가 소금 장수이고 어머니가 절에 속한 노비인 천민 출신이었다. 그는 자신의 힘만 믿고 나라의 권력을 전횡했다. 왕은 허울뿐인 존재였고, 관리들은 타락하고 무능했다.

지방에서는 농민들에 대한 수탈이 극심했다. 이규보는 지방을 돌아다니며 참상을 목격했다. 풍년이 들어도 관청에서 수확물을 모두 빼앗아 가 버려 농민들이 "풀뿌리를 캐 먹다가 굶주림에 지쳐 쓰러진다."라고 개탄했다.

흉년이 들면 상황은 더욱 악화되었다. 이규보는 군수 몇 명이 장물죄를 지었다는 얘기를 듣고 지은 시 「문군수수인이장피죄(聞郡守數人以臟被罪)」에서 그 상황을 신랄하게 비판했다.

> 흉년 드니 백성들이 죽게 되고
> 앙상하게 뼈와 가죽만 남았는데
> 몸속에 살이 얼마나 남았다고
> 갈가리 찢어 아무것도 남지 않게 하는가.
>
> 너희들은 보느냐 강물을 마시는 두더지도
> 자기 배를 채우는 데 지나지 않는데
> 묻노라 너희들은 입이 몇 개나 되기에
> 탐욕스럽게 백성의 살을 먹어 대느냐.

백성에 대한 수탈이 극에 달했음을 보여 주는 작품이다. 상황이 이렇게 되자 각지에서 농민 반란이 일어났다.

이규보는 이러한 정치적, 사회적 상황을 보고 겪으며 고려라는 나라와 그 백성에 대해 깊이 생각했다. 또한 우리의 역사를 다시 살펴보고 새롭게 평가했다. 그 결실로 서사시 「동명왕편」을 썼다. 26세 때였다.

그는 서문에서 이 서사시를 쓰게 된 과정과 이유를 밝혔다.

> 세상에서 동명왕의 신통하고 이상스러운 일을 이야기한다. 널리 알려진 얘기여서 무식한 백성까지 알고 있다. 내가 일찍이 그것을 듣고 "공자께서 괴력난신(怪力亂神)을 말하지 않으셨다. 동명왕의 일은 황당하고 기괴해서 우리가 이야기할 바가 못 된다."라고 말했다.

처음에 세상 사람들로부터 동명왕에 관한 얘기를 들었다고 했다. 백성들 사이에 입에서 입으로 전해 내려온 동명왕 구비 신화이다. 그러나 이얘기가 공자의 말씀에 어긋난다 하여 무시했다. 괴력난신 이야기, 즉 이해할 수 없는 귀신 이야기는 배척한다는 유교적 역사관 때문이었다. 김부식 역시 이런 관점에서 동명왕 신화를 『삼국사기』에서 누락시킨 바 있다.

> 옛 『삼국사』를 얻어 「동명왕 본기(東明王本紀)」를 읽어 보니 그 이상한 사적이 세상에서 이야기하는 것보다 더했다. 그래서 처음에는 믿을 수 없어 귀신이고 환상이라 생각했다. 그런데 세 번을 반복해 깊이 읽고 음미하니 점차 그 본뜻을 알게 되었는데, 환상이 아니라 성스러운 것이고 귀신이 아니라 신(神)의 일이었다.

이번에는 옛 역사서를 찾아 읽었다. 거기에도 동명왕의 이상한 이야기가 실려 있는데 그 정도가 더 심해서 믿을 수 없었다고 한다. 그러나 세 차례 읽으며 그 뜻을 헤아려 보면서 동명왕 이야기의 참뜻을 알게 되었다. 그것은 우리 역사에 대한 재발견이었다. 마침내 그는 이러한 결론을 내렸다.

동명왕의 일은 사람들을 현혹하는 것이 아니고 나라를 처음 일으킨 신성한 발자취이니 이것을 기록하지 않으면 후세 사람들이 우리를 무어라 할 것인가. 그래서 시를 지어 기록해 우리나라가 본래 성인(聖人)의 나라임을 천하에 알리고자 한다.

「동명왕편」을 쓴 의도가 분명하게 드러난다. 동명왕 이야기는 고구려를 세울 때의 기록이다. 그때로부터 우리나라의 역사가 시작되었으니 매우 오래되었다. 선조들은 외부의 힘을 빌리지 않고 스스로 나라를 세웠다. 게다가 이 이야기에 따르면 우리나라는 본래 성인의 나라이니 중국과 대등하다. 이규보는 역사에 대한 주체적인 해석을 통해 이전 시기 김부식으로 대표되는 모화주의적 역사관을 청산하고자 했다.

이규보는 오랫동안 백성들 사이에 떠돌던 얘기를 기록해 「동명왕편」을 썼다. 이것은 민족사에 대한 주체적 각성을 백성들의 염원과 결합하고자 한 시도였다. 그는 우리 역사에 대한 자부심을 불러일으키고, 우리나라가 오랜 역사를 지닌 성인의 나라이기 때문에 더 나은 나라로 나아갈 수 있다는 희망을 전파하고자 했던 것이다.

물(物)을 만나 그 비밀을 연구하다

이규보는 현실을 중시하는 철학을 바탕으로 민족적 각성을 이룰 수 있었다. 이는 고려 전기까지의 지배적인 철학과는 대비되는 것이었다.

고려 전기의 사상을 지배한 인물은 의천이었다. 그는 고려 11대 왕 문종의 넷째 아들로, 불과 10세의 나이에 출가했다. 불교는 물론 유교 경전, 역사서, 제자백가(諸子百家)를 두루 섭렵해 학식이 높았고, 중국 송나라에 유학한 후 귀국해서는 천태종(天台宗)을 열었다.

의천은 원효를 존경했다고 한다. 그래서 원효가 머물렀던 분황사를 찾아 "오늘 만남은 겨자가 바늘을 찾은 것 같은 기적이다."라며 기쁨을 표현하기도 했다. 당시에 원효는 이미 잊힌 인물이 되어 그 유적을 찾는 일이 매우 어려웠던 것 같다. 그가 원효를 찾은 이유는 민중 불교를 계승하기 위해서가 아니었다. 의천은 귀족 불교를 국가 불교로 발전시키기 위해 불교의 모든 종파를 통합할 필요를 느꼈다. 그는 원효가 화쟁 사상을 통해 불교를 통합하려 했던 사실을 높이 평가한 것이다.

의천의 사상에 대해서는 심(心), 즉 마음과 물(物), 즉 만물의 관계에 대한 다음과 같은 글에서 알 수 있다.

> 심(心)은 본래 깨끗하고 자유자재이며 평등하다. 성인에게든 보통 사람에게든 심은 하나다. 이것을 알지 못하면 번뇌와 생사(生死)의 세계이고, 이것을 알면 보리(菩提)와 열반(涅槃)의 세계이다. 심이라 하면 심이 되고, 물(物)이라 하면 물이 된다. (중략) 다만 심이 자신의 본성을 지키지 못하고 물에 현혹되어 움직이고 인연에 따라 변하면서 중생들은 허망하게도 본말을 뒤집어 버린다. 깨끗한 것을 더럽혀 유혹이 생겨나고, 자유자재한

것을 얽어매 번뇌가 생겨나고 평등한 것을 차별해 업보를 만든다.

성인이든 보통 사람이든 모든 사람의 마음은 하나다. 마음의 수양을
잘 하면 살아가는 동안에도 부처의 세계에 살고, 죽어서는 불교의 천
당인 극락세계에 간다. 그런데 보통 사람들은 이런 이치를 알지 못하고
만물의 유혹, 즉 현실의 유혹에서 벗어나지 못한다. 그래서 번뇌와 업보
가 생겨난다. 의천은 이 글을 통해 마음의 중요성을 말하고자 했다.

하지만 마음 수양은 보통 사람에게 여간 어려운 일이 아니다. 보통 사
람들은 살아가면서 여러 가지 문제나 어려움에 부닥치게 되고, 온갖 번민
과 고통을 겪는다. 마음을 다잡아 보려 해도 쉽지가 않다. 현실 속 문제
는 그 안에서 해결해야 한다. 철학이 보통 사람들의 현실에 주목해야 하
는 이유가 여기에 있다.

마음을 중시하는 철학에 대한 이규보의 반론은 당나라의 문인 유종원
(柳宗元)이 쓴 「수도론(守道論)」에 관한 반박에서 찾아볼 수 있다. 제목은
「반유자후수도론(反柳子厚守道論)」이다.

> 물(物)은 도(道)의 기준이다. 그 물을 그 기준에 따라 지킨 이후에야 도
> 가 존재한다. 그것을 버리면 도를 잃게 된다. 관직은 도의 그릇이다. 도
> 를 지키고서 관직을 잃은 자는 있지 않다. (중략) 보통의 사람은 도가 관
> 직을 지키는 근본임을 알지 못하고, 허황되게 도가 있는 데만 찾고, 도를
> 잘 지키겠다고 하다가 관직에 소홀해 관직을 잃어버리고 오히려 화를 당
> 하게 된다. (중략) 진실로 도를 지키는 것이 관직을 지키는 것만 못하다
> 하고 부지런히 노력하고 각별히 조심해서 관직을 지킨다면 도에 가깝게
> 다다를 수 있다.

'물은 도의 기준이다.' 이것은 유종원이 한 말이다. 이규보 역시 이 말에 동의한다. 의천이 심을 중요시했다면, 유종원이나 이규보는 물이 중요하다고 말한다. 그러면서 이규보는 유종원보다 한 발 더 나아간다.

유종원은 "도를 지키는 것이 관직을 지키는 것보다 중요하다."라고 말했다. 이규보는 그런 말이 성인에게나 해당되는 것이라고 했다. 보통 사람들은 도를 지키려다가 오히려 관직을 잃을 수도 있다. 따라서 보통 사람들이 자신의 관직을 열심히 지킨다면 도에 가까워질 것이라 했다.

이규보는 물의 중요성을 더욱 공고히 다진 것이다. 관직 역시 물이다. 도와 관직은 둘이면서 하나다. 도와 관직은 하나이므로 도를 관직보다 우선시하는 태도는 올바르지 않다. 또한 도와 관직은 둘이므로, 관직 생활을 열심히 하며 그 속에서 도를 찾아야 한다. 그것이 보통 사람이 해야 할 바이다.

이규보는 자신의 사명이 "물과 만나고 물의 비밀을 연구하며, 연구 결과를 근거로 세상의 잘잘못을 가리는 것"이라고 했다. 우주 만물에서부터 일상생활에 이르기까지, 그것들과 부딪치고 연구해 무엇이 옳고 그른지를 가려내겠다는 말이다. 이러한 과정을 통해 그는 마침내 '만물은 스스로 생겨나서 스스로 변화한다, 즉 물자생자화(物自生自化)'라는 결론에 도달한다.

이규보는 심, 즉 마음을 중요시하는 철학에서 물을 중요시하는 철학으로 철학을 일대 혁신했다. 그것은 현실의 중요성을 깨닫는 철학이다. 이러한 철학적 배경을 바탕으로 그는 우리나라의 역사와 문화를 재발견할 수 있었다.

새로운 말을 만드는 이유

이규보는 흔히 동시대 사람인 이인로와 비교된다. 이인로가 몰락한 구 귀족층을 대변한다면, 이규보는 신진 세력의 선구자이다. 이들보다 한 세 대 뒤 사람인 최자(崔滋)가 『보한집(補閑集)』에서 두 사람을 비교했다.

이인로는 말하길, 문을 닫고 들어앉아 황정견(黃庭堅)과 소동파(蘇東坡, 소식) 두 사람의 문집을 읽은 뒤에 말이 굳세고 운이 맑은 소리를 내게 되었고 시 짓는 지혜를 얻었다고 했다. 이규보는 말하길, 옛 사람을 답습 하지 않고 새로운 말을 만들었다고 했다.

황정견과 소동파는 중국 송나라의 문인들이다. 특히 소동파는 당대 고 려의 문인들에게 절대적인 영향력을 행사했다. 문인들은 소동파의 작품 을 연구하고, 그의 글을 모방하려 애썼다. 그래서 과거 시험을 알리는 방 이 나붙으면 "올해도 서른 명의 소동파가 나오겠구나."라는 말이 유행했 다고 한다. 과거 시험 답안지가 온통 소동파 문장의 모방으로 채워지기 때문이었다.

이인로는 황정견과 소동파를 연구하고 난 다음에야 제대로 된 글을 쓸 수 있게 되었다고 했다. 그는 문장의 수준이 중국 문인의 수준과 대등해 져야 한다고 생각했다. 전 시대의 김부식도 같은 생각을 갖고 있었다. 이 인로는 사상적으로도 "심(心)은 하늘에서 마련해 준 것이기에 물(物)에 따 라서 변하지 않는다."라고 했다. 심의 우월성을 말한 것인데, 현실보다는 이상을 중요시한 말이다. 그리고 이인로에게 그 이상은 중국이었다.

중국 문인들의 글을 교본으로 하다 보니, 모방은 아니더라도 차용은 불가피했다. 좋은 문장을 본받아야 하기 때문이다. 모방이든 차용이든 이런 풍조에 대해 이규보는 '도둑질'이라고 규정했다. 그는 전이지(全履之)라는 사람의 글에 대한 답변에서 이렇게 썼다.

오늘날 사람들은 헷갈림이 심해서 훔친 물건이라도 눈을 즐겁게 하면 탐내고 즐긴다. 누가 그 말의 유래를 알겠는가 하고 생각하지만, 백 년 후에 누군가 참과 거짓을 가려낸다면 도둑질을 잘한 사람이라도 반드시 잡히고 만다.

단순 모방 못지않게 교묘한 차용 역시 문제다. 그런 '도둑질'은 당장에는 사람들을 속일 수 있을지 몰라도 언젠가는 밝혀진다. 이규보 자신은 "옛 사람을 답습하지 않고 새로운 말을 만들었다."라고 했다. 또 그 이유에 대해 "젊어서부터 방랑을 했기에 책을 읽어도 정독을 하지 못했기 때문"이라고 했다.

하지만 이 말은 사실이 아니다. 이규보는 공부를 많이 한 사람이었다. 이런 겸손은 모방 혹은 차용하는 자들에 대한 반어법적 비판이었다.

옛 성현의 말씀을 제대로 익히지 못하고 옛 문인의 문체를 본받는 것을 부끄럽게 여겨, 부득이하거나 창졸간에 글을 쓰게 될 때는 가져다 쓸 말이 없어 반드시 새로운 말[新語]을 만들었기 때문에 말이 어색했다. 옛 문인들은 뜻은 만들었지 말은 만들지 않았는데, 나는 뜻과 말을 모두 만들고도 부끄러워하지 않으니 세상의 문인들 중에 눈을 치켜뜨고 배척하는 사람이 많다.

이규보는 자신이 새로운 말을 만들 수밖에 없는 사정을 설명하면서, 그로 인해 자신을 배척하는 사람이 많다고 했다. 그러나 이러한 언급은 그들에 대한 우회적 비판이었다.

이규보는 물을 중요시했고, 현실에 대한 탐구를 자신의 과제로 삼았다. 그런데 옛 성현의 말씀이나 문인들의 글만으로는 그러한 탐구의 결과를 표현할 수 없어, 새로운 말을 만들어 냈던 것이다.

이인로는 심과 물을 구분하고 심을 우선시했지만 이규보는 이런 구분 자체를 부정했다. 그는 물을 중요시했고, 마음의 총체적 표현인 도 역시 물의 도일 뿐이라 하며, 물을 넘어서서 존재하는 별도의 도를 인정하지 않았다. 그것은 오랜 현실 탐구를 통해 얻어 낸 통찰이었다.

몽골 침략에 맞서서

이규보에게 기회가 왔다. 그는 1207년에 당시의 실권자인 최충헌에게 발탁되어 권보직한림을 맡게 되었다. 그의 나이 40세, 과거 시험에 합격한 후 16년 만이었다. 이후 30년간 주로 학문 관련 관직을 맡았고, 1237년 문하시랑평장사, 감수국사, 태자대보를 마지막으로 관직에서 물러났다.

이규보의 관직 생활은 평탄했다. 두 차례 좌천과 귀양살이를 거치기는 했지만 곧 더 높은 자리로 승진하곤 했다. 그러나 그의 말년에 고려는 매우 어려운 시기를 맞았다.

1231년 몽골의 침략이 시작되었다. 이규보의 나이 64세였다. 침략은 40여 년에 걸쳐 여섯 차례나 이루어졌다. 고려는 수도를 개경에서 강화도로 옮기며 몽골에 맞섰다. 1237년부터 몽골 격퇴를 기원하기 위해 대장경(大藏

經)이 만들어지기 시작했다. 이 사업을 완성하는 데 무려 16년이 걸렸다. 그렇게 만들어진 경판 수는 무려 8만여 개나 되었다. 흔히 팔만대장경이라 하는 『고려 대장경(高麗大藏經)』은 이렇게 만들어졌다.

이규보는 「대장각판군신기고문(大藏刻板君臣祈告文)」에서 『고려 대장경』을 만들게 된 의도를 밝혔다.

> 엎드려 바라건대, 여러 부처, 성현, 서른 세 개의 하늘[三十三天]이시여, 간곡한 기원을 헤아리시어 신통력을 내려 주십시오. 저 악랄하고 추악한 오랑캐 무리가 자취를 감추고 멀리 도망가 다시는 우리나라 땅을 밟는 일이 없게 하시고, 나라 안팎을 편안하게 해 주십시오.

몽골의 침략을 규탄하는 이규보의 붓은 고령의 나이임에도 멈추지 않았다. "저 극악무도한 무리들이 국경을 침범해 우리 백성을 살육하고 있다."라고 규탄하고, "사방을 유린하고 겁탈해 죽은 자가 길에 즐비하다."라고 분개했다.

시월에 치는 번개라는 뜻을 가진 「시월전(十月電)」이란 시에서는 몽골 침략군을 격퇴하기를 바라는 그의 절절한 마음이 드러난다.

> 하늘이 교만한 녀석들을 풀어 놓아 독이 이미 퍼졌는데,
> 이 겨울에 천둥 번개는 또 어찌된 일인가.
> 계절을 뒤집었으나 오랑캐의 머리를 향해 내리친다면,
> 때 아닌 때이지만 알맞은 때라 하겠다.

음력으로 시월은 겨울철인데 번개가 쳤다. 본래 번개가 칠 계절이 아닌

것이다. 그렇더라도 그 번개가 오랑캐 머리를 친다면 제대로 된 번개라고 했다. 오랑캐를 몰아낼 수만 있다면 계절의 질서에 어긋나도 알맞다고 한 데서 이규보의 마음을 읽을 수 있다.

몽골의 첫 번째 침략이 있은 지 10년 후인 1241년 이규보는 사망했다. 고려가 몽골을 격퇴하기는커녕 오히려 점점 더 몽골의 부속국이 되어 가는 현실을 안타까워하면서 그는 눈을 감았다. 그의 나이 74세였다.

이규보는 혼란스러운 시기를 살았다. 태어나자마자 무신의 난이 일어나고 농민들이 궐기하는 등 사회적 혼란 속에서 청년기를 보냈다. 말년에는 몽골이 침략해 큰 시련을 겪었다. 그러나 그가 관직을 맡게 된 때부터 몽골이 침략해 오기 이전까지 20여 년간은 비교적 평화로운 시기였다. 정치와 사회가 안정되고, 거란족이 가끔 국경을 침범하는 일을 제외하고는 별다른 시련도 없었다.

이규보는 관직에 있는 동안 국가의 외교 문서를 도맡아 작성했을 뿐만 아니라 최충헌과 최우(崔瑀)로 이어지는 실권자들의 문서 수발을 책임졌다. 그런데 '관직 하나에 시 한 수, 시 한 수에 관직 하나'라는 식으로 이규보는 자신의 문장 능력을 출세에 활용했다. 최충헌, 최우에게 아부하는 시를 쓰고 더 높은 관직으로 올라가기도 했다. 이런 사실을 두고 후세 사람들은 그를 부정적으로 평가하기도 한다.

그러나 이규보는 자신의 관직을 사리사욕을 채우는 데 이용하지 않았다. 청렴한 생활을 했고, 자신의 직책에만 충실했다. 시와 술, 거문고를 좋아했지만 자신에게 주어진 일은 제대로 처리했다. 일상생활의 풍류와 관직 생활의 엄격함을 함께 이루어 냈다. 그러면서도 물(物)에 대한 탐구라는 사명 역시 소홀히 하지 않았다. 그는 창조적이고 주체적으로 현실에 대해 탐구했고, 마침내 혁신적인 철학적 통찰을 얻었다.

동명왕편 서(序)

「동명왕편」은 이규보가 26세 때 백성들 사이에 전해지던 구전 신화와 옛 『삼국사』(지금은 전해지지 않음.)의 「동명왕 본기」를 토대로 하여 지은 서사시이다. 그는 서문에서 서사시를 짓게 된 과정과 의도에 대해 밝혔다. 『동국이상국집』 권3에 실려 있다.

세상에서 동명왕의 신통하고 이상스러운 일을 이야기한다. 널리 알려진 얘기여서 무식한 백성까지 알고 있다. 내가 일찍이 그것을 듣고 "공자께서 괴력난신을 말하지 않으셨다. 동명왕의 일은 황당하고 기괴해서 우리가 이야기할 바가 못 된다."라고 말했다.

뒤에 『위서(魏書)』와 『통전(通典)』을 읽어 보니 역시 그 일이 실려 있는데, 그 내용이 간략하고 자세하지 않았다. 국내의 일은 자세하게 적고 외국의 일은 간략하게 기록하려 했기 때문일 것이다. 지난 계축년(癸丑年) 4월에 옛 『삼국사』를 얻어 「동명왕 본기」를 읽어 보니 그 이상한 사적이 세상에서 이야기하는 것보다 더했다. 그래서 처음에는 믿을 수 없어 귀신이고 환상이라 생각했다. 그런데 세 번을 반복해 깊이 읽고 음미하니 점차 그 본뜻을 알게 되었는데, 환상이 아니라 성스러운 것이고 귀신이 아니라 신의 일이었다. 하물며 국사(國士)가 있는 그대로 쓴 글이니 어찌 거짓을 썼겠는가. 김공(金公) 부식(富軾)이 거듭 국사(國史)를 편찬할 때 그 일을 많이 생략했으니, 생각해 보면 공이 생각하기를 국사는 세상을 바로잡는 글이니 크게 이상한 일을 후세에 전할 수 없다 하여 간략하게 했는지 모르겠다.

「당 현종 본기(唐玄宗本紀)」와 「양귀비전(楊貴妃傳)」에 방사(方士)가 하늘에 오르고 땅에 들어간 일에 대한 기록이 없는데, 오직 시인 백낙천(白樂天)이 그 일이 잊힐까 걱정해 노래를 지어 기록했다. 그것은 비록 황당하고 음란하고 기괴하고 거짓말 같은 일이지만, 오히려 시를 지어 후세에 전했다. 더구나 동명왕의 일은 사람들을 현혹하는 것이 아니고 나라를 처음 일으킨 신성한 발자취이니 이것을 기록하지 않으면 후세 사람들이 우리를 무어라 할 것인가. 그래서 시를 지어 기록해 우리나라가 본래 성인의 나라임을 천하에 알리고자 한다.

백운소설

이규보가 지은 것으로, 『동국이상국집』에는 실려 있지 않고 조선 시대 문인 홍만종(洪萬宗)이 쓴 『시화총림(詩話叢林)』에 실려 전해 졌다. 기자(箕子)시대부터 전해져 온 여러 가지 일화와 시들을 소 개하고 간략하게 평가하는 형식으로 구성되었다. 여기에 옮기는 것은 뒷부분에 실린 그의 시론(詩論)이다. 「위심시(違心詩)」는 오 늘날 말하는 '머피의 법칙'을 연상시키는 내용이어서 흥미롭다.

시에는 아홉 가지 마땅치 않은 체(體)가 있는데, 내가 깊이 생각해 스스로 터득한 것이다.

한 편 안에 옛사람의 이름을 많이 쓰니 수레에 귀신을 가 득 실은 체이다. 옛사람의 뜻을 도둑질하니, 잘 훔쳐도 올바 르지 않을 뿐 아니라 도둑질 자체가 올바르지 않으니 좀도둑 으로 사로잡히기 쉬운 체이다. 시를 짓기 어려운 운자(韻字) 를 내니 활을 제대로 잡아당기지 못하는 체이다. 그 재주를 헤아리지 않고 운자를 지나치게 많이 내니 감당할 수 없을 정도로 술을 마시는 체이다. 험한 글자 쓰기를 좋아해 사람 을 의혹하기 쉽게 하니 함정을 만들어 놓고 장님을 인도하 는 체이다. 말이 순조롭지 못하면서도 사람들이 인용하도록 힘쓰니 강제로 자기를 좇게 하는 체이다. 상스러운 말을 많 이 쓰니 시골 사람들이 회담하는 체이다. 공자와 맹자의 말 을 쓰기 좋아하니 존귀를 능멸하는 체이다. 거친 말을 다듬 거나 빼지 않으니 밭에 잡초가 무성한 체이다. 이 마땅치 않 은 체를 버린 후에야 더불어 시를 말할 수 있다.

대개 시는 뜻을 으뜸으로 하므로 뜻을 펼치기가 가장 어렵고 말을 만드는 일은 그다음이다. 뜻은 또한 기운을 으뜸으로 하므로 기운의 우열에 따라 깊고 얕음의 차이가 있게 된다. 그러나 기운은 하늘에 근원하므로 배워 얻을 수 없다. 그러므로 기운이 약한 자는 문장을 꾸미는 데 열중할 뿐 뜻을 으뜸으로 하지 않는다. 대개 문장을 다듬고 문구를 수식하면 진실로 화려하다. 그러나 속에 담긴 깊은 뜻이 없으면 처음에는 볼 만하지만 다시 보면 그 맛이 떨어진다.

(중략)

무릇 옛사람의 체를 본받는 자는 반드시 먼저 그 시를 읽은 뒤에 본받아야 한다. 그러지 않으면 표절도 어렵다. 도둑에 비유하면, 먼저 부잣집을 엿보고 정탐해 출입구, 담, 울타리의 위치를 여러 차례 익힌 다음에 그 집에 들어가서 도둑질해야, 자기의 소유로 만들더라도 다른 사람이 알지 못하게 할 수 있다. 그러지 않으면 주머니를 더듬고 상자를 뒤지다가 반드시 잡히고 만다.

나는 어려서부터 방랑을 일삼아 몸을 돌보지 않았고 글 읽기를 깊게 하지 못했다. 비록 육경(六經)과 자사(子史)의 글을 섭렵했지만, 근본을 연구하지 못했다. 하물며 제가(諸家)와 장구(章句)의 글은 어떻겠는가. 그 글들에 익숙하지 못하기 때문에 그 체를 본받고 그 말을 도둑질할 수 있겠는가. 이것이 새로운 말을 만들지 않을 수 없는 이유이다.

(중략)

옛사람이 말하길, 천하에 여의치 않은 일이 열에 여덟아홉은 되는데 사람이 이 세상에 살아가면서 마음에 맞는 일이 얼마이겠는가 했다. 나는 일찍이 위심시 열두 구를 지었는데, 그 내용은 이러하다.

인간의 일은 역시 고르지 못하니,
움직이면 곧 마음과 달라 마땅치 않더라.
젊어서는 집이 가난하여 아내가 업신여기더니,
늙어서는 녹봉이 두둑하니 기생이 항상 따른다.
나가 노는 날엔 비가 많이 오고,
갠 날은 내가 한가로이 앉아 있을 때더라.
배불러 숟가락 놓으면 맛있는 고기를 만나고,
목구멍이 아파 마시기를 꺼려 하면 좋은 술을 만나더라.
깊이 넣어 두었던 보물을 팔고 나니 값이 오르고,
오래된 병이 나으니 이웃에 의원이 생기더라.
자질구레한 일에도 잘 안 됨이 이와 같은데,
양주에 가서 학 타는 일을 기약할 수 있겠는가.

무릇 모든 일이 마음과 다른 게 이와 같다. 작게는 한 몸의 영고와 고락이지만, 크게는 집과 나라의 안위와 치란이 마음과 다르지 않은 게 없다. 나의 시가 비록 작은 것을 말했지만, 그 뜻은 실제로 큰 것을 비유한 것이다. 세상에 전하는 사쾌시(四快詩)는 이러하다.

큰 가뭄에 단비를 만나는 것이요,
타향에서 친구를 만나는 것이요,
동방(洞房)에 화촉을 밝히는 밤이요,
금방(金榜)에 이름이 걸릴 때이다.

그러나 가뭄 끝에 단비를 만나더라도 비 온 뒤 또 가물고, 타향에서 친구를 만나더라도 다시 작별한다. 동방의 화촉이 어찌 생이별하지 않을 것이라고 보증하겠는가. 금방에 걸린 이름이 어찌 우환의 시초가 아니라고 보증하겠는가. 이것이 마음과 다른 게 많고 마음에 맞는 게 적은 것이니 탄식할 뿐이다.

더 읽어 보기

이규보, 김하라 옮김, 『욕심을 잊으면 새들의 친구가 되네』, 돌베개, 2006

이규보, 민족문화추진회 옮김, 『(신편 국역) 동국이상국집』, 한국학술정보, 2006

이규보, 장덕순 옮김, 『돌과의 문답』, 범우사, 2002

이규보, 진단학회 엮음, 『동국이상국집』, 일조각, 2000

전형대, 『이규보의 삶과 문학』, 홍성사, 1983

하강진, 『이규보의 문학이론과 작품세계』, 세종출판사, 2001

지눌

마음을 들여다보아 깨달음을 얻다

지눌은 1158년(고려 의종 12년)에 황해도 서흥군에서 태어났다. 성은 정(鄭)씨이다. 아버지 광우(光遇)는 학정(學正, 국자감·성균관에 속한 정구품 벼슬)을 지냈다. 어머니는 개흥군부인(開興郡夫人) 조씨이다. 호는 목우자(牧牛子)인데, 소를 키우는 사람이라는 뜻이다.

8세 때 종휘(宗暉)에게 맡겨져 승려가 되었다. 25세 때 승과(僧科)에 합격한 뒤 개경의 보제사(普濟寺)에서 열린 담선법회(談禪法會)에 참석했다. 이 법회에서 십여 명을 규합해 결사 운동을 결의했다.

33세 때 경상북도 예천의 하가산에서 정혜사(定慧社)를 결성해 본격적인 결사 운동을 시작했다. 그러나 회원 수가 늘어나면서 정혜사가 추구하는 엄격한 절제 생활에 불만을 가진 무리들이 생겨났다. 지눌은 이들을 설득하려 했지만 실패해 지리산의 상무주암(上無住庵)이라는 작은 암자에 칩거했다. 43세 때인 1200년에는 전라남도 순천의 조계산에서 정혜사를 수선사(修禪社)로 개칭하고 다시 본격적으로 결사 운동을 일으켰다.

1210년 3월 26일 지눌은 선법당에서 설법을 한 뒤 조용히 앉아 숨을 거두었다. 그의 나이 53세였다. 이후 불일 보조 국사(佛日普照國師)로 추증되었다. 저서로 『수심결(修心訣)』, 『권수정혜결사문(勸修定慧結社文)』, 『진심직설(眞心直說)』 등이 있다.

불교를 개혁하라

　항상 제멋대로 욕심내고, 분노하고, 질투하고, 교만하며, 방만한 생활을 일삼고 명예와 이익을 추구하면서 세월을 헛되이 보낸다. 천하의 일을 의논한답시고 쓸데없는 말이나 한다. 또 계율도 없으면서 함부로 신도들의 보시를 받아들인다. 공양을 받으면서 부끄러워할 줄도 모른다. 이렇게 허물이 많은데, 어찌 슬퍼하지 않겠는가.

　지눌(知訥, 1158년~1210년)은 『권수정혜결사문』에서 당시 불교계에 대해 일갈했다. 귀족 불교를 중심으로 한 고려 전기의 불교계는 사상적으로 큰 영향력을 행사했을 뿐만 아니라 실제적인 권력도 마음껏 누렸다. 속세의 인연을 끊으라고 하면서 실제로는 속세의 이익에 탐닉하고, 귀족층과 결탁해 방대한 토지를 소유하며 많은 노비를 거느렸다. 또한 승병까지 두어 권력을 과시하고 자신들의 재산을 지켰다. 백성들을 수탈해 지나치게 호사스러운 불교 행사를 열기도 했다.
　1170년, 무신의 난이 일어나면서 상황이 달라졌다. 고려 전기 문벌 귀족들은 물론 그들과 결탁했던 불교계 내의 세력들도 몰락할 수밖에 없었다. 이런 전환기에 불교계 내부에서 개혁 운동이 일어났다. 그 선봉에 지눌이 있었다.

지눌은 결사(結社)를 도모했다. 또 하나의 절[寺]이 아니라 사(社), 즉 단체를 만들고자 한 것이었다. 이 단체에는 불교도들만 참여하는 게 아니었다. 그는 각계각층의 참여를 촉구했다.

도교나 유교에서 세상을 싫어하는 뜻이 높은 사람으로서, 티끌과 같은 세상을 벗어나 세상 밖 높은 곳에서 노닐면서 마음을 닦는 데 전념하고자 하는 사람은 비록 지난날 서로 모였던 인연이 없더라도 결사문 뒤에 그 이름 쓰기를 허락한다.

이런 뜻에 동조해 결사에 참여한 사람 중에는 혜심(慧諶) 같은 이도 있었다. 혜심은 유학자였지만 지눌의 문하로 들어가 뒤를 이었다. 무신 정권 역시 지눌의 결사 운동을 지지했다. 불교 개혁 운동이 새로운 세력에 의해 진행되었음을 알 수 있다.

공부와 노동을 함께하자

지눌은 1158년에 황해도 서흥군에서 태어났다. 성은 정씨이고 호는 목우자인데 소를 키우는 사람이라는 뜻이다. 이 호를 통해 지눌이 노동을 중요시했음을 알 수 있다. 그는 승려가 신도의 보시에 의존하는 것에 비판적이었는데, 결사 운동 때에도 스스로 노동하며 수행하는 것을 기본 목표로 삼았다.

지눌은 태어날 때부터 몸이 허약해 병이 잦았다고 한다. 백방으로 약을 찾아 써 보아도 효험이 없었다. 그런데 아버지가 지눌을 부처께 바치겠다고 기도하자 병이 깨끗이 나았다고 한다.

　지눌은 특별히 스승을 모시지 않고 자기 스스로 깨우쳤다. 자신이 알지 못한 것을 가르쳐 주는 사람, 자신에게 올바른 길을 일러 주는 사람이 모두 스승이었다. 25세 때 승과에 합격했다. 무신의 난 이후 여러 차례 권력자가 바뀐 끝에 경대승이 집권하고 있던 시기였다. 그러나 채 1년도 안 되어 경대승이 사망하고 이의민이 권력을 잡았다. 정치적·사회적으로 대단히 혼란스러운 때였다.

　지눌은 승과 급제 후 개경의 보제사에서 열린 담선법회에 참석했다. 담선법회는 참선을 하며 선(禪)에 대한 이치를 공부하는 국가적 행사였다. 그는 그 법회에서 십여 명을 규합해 결사 운동을 결의했다. 그 결의 과정과 토론 내용에 대한 기록이 『권수정혜결사문』이다.

　　　명리(名利)를 버리고 산림에 은둔해 항상 선정(禪定)을 익히고 지혜(智慧)를 갈고닦는 데 힘쓰자. 예불(禮佛)과 경 읽기를 하고 나아가 육체노동에 이르기까지 각각 맡은 바를 다하자. 본성을 길러서 평생을 구속 없이 지내며, 멀리 이치에 밝아 사물에 얽매이지 않는 달인(達人)과 깊은 진리를 깨달은 진인(眞人)의 높은 수행을 따른다면 유쾌한 일이 아니겠는가.

　명예와 이익을 버리고 항시 수행하며 예불과 경전 공부는 물론 힘든 육체노동도 함께 할 것을 권하는 글이다. 지눌은 깊은 이치를 깨달아 사물에 얽매이지 않는 달인과 진인이 되는 것이 결사 운동의 목표임을 밝혔다.

　그러나 초기에는 운동에 동참하고자 하는 사람이 그리 많지 않았다. 오히려 지눌은 "말법(末法)의 시대에 선정과 지혜에 힘쓰면 되겠느냐."라며 "정도(正道)를 가리는 게 중요하다."라는 충고를 들어야 했다. 말법의 시대란 부처가 죽은 지 오래되어 부처의 말이 쇠퇴한 시대를 말한다. 이 때에 정도를 가리는 게 중요하다 함은 부처의 말과 그것을 기록한 경전에 대한 연구가 더 중요하다는 뜻이다. 이것이 교종(敎宗)의 주장이었다.

교종과 선종

교종은 부처의 말과 경전을 중시한다. 대승 불교의 교리를 체계화하는 데 크게 기여한 용수(龍樹)는 부처가 말한 본뜻과 이를 표현한 글의 괴리를 지적하며 부처의 진의를 전하는 글을 썼다. 그런데 이번에는 그 글이 너무 어려워 이를 설명하는 책이 필요해졌다. 그것도 모자라 거기에 대한 주석서까지 등장했다. 경전과 그 해설서들을 읽고 연구하는 것을 과제로 삼은 종파가 교종이다.

우리나라에 처음 도입된 불교는 교종이었다. 그러나 교종은 한계를 가질 수밖에 없었다. 경전 등을 읽고 이해하려면 상당한 수준의 지식과 문자 해독 능력이 필요한데, 그런 능력을 가진 사람은 주로 귀족들이었다. 따라서 초기 불교는 귀족 중심의 배타적 성격을 가질 수밖에 없었다.

원효가 파계하고 천촌만락을 돌아다니며 백성들과 함께 생활했던 이유가 여기에 있다. 일자무식인 백성들을 교화하기 위해서는 백성과 함께 생활하며 말로써 경전을 설명해 줄 수밖에 없다. 하지만 그런 방법을 추구하는 승려는 파계승이라 하여 불교계 내에서 배척당했다.

교종에 대한 근본적인 반성으로 선종(禪宗)이 등장했다. 그것은 부처가 말없이 꽃을 들어 제자들을 가르쳤던 일에 착안해 말과 글을 통하지 않고도 참선을 통해 깨달을 수 있다고 주장했다. 선종의 시조는 달마(達磨)

였다. 그는 650년경 중국으로 들어가 선종을 전파했다. 글보다 체험을 중시하는 선종은 백성들에게도 쉽게 전파되어 크게 번성했다.

우리나라에 선종이 전해진 것은 신라 헌덕왕 때인 821년이다. 도의(道義)가 당나라에 유학한 뒤 귀국해 가지산문(迦智山門)을 개창하고 선을 전파했다. 신라 후기의 정치적·사회적 혼란과 맞물리면서 선종은 급격히 퍼져 나갔다. 조정에 불만을 가진 지방 호족들은 진골 중심의 교종에 맞서 선종을 적극 후원했다.

고려 시대에 이르러 교종과 선종을 통합하려는 움직임이 일어났다. 그 일을 맡아 나선 사람이 의천이었다. 고려 왕실은 불교 통합을 바탕으로 왕권을 강화하고자 이를 적극 지지했다. 의천은 "근래에 이상한 것을 좋아하는 우리 종파의 무리가 근본을 버리고 지엽 말단적인 것을 좇아 말들을 어지럽게 하는 탓에 옛 스님들의 그윽한 뜻이 옹색하고 난해해졌다."라며 불교계 내 여러 종파의 주장을 비판했다.

의천은 교종과 선종에 대해서도 "경전을 배우는 사람은 마음속은 버리고 밖의 것만 구하고, 참선을 익히는 사람은 도움이 될 수 있는 것을 버리고 마음속만 밝히고자 하니, 둘 다 지나친 고집으로 변두리에 머문다."라고 각각의 한계를 지적했다.

그리하여 의천은 천태종을 개창하고 여러 종파를 흡수해 교종과 선종을 통합하려 했다. 그의 통합 논리를 교관병수(敎觀幷修)라 했는데, 교(敎)는 경전 공부를 말하고 관(觀)은 선(禪)의 수행을 말하는 것으로, 교관병수란 그 두 가지를 함께 하자는 얘기이다.

그는 「별전심법의후서(別傳心法義後序)」에서 선에 대해 말했다.

옛날의 선과 오늘날의 선은 형식과 내용에서 서로 다르다. 옛날의 선은 교리에 의거해서 선을 익히는 습선(習禪)이고, 오늘날의 선은 교리를 떠난 설선(說禪)이다. 설선은 형식에만 집착해 내용을 잃어버린다. 습선은 사리를 따져 그 뜻을 얻음으로써 오늘날의 기만적인 폐단을 극복하고 옛 성인의 진정한 도를 회복한다.

의천은 습선과 설선을 구분했다. 그 둘의 근본적인 차이는 교리에 의거했느냐 그렇지 않느냐 하는 점에 있다. 오늘날의 선인 설선은 교리에 의거하지 않고 내용을 잃어버려 기만적으로 변했다. 그러므로 설선을 버리고 진정한 선인 습선을 회복하자는 것이 의천의 주장이다.

그것은 교종의 입장에서 선의 개념을 해석한 것이었다. 의천은 교종을 위주로 선종을 흡수 통합하고자 했고, 왕실의 지원과 확고한 이론을 가지고 고려 전기 불교계를 평정했다. 그러나 이는 교종의 일시적 승리일 뿐 불교의 진정한 통합이 아니었다.

깨닫고 수행하라

지눌은 교종이 위세를 떨치고 있던 불교계의 문제점을 꿰뚫어 보고 있었다. 『권수정혜결사문』에 기록된 동지들과의 토론 역시 불교계 내의 문제점을 비판하는 데 집중되었다.

옛날에 도를 얻은 사람 중에 번뇌에 얽매인 범부(凡夫)로부터 시작하지 않은 사람이 있었던가. 또 여러 경전 가운데 과연 말세(末世)의 중생이라 하여 깨달음의 도를 닦지 말라고 한 것이 있는가.

교종의 주장처럼 말법 시대라 하여 부처의 말과 경전 연구에만 집중한다면 일반 백성은 깨달음을 얻기 어렵다. 그래서 지눌은 모든 성인이 보통 사람으로부터 시작되지 않았느냐는 반문을 통해 백성을 등한시하는 불교계를 비판했다.

> 말을 들어 헤아리고, 글을 읽어 이해하며 교리를 좇고, 마음이 흐려 손가락과 달을 구분하지 못하고, 명예와 이익을 얻으려는 마음을 버리지 못하면서 설법을 하고 중생을 제도하려는 사람은 스스로를 더럽히면서 남도 더럽히는 달팽이와 같다. 그들은 세간의 문자법사(文字法師)이다.

지눌은 당대의 승려들을 문자법사라 부르며 비판했다. 그들은 글줄이나 읽을 줄 안다고 젠체하며 중생을 호도하고, 수행은 하지 않고 명예와 이익을 탐하며 자기 자신들은 물론 다른 사람들도 더럽힌다 했다.

그래서 지눌은 함께 모여 노동하고 참선하고 경전을 읽자고 제안했다. 그것이 결사 운동이다. 그는 십여 명의 동지들과 함께하기로 결의했지만 당장 실천에 옮기지는 못했다. 그 운동을 실천하게 된 것은 결의를 한 지 7년이 지난 후였다.

지눌은 전라남도 나주의 청량사에서 수행하던 중 중국 선종의 제6조인 혜능(慧能)이 지은 『육조단경(六祖壇經)』을 읽게 되었다. 그리고 거기에서 "진여(眞如)의 본성이 잠깐 사이에 생겨나면, 비록 여섯 가지의 욕정이 보이고 들리고 나타나고 알려진다 할지라도 만물을 더럽히지 못한다. 본성은 항상 자유롭게 된다."라는 구절을 발견했다. 근본 이치는 한순간에 깨우칠 수 있으며, 한번 깨우치고 나면 자유롭게 되어 온갖 번뇌와 욕정으로부터 벗어날 수 있다는 얘기였다.

이를 통해 지눌은 한순간의 깨우침, 즉 돈오(頓悟)의 중요성을 새삼 깨닫게 된다. 그리하여 돈오와 점수(漸修)라는 개념으로 깨우침과 수행에 관한 자신의 철학을 세웠다. 돈오와 점수는 근본 이치에 이르는 두 개의 문이다. 그는 『수심결』에서 그 둘의 관계를 자세하게 다루었다.

우선 돈오, 즉 깨달아야 한다. 그러면 무엇을 깨달아야 하는가? 자기 자신의 마음이 참 부처임을 알아야 한다. 마음 밖에 부처가 있다고 생각해 성인의 말이나 글 속에서 이를 찾으려 한다면 영원히 깨달을 수 없다. 지눌은 그것에 대해 강력히 경고했다.

> 마음 밖에 부처가 있다 하고, 성(城) 밖에 진리가 있다고 고집하면서 불도를 구하려 한다면, 티끌처럼 수많은 세월이 흘러도 몸을 불사르고, 팔을 태우고 뼈를 깎아 골수를 꺼내고, 피를 다 짜내어 경전을 베끼고, 언제나 앉아 눕지 않고 하루 한 끼만 먹으며 『대장경』 전부를 읽고 갖가지 고행을 하더라도 모래로 밥을 지으려는 것과 같은 헛수고일 뿐이다.

마음 안에 부처가 있다는 것은 종파를 초월해 불교의 핵심 교리이다. 왜 이것이 새삼스럽게 문제가 되어야 하는가? 불교가 세속적 권세를 누리는 데 급급해 이를 망각하고 있었기 때문이다. 이 근본 이치를 알지 못하고 어려운 고행이나 경전 연구를 해 봐야 시간 낭비일 뿐이다.

그러면 어떻게 깨달을 것인가? 경전 공부를 통해 깨달음을 얻을 수 있다. 지눌도 경전을 공부해 깨달았다. 하지만 깨닫는 방법은 경전 공부에만 한정되지 않는다. 가을철에 여기저기 굴러다니는 낙엽을 보며 깔깔대고 웃다가 문득 깨달을 수도 있다. 원효는 한밤중에 목이 말라 맛있게 마신 물이 사실은 해골에 고인 물이었다는 것을 알고 문득 깨달았다고 하지 않는가. 무지한 백성도 생활 속에서 어느 날 한순간에 문득 깨달을 수 있다. 이것이 선종의 근본정신이다. 즉 체험을 통해 깨달음에 이를 수 있다.

그러나 깨달았다고 끝난 게 아니다. 깨달았는데 왜 수행이 필요하냐는 질문에 대해 지눌은 "미친 소리를 함부로 하지 말라."라고 꾸짖는다. 비록 깨달았다 할지라도, 우리 몸에 배어 있는 번뇌와 욕정을 말끔히 씻어 내기 위해서는 수행이 필요하다.

> 점수를 해야 하는 이유는 비록 본성이 부처와 다르지 않음을 깨달았다 할지라도 오랫동안의 번뇌와 욕정을 갑자기 버리기 어렵기 때문이다. 깨달음을 가지고 수행을 하되 점차로 하여 깨끗하게 씻어 내고 오랫동안 성인의 소양을 쌓아 가야 성인이 되기 때문에 점수라고 한다. 마치 어린 아이가 처음 났을 때 이목구비는 어른과 다르지 않지만, 아직 그 힘이 제대로 성숙하지 못해 세월이 지난 다음에야 비로소 사람다운 구실을 하게 되는 이치와 같다.

수행을 하되 점차로 해야 한다. 그래서 점수라 한다. 어린아이가 하루 아침에 어른이 될 수 없기 때문이다. 오랫동안 수행해 온몸에 배어 있는 악습을 씻어 내야 한다. 수행은 절에 들어앉아 수도하는 것만을 의미하지 않는다. 오히려 일상생활 속의 활동과 사회적 실천을 의미한다. 지눌은 수행에 있어 특히 이타행(利他行), 즉 다른 사람들을 위한 행동을 강조했다. 돈오가 그렇듯 점수 역시 일상생활 속에서 이루어질 수 있다.

지눌은 돈오와 점수를 수레의 두 바퀴에 비유했다. 두 바퀴가 잘 굴러가야 수레가 앞으로 나아갈 수 있다. 근본 이치에 이르는 여러 가지 문은 돈오와 점수의 두 문으로 요약될 수 있다고 지눌은 결론지었다.

돈오점수에 대한 비판

지눌의 주장이 있은 지 800여 년이 지난 1981년, 조계종 종정(宗正) 성철(性徹)이 이의를 제기하고 나섰다. 그는 "몹쓸 나무가 뜰 안에 났으니 베어 버리지 않을 수 없다."라고 했다. 여기에서 '뜰'은 조계종을 의미하고, '몹쓸 나무'는 지눌의 '돈오점수'를 의미한다. 조계종 종정이 조계종 원조의 사상을 베어 버려야 한다고 했으니 보통 문제가 아니다.

성철이 돈오점수를 비판한 이유는 제대로 깨닫지 못한 자들이 마치 깨달은 양 행세하는 풍토를 비판하고자 했기 때문이다. 불교계 내의 수도자들이 지닌 자세에 대한 비판이자 자성의 촉구라 할 것이다.

그러나 성철의 비판은 커다란 논란을 불러일으켰다. 지눌의 돈오점수와 대비해 성철의 주장은 돈오돈수(頓悟頓修)라 불린다. 겉으로 보기에는 점수와 돈수가 대립하는 것 같은데 실상은 그렇지 않다. 돈수는 단번에 수행한다는 의미인데, 그 뜻이 명확하지 않다. 수행이라는 말 속에 이미 '점차적'이라는 의미가 포함되어 있기 때문이다.

지눌 역시 돈오돈수에 대해 『수심결』에서 말한 바 있다.

> 돈오와 돈수는 최상의 불법(佛法) 능력을 가진 사람이 들어갈 수 있는 문이기는 하지만, 과거의 경우를 되돌아본다면 이미 여러 생(生)에 걸친 깨달음에 의지해서 수행해 차츰 익혀 오다가 지금의 생에 이르러 듣는 즉시 깨달아 한꺼번에 모두 마친 것이니, 그것도 먼저 깨닫고 뒤에 수행하는 것이다.

불교의 윤회 사상(輪廻思想)에 입각해 볼 때, 지금의 돈오돈수는 이미 이전의 여러 생을 거치며 돈오점수를 한 결과에 불과하다는 뜻이다. 그것은 최상의 법력(法力)을 가진 사람에게나 해당되지, 보통 사람에게 들어맞는 것이 아니다.

지눌의 말 속에서 확인할 수 있는 점은, 돈오돈수란 한순간의 완전한 깨달음이라는 것이다. 이에 반해 돈오점수란 아직은 불완전한 깨달음이다. 지눌은 돈오에 대해 "비록 부처와 같지만 여러 생에 걸친 습관이 뿌리 깊게 남아 있고, 바람은 멈췄으나 물결은 아직 출렁이고, 이치는 나타났으나 망상이 그대로 침범하고 있는" 상태라고 말했다. 따라서 계속적인 수행, 즉 점수를 통해 완전한 깨달음에 이르러야 한다.

그러나 성철은 그러한 깨달음은 깨달음이 아니라고 반박한다. 성철에게 있어 깨달음은 단번에 완전하게 이루어지는 것이어야 한다. 지눌과 성철의 의견이 갈라지고 있는 부분은 점수와 돈수가 아니라 돈오의 의미이다.

그러면 어떻게 단번에 완전한 깨달음을 얻을 수 있는가? 성철은 화두(話頭)를 붙잡고 참선하며 정진, 또 정진하라고 한다. 그러면 열심히 정진한 뒤에 자신이 깨달았는지 못 깨달았는지 어찌 알 수 있는가? 성철은 세 가지 기준을 제시한다. 깨달은 자는 평상시에 한결같은 경지에 있어야 하고, 꿈속에서도 한결같은 경지에 있어야 하며, 꿈마저 없는 숙면 상태에서도 한결같은 경지에 있어야 한다.

어떤 사람들이 그런 경지에 도달했는지 알 수 없으나, 성철의 말에 따르면 일반 백성들이 일상생활 속에서 깨달을 수 있는 길은 사라져 버린다. 깊은 산속 절간에 들어앉아 화두라는 것을 부여잡고 며칠, 몇 년, 아니면 죽을 때까지 기나긴 세월 동안 참선 수도를 하는 것 말고 깨달음에 이르는 길은 없다. 하지만 이렇게 되면 불교는 '산중 불교'가 되어 버린다.

결사 운동을 시작하다

깨달음은 체험이므로, 보다 빨리 깨달을 수 있는 방법은 없다. 말 그대로 우연히, 한순간에, 갑자기, 문득 깨달아야 한다. 그러나 수행은 인간의 노력이므로, 잘하기 위한 방법이 있다. 지눌은 그 방법으로 정혜쌍수(定慧雙修)를 제시했다. 선정(禪定)과 지혜(智慧)로 수행해야 한다는 말이다. 『수심결』에서 그 둘의 관계에 대해 밝히고 있다.

> 선정은 본체요 지혜는 작용이니, 본체인 작용이므로 지혜는 선정을 떠나지 않고 작용인 본체이므로 선정은 지혜를 떠나지 않는다. 선정이 곧 지혜이므로 고요하면서 항상 알고, 지혜가 곧 선정이므로 알면서 항상 고요하다.

선정과 지혜는 나누어지지 않고 함께해야 한다. 선정은 고요함이므로 마음을 어지럽히는 것을 다스린다. 지혜는 앎이므로 생각이 어리석지 않게 한다. 그러므로 마음을 다스리면서 지혜를 얻고, 그 지혜로써 마음을 다스려야 한다. 이것이 지눌이 말하는 정혜쌍수이다.

경전을 통해 마음을 다스리고 지혜를 얻는 방법도 있다. 그러나 그것은 "곳곳에서 의심이 생겨 걸림이 없을 수 없음이 마치 어떤 물건이 가슴속에 걸린 것 같아 불안한 모양이 항상 앞에 나타나는 것"과 같다고 했다. 스스로 터득하지 않고 배워서 알게 되는 것의 한계를 지적하는 말이다. 그래서 지눌은 강조한다.

> 문자에 집착하지 말고 바로 참뜻을 알아 하나하나 성찰하면 스승 없

이도 지혜가 저절로 앞에 나타난다. 참된 이치가 환하게 드러나 어둡지 않으니 스스로 지혜의 몸을 이루게 되어 다른 이로부터 깨우침을 얻지 않아도 될 것이다.

그는 스스로의 깨우침을 중요시했다. 선정과 지혜는 이를 위한 수행의 방법이다. 이런 수행을 위해 지눌은 십여 명의 동지들과 함께 결사 운동을 결의한 바 있다. 1190년, 지눌의 나이 33세이자 결의를 한 지 8년이 지난 때 그는 다시 본격적으로 결사 운동에 착수했다.

지눌은 그 과정을 『권수정혜결사문』에 기록해 놓았다.

여러 사람들이 내 말을 듣고 모두 동의하며 말하길, 이 결의를 이루기 위해 숲 속에 들어가 살며 결사를 하여 그 이름을 정혜(定慧)라고 하자고 했다. 그래서 결의의 뜻을 담은 글을 지었다. 그 뒤 우연히 도량(道場)을 선택하는 데 따른 어려움으로 인해 모두 사방으로 흩어졌다.

지난 무신년 이른 봄에 동지 중에 재공선백(材公禪伯)이 팔공산의 거조사에 머무르면서 이전의 결의를 잊지 않고 정혜사를 시작하자고 내게 글을 보내 하가산의 보문사로 오라고 했다. 내 비록 오랫동안 숲속에 살면서 스스로 어리석고 둔함을 지켜 아무 일에도 마음을 쓰지 않았지만, 옛날의 결의를 생각하고 또 그 간절한 정성에 감동해서 그해 봄 동행하는 수행자들과 함께 이 절에 옮겨 와 옛날에 뜻을 같이한 사람들을 불러 모았다.

그러나 어떤 이는 이미 죽었고, 또 어떤 이는 명예와 이익을 좇아가 버렸다. 그래서 나머지 서너 명과 함께 비로소 법회를 열어 옛날의 뜻을 이루고자 한다.

예전에 십여 명의 동지들이 결사 운동을 결의했지만, 장소를 마땅히 정하지 못해 뿔뿔이 흩어졌다. 세월이 지나 장소가 마련되었지만, 이번에는 결의를 한 사람들 중에 상당수가 죽거나 뜻을 바꾸어 버렸다. 그래서 십여 명 중 불과 서너 명만이 모이게 되었다.

마침내 지눌은 경상북도 예천의 하가산(오늘날의 학가산)에서 단체의 이름을 정혜사라 짓고 결사 운동을 시작했다. 처음에는 소수의 인원으로 시작했지만 점점 그 수가 급격히 불어나 결사한 지 7, 8년이 지나자 수백 명에 이르렀다. 그러면서 문제점도 드러났다. 엄격한 공동생활에 불만을 가진 무리들이 생겨난 것이다. 지눌은 그들을 설득하기 위해 애를 썼지만 성과를 거두지 못했다.

지눌은 자신이 부족하기 때문이라 생각해 정혜사를 떠나 지리산의 상무주암이라는 작은 암자로 들어가 홀로 수행에 나섰다. 그곳에서 『대혜보각선사어록(大慧普覺禪師語錄)』을 읽게 되었다. 대혜선사는 "선(禪)이란 조용한 곳에 있는 것도 아니고, 시끄러운 곳에 있는 것도 아니다. 일상생활 가운데나 사색하고 따지는 데에 있지도 않다. 그렇다고 하여 조용한 곳과 시끄러운 곳, 일상생활 가운데나 사색하고 따지는 곳을 떠나서 참선하려 해서는 더욱 안 된다."라고 했다. 대혜선사의 말씀을 통해 지눌은 참된 수행이란 백성 속에서 백성과 함께 이루어져야 한다는 깨달음을 다시 한번 얻게 되었다.

체험 속에 깨달음이 있다

지눌은 홀로 수행을 털고 다시 나섰다. 이전보다 더욱 적극적으로 이타행을 실천하면서, 자기중심적 사고와 편견을 넘어서야 함을 가르쳤다. 그러면서 자기 자신에게는 더욱 엄격해 철저한 절제 생활을 했다.

지눌은 결사의 참여자가 더욱 늘어나자 장소를 전라남도 순천의 조계산으로 옮겼다. 옮기고 보니 인근에 정혜사(定慧寺)라는 절이 있어 혼돈을 피하기 위해 결사의 이름도 수선사로 바꾸었다. 새로운 절을 짓기 위해 운동한 것이 아니었기에, 새로운 명칭에서도 절을 뜻하는 사(寺) 자를 배격했다.

수선사에는 불교도뿐만 아니라 유교나 도교를 공부하던 사람들도 모여들었다. 그중 대표적인 인물이 혜심이다. 혜심은 본래 유교를 공부한 사람으로, 과거 시험에 합격하기도 했다. 그러나 관직으로 나가는 길을 포기하고 지눌의 제자가 되었다. 이규보는 「진각국사비명(眞覺國師碑銘)」에서 혜심에 대해 이렇게 적어 놓았다.

> 어려서부터 이미 유교 경전을 공부했고, 오래지 않아서 선비의 관문인 사마시(司馬試)에도 뽑혔다. 학문이 정교하지 않은 것도 아니고, 운수가 나쁜 것도 아니었다. 만일 조금만 더 참았더라면 대과(大科)에 급제하고 앞으로 더 나아가 이름난 사대부가 되었을 것이다. 그런데 명예를 버리고, 오히려 더럽혀졌음을 일찍 떨쳐 버리지 못했음을 한탄하며, 초연하게 세상을 벗어나려는 마음을 가졌다.

혜심은 이규보와 같은 신진 사대부였다. 그는 유교를 공부해 과거에도 합격했지만 지눌을 찾아가 그의 후계자가 되었다. 그러고는 단 한 번도 개경에 나타나지 않았다. 지눌은 혜심을 만났을 때 "내가 너를 만났으니 죽어도 여한이 없다. 너는 마땅히 불교를 스스로의 사명으로 하여 그것을 바꾸지 말도록 하라."라고 했다. 첫눈에 혜심의 탁월함을 알아본 것이다.

혜심의 사례는 지눌의 결사 운동이 무신의 난 이후 등장한 신진 세력의 참여 속에 진행되었음을 보여 준다. 신진 세력은 중국을 모방하는 데서 벗어나 민족 현실에 대한 각성과 백성에 대한 관심으로 사상의 혁신을 주도했다. 또한 귀족 중심의 불교를 백성의 불교로 전환하고자 했다. 종파적으로 보면 이는 교종을 선종으로 대체하는 일이었다.

지눌은 선봉에 서서 일생에 걸친 노력을 통해 이런 전환을 이루어 냈다. 수선사를 결성한 이후에도 10여 년간 백성들과 함께 노동하고 참선과 경전 읽기를 하며 이타행을 실천했다. 그것은 성자(聖子)다운 모습이었다.

1210년 3월 26일 지눌은 선법당에서 설법을 한 뒤 조용히 앉아 숨을 거두었다. 그의 나이 53세였다. 당시 임금이던 희종은 지눌의 죽음을 애석히 여겨 그를 보조 국사로 추증했다.

임종을 앞둔 지눌의 마지막 말이 전해진다. 그는 앞에 놓인 법상(法床)을 두세 번 치며 "천 가지 만 가지가 모두 이 속에 있다."라고 말했다 한다. 법상이 아니라 법상을 칠 때 나오는 소리 속에 모든 것이 들어 있다는 말이다. 근본 이치는 책 속에 있는 게 아니라 소리를 듣는 것과 같이 보고 듣고 느끼는 체험 속에 있다는 말이리라. 그것은 일반 백성들에게 던지는 복음이자, 불교가 항상 백성과 함께해야 함을 일깨우는 계율이었다.

권수정혜결사문

지눌이 1190년에 지은 것으로, 결사 운동의 배경과 철학, 경과가 기록되어 있다. 또한 결사 운동에 광범위한 층의 참여를 촉구하고 있어 일종의 선언문이기도 하다. 이곳에 옮겨 놓은 부분은 결사 운동을 결심하게 된 배경과 동참자들의 결의가 담긴 서두에 해당한다.

삼가 들으라. 땅에 넘어진 자는 땅에서 일어나니 땅을 떠나서 일어나려 하면 일어날 곳이 없다. 그 마음이 흐려서 끝없이 번뇌하는 자가 중생이고, 그 마음을 깨달아 끝없이 신묘한 작용을 하는 자가 모두 부처이다. 마음의 흐림과 깨달음이 비록 다르지만 마음이 중요하니 마음을 떠나서 부처가 되려는 자 또한 부처가 될 길이 없다.

지눌이 어려서부터 몸을 조사(祖師)께 의탁하고 여러 선방(禪房)을 두루 찾아가 부처께서 자비롭게 내리신 말씀을 자세하게 들은바, 우리들에게 모든 인연과 어리석은 생각을 끊어 밖으로 내달려 구하려 하지 말라고 하셨다. 경에서 말한 바와 같이 사람이 부처의 경지를 알고자 한다면 그 마음을 허공과 같게 해야 한다.

무릇 보고, 듣고, 외우는 데 익숙한 자는 당연히 마음을 깨닫기가 어렵다고 생각한다. 스스로 지혜를 가지고 고요한 마음으로 관찰하고 음미하면서 부처님께서 말씀하신 대로 수행한다면, 스스로 불심(佛心)을 닦고 불도를 이루어 불은(佛恩)에 보답하게 된다.

우리가 아침저녁으로 행동하는 바를 되돌아보면 불법(佛

法)을 빙자하고 자신을 사람인 것처럼 꾸며 대기 일쑤이다. 구차스럽게 이익이 되는 길을 좇아 세상사에 매몰될 뿐 도덕은 쌓지 않고 먹는 것, 입는 것만을 허비할 뿐이다. 비록 다시 출가를 한다 해도 무슨 덕을 쌓겠는가.

슬프다. 삼계(三界)[1]를 벗어나고자 하면서도 세상사를 끊어 버리는 행동이 없으니 몸은 남자이지만 뜻은 대장부가 아니구나. 위로는 도를 펴지 못하고 아래로는 중생에게 이익이 되지 못하고 가운데로는 사은(四恩)[2]을 저버렸으니 대단히 수치스럽구나.

지눌이 이것을 오랫동안 탄식해 왔는데, 임인년(1182년) 정월에 개경 보제사 담선법회에 참석해 하루는 동학(同學) 십여 명과 약속을 했다. 법회가 끝나면 마땅히 명리를 버리고 산림에 은둔해 항상 선정을 익히고 지혜를 갈고닦는 데 힘쓰자. 예불과 경 읽기를 하고 나아가 육체노동에 이르기까지 각각 맡은 바를 다하자. 본성을 길러서 평생을 구속 없이 지내며, 멀리 이치에 밝아 사물에 얽매이지 않는 달인과 깊은 진리를 깨달은 진인의 높은 수행을 따른다면 유쾌한 일이 아니겠는가.

여러 사람이 이 말을 듣고 말했다. 말법의 시대가 되어 정도(正道)가 흐려졌는데 어찌 선정과 정혜에 힘쓰겠는가. 부지런히 아미타불을 외우고 정토(淨土)의 업을 쌓은 것만 못하다.

내가 말했다. 때는 비록 변하지만 마음의 본성은 변하지 않는다. 법도가 흥하고 쇠퇴함을 본다 함은 삼승권학(三乘權學)[3]의 견해일 뿐, 지혜로운 사람은 그렇지 않다. 그대와 내가 이 최고의 법문에서 만나 함께 보고 듣고 익히고 있으니

1) 욕계(欲界), 색계(色界), 무색계(無色界). 생사유전을 계속하는 어지러운 세계.

2) 부모, 스승, 국왕, 시주의 은혜.

3) 세 가지 교법(教法)을 공부하는 사람을 위한 가르침.

어찌 전생으로부터의 인연이 아니겠는가. 그것을 스스로 기쁘게 여기지 않고 생각이 다르다고 끊으려 하니, 조상을 버리고 결국에는 보살의 수행을 버리는 것과 같다. 염불과 경전 읽기와 착한 행실은 모두 부처의 제자들이 가져야 하는 기본적인 것들이다. 어찌 해로움이 있겠는가. 근본 이치를 찾지 않고 겉모습에 집착해 밖에서 찾으려 하면 지혜로운 사람들의 비웃음만 살 뿐이다.

(중략)

우리 부처의 제자들이 비록 말법 시대에 태어나 성품이 미련하고 어리석지만, 스스로 비겁하게 물러나 겉모습에 집착해 도를 구하려 한다면, 옛 사람들이 배워서 얻은 선정과 지혜의 신묘함을 누가 배울 수 있겠는가. 따라 하기 어렵다고 버려 버리고 수행을 하지 않는다면, 지금의 생에서 수행하지 않았기 때문에 영원이 지나더라도 더욱 어렵게 된다. 지금의 생에서 힘써 수행해 익히게 되면 아무리 어려운 수행도 차츰 어렵지 않게 된다. 옛날에 도를 얻은 사람도 범부로부터 시작하지 않은 사람이 있었던가. 또 여러 경전 가운데 과연 말세의 중생이라 하여 깨달음의 도를 닦지 말라고 한 것이 있는가.

(중략)

세상의 쾌락은 길지 않고 올바른 말은 듣기 어렵다는 것을 안다면 어찌 머뭇거리면서 인생을 허송하겠는가. 생각해 보라. 과거 오랜 옛날로부터 몸과 마음의 번뇌를 받아 아무런 이익이 없다. 현재에는 한량없는 핍박이 있다. 미래의 번뇌도 무한해 버리기도 어렵고 벗어나기도 어렵다. 그런데도 그것을 깨닫지 못하는구나. 하물며 이 몸과 목숨이 나고 죽는 게 무상해 짧은 순간이라도 보존하기 어렵지 않느냐. 목숨이 순간임은 부싯돌의 불이나 바람 앞의 등불이나 흐르는 물이나 넘어가는 해에도 비유될 수 없다.

세월이 빨리 흘러 늙기를 재촉하니 마음은 아직 닦지 못했는데 죽음의 문은 점점 더 가까워진다. 옛날에 알던 사람들 중에는 현명한 사람도 있었고 어리석은 사람도 있었다. 지금 손꼽아 보니 열의 아홉은 죽었는데, 살아 있는 사람도 차츰 쇠약해져 앞으로 남은 세월이 얼마나 되겠는가.

그런데도 항상 제멋대로 욕심내고, 분노하고, 질투하고, 교만하며, 방만한 생활을 일삼고 명예와 이익을 추구하면서 세월을 헛되이 보낸다. 천하의 일을 의논한답시고 쓸데없는 말이나 한다. 또 계율도 없으면서 함부로 신도들의 보시를 받아들인다. 공양을 받으면서 부끄러워할 줄도 모른다. 이렇게 허물이 많은데, 어찌 슬퍼하지 않겠는가. 그러므로 지혜로운 사람이라면 삼가고 조심해 몸과 마음을 채찍질하고 스스로 허물을 알아 뉘우쳐 바르게 고치고, 밤낮으로 부지런히 수행해 온갖 번뇌에서 벗어나야 한다.

수심결

지눌은 『수심결』에서 자신의 사상의 핵심 개념인 돈오와 점수, 선
정과 정혜에 대해 자세하게 설명했다. 여기에 옮겨 놓은 부분은
서두로서, 마음속에 부처가 있음을 강조하는 내용이 담겨 있다.

삼계의 뜨거운 번뇌가 불타고 있는 집과 같은데 어찌하여
그대로 머물러 앉아 긴 고통을 달게 받고 있는가. 윤회를 벗
어나려면 부처 되기를 구하는 것만 한 것이 없다. 부처 되기
를 구한다면 부처는 곧 마음이니 마음을 어찌 멀리서 찾으
려 하는가. 마음은 이 몸 안에서 떠나지 않는다. 육신은 임
시적인 것이어서 생기기도 하고 없어지기도 하지만, 참된 마
음은 공(空)과 같아서 끊어지지도 않고 변하지도 않는다.

그래서 모든 뼈가 부서지고 흩어져 불과 바람으로 돌아가
지만 하나의 물건은 신령해 하늘과 땅을 덮는다고 한다. 슬
프다. 대개 지금의 사람들은 마음이 흐려진 지가 오래되었
구나. 자신이 마음이 참다운 부처인 줄 알지 못하고, 자신의
본성이 참다운 이치임을 알지 못해, 이치를 찾고자 하면서
멀리 성인들에게서 찾으려 하고, 부처를 찾는다 하면서 자신
의 마음을 들여다보지 않는구나.

그러므로 마음 밖에 부처가 있다 하고, 성 밖에 진리가 있
다고 고집하면서 불도를 구하려 한다면, 티끌처럼 수많은 세
월이 흘러도 몸을 불사르고, 팔을 태우고 뼈를 깎아 골수를
꺼내고, 피를 다 짜내어 경전을 베끼고, 언제나 앉아 눕지 않
고 하루 한 끼만 먹으며 『대장경』 전부를 읽고 갖가지 고행
을 하더라도 모래로 밥을 지으려는 것과 같은 헛수고일 뿐이

다. 자기 마음만 알면 갠지스 강의 모래처럼 수많은 부처의 교법과 묘한 이치를 찾으려 하지 않더라도 저절로 얻을 수 있다.

석가모니께서 말씀하셨다. 모든 중생을 두루 살펴보면 모두가 여래의 지혜와 덕을 가지고 있다고. 또 말씀하셨다. 모든 중생은 여러 갈래로 변화하지만 모두가 여래의 원만한 깨달음과 묘한 마음에서 나왔다고. 따라서 마음을 떠나서 바깥에서 부처가 될 수 없음을 알아라.

과거의 여러 여래는 단지 마음을 밝힌 사람이고, 현재의 여러 성인 역시 마음을 닦은 사람이다. 미래에 수행하고 배우는 사람도 마땅히 이런 이치에 따라야 한다. 수도하는 사람은 바깥에서 찾으려 하지 말기를 바란다. 심성은 오염되지 않아서 본래 스스로 원만하게 성취된다. 헛된 인연에 연연하지 않으면 참다운 부처가 된다.

더 읽어 보기

보조사상연구원, 『보조전서』, 불일출판사, 1989

원효 외, 이기영 옮김, 『한국의 불교 사상』, 삼성출판사, 1981

지눌 외, 김달진 옮김, 『한국의 사상대전집』 제2권, 동화출판공사, 1972

한국철학사상연구회, 『논쟁으로 보는 한국 철학』, 예문서원, 1995

정도전

유교 원칙에 입각한 이상 국가를 설계하다

정도전은 1342년 경상북도 영주에서 태어났다. 아버지는 형부상서를 지낸 정운경(鄭云敬)이고, 어머니는 영천 우씨이다. 호는 삼봉(三峯)이고, 시호는 문헌(文憲)이다. 15세 때 이색(李穡)의 문하로 들어가 정몽주(鄭夢周), 이숭인(李崇仁), 박의중(朴宜中) 등과 함께 공부했다. 1362년 21세 때 진사시에 합격해 관직에 나아갔다. 28세 때 성균관의 박사가 되었고, 정몽주 등과 함께 성리학(性理學)을 강론했다. 그 이듬해에는 태상박사에 임명되었다. 34세인 1375년, 배원친명(排元親明, 원나라를 배척하고 명나라와 친교함.) 노선에 서서 반대파와 투쟁하다 탄핵당해 전라남도 나주의 거평 부곡(居平部曲)으로 유배되었다. 유배는 4년 만에 풀렸지만 개경에 들어갈 수가 없어 이리저리 유랑했다. 1383년, 동북면도지휘사로 있던 이성계(李成桂)를 찾아가 그의 보좌역이 되었고, 이성계의 추천으로 성균관 대사성에 올랐다. 1388년 위화도 회군 사건이 일어나 이성계가 실권을 잡자 밀직부사가 되었다. 1391년 삼군도총제부 우군총제사가 되었으나, 구권문세가의 탄핵을 받아 경상북도 봉화로 유배되었다.

1392년 조선 개국과 함께 일등 공신으로서 문하시랑찬성사(門下侍郞贊成事), 예문춘추관사(藝文春秋館事) 등을 맡아 국가의 기틀을 만들었다. 1398년 제1차 왕자의 난 때 이방원(李芳遠) 일파에게 피살되었다. 그의 나이 57세였다.

저서로는 『삼봉집(三峰集)』, 『조선경국전(朝鮮經國典)』, 『경제문감(經濟文鑑)』, 『불씨잡변(佛氏雜辨)』 등이 있다.

피폐한 백성의 삶

오백 년 도읍지를 필마로 돌아드니

산천은 의구하되 인걸은 간 데 없네

어즈버 태평연월이 꿈이런가 하노라

고려의 신하였던 길재(吉再)가 개경을 돌아보며 지은 시조이다. 무너진 고려 왕조에 대한 회한이 짙게 드리워져 있다. 918년 왕건이 궁예(弓裔)를 몰아내고 세운 고려는 475년간 존속하다 1392년 조선의 개국과 함께 역사 속으로 사라졌다.

길재는 고려 시기를 태평연월이라 회고했다. 하지만 고려는 끊임없는 내우외환에 시달린 국가였다. 이자겸의 난, 묘청의 난, 무신의 난 등이 잇달아 일어났고, 60여 년간 무신 통치가 이루어졌다. 거란족과 몽골족의 침입이 계속되었고, 100여 년 동안 원나라의 부용국(附庸國)이 되었다.

고려는 후기에 들어 원나라의 간섭에서 벗어났지만, 이번에는 북쪽에서 홍건적, 남쪽에서 왜구가 침략하는 바람에 전 국토가 전쟁에 휩싸였다. 전쟁은 모든 것을 파괴하고 황폐화했다. 조선 시대의 문인 김시습(金時習)은 소설 「이생규장전(李生窺墻傳)」에서 당시의 참상을 묘사했다.

신축년(고려 공민왕 10년)에 홍건적이 개성을 점령하자 임금은 복주(福州, 지금의 안동)로 피했다. 적군은 집에 불 지르고 재물을 빼앗고 부녀자를 강간했으며 남자들을 닥치는 대로 죽였다. 이때 이생은 가족을 이끌고 산속으로 피난 갔다가 도적의 추격을 받아 간신히 혼자서 도망가게 되었다. 부인은 붙잡혔다. 도적이 강간하려 하니 부인이 큰 소리로 욕하며 반항했다.

"이놈들아, 내 차라리 호랑이나 이리의 밥이 될지언정 너희 개돼지 같은 놈들의 짝은 못 되겠다."

결국 도적은 부인을 죽여 버렸다.

이생은 들판에 숨어 겨우 목숨을 부지했다. 도적이 물러가자 자기 집으로 갔다. 그러나 집은 불타 없어졌다. 처가인 최씨 집안도 황폐해져 행랑채는 쓰러져 없어지고 쥐가 들끓었다.

이생은 전쟁이 나자 산속으로 도망쳤다. 하지만 수난은 여기서 그치지 않는다. 산속에는 도적이 들끓었다. 도적에게 쫓기다 부인을 잃고 간신히 살아남아 집에 돌아왔지만 집은 흔적도 없이 사라졌다. 당시에는 이러한 사태가 전국적으로 벌어졌다.

이처럼 백성들은 극도로 피폐한 생활을 했지만, 지배층인 권문세가는 사병까지 두고 사치스러운 생활을 했다. 그들은 막대한 토지를 소유하고 가혹하게 농민들을 수탈했다. 토지가 권문세가로 집중되면서 국가의 재정은 고갈되었고, 정부는 백성에게서 더 많은 세금을 갈취해야 했다.

전쟁과 이중, 삼중의 수탈을 겪는 백성들은 '태평연월'이 아니라 '지옥과 같은 나날'을 보냈다. 고려는 근본적인 개혁이 필요한 상황이었다.

이색의 문하생으로 들어가다

끊임없는 전쟁과 원나라의 지배, 백성들의 피폐한 생활은 지식인들의 비판 의식을 고양시켰다. 주로 지방 관리 집안 출신들로서 과거를 통해 중앙 정계에 진출한 그들을 가리켜 신진 사대부라고 한다. 신진 사대부들은 청운의 꿈을 안고 중앙 정계에 나아갔지만 모든 권력을 장악하고 있는 권문세가 앞에 좌절할 수밖에 없었다.

그들은 고려의 현실에 대해 비판적 의식을 가지고 개혁의 필요성을 역설했다. 고려 후기의 문신이자 신진 사대부의 일원이었던 안축(安軸)은 「염호(鹽戶)」라는 시에서 소금 만드는 사람들의 비참한 생활을 폭로한다.

늙은이가 아들, 손자 거느리고
잠시도 쉬지 못한다.
아주 추운 날에도 바닷물 긷는데
짐이 무거워 어깨와 등이 벌겋게 되었다.
매서운 열기, 타는 매연과 그을음에
지지고 삶느라 얼굴이 검어졌다.
문 앞에 열 수레 섶나무가
하루저녁 견디지 못한다.
매일 백 섬 바닷물을 끓여도
소금 한 섬 채우지 못하는데
기한에 맞춰 바치지 못하면
악독한 아전이 화내며 꾸짖어 댄다.

소금 만드는 늙은이가 잠시도 쉬지 못한다. 어깨와 등이 벌겋게 되도록 바닷물을 긷고, 하루저녁에 열 수레 나무를 때어도 소금 한 섬 얻기 힘들다. 그런데도 아전이 혹독하게 재촉한다.

신진 사대부들은 이런 현실을 비판했지만 이를 개혁할 방책이 마땅치 않았다. 어떤 사람은 좌절해 고향으로 돌아가 농사를 지으며 살았고, 어떤 사람은 적당히 타협해 일신의 안위를 꾀했다. 권문세가에 대항하는 사람들도 있었지만, 멀리 귀양 가거나 죽임을 당했다.

정도전(鄭道傳, 1342년~1398년)은 이런 시대에 태어나 과거를 통해 중앙 정계에 진출했다. 그의 출생 연도가 정확히 언제인지에 대해서는 이견이 분분하다. 그가 조선 개국의 최고 공신이었음을 고려할 때 출생 연도조차 혼동되고 있음은 의아한 일이다. 아마도 이방원 세력에 의해 '정도전 지우기'가 진행되면서 기록들이 소실된 것으로 보인다. 여기에서는 일반적으로 공인되고 있는 1342년을 따른다.

아버지 정운경은 당대의 학자인 이곡(李穀)과 인연이 있었다. 그래서 정도전은 이곡의 아들인 이색의 문하로 들어갔다. 그의 나이 15세 전후의 일이다. 이색은 한 시대의 스승이라 할 만한 당대 최고의 학자였다. 그 문하생으로는 정도전 이외에 정몽주, 이숭인, 박의중 등이 있었는데, 모두 고려 말기의 정치와 학문을 이끌어 갈 인재들이었다.

이색은 성리학자였지만 주자(朱子)의 철학을 그대로 받아들이기만 하지 않고 스스로 탐구하는 데 힘쓴 사람이었다. 그는 앞 시대의 이규보처럼 우주 만물의 이치를 밝히고 이것을 사람과 연관 짓는 일을 자신의 중요한 과제로 삼았다. 우주와 자연, 사회와 인간에 대한 탐구를 통해 근본 이치를 밝히고자 했던 것이다.

이색은 근본 이치가 가까운 데 있다는 생각을 가지고 주위 사람들의 사는 형편을 살피고, 삶의 현장을 구체적으로 탐구했다. 정도전은 이색을 찬양하며 "목은 선생은 일찍이 가정교훈을 이어받았고, 북으로 중국에서 배워 사물의 근원과 계통을 반듯하게 했으며, 인성(人性)과 천명(天命)의 도덕을 탐구해 여러 제자들을 인도했다."라고 했다.

스승의 불철저함을 넘어서

정도전은 이색의 철학을 이어받았지만, 불철저한 부분을 극복하고자 했다. 이색은 호를 절전(絶傳)이라 하는 승려 상인(上人)에게 써 준 「송절전상인(送絶傳上人)」에서 도(道)에 대해 이렇게 썼다.

도는 하늘과 땅 사이에 있고 어둡고 밝은 데를 꿰뚫으며 크고 작은 것을 포괄한다. 도를 가지지 않은 물(物)은 없으며 도가 없는 때도 없다. 도의 본체와 작용은 찬란하지만 사람이 그것을 실행하게 되면 알려지기도 하고 알려지지 않기도 한다.

도는 어디에나 있고 어느 때나 작용한다. 그러나 사람이 도를 실행한 것 중에는 알려진 것도 있고 그렇지 않은 것도 있다. 그만큼 도를 드러내고 실행하기가 어렵다는 뜻이다. 정도전의 생각은 달랐다. 그는 이색이 제자인 박의중에게 보낸 시서(詩序)에 덧붙여 이렇게 말했다.

도는 그 이치가 헤아릴 수 없이 깊거나 헤아려 알기 어려운 것은 아니지만, 그 미묘한 뜻을 대충대충 하여 알 수는 없다. 비록 도가 일상 주변에 있지만 그 원대한 뜻을 쉽게 알 수도 없다. 오로지 고명하고 탁월한 선비가 깊이 파고들고 돈독한 자세를 갖춘 다음에야 함께 이룰 수 있고 또한 도달할 수 있다.

도를 알고 실현하기가 쉽지 않다는 점에서 정도전은 이색과 생각이 같았다. 그러나 도는 찬란한 것이 아니고 일상 주변에 있는 것이라 했다. 도의 미묘하고도 원대한 뜻은 쉽게 깨달을 수 없지만, 고명하고 탁월한 선비가 돈독한 자세로 깊이 파고들면 그 뜻에 도달할 수 있다.

이색이 도의 본체와 작용은 알려지지 않을 수도 있다고 한 것과 달리, 정도전은 도의 실현이 가능하다고 보았다. 선비는 도를 알아내고 실현하기 위해 돈독한 자세를 가져야 한다고 했다.

당대의 현실에서 도의 실현이란 어지러운 고려를 근본적으로 바꾸는 일이었다. 이색과 정몽주 등은 주춤거렸지만, 정도전은 이 일을 끝까지 밀고 나갔다. 그는 선비로서 자신이 할 일을 깊이 깨닫고 있었다. 정도전의 의지는 중국의 시인 도연명(陶淵明)에 대한 비판에서도 나타난다.

남과 북이 분열해 전쟁이 계속 일어나 백성이 편한 날이 없고, 장차 내란이 일어나 왕실이 기울어 뜻있는 사람이 필요한 때 도연명은 시골 전원으로 들어가 버렸다. 그가 지은 시라는 것도 밥 빌어먹는 가난한 선비가 세상을 원망하는 마음으로 술을 마신다는 둥 심심해서 술 마시며 세월을 보낸다는 것뿐이다.

도연명은 중국 동진 시대 사람으로 중세 초기 중국시의 원형을 만들었다고 칭송받는 시인이다. 그는 「귀거래사(歸去來辭)」라는 시에서 관직을 사임하고 고향에 돌아가는 심정을 노래했다.

그런데 정도전은 나라가 어지럽고 백성이 어려움에 처했을 때 보인 도연명의 행적을 현실 도피라고 비판했다. 또한 정도전 당대의 선비들이 보인 자세에 대해서도 신랄한 비판을 가했다.

> 저 선비인 척하는 자들은 헌 갓과 낡은 옷을 입고 벌벌 떨며 관망만 하고 자기의 보신만을 생각한다. 말단 자리에 앉아도 능력 발휘를 못하는데, 눈을 부릅뜨고 당당하게 조정에 서서 도리를 따지는 일을 할 수 있겠는가. 부끄러움도 모르는 자들이 말만 꾸며 하찮은 재주를 부리고, 요행을 바라며 바삐 움직이다가 이권이나 챙기려 든다. 벼슬자리가 없을 때는 고담준론이나 한답시고 하다가 일을 맡기면 당황해 어찌할 줄을 모르는 자들이다.

정도전은 단순한 비판을 넘은 분노를 표현했다. 그리고 그 비판 속에는 자신이 취하고자 하는 자세에 대한 의지가 담겨 있었다.

이상을 실현하기 위한 때를 기다리며

정도전의 관직 생활은 순탄하지 않았다. 21세 때인 1362년에 진사시에 합격해 처음으로 관직에 나아갔다. 29세에는 성균관의 박사가 되었고, 정몽주 등과 함께 성리학을 강론했다. 그 이듬해에는 태상박사로 임명되었다.

당시 중국에서는 몽골족이 세운 원나라가 쇠퇴하고 명나라가 새로운 패권자로 부상하고 있었다. 이러한 국제 정세의 변화를 둘러싸고 고려에서는 논쟁이 벌어졌다. 원나라와 명나라와의 관계 설정이 주요 쟁점이었다.

집권 세력은 원나라와의 관계를 중시했다. 그들은 원나라의 지원을 바탕으로 권력을 잡은 세력이었기에, 원나라가 비록 쇠약해지기는 했지만 그 관계가 단절되면 자신들의 권력 기반이 와해될 수밖에 없다고 생각했다. 반면 신진 사대부들은 명나라와의 관계를 중시했다. 그들은 원나라와 정치적 관계를 단절하고 고려를 완전한 독립 국가로 만들고자 했다. 원나라에 기대고 있는 집권 세력을 몰아내려는 의도 또한 가지고 있었다.

정도전은 확고하게 배원친명 노선, 즉 원나라를 배척하고 명나라와 친교를 하자는 노선에 서서 투쟁했다. 이로 인해 그는 탄핵을 당해 전라남도 나주의 거평 부곡으로 유배되었다.

부곡은 천민 집단 부락으로, 천민들이 양민과 어울려 살지 못하도록 한 곳에 격리해 놓은 마을이다. 이곳으로 유배되었다는 것은 정도전이 집권 세력과 매우 격렬하게 대립했음을 뜻한다. 4년 만에 유배에서 풀려나기는 했지만 그는 개경에 들어갈 수 없었다. 집권 세력에게는 여전히 위험인물이었기 때문이다. 그는 삼각산, 부평, 김포 등지로 떠돌아다녀야 했다.

유배와 유랑 생활은 정도전에게 소중한 학습의 시간이었다. 그는 시골 농부들과 많은 대화를 나누고, 사회 문제에 대해 탐구하면서 자신이 나아갈 길을 찾았다. 이때 지은 「감흥(感興)」이라는 시에는 자신의 처지와 각오, 추구하는 목표가 잘 드러나 있다.

세 수로 이루어진 이 시의 첫 수에서 그는 북풍이 불어 추운데도 자신은 여름옷을 입고 먼 길을 가야 한다고 했다. 암울한 처지에도 결코 자신의 길을 멈추지 않겠다는 의지를 보여 준다. 두 번째 수에서는 산속에서 솟은 샘물이 여러 갈래로 흘러가지만 결국 하나로 합쳐진다고 했다. 현재는 정치 세력이 여러 갈래로 나뉘어 있지만, 결국에는 자신이 추구하는 길로 모이게 되리라는 포부를 드러냈다. 마지막 수에서는 봉황을 노래했다.

> 봉황은 어찌 공중에 높이 나는가,
> 높이 날아오르니 바라볼 수 없구나.
> 고프면 푸른 옥(玉)을 먹고
> 목마르면 천지(天池)의 물을 마신다.
> 굽어보니 세상은 티끌과 같아 좁기만 하고
> 닭과 오리가 꽥꽥대는 마당에 불과하구나.
> 그래서 오랫동안 내려오지 않고
> 천 길 멧부리에서 돌고만 있구나.

정도전은 자신을 봉황에 빗댔다. 봉황처럼 높이 날아 바라보니, 세상은 닭과 오리가 짖어 대고 있는 좁은 마당에 지나지 않는다. 그 틈에 어찌 봉황이 끼겠는가. 그래서 자신은 저 높은 곳에 있을 수밖에 없다고 했다. 자신의 목표는 지금의 세상보다 크고, 아직 자신의 이상을 실현시킬 때는 오지 않았다는 뜻이다.

조선 개국으로 가는 길

정도전은 8년간의 유배와 유랑 생활을 청산하고 동북면도지휘사로 있던 이성계를 찾아가 보좌역이 되었다. 다시 현실로 돌아온 것이다. 이후 8년여의 기간은 정도전에게 영광과 좌절이 함께하며 숨 가쁘게 돌아간 격변의 세월이었다.

1388년 6월 역사적인 위화도 회군이 일어났다. 당시 고려 조정 안에서 원나라, 명나라와의 관계 설정 문제가 여전히 정리되지 않은 가운데, 명나라가 쌍성총관부(雙城摠管府) 관할 지역을 자신들의 영지로 하겠다며 철령위(鐵嶺衛)의 설치를 고려에 통보했다.

쌍성총관부는 원나라가 철령 이북의 땅을 관할하기 위해 화주(和州, 오늘날의 함경남도 영흥)에 설치했던 통치 기구였다. 철령은 함경남도 안변군과 강원도 회양군의 경계에 있는 고개인데, 원나라가 철령 이북 지역을 통치했다. 공민왕 때 원나라의 세력이 약화되자 이 지역을 탈환해 쌍성총관부를 폐지하고 화주목(和州牧)을 설치했다.

그런데 명나라는 철령 이북의 땅을 원나라가 통치했기에 이제 자신들이 차지하겠다는 논리를 내세워 철령위 설치를 통보해 왔다. 이에 고려는 명나라의 요구를 일축하고 최영(崔瑩), 조민수(曹敏修), 이성계 등을 중심으로 정벌군을 구성해 요동 정벌에 나섰다.

처음부터 요동 정벌에 반대했던 이성계는 압록강 위화도에서 군대를 돌려 최영의 군대를 완파한 뒤 정치적, 군사적 실권을 장악하게 되었다. 이성계가 실권을 잡자, 정도전은 말 그대로 눈코 뜰 새 없이 바쁜 나날을 보내게 되었다.

그는 밀직부사로 승진한 후 개혁 정책을 주도하면서 구권문세가들을 제거하는 데 앞장섰다. 또한 사절단장이 되어 명나라에 다녀오는 등 외교 문제를 처리하는가 하면, 성균관 대사성으로서 학문을 육성하고, 삼군도총제부 우군총제사로서 군대를 양성했다.

이렇듯 잘나가던 그의 인생에 다시 고난이 닥쳤다. 정도전은 구권문세가들의 집중적인 탄핵을 받아 경상북도 봉화로 다시 유배를 가게 되었다. 마침 이성계가 낙마 사고를 당해 몸져 누우면서 순간적인 권력 공백기가 생겨났다.

이 기회를 틈타 정몽주 등 고려를 옹호하는 세력들이 정도전을 제거하려 했다. 그들은 유배 중인 정도전을 탄핵해 보주(甫州, 지금의 경상북도 예천)에 있는 감옥에 가두었다. 정도전이 미천한 집안에서 태어났음에도 높은 자리에 앉아 죄를 많이 지었다는 것이었다. 신분적 약점이 죄목 아닌 죄목이었다.

정도전은 일생일대의 위기 상황에 처했다. 그러나 이성계 파의 반격으로 정몽주 등이 제거되면서, 조선 개국의 최후 걸림돌이 사라져 버렸다. 1392년, 고려 마지막 왕인 공양왕이 폐위되고 이성계가 왕위에 올라 조선을 개국했다. 정도전의 나이 51세였다. 웅대한 꿈을 품고 관직에 오른 지 30년 만의 일이었다.

현실이 중요하다

정도전은 현실주의적 세계관에 입각한 국가를 세우고자 했다. 이것은 삼국 시대 이래로 1000년이 넘는 기간 동안 지배적인 사상이었던 불교적 세계관을 폐기하는 일이었다. 불교는 이 세계를 가상(假相)의 세계, 즉 덧없고 헛된 세계라 했다. 그리고 여기에서 벗어나 번뇌를 끊고 해탈(解脫)하는 것을 최고의 이상으로 삼았다.

불교는 또한 마음속에 부처가 있으므로 세상사와 단절하고 자신의 마음을 들여다봄으로써 근본 이치를 찾으라고 가르친다. 따라서 불교는 마음의 철학이요 관념의 철학이다. 정도전은 불교 철학이 허황할 뿐만 아니라 세상에 해롭기까지 하다고 보았다. 근본적인 것은 사람들이 발을 딛고 살아가는 이 세계였기 때문이다.

정도전은 유배 시절 「심문천답(心問天答)」을 지어 불교 비판의 논리를 체계화했다. 조선 개국 이후에도 「심기리편(心氣理篇)」과 『불씨잡변』등을 지어 비판을 더욱 구체화했다. 특히 『불씨잡변』은 열아홉 개의 항목에 걸쳐 불교의 주요 교리를 조목조목 비판한 대작이다.

그는 먼저 윤회 사상을 비판했다. 그것이 불교 사상의 핵심이자 세상 사람들을 가장 현혹시키는 것이라 보았기 때문이다. 불교에서는 사람이 죽더라도 정신은 없어지지 않고 끝없이 윤회한다고 했다. 이 윤회의 사슬을 끊지 못하면 인간은 무한한 세월 동안 번뇌와 고통에서 벗어날 수 없다.

정도전은 윤회 사상을 허황된 것이라고 했다. 사람은 음양(陰陽)의 기(氣)가 운동하여 생겨난다. 사람이 죽으면 정신은 하늘로 올라가고 육체는 땅으로 돌아간다. 이렇게 흩어진 정신과 육체는 다시 합쳐질 수 없다. 그러므로 윤회란 있을 수 없다. 그는 연기와 재를 예로 들어 설명했다.

불이 다 타 버리면 연기는 하늘로 올라가고 재는 떨어져 땅으로 돌아간다. 이것은 사람이 죽으면 정신은 하늘로 올라가고 육체는 땅으로 돌아가는 것과 같다. 불의 연기는 사람의 정신이고 불의 재는 사람의 육체이다. 불기가 꺼져 버리면 연기와 재가 다시 합해 불이 될 수 없는 것처럼, 사람이 죽은 후에 정신과 육체가 다시 합해 사람이 될 수 없다는 이치 또한 명백하다.

또한 정도전은 세속에서 벗어나라는 불교의 가르침에 어긋난 생활을 하는 승려를 거론하며 그들을 좀에 빗댔다.

가만히 앉아서 옷과 음식을 소비할 뿐만 아니라, 좋은 일이라고 꾸며 대어 갖가지 공양과 음식을 받아 즐기고 비단으로 불전을 꾸미니 백성 열 집의 재산을 하루아침에 소비한다. 의리를 저버리어 이미 인류의 해충이 되고, 물건을 함부로 써 대어 아까운 줄 모르니 이는 실로 천지에 큰 좀들이다.

부처는 걸식(乞食)을 주장하고 실천했다. 먹고사는 일 역시 세상사이므로 걸식은 이를 벗어나기 위한 방편이었다. 정도전은 걸식에 대해서도 비판적이었다. 부처의 가르침대로라면 모든 사람이 세속에서 벗어나야 한다. 그러면 농사짓는 사람도 없고 음식을 만드는 사람도 없는데 누구에게 빌어먹을 것이냐는 비판이었다. 그는 청빈한 생활 자세가 아니라 논리적 모순에 대해 비판했다.

그런데 부처의 제자라는 사람들이 보여 주는 사치와 향락은 개탄스러울 정도였다. 그들은 백성 열 집의 재산을 하루아침에 없애 버릴 만큼 재물을 낭비했다. 고려 후기 불교의 실상이 그러했다. 그래서 정도전은 "불교에서 말하는 이른바 번뇌를 끊고 세상사에서 벗어나 깨끗하고 욕심 없이 한다는 것을 도대체 어디에서 찾으란 말이냐."라며 힘껏 성토했다.

정도전은 사람에게 있어 먹고사는 문제가 으뜸으로 중요하다고 했다. 임금은 나라를 잘 다스리고, 백성은 노동을 열심히 하므로 음식을 먹을 자격이 있다. 그것이 세상의 기본 이치이다. 불교는 이런 기본 이치를 망각하고 백성들이 갖다 바치는 공양에 의존해 사치하면서도 세상사에서 벗어나라고 가르친다. 정도전은 불교가 백성들이 겪고 있는 진정한 고통이 무엇이고, 그것을 극복하기 위해 어떻게 해야 하는지를 모른 채 백성을 현혹하고 있다고 보았다.

백성은 단 한 발자국도 자신들이 처한 현실을 떠나지 못한다. 백성의 고통은 현실에서 생겨나고 이에 대한 해결도 현실에서 이루어져야 한다. 현실의 세계는 불교에서 말하는 가상의 세계가 아니고 실제로 존재하는 세계이다. "부처가 죽은 지 오래되었지만 하늘과 땅, 그 사이에서 살아가는 사람과 사물은 의연히 존재한다."라고 정도전은 말한다. 따라서 그는 일을 처리하고 사물과 접촉할 때 도를 다하는 것이 중요하다고 강조했다.

사람은 하늘과 땅 사이에서 단 하루라도 물(物)을 떠나서는 살 수 없다. 따라서 모든 일을 처리하고 사물과 접촉할 때[處事接物], 마땅히 각각의 도를 다해 혹시라도 그르치는 바가 있어서는 안 된다.

현실은 실재하는 세계이므로 마음만 중요시되어서도 안 된다. "마음과 몸으로부터 사람과 사물에 이르기까지 관통할 수 있는 학문"이 필요한 이유이다. 마음과 몸과 사람과 사물, 즉 물(物)을 관찰하고 탐구해 우주와 자연, 사람과 사회를 꿰뚫고 있는 근본 이치를 통찰해야 한다. 불교에서처럼 인간 세상이 허망하다 하고 오로지 마음속에서만 근본 이치를 찾으려는 것은 해악을 낳을 뿐이다. 조선의 개국은 철학적으로 볼 때 세계관의 전환이기도 했다.

좌절된 이상

정도전은 유교를 공부한 선비들에 대해서도 비판을 멈추지 않았다. 그는 "도덕을 심신에 쌓은 자를 선비라 하고 정사에서 교화를 베푸는 자를 관리라 한다."라고 했다. 도덕은 교화의 근본이고, 교화는 도덕의 실천이다. 그러므로 도덕과 교화는 한 가지 이치이고, 선비와 관리는 둘이 아닌 하나이다. 그런데 선비라는 자들은 도덕을 쌓지 않고 음풍농월이나 하고, 관리들은 교화 대신에 형벌로만 백성을 다스리려 한다.

선비들은 새로운 국가를 만들어 나갈 중추 부대였다. 따라서 정도전의 비판은 선비들의 각성을 촉구하는 것이기도 했다.

정도전은 도덕과 교화를 하나로 통일하는 덕치(德治)의 실현을 이상 국가의 목표로 제시했다. 덕치는 백성을 근본으로 하는 민본(民本)의 정치이다. 백성들이 편안히 생업에 종사할 수 있게 하는 정치는 피폐해진 백성의 삶을 회복하는 일이기도 했다.

조선의 개국과 함께 정도전은 숨 돌릴 겨를조차 없이 바쁜 나날을 보냈다. 개국의 일등 공신으로서 일곱 가지의 관직을 맡아 일을 처리했고, 사절단장이 되어 명나라에 다녀오기도 했다. 또한 동북면도안무사로서 동북면 개척에 힘썼고, 경상전라양광삼도도총제사로서 남부 지방의 재정과 군대를 관리했다. 명나라가 내정 간섭을 하자 요동 수복 계획을 세우고 군량미 확보와 군대 훈련을 맡는가 하면 사병(私兵)을 혁파했다. 조선의 수도를 한양으로 옮기는 일에서부터 왕궁인 경복궁 건축에 이르기까지 그의 손길이 닿지 않는 곳이 없었다.

공무를 집행하는 중에도 그는 조선의 국가적 기틀을 마련하기 위한 설계도를 쏟아 냈다. 『조선경국전』과 『고려국사(高麗國史)』를 편찬하고, 『감사요약(監司要約)』과 『경제문감』을 저술했다. 조선의 사상적 토대를 세우기 위해 「심기리편」와 『불씨잡변』을 저술한 것도 이때였다.

그러나 이방원 일파의 쿠데타로 정도전의 이상은 무너졌다. 요동 수복 계획을 추진하던 중 정도전은 습격을 받고 참살되었다. 1398년, 그의 나이

57세였다.

정도전이 죽자 '정도전 지우기' 작업이 진행되었다. 갑자기 길재가 충절의 대명사로 받들어지기 시작했다. 길재는 조선이 개국되자 벼슬을 그만두고 낙향한 인사였다. 그는 고려를 위해 몸 바치지도 않았고 조선에 저항하지도 않았다.

그런데도 길재가 부각된 이유는 집권 세력이 왕에 대한 충성을 강조하고자 했기 때문이다. 정도전은 조선 개국의 공신이기보다는 고려의 왕을 배신한 인물이 되어 버렸다. 그를 참살한 세력들은 자신들의 정당성을 그렇게 마련하려고 했다.

정도전의 죽음과 함께 백성을 근본으로 하는 덕치의 이상이 쇠퇴하고, 왕에 대한 충성을 강조하는 이데올로기가 부상했다. '마음과 몸과 사람과 사물'을 탐구하자는 물(物)의 철학이 기울고, 심성론(心性論)이라는 마음의 철학이 주류로 자리 잡았다. 조선 유교 역사의 계보에서도 그의 이름은 사라졌다.

정도전의 학문, 이상과 철학은 계승되지 못했다. 아울러 조선 개국에 참여했던 인사들은 시간이 흐르면서 권력과 부에 탐닉해 초기의 이상을 잃어버렸다. 그러는 사이 길재의 제자들이 중앙 정계에 진출해 유교적 이상 국가의 실현을 주장했다. 집권 세력과 신진 세력의 지난한 투쟁이 시작되었다. 이른바 훈구파와 사림파의 투쟁이다.

이 과정에서 조선 개국의 공신 정도전은 최후의 고려인으로, 고려의 신하였던 길재는 최초의 조선인으로 취급하는 역사의 전도 현상이 일어났다. 정도전의 이상과 철학은 사라졌지만, 이규보로부터 이어진 물(物)을 중시하는 철학적 전통은 조선 중·후기에 이르러 새로운 모습으로 다시 나타나게 된다.

상정달가서(上鄭達可書)

정도전이 정몽주에게 보낸 편지이다. 달가(達可)는 정몽주의 자(字)이다. 이 편지에서 정도전은 정몽주가 불교에 유화적인 태도를 보이는 데 대해 충고했다. 정몽주에 대한 그의 기대감과 불교에 대한 태도를 엿볼 수 있다.

이단은 날로 성행하고 우리의 도는 날로 쇠퇴해 백성을 금수의 땅으로 몰아넣고 도탄에 빠뜨리고 있으니 누가 이런 사태를 바로잡겠습니까? 학문을 반듯하게 하고 덕과 지위를 겸비한 사람이 있어야 사람들이 믿고 따라 바로잡을 수 있을 것입니다. 백성은 어둡고 어리석어 취해야 할 것과 버려야 할 것을 구분할 줄 모릅니다. 한때 덕과 지위를 갖춘 사람이 있더라도, 그가 배척당하면 가 버리고 번창하면 몰려들 뿐입니다. 두루 갖춘 사람을 알아 따른다 해도 도(道)의 옳고 그름이 있음을 알지 못합니다.

옛날 맹자가 곤궁해 지위가 낮았지만 능히 양주(楊朱)[1]와 묵적(墨翟)[2]을 물리치고 공자의 도를 천하가 존숭하게 했습니다. 이는 덕을 갖추어 그 덕으로 천하를 믿고 따르게 했기 때문입니다. 소연(蕭衍)[3]이 비록 어두워 아는 것이 없지만 능히 불교를 일으켜 풍속을 변경하고 천하를 복종시켰습니다. 이는 지위를 갖추어 그 지위로써 천하를 따르게 했기 때문입니다. 공자께서 말씀하시길, 군자의 덕은 바람이요 소인의 덕은 풀이니 바람이 불면 풀은 반드시 쓰러진다 하셨는데, 이런 것을 두고 하신 말씀인가 봅니다.

그 이래로 위로는 어진 임금이 없고 아래로는 참다운 유

[1] 중국 전국 시대의 학자로 자신만의 쾌락을 추구하는 위아론(爲我論)을 주장했다.

[2] 중국 전국 시대의 학자로 묵자라고도 함. 겸애설(兼愛說)을 주장했다.

[3] 중국 남조 양나라의 황제. 불교 사상의 황금 시대를 열었다.

학자가 없어서 세상 살아가는 교훈이 없어지고 간사한 말이 마구 성행했습니다. 명성이 있는 자들이 그것을 좇아 더욱 창궐하게 했으니, 그 폐해를 어찌 말로 다 하겠습니까.

송나라가 번성해 참다운 유학자가 잇따라 나타나서 사라졌던 경전을 가져다 끊어진 도통(道統)을 잇고, 유교의 도리로써 이단을 물리치자 학자들이 바람에 쓰러지듯 좇았습니다. 이 또한 덕을 갖추어 사람들을 믿고 따르게 했기 때문입니다. 그러나 덕만 있지 지위가 없어 이단의 근본을 근절하지 못했습니다. 그러나 중국의 학자들은 그 학설에 의지해 유교의 도리로써 이단을 물리치는 것을 자신들의 책임으로 여기고 있습니다. 비록 이단의 폐해가 깊어서 갑자기 끊어버리지 못할지라도 유교의 도리를 부흥시킬 수는 있습니다.

우리나라는 이단의 폐해가 더욱 심해 사람들이 그것을 다 좋아하고 조심스럽게 받들고 있습니다. 큰 학자라는 사람들도 그것을 찬송하고 노래해 읊어서 이단의 번창을 도와주며 고무했습니다. 어리석은 백성은 명성이 있는 자들이 좋아하는 것을 어떤 것이든 좇았습니다. 선왕의 학문이 적요(寂寥)하고 듣지를 못해 눈귀로 보고 듣는 것이 이단이 아닌 것이 없습니다. 보자기에 싸인 어린아이들이 말을 배울 때부터 그 말을 외우고, 장난을 할 때도 그 의식(儀式)을 차리는 등 습관이 성품 속에 배어들었습니다. 그런 것을 아무렇지도 않게 여기고 사악한 것이 마음속에 익숙해져 깨우치지 못할 지경이 되었습니다.

총명한 선비라도 그 공허하고 현묘한 데 현혹되고, 포악한 사람이라도 그 복을 기뻐하고 화를 두려워하며, 존경하고 받들어 귀의하지 않는 이가 없습니다. 인륜을 파괴하고 의리를 없애 풍속이 무너지고 손상되어 가정과 재산이 파탄 나고 부자(父子)가 헤어져 떠납니다. 사람들이 금수로 돌아가고 도탄에 빠지니 그 괴로움이 너무나 크다 하겠습니다.

다행히 천성(天性)은 하늘이 다한대도 없어지지 않으니, 비록 파괴되고 퇴락하는 속에서도 경전에 밝은 선비가 한두 명 있어, 그 해독을 사람들에게 분별해 주면 어떤 이들은 마음으로 믿어 깨닫습니다. 사람마다 의리의 마음을 가지고 있기 때문입니다. 그러나 지위가 낮아 백성들이 좇지 아니합니다. 불교를 신봉하는 사람들과 더불어 이야기하면 저들도 천심(天心)을 가지고 있어 스스로 그른 것을 알아 말이 자주 막힙니다. 그럼에도 굴복하지 않고 이기려고만 하여 높은 지위에 있는 사람들과 큰 학자들이 존경하고 찬송한다는 사례를 들어 시비를 가리고자 하는 사람을 꺾으려 합니다. 저들이 말하기를 "어찌 불의를 모 공(某公)이 믿겠는가. 모 공이 지위와 덕으로써 존중하고 찬송하기를 이렇게 하는데, 네가 도리어 비난하니 네가 그보다 현명하다는 말이냐."라고 합니다.

시비를 가리고자 하는 사람이 말하기를 "벼슬의 지위는 높다 해도 도에 관해 모르는 것이 있고, 큰 유학자라 해도 학문에 바르지 못한 것이 있으니, 묻고 따져서 그 시시비비를 가리고자 할 따름이다. 어찌 모 공을 내세워 이것으로써 옳다고 하는가."라고 합니다. 그러면 말다운 말이지만 아랫사람이 윗사람의 과실을 비난한다는 죄를 얻을 뿐입니다. 더욱이 사람들이 믿지를 않고 미치고 망령되다며 비웃고 헐뜯어 시비를 가리고자 하는 사람을 용납할 수 없게 만듭니다. 그래서 입을 다물면 불교를 하는 사람들은 의기양양해 "우리 말이 승리했다."라고 합니다.

이러므로 이단의 간사함은 말로써 따질 것이 못 되고 백성들의 현혹됨은 의리로써 깨우쳐 줄 것이 못 된다는 것을 알았습니다. 학문을 반듯하게 하고 덕과 지위를 훌륭하게 갖춘 이후에야 사람들을 믿고 따르게 해 바로잡을 수 있습니다.

나의 벗 그대야말로 그런 사람입니다. 그대가 비록 지위는 낮지만 그대의 학문은 반듯하고 그대의 덕 또한 통달하여 학자들이 마음으로부터 존경하고 있습니다. 내가 비록 어둡고 용렬해 비방하는 무리들의 소리를 걱정하지 않고 분개하면서 이단을 물리치는 데 뜻을 두는 것은 그대가 있기 때문입니다. 하늘이 그대를 낳으심은 유교 도리의 복인가 합니다.

근자에 떠도는 말을 들으니, 그대가 『능엄경(楞嚴經)』을 보아 부처에게 아첨하는 것 같다고 합니다. 내가 말하기를 "능엄을 보지 않으면 어찌 그 말 속에 담긴 교활함을 알 수 있겠는가. 정몽주가 능엄을 보는 것은 그 병통을 바로잡아서 약으로 다스리려 하는 것이지, 그 불도를 좋게 보아 가다듬으려는 것이 아니다."라고 했습니다.

그러고 나서 혼자 말했습니다. 그대가 부처에게 아첨하지 않을 것은 확실합니다. 그러나 창려(昌黎)[4]가 한 번 말을 크게 바꾸는 바람에 후세에 구실을 주었습니다. 그대는 사람들이 믿고 따르고 있어 그대가 하는 행동에 유교의 흥폐가

4) 중국 당나라 때 사상가 겸 문장가인 한유(韓愈)의 호.

달려 있습니다. 가히 자중하지 않으면 안 됩니다. 또 백성은 어둡고 어리석어 현혹되기 쉽고 깨닫기 어려우니 그대는 그 것을 생각해야 합니다.

불씨잡변

정도전이 1398년에 지은 것으로, 열아홉 개 항목에 걸쳐 불교의
기본 교리를 비판한 저작이다. 여기에 싣는 것은 첫머리에 나오는
「불씨윤회지변(佛氏輪廻之辨)」이다. 정도전은 윤회 사상을 불교의
으뜸 교리라 판단해 이에 대한 비판으로부터 글을 시작했다.

    사람과 사물은 끝이 없이 계속 생겨나는데, 이는 천지의
조화 운행이 끝이 없기 때문이다. 태극(太極)[1]에는 동(動)과
정(靜)이 있어 음양을 낳는다. 음양은 합하고 변화하는 오행
(五行)[2]을 가지고 있다. 무극(無極)[3]과 태극의 본성, 그리고
음양과 오행의 정수(精髓)가 절묘하게 합해져서 사람과 사물
을 낳는다. 이렇게 하여 이미 생겨난 것은 지나가고 아직 생
겨나지 않은 것은 계속 생겨나니 여기에 한순간의 멈춤도
없다.

    부처가 사람은 죽더라도 정신은 사라지지 않아 이내 형체
를 새로 받아 태어난다 했는데, 이를 윤회설이라 한다.

    『주역(周易)』에 이르기를 "원래 처음은 끝과 다르다. 따라
서 태어남과 죽음에 관해 말할 수 없다."라고 했다. 또 "정기
(精氣)는 물(物)이 되고 혼(魂)은 떠돌며 변화한다."라고 했다.
옛 학자가 이를 해석하기를 "천지의 조화는 계속 진행되어
끝이 없다. 그러나 모이는 것은 반드시 흩어지듯이, 태어난
것은 반드시 죽게 된다. 시작의 근원이 있으니 모여서 태어
남을 안다면 그 후에 반드시 흩어져서 죽게 됨을 알 수 있
다. 태어남은 기가 변화해 자연스럽게 이루어지는 일이다. 처
음부터 정신은 태허(太虛)[4] 속에 있지 않다. 죽음은 기와 함

1) 동양 철학에서 말하
는 우주 만물의 근원.

2) 우주 만물을 이루
는 다섯 가지 원소인 금
(金), 수(水), 목(木), 화
(火), 토(土).

3) 태극의 맨 처음 상태.

4) 음양을 낳는 기의 본체.

께 흩어지는 것이다. 다시 형체를 받아 아득한 곳에 남아 있을 수 없음을 알 것이다."라고 했다.

또 "정기는 물(物)이 되고 혼은 떠돌며 변화한다."라고 했다. 천지 음양의 기가 합해 사람과 사물이 되었다가, 혼은 하늘로 올라가고 신체는 땅으로 돌아간다. 이것이 바로 변화이다. 정기가 물이 된다는 말은 정기가 합해 물이 된다는 것이다. 정은 신체이고 기는 혼이다. 변화란 이 혼과 신체가 서로 떨어져 흩어지는 것이니, 여기에서 변화란 다른 것으로 바뀐다는 의미가 아니다. 단단한 것이 썩는다는 것이고, 있던 것이 없어지니 물이 없어진다는 의미이다.

하늘과 땅 사이는 빨갛게 달아오른 화로와 같아서 살아 있는 모든 것은 그 속에서 녹아 없어진다. 어찌 이미 흩어져 버린 것이 다시 합할 수 있겠는가. 어찌 이미 가 버린 것이 다시 올 수 있겠는가.

내 몸의 경험에서 보자. 숨을 한 번 내쉬고 들이마시는 사이에 기가 한 번 나오고 들어가는 법이다. 숨을 내쉴 때 한 번 나와 버린 기는 들이마실 때 다시 들어가지 않는다. 사람의 호흡이 끊이지 않는데, 가는 것은 지나가 버리고 오는 것은 계속된다는 이치를 알 수 있다.

밖으로 물(物)에 나타나는 것을 보자. 모든 초목의 뿌리, 줄기, 가지, 잎, 꽃과 열매에 하나의 기운이 관통한다. 봄과 여름에는 그 기운이 불어나서 잎과 꽃이 무성하고, 가을과 겨울에는 그 기운이 오그라들어 잎과 꽃이 쇠해 떨어진다. 그리고 그 이듬해 봄과 여름에 또다시 무성하게 된다. 이미 떨어져 버린 잎이 본래로 돌아가서 다시 살아나는 것이 아니다.

우물 속의 물을 보라. 아침마다 물[水]을 길어 음식을 만드는 사람은 불로 끓여 없애고, 옷을 씻는 사람은 햇볕에 말려 없애 그 물은 자취도 없이 사라진다. 그러나 우물 속의 샘 줄기에서는 물이 계속 솟아난다. 이 경우에도 이미 길어 간 물이 다시 그 전에 있던 곳으로 돌아가 나오는 것이 아니다.

온갖 곡식의 경우도 마찬가지이다. 봄에 열 섬의 종자를 심었다가 가을에 백 섬을 거두어들인다. 나중에는 천 섬, 만 섬을 거두어들여 그 이익이 몇 배나 되는데, 이것은 곡식들이 계속 생겨나기 때문이다.

불교에서 말하는 윤회설을 보자. "혈기(血氣)가 있는 모든 것은 일정한 수가 있어 오고 가는 것이 계속되더라도 더 많아지거나 적어지는 일이 없다."라고 한다. 그렇다면 하늘과 땅이 물(物)을 만들어 내는 일이 농부가 이익을 내는 것만 못한 꼴이다. 또 혈기가 인간이 되지 못하면 새, 물고기, 곤충이 될 것이므로 그 수가 일정하다. 따라서 이것이 번성하면 저것이 쇠퇴하고, 이것이 쇠퇴하면 저것이 번성하는 식으로 일시에 다함께 번성할 수도 쇠퇴할 수도 없을 것이다.

그러나 오늘날 보건대, 세상이 융성한 시기에는 인간도 번성하고, 새, 물고기, 곤충도 함께 번성한다. 세상이 쇠퇴하는 시기에는 인류도 쇠퇴하고, 새, 물고기, 곤충도 쇠퇴한다. 이것은 사람과 사물이 모두 천지의 기로 인해 생기기 때문이다. 기운이 성하면 일시에 번성하고 기운이 쇠하면 일시에 쇠퇴함이 분명하다.

그러므로 나는 불교의 윤회설이 너무나 심하게 세상을 현혹하는 것이어서 분개하지 않을 수 없다. 깊게는 천지의 조화에 바탕을 두고, 밝게는 사람과 사물의 생성을 관찰해 여기에서 말한 결론을 얻었다. 나와 뜻을 같이하는 사람은 함께 통찰해 주기 바란다.

어떤 사람은 나에게 다음과 같이 물을지도 모르겠다. "당신은 옛 학자의 말을 인용해 '혼은 떠돌며 변화한다.'라는 말을 해석했다. 혼과 신체가 서로 떨어져 혼은 하늘로 올라가고 신체는 땅으로 돌아간다고 했으니, 이것은 사람이 죽으면 혼과 신체는 각각 하늘과 땅으로 돌아간다는 말이다. 그것은 불교에서 말하는 '사람은 죽어도 정신은 없어지지 않는다.'라는 말 아니냐?"

옛날에는 사시사철 불을 모두 나무에서 얻었다. 나무 가운데 불이 있어 나무를 뜨겁게 하면 불이 생기기 때문이다. 그것은 신체 가운데 혼이 있어 신체를 따뜻하게 하면 혼이 되는 것과 같다. 그래서 "나무를 비비면 불이 나온다."라는 말이 있고, 또 "형체가 생기면 신(神)이 알게 된다."라는 말도 있다. 여기에서 형체는 신체이고 신은 혼이다. 불이 나무와 관계를 가지고 존재하는 것은 혼과 신체가 합해 사는 것과 같다.

불이 다 타 버리면 연기는 하늘로 올라가고 재는 떨어져 땅으로 돌아간다. 이것은 사람이 죽으면 정신은 하늘로 올라가고 육체는 땅으로 돌아가는 것과 같다. 불의 연기는 사람의 정신이고 불의 재는 사람의 육체이다. 불기가 꺼져 버리면 연기와 재가 다시 합해 불이 될 수 없는 것처럼, 사람이 죽은 후에 정신과 육체가 다시 합해 사람이 될 수 없다는 이치 또한 명백하다.

더 읽어 보기

정도전 외, 권오돈 외 옮김,『한국의 사상대전집』제6권, 동
화출판공사, 1972

정도전, 정병철 옮김,『(증보) 삼봉집』, 한국학술정보, 2009

조유식,『정도전을 위한 변명』, 푸른역사, 1997

최상용·박홍규,『정치가 정도전』, 까치글방, 2007

한영우,『왕조의 설계자 정도전』, 지식산업사, 1999

김시습

기일원론의 초석을 다지다

김시습은 1435년 서울 성균관 북쪽에 있는 사택에서 태어났다. 신라 김알지왕의 후손으로, 증조부인 윤주(允柱)는 안주목사(安州牧使), 조부인 겸간(謙侃)은 오위부장(五衛部將)을 지냈다. 아버지인 일성(日省)은 조상의 덕으로 말단 벼슬을 받았으나 나아가지 못했다. 어머니는 선사 장씨이다. 호는 매월당(梅月堂), 자는 열경(悅卿)이다. 법호는 설잠(雪岑)이며, 시호는 청간(淸簡)이다. 이름은 친척 할아버지인 최치운(崔致雲)이 지었고, 자는 사예(司藝) 조수(趙須)가 지어 주었다.

태어난 지 8개월 만에 글을 알아보았고, 3세 때 시를 지었다. 5세 때 세종이 김시습에 관한 소문을 듣고 승정원에 명령해 사실 여부를 확인하게 했다. 승지(承旨) 박이창(朴以昌)이 확인하고 보고하자, 세종은 크게 칭찬하며 비단을 선물로 내렸다. 5세 때부터 성균관 대사성 김반(金泮)의 문하에 들어가 13세 때까지 『논어(論語)』, 『맹자』, 『시경(詩經)』, 『서경(書經)』, 『춘추』를 배웠고, 사성(司成) 윤상(尹祥)으로부터 『주역』과 『예기(禮記)』를 배웠다.

15세 때 어머니가 돌아가시고, 삼년상을 채 마치기도 전에 외할머니마저 돌아가셨다. 18세 때 남효례(南孝禮)의 딸과 결혼했다. 21세 때 세조가 조카인 단종을 밀어내고 스스로 왕위에 오르자, 공부하던 책을 모두 불살라 버리고 승려가 되어 전국을 방랑했다. 47세 때 환속해 안씨(安氏)와 결혼했으나, 불과 2년도 안 되어 부인이 죽자 재차 방랑길에 나섰다. 강원도와 충청도를 돌아다니던 중 1493년 동학사 근처 만무산 무량사에서 병들어 죽었다. 그의 나이 59세였다.

주요 저서로는 『매월당집(梅月堂集)』, 『금오신화(金鰲新話)』, 『십현담요해(十玄談要解)』 등이 있다.

타고난 천재

　나면서 품성의 바탕이 달라서 태어난 지 8개월 만에 스스로 글을 알아보았다. 최치운이 보고서 기특히 여겨 시습(時習)이라 이름 지었다. 시습은 말이 더디었으나 정신은 영리해, 글을 대하면 입으로는 읽지 못했지만 뜻은 다 깨달았다. 3세 때 시를 지을 수 있었고, 5세 때 『중용(中庸)』과 『대학』을 깨쳤다. 사람들이 신동이라 했고, 유명한 재상 허조(許稠)와 여러 사람들이 많이 찾았다.

　이이(李珥)가 왕명을 받아 지은 「김시습전(金時習傳)」에 전하는 내용이다. 여기에서 글이란 한문을 뜻한다. 김시습(金時習, 1435~1493)은 그 어려운 한문을 태어난 지 8개월 만에 알아보았으며, 한문으로 시를 지은 건 3세 때였다고 한다. 허조는 세종 때 우의정을 지낸 사람이다. 이런 사람이 찾아올 정도였으니, 김시습에 대한 소문이 어느 정도였는지 알 수 있다.
　이웃에 살던 친척 할아버지인 최치운은 아이가 8개월 만에 글을 알아보자 놀라워하며 '시습'이라 이름 지었는데, 이는 『논어』의 제일 첫머리에 나오는 "학이시습지(學而時習之, 배우고 시간 날 때마다 그 배운 것을 익힌다.)"에서 따온 것이었다. 열경이란 자는 이웃에 살던 사예(성균관의 정사품 벼슬) 조수가 지어 주었다. '학이시습지' 다음 구절인 "불역열호(不亦悅乎, 또한 기

쓰지 아니한가.)"에서 '열' 자를 가져온 것이었다. 이렇듯 김시습은 한미한 집안에서 태어났지만 주위의 관심과 기대를 한 몸에 받았다.

김시습은 말보다 글을 먼저 배웠다. 자전적 편지글인 「상유양양진정서(上柳襄陽陣情書)」에는 그 무렵의 일화가 기록되어 있다.

> 외할아버지께서 유명한 시구를 뽑아 놓은 책을 가르치셨습니다. 그때 저는 말을 하지 못했습니다. 외할아버지께서 "화소함전성미청(花笑檻前聲未廳, 꽃은 난간 앞에서 웃지만 소리는 들리지 않네.)"이라 하시면 제가 병풍에 그려진 꽃을 가리키며 '떼떼' 하고 소리를 냈다고 합니다. 또 "조제림하루난간(鳥啼林下淚難看, 새는 나무 아래에서 울지만 눈물은 보이지 않네.)"이라 하시면 병풍에 그려진 새를 가리키며 '떼떼' 했다고 합니다. 외할아버지께서는 제가 그 뜻을 모두 이해하는 것이라 생각하시어 당시(唐詩)와 송시(宋詩) 백여 수를 뽑아 읽게 하셨습니다.

3세 때에는 시 짓는 법을 배워 외할아버지가 첫 글자를 내면 그것에 맞추어 시를 지었다. 외할아버지가 춘(春) 자를 내면, 바로 "춘우신막기운개(春雨新幕氣運開, 봄비가 새 집에 내리니 봄기운이 시작이네.)"라고 시를 지었다. 이런 식으로 외할아버지와 주고받으며 "도홍류록삼춘모(桃紅柳綠三春暮, 복사꽃 붉고 버드나무 푸르니 봄이 저무네.)", "주관청침송엽로(珠貫靑針松葉露, 구슬이 푸른 침에 꿰였구나, 솔잎에 이슬방울.)" 등 수많은 시구를 지었다.

김시습에 대한 소문은 궁궐에까지 알려졌다. 세종이 이 소문을 듣고 승정원에 명령해 사실 여부를 확인하게 했다. 김시습의 나이 5세 때였다. 승지 박이창이 그를 무릎 위에 앉혀 놓고 "네 이름을 넣어 시를 지을 수 있느냐?"라고 물었다. 김시습은 즉시 "내시강보김시습(來時襁褓金時習, 올

때는 보자기에 싸인 김시습이네.)"이라 답했다. 다시 박이창이 벽에 그린 산수화를 가리키며 "이 그림을 두고 시를 지을 수 있겠느냐?"라고 물었다. 그 또한 즉시 "소형주택하인재(小亭舟宅何人在, 드리워져 있는 작은 배의 집 안에는 누가 사는가.)"라고 답했다.

박이창이 이런 사실을 보고하자, 세종은 "직접 불러 보고 싶지만 세상 사람들이 듣기에 해괴하게 생각할 것 같구나. 집에서 아이의 재주가 밖으로 드러나지 않게 하면서 가르치도록 해라. 학업이 성취되면 크게 쓸 것이다."라며 선물로 비단을 내렸다. 이때부터 김시습의 이름이 널리 알려졌다. 사람들은 임금이 칭찬한 아이의 이름을 함부로 부를 수 없어 그를 '오세(五歲, 다섯 살)'라고 불렀다.

유년기에 임금을 만난 사실은 평생 동안 김시습에게 소중한 추억이 되었다. 그는 여러 글에서 그때를 회고했다. 대표적인 작품으로 자신의 고민을 여섯 수의 시로 표현했다는 「서민육수(敍悶六首)」가 있다.

> 어릴 적 궁궐에 가니
> 임금께서 비단옷을 선물로 주셨네.
> 나를 알아보고 불러 무릎에 앉히고
> 내시는 열심히 붓으로 적었네.
> 앞다투어 진짜 똑똑한 아이라 칭찬하면서
> 서로 봉황이 나왔다고 보려 했네.
> 어찌 사사롭게 바뀔 줄 알았으랴
> 보잘것없는 늙은 쑥이 되었구나.

김시습은 5세 때부터 성균관 대사성 김반의 문하에 들어가 13세 때까지 『논어』, 『맹자』, 『시경』, 『서경』, 『춘추』를 배웠다. 또한 사성 윤상으로부터 『주역』과 『예기』를 배웠다. 유교와 직접 관련이 없는 역사서와 제자백가(諸子百家)의 책들은 독학했다.

15세 때 어머니가 돌아가시자 그는 외가의 농장 옆에 있는 어머니 무덤에 초막을 짓고 삼년상을 치렀다. 그런데 상을 채 마치기도 전에 그동안 돌보아 주셨던 외할머니마저 돌아가셨다. 상을 끝내고 집으로 돌아왔을 때 아버지는 병을 얻어 집안일을 돌볼 수가 없는 형편이었다. 이러한 상황에서 그는 훈련원 도정(訓練院都正) 남효례의 딸과 결혼했다. 집안의 거듭된 불상사로 인해 한 차례 과거 시험에 낙방하기는 했지만, 결혼 후 다시 마음을 가다듬어 삼각산 중흥사로 들어가 공부를 계속했다.

여기까지가 김시습 인생의 1막이다. 천재 소년 김시습은 주위의 기대를 한 몸에 받으며 열심히 공부했다. 어머니와 외할머니가 잇달아 돌아가셔서 쓸쓸해지기도 했지만, "어진 군주 보좌하길 바라는" 주위의 기대에 부응하고자 이전보다 배로 노력했다.

모든 책을 불사르다

김시습의 인생 2막은 계유정난(1453년)과 함께 시작되었다. 세종의 둘째 아들인 수양대군이 쿠데타를 일으켜 동생인 안평 대군과 김종서(金宗瑞), 황보인(皇甫仁) 등 중신들을 살해하고 실권을 잡았다. 그 2년 뒤인 1455년 조카인 단종을 밀어내고 스스로 왕위에 올랐다. 조선 7대 임금인 세조였다. 김시습의 나이 21세 때였다. 그 소식을 듣고 김시습이 보였던 모습에 대해 이이는 「김시습전」에 이렇게 기록해 놓았다.

경태(景泰, 명나라 대종의 연호) 연간에 세종과 문종이 돌아가시고 단종이 3년 만에 왕위를 물렸다. 이때에 김시습은 21세였다. 그는 삼각산 산중에서 글을 읽고 있었다. 서울에서 온 사람에게서 그 소식을 듣자 방문을 걸어 잠그고 밖으로 나오지 않았다. 3일 만에 밖으로 나와서는 대성통곡을 하고 책을 다 불살라 버렸다. 발광하며 뒷간에 빠졌다가 나와서는 달아났다.

김시습은 일생일대의 절망감을 느꼈다. 왕위 찬탈은 유교에서 말하는 근본 도리를 무너뜨리는 행위이다. 따라서 그는 유교 경전이 더는 필요하지 않다고 여겨 모두 불살라 버렸다. 세종의 칭찬을 항상 가슴에 새기며 주위의 기대에 부흥하고자 했던 꿈과 노력은 한순간에 무너졌다.

끝없는 방랑의 길로 들어선 김시습은 「동봉육가(東峯六歌)」에서 당시의 심정에 대해 이렇게 읊었다. 동봉은 김시습의 또 다른 호이다.

약관(弱冠, 20세)도 안 된 나이에 책과 검(劍)을 공부했으나
볼품없는 유학자의 모습이 되는 게 부끄럽구나.
하루아침에 쌓은 공부는 떠도는 구름처럼 덧없게 되고
물결 가는 대로 떠도니 누가 함께 하겠는가.

그는 머리를 깎고 승려가 되어 이름을 설잠이라 했다. 눈 쌓인 봉우리라는 뜻이다. 불교에 귀의해 온전한 불자(佛子)가 되고자 한 건 아니었다. 다만 자신이 서 있을 자리가 없다고 여겨 세상을 떠나고자 했을 뿐이었다. 승려가 되었지만 불법을 지키지 않아, 사람들은 그를 미친 중이라 손가락질했다. 그가 거리를 지날 때면 "아이들이 흉보고 비웃으며 기와와

자갈을 던져 몰아냈다."

그러나 당대의 유명한 문인 서거정과 김수온(金守溫)은 여전히 김시습의 재능을 칭찬하며 으뜸가는 선비라고 했다. 김시습으로부터 모욕을 당한 한 조정의 벼슬아치가 서거정에게 그 죄를 다스려 달라고 하자, 서거정은 "미치광이를 따질 게 있나. 이 사람을 처벌하면 후세에 틀림없이 자네 이름을 더럽힐 걸세."라고 말하며 김시습을 보호하고자 했다.

김수온이 지성균관사(知成均館事)로 있을 때, 성균관 학생들의 시험 문제로 "맹자가 양혜왕을 만나다."라는 논제를 냈다. 한 학생이 김시습을 찾아가 그런 논제가 타당한지를 물었다. 김시습은 답안을 작성해 주면서 "수온이 아니면 누가 그런 문제를 내겠는가. 자네 스스로 작성한 것이라 하고 수온을 속여 보게."라고 말했다. 그 학생이 그대로 했더니, 김수온이 다 읽기도 전에 "열경(김시습의 자)이 지금 서울 어느 산의 절에 있느냐?"라고 물었다. 첫눈에 그것이 김시습의 작품임을 알아본 것이다. 그만큼 김시습은 학식에서나 문장에서나 탁월했다.

세상 사람들은 그를 미친 사람, 괴물이라 부르며 백안시했지만, 그는 반대로 탁월한 학식과 문장 능력을 가지고 세상을 조롱했다. 승려가 됨으로써 기존 유교 사상을 비판했고, 미친 짓을 함으로써 기존 사회 질서를 비판했다. 이이는 김시습을 두고 이렇게 평가했다.

김시습의 뜻은 해, 달과 견주어 빛을 다투고, 훌륭한 명성은 듣는 이가 나약한 사람이더라도 떨쳐 일어나게 했다. 백대(百代)에 걸쳐 스승이 될 만하다 해도 지나친 말이 아니다. 영특하고 예민한 자질로 학문과 실천에서 참된 공을 쌓았다면 그의 성취는 한량이 없었을 것이다.

세상 문제에 눈을 돌리다

김시습은 강원도 양양부사(襄陽府使) 류자한(柳自漢)에게 보낸 편지에서 자신의 심경을 이렇게 피력했다.

> 선비는 세상과 모순된 처지가 되면 물러나 스스로 즐기면서 지내는 게 마땅한 도리입니다. 어찌 사람들의 비웃음과 조롱을 받으며 세상에 머무르겠습니까.

그는 자신이 세상과 모순된 처지에 있다고 말했다. 이는 자신의 자아와 이 세상이 서로 용납하지 않는 관계에 있다는 말이다. 김시습은 신동이라 불릴 만큼 출중한 재주를 지녔으나 보잘것없는 집안에서 태어났다. 그것도 문신이 아닌 무신의 집안이었다. 그가 나아갈 수 있는 길에는 한계가 있을 수밖에 없었다.

그런데 출중한 재주로 어린 나이에 임금의 칭찬을 받고 기대의 말도 들었다. 그것은 크나큰 희망이었다. 하지만 그를 칭찬해 주었던 임금은 죽었고, 그 뒤를 이은 임금은 쫓겨났다. 자신을 아껴 주던 신하들은 죽임을 당했다. 희망은 절망으로 바뀌었다. 그는 이 세상을 용납할 수 없었다.

그렇지만 김시습은 자신의 불행을 개인의 문제로만 보지 않았다. 그랬다면 단순히 불평불만만 하는 자가 되었을 것이다. 그는 자신의 문제를 세상의 문제와 연관시켰다. 이는 「동봉육가」에서 잘 드러난다.

> 우두커니 서서 근심스러운 마음으로 하늘을 보니
> 나는 돌피와 같은데 하늘은 어찌 저리 쇠약해졌는가.

나의 인생은 어찌 이리 괴롭고 고독하여
사람들과 어울려 즐기지를 못하는가.

근심스러운 마음으로 하늘을 본다. 하늘, 즉 세상이 쇠약해졌기에 근
심스럽다. 이를 용납할 수는 없지만, 자신은 돌피처럼 연약한 풀이기에 세
상을 바꿀 수 없어 괴롭다. 자신의 얘기를 귀담아 듣는 사람도 없기에 어
울릴 수 없어 고독하기만 하다. 김시습은 조선 팔도를 두루 돌아다니며
무수히 많은 사람을 만나고 무수히 많은 삶의 현장을 보았다. 이를 통해
그는 조선의 토대가 무너지고 있음을 알아차렸다.
　　조선이 개국한 지 채 100년도 지나지 않아 백성들의 생활은 악화되고
있었다. 토지는 일부 권력층에 집중되었고, 농민들은 가혹하게 수탈당했
다. 권력층의 생활은 사치스럽고 탐욕스러웠다. 농민의 생활은 처참했고,
그들의 원망은 하늘을 찌를 듯했다. 김시습은 자신이 목격한 세상의 모습
을 「영산가고(詠山家古)」에서 이렇게 썼다.

농부는 땀 흘려 일하며 한 해를 끝내고
누에 치는 아낙네는 쑥대머리가 되어 봄내 고생하는데,
취하고 배부르고 좋은 옷 입은 무리들이 성안에 가득하여
만나는 사람마다 편안하기만 하구나.

농촌에 사는 사람과 성안에 사는 사람이 이렇게 다를 만큼 사회적 불
평등이 극심했다. 이것은 유교적 이상주의와 거리가 멀었다. 이에 대해 김
시습은 한탄의 말로 제목을 단 「오호가(嗚呼歌)」에서 "살갗을 벗기고 피를
빨고 이미 뼈를 부수어 놓고도/ 사치스러운 자들은 더 호사스러운 것을

욕심내어 만족할 줄 모른다."라며 규탄했다. 그리고 "앞사람의 실패가 역사에 실려 있다."라고 경고했다.

김시습은 세상에 분노했다. 그렇지만 그는 세상을 변혁하고자 몸을 던질 처지가 아니었다. 그는 단지 연약한 존재일 뿐이었고, 세상은 그의 분노와 경고를 받아들이지 않았다. 그는 미치광이 떠돌이 취급을 당할 뿐이었고, 그래서 고독했다.

귀신과의 사랑 이야기, 『금오신화』

김시습의 자아와 세계의 대립은 『금오신화』를 탄생시켰다. 그는 경주의 남산(일명 금오산)에 금오산실(金鰲山室)을 짓고, 거기에서 『금오신화』를 지었다. 그의 나이 31세였다. 책을 다 쓰고 난 후, 심경을 시로 읊었다.

작은 집에 자리를 까니 따스하고,
막 떠오른 달빛에 비친 매화 그림자가 창에 가득하구나.
등불 켜고 긴긴밤 향 사르며 앉아서,
한가로이 세상에서 볼 수 없던 책을 썼도다.

좋은 집에서 글 쓴다는 생각은 이미 버렸고,
소나무 창 앞에 단정히 앉으니 밤이 정말로 깊었구나.
향로에 향을 꽂고 책상을 깨끗이 하고서,
풍류 있는 진기한 이야기를 열심히 찾았다.

그는 세상에서 볼 수 없던 책을 썼다. 바로 소설이다. 『금오신화』는 우리나라 최초의 소설이다. 풍류 있는 진기한 이야기를 찾았다고 했는데, 귀신에 관한 이야기이다. 『금오신화』는 다섯 개의 짧은 소설로 이루어져 있다. 그중 「만복사저포기(萬福寺樗蒲記)」, 「이생규장전」, 「취유부벽루기(醉遊浮碧樓記)」는 귀신과 사랑을 나눈 이야기이다. 「남염부주지(南炎浮洲志)」는 염라대왕과 대화를 나눈 이야기이고, 「용궁부연록(龍宮赴宴錄)」은 용궁에서 하룻밤 즐긴 이야기이다.

김시습의 소설 속 주인공은 죽은 여자와 사랑을 한다. 그 사랑은 매우 애절하다. 이 세상을 용납할 수 없어 다른 세상의 사람을 사랑하므로 이를 이루려는 마음도 간절하다. 그러나 죽은 여자와의 사랑은 이루어질 수 없다. 그들은 순수한 사랑으로 온갖 시련을 이겨 내고자 하지만 그것만으로는 극복할 수 없다. 이렇듯 이 세상은 자아의 희망과 욕구를 용납하지 않는다. 김시습은 자아와 세계의 대립을 이렇게 소설로 형상화했다.

「남염부주지」는 김시습의 철학이 담겨 있는 소설이다. 주인공 박생(朴生)은 우연히 염라대왕을 만나 귀신에 대해 이야기하게 된다. 김시습은 왜 귀신을 소설에서 다룬 것일까? 귀신에 대한 해명이 당대 철학의 주요한 문제 중 하나였기 때문이다.

귀신에 대한 신앙의 역사는 오래되었다. 민간에 뿌리 깊게 박혀 있는 귀신 신앙은 수많은 폐단을 낳았다. 이를 이용한 혹세무민으로 민심이 흉흉해지기도 했다. 조선의 학자들은 귀신 신앙이 불교와 연관되어 있다는 점에 대해서도 매우 비판적이었다. 조선은 불교를 억압한 국가이다. 조선 개국 공신 정도전은 도성 안에서 굿을 금지하고 무당이 도성 안에 살 수 없도록 해야 한다고 주장했다.

그렇다고 하여 유교가 모든 귀신을 부정한 것은 아니다. 유교 경전의 하나인 『중용』에는 한 장을 할애해 귀신에 대해 서술해 놓았다. 특히 유교는 조상에 대한 제사를 중요시한다. 조상귀신을 잘 모셔야 한다는 것이다. 귀신이란 무엇인가 하는 논제는 제사를 왜 지내야 하는가와 같은 본질적인 문제와 연관되어 있었다.

귀신에 대한 철학적 접근들

귀신에 대해 여러 학자들이 글을 썼다. 먼저 성현(成俔)이 쓴 『부휴자담론(浮休子談論)』에 나오는 귀신 이야기를 보자. 성현은 조선 전기의 집권 세력인 훈구파의 일원이다. 그는 귀신이 있느냐는 질문에 있다고 답한다. 귀신에게 제사 지내면 이로움이 있느냐는 질문에도 이로움이 있다고 답한다. 단 귀신의 종류가 많으니 제사 지내야 할 귀신을 가려내야 한다고 덧붙인다. '제사 지내지 않아야 할 귀신'은 주로 무속 신앙과 불교에서 섬기는 귀신들이다. 그렇다면 귀신이 사람에게 화(禍)와 복(福)을 내릴 수 있는가? 성현은 그럴 수 없다고 답한다. 그는 화와 복은 하늘이 내리고 귀신은 그 일을 도울 뿐이라고 말한다.

성현은 귀신의 존재에 대한 철학적 해명을 시도하지 않았다. 귀신은 어디든지 존재하니 종류를 잘 가려서 모셔야 한다고 했을 뿐이다. 이에 반해 남효온(南孝溫)은 귀신에 대한 철학적 해명을 시도했다. 그는 훈구파와 대립한 사림파의 일원이자 세조의 왕위 찬탈을 반대한 생육신(生六臣)의 한 사람으로, 김시습과 매우 절친한 사이이기도 했다.

남효온은 『귀신론(鬼神論)』에서 사람이 이(理)와 기(氣)로 이루어져 있다고 했다. '이'는 이치를 뜻하고 '기'는 사물을 구성하는 재료와 그 재료들이 모이고 흩어지는 운동을 뜻한다. 사람이 죽으면 어떻게 될까? 그는 이와 기가 분리되어 기는 공중으로 흩어지고 이만 남아 귀신이 된다고 했다.

그런데 이는 형체도 없고 능동적인 작용도 하지 않는다. 따라서 제사를 지낼 때 이로만 이루어진 조상귀신은 나타날 수 없다. 오지도 않는 귀신에 제사를 드려야 하니, 제사를 지내는 의미를 찾기 어렵게 된다.

이런 문제를 해소하기 위해 남효온은 조상과 후손은 서로 잘 통하는 관계라고 말한다. 후손이 정성껏 제사를 지내면 그 순간 이만 있던 조상귀신에 기가 다시 모인다는 것이다. 하지만 이런 주장은 조상 제사를 소중히 해야 한다는 윤리 도덕적 호소는 될지언정, 논리적으로는 비약이다. 남효온의 귀신론은 철학의 문제로 시작되었지만 믿음의 문제로 끝나 버렸다.

김시습은 「귀신(鬼神)」, 「신귀설(神鬼說)」, 『금오신화』 중 「남염부주지」 등에서 귀신 문제를 다루었다. 이 중 「남염부주지」를 중심으로 그의 주장을 살펴보자. 주인공 박생이 귀신이 무엇이냐고 묻자, 염라대왕이 답했다.

> 귀신의 귀(鬼)는 가장 신령스러운 음기(陰氣)를 말하고, 신(神)은 가장 신령스러운 양기(陽氣)를 말한다. 두 기운이 조화를 이루어 만물을 만든다. 그래서 살아 있으면 사람이다 사물이다 말하고 죽고 나면 귀신이라 한다. 이치로 따지면 두 가지가 다르지 않다.

음기와 양기가 조화를 이루어 만물을 만들므로 살아 있는 사람과 귀신은 이치상 다르지 않다고 했다. 여기에서 주목할 부분은 음기와 양기, 즉 기(氣)의 운동을 통해 만물이 생겨난다고 한 것이다. 이것은 사람이 이와 기로 이루어져 있다는 남효온의 주장과 대비된다. 박생이 제사를 받는 귀신과 조화를 이루는 귀신은 다르냐고 묻자, 염라대왕이 답했다.

다르지 않다. 귀신은 소리도 없고 형체도 없다. 만물의 시작과 끝이 음과 양이 합치고 흩어짐에 따라 생기므로, 하늘과 땅에 대한 제사는 음과 양의 조화를 이루어 준 데 대한 공경이다. 산과 하천에 대한 제사는 기질을 내려 준 데 대한 보답이다. 조상에 대한 제사는 자신의 근본에 대한 감사이다.

귀신은 소리도 형체도 없다. 만물의 시작과 끝은 음과 양이 합치고 흩어지는 것일 뿐이다. 이것이 김시습이 말하는 귀신론의 핵심이다. 그는 귀신의 존재를 부정한다. 「남염부주지」에서는 염라대왕의 입을 빌려 그 점을 거듭 강조한다. "죽으면 정기가 흩어지고 혼과 육신은 본래 왔던 곳으로 되돌아간다." 그러면 제사는 왜 지내는가? 제사는 기의 조화로움에 대해 감사하는 마음의 표시일 뿐이다. 그는 귀신이란 무엇인가에서부터 왜 제사를 지내는가에 이르기까지 기의 운동으로 일관되게 설명했다.

백성을 사랑해야 하는 이유

김시습의 귀신론은 주류 철학에 대한 비판을 담고 있다. 주자의 성리학은 이와 기로써 우주 만물의 생성과 발전을 설명한다. 이와 기 중에서 이가 우주 만물의 근원이다. 이(理)는 기보다 먼저 있어 기를 낳고, 기는 다시 음기와 양기로 나뉘고, 음기와 양기가 운동해 만물이 만들어진다. 이것이 당대 주류 철학이고, 성현과 남효온은 이 토대 위에 서 있었다.

김시습은 이러한 철학에 반기를 들었다. 그는 「태극설(太極說)」에서 "태극은 무극이다. 태극은 본래 무극이다. 태극은 음과 양이고, 음과 양은 태극이다."라고 말한다. 태극은 우주 만물의 근원을 말한다. 이것이 무극이라 하니 시간적, 공간적으로 끝이 없다는 말이다. 즉 시작도 없고 끝도 없다는 뜻이다. 이 태극은 곧 음과 양이다. 즉 우주 만물의 근원이 곧 기라는 것이다.

우주 만물의 근원이 이인지 기인지를 따지는 일은 철학의 근본적인 문제다. 이런 문제를 제기했다는 것은 김시습이 용납할 수 없는 세계와의 투쟁을 철학의 영역에서 전개하고자 했음을 의미한다.

김시습은 모든 귀신을 부정하지는 않았다. 그는 원귀의 존재를 인정했다. 『금오신화』에 실린 「만복사저포기」, 「이생규장전」, 「취유부벽정기」에 나오는 귀신이 바로 원귀이다. 원귀란 "기운을 다하지 못한 채 제명에 죽지 못한 형체 없는 것"으로, 억울하게 죽어서 그 원한으로 흩어지지 않고 있는 기(氣)를 뜻한다.

세상이 잘못되었기에 원귀가 존재한다. 세상이 지극히 잘 다스려진다면 그런 원귀는 없을 것이다. 세상은 어찌하여 어지럽게 되는가? 김시습은 염라대왕의 입을 빌려 말한다.

> 나라를 다스리는 자는 폭력으로 백성을 눌러서는 안 된다. 백성들은 겉으로는 두려워서 따르는 듯 보이지만, 속으로는 거역할 뜻을 품고 있어 세월이 지나면 큰 재앙이 일어나게 된다. 덕이 있는 자는 힘으로 왕의 자리를 차지하지 않는다. 하늘이 자상한 말로 깨우쳐 주지는 않지만, 하늘이 행사하는 일을 처음부터 끝까지 살펴보면 하늘의 명령이 엄하다는 것을 알게 된다. 나라는 백성의 것이고, 명령은 하늘이 내린다. 하늘의 명령이 왕에게서 떠나고 백성의 마음 또한 떠나가면 아무리 몸을 보전하려한들 보전할 수 없다.

김시습은 「애민의(愛民義)」에서도 이런 주장을 폈다. 백성들이 세금을 내는 이유는 왕이 나라를 현명하게 잘 다스려 줄 것이라 믿기 때문이다. 이 믿음이 깨질 때 세상이 어지러워진다. 그는 자신이 살았던 시대가 그러하다고 보았다.

자기 삶의 모순에서 세계의 모순까지

김시습은 오랜 방랑 끝에 정착했다. 그의 나이 47세였다. 이이는 그 이유를 조상에 대한 제사 때문으로 보았다. 김시습도 제사가 끊기는 것에 대해 여러 차례 안타까움을 토로하곤 했다. 제사 때 지은 제문에서도 "부자유친이 최고 덕목이고 3000가지 죄목 중에 가장 큰 죄가 불효"라고 했다.

김시습은 안씨 집 딸과 결혼했다. 하지만 이로 인해 그의 자유로운 생활이 바뀌지는 않았다. 벼슬을 권하는 사람들이 많았지만 모두 물리쳤다. 굴원(屈原)의 시를 즐겨 외면서 시 읊기가 끝나면 통곡했다. 굴원은 중국 초나라 사람으로 주위의 모함을 받아 추방당해 자살했다. 그 역시 세상과 모순된 처지에 놓였던 사람이므로, 김시습은 굴원의 시를 읽으며 동병상련의 마음을 가졌던 것이다.

결혼한 지 얼마 안 되어 아내가 죽었다. 그의 나이 49세였다. 그는 스스로 말했듯이 "둥근 구멍에 네모난 연장을 맞추는 것처럼 세상과 맞지 않았다." 다시 머리를 깎고 강원도, 충청도 등지를 방랑했다. 그 방랑에 영원히 종지부를 찍는 날이 왔다. 병을 얻은 그는 결국 동학사 근처 만수산 무량사에서 죽었다. 그의 나이 59세였다. 화장하지 말라는 유언에 따라 그의 시신은 절 옆에 임시로 안치되었다. 3년 뒤 안장하기 위해 관을 열어 보니 낯빛이 살아 있을 때와 같았다고 한다. 승려들은 놀라 김시습이 부처가 되었다며 화장했다.

김시습은 죽기 전에 자신의 젊은 모습과 늙은 모습을 그려 놓고는 그 밑에 "너의 모양은 지극히 못생기고 너의 말은 크게 어리석으니, 너를 구렁 속에 두어 마땅하다."라고 썼다고 한다. 세상과 어긋난 삶을 살았던 그는 죽어서도 세상과 떨어진 산속에 있을 수밖에 없었다.

그는 자신의 인생을 회고한 시의 마지막 부분을 이렇게 썼다.

> 나와 세상은 심하게 어긋났고,
> 세월은 차츰차츰 흐르는구나.
> 하늘이 나를 가엾게 여긴다면,
> 반드시 뒤바뀌는 날이 있으리라.

그토록 간절히 바랐던 그날은 오지 않았지만 그는 자신과 세상의 모순됨을 개인의 문제로만 보지 않고, 조선 사회의 모순에 대한 인식으로 확대해 사회적 비판으로까지 나아갔다. 세상과의 투쟁을 철학적 영역에서 전개하며 우주의 근원이 이(理)라는 주류 철학을 비판했고, 만물의 근원은 기(氣)라고 하는 기일원론(氣一元論) 철학을 우리나라 최초로 열었다. 그의 기일원론은 비록 불완전했지만, 사상적 전환으로서 큰 의미를 지닌다.

김시습은 세상을 용납할 수 없었다. 이이가 말했듯이 "그의 바른 말과 날카로운 논의는 세상이 꺼려 하는 것을 많이 건드렸다." 세상 역시 그를 용납하지 않았다. 그를 미치광이 떠돌이 취급할 뿐이었다. 그래서 그는 한 편지에 이렇게 썼다. "천년 뒤에 나의 참뜻이 알려지기만 바랄 뿐입니다."

김시습의 참뜻이 알려지는 데는 천년의 세월이 필요하지 않았다.

태극설

김시습이 지은 철학 논문으로, 주자학의 이기이원론(理氣二元論)에 대비되는 기일원론 철학을 우리나라에서 처음으로 연 선구적인 글이다.

태극은 무극이다.[1] 태극은 본래 무극이다. 태극은 음과 양이고, 음과 양은 태극이다. 태극이라 말하지만 극(極, 끝)이 있다는 게 아니고 극이 없다는 말이다. 태극의 극은 지극(至極)을 의미한다. 지극이란 더 이상 덧붙일 것이 없음을 말한다. 태극의 태(太)는 포용(包容)을 의미하니, 지극히 커서 더 이상 견줄 것이 없음을 말한다.

음양과 다른 태극이 있다면 태극이라 할 수 없고, 태극과 다른 음양이 있다면 음양이라 할 수 없다. 음은 양이 되고, 양은 음이 된다. 움직임[動]이 고요함[靜]이고 고요함이 움직임이다. 그것이 무극의 이치이고 태극의 이치이다. 태극의 기운이 움직이고 고요하며, 열리고 닫히며, 음이 되고 양이 되게 한다. 태극의 근본 이치는 생성과 발전, 결실과 소멸이다. 음은 접히고 양은 펼쳐지면서 하늘은 둥글게 생겨나고 땅은 네모지게 생겨난다. 원래의 기가 발달하면서 만물의 본성이 뒤따르는데, 그 본성은 올바름이다.

태극은 음과 양이다. 그래서 『주역』에서 "자주 오고 가면 벗들이 너의 생각을 따른다."라고 했다. 공자는 "천하에 무엇을 생각하고 무엇을 걱정하느냐. 천하는 한 곳으로 돌아오지만 그 오는 길은 여러 갈래로 나뉘어 있다. 이치는 하나이지만 백 가지 생각이 있다. 천하에 무엇을 생각하고 걱정하겠

[1] 우주 만물의 근원. 그 근원이 시간적 공간적으로 끝이 없다 하여 무극이라 하고, 그 무한의 힘이 일정한 중심을 가지고 있다 하여 태극이라 한다.

느냐."라고 말했다.

생각하고 걱정함이 없는 까닭에 마음이 진실한 것이다. 생각하고 걱정함은 거짓이다. 거짓됨 없이 진실함을 성(誠)이라 한다. 진실함은 그침이 없다. 그침이 없기에 변하지 않는다. 변하지 않기에 헤아릴 필요가 없다. 해가 지면 달이 뜨고, 해와 달이 번갈아 비추어 낮과 밤이 생기는 법이다. 추위가 가면 더위가 오고, 추위와 더위가 번갈아 오면서 세월이 가는 법이다.

하늘은 어떤 말도 하지 않는다. 사계절이 오고 만물이 생겨나는 것은 오로지 태극이 있기 때문이다. 솔개가 하늘을 날고 물고기가 연못에서 헤엄친다. 양극단을 조화롭게 하니 부부로다. 사람의 도(道)는 보이지도 들리지도 않지만, 이것을 가지고 있지 않은 존재는 없고, 어느 때이든 드러나게 마련이니 사람의 도는 일관된다.

그러므로 태극의 도는 음양이고, 일관된 사람의 도는 충서(忠恕)[2]다. 오직 이것 이외에 더 말할 것은 없다. 더 말하게 되면 모두 공허해지고 지극함을 잃게 되니 주의할 일이다.

2) 충실하고 인정이 많음. 『논어』의 「이인편(理仁篇)」에 나오는 말로, 모든 행동의 근본을 가리킨다.

애민의

김시습이 38세 무렵에 지은 논문으로 정치의 근본에 대해 쓴 글이다.

『서경』에서 말하길, 백성은 나라의 근본이니 근본이 튼튼
해야 나라가 평안하다고 했다. 백성은 임금을 추대하고 임
금에 의지해 생활한다. 백성이 임금에게 의지한다 하나 임
금 역시 의지할 것은 오직 백성뿐이다. 민심이 따르면 만세
(萬歲)의 군주가 될 수 있지만, 민심이 이반하면 임금은 하루
아침에 보잘것없는 필부(匹夫)가 되어 버린다. 군주와 필부의
차이가 터럭 하나에 불과하니 삼가지 않을 수 있겠는가.

임금의 창고는 백성의 몸이고, 임금이 입고 신는 옷과 신
발은 백성의 가죽이다. 먹고 마시는 음식과 술은 백성의 기
름이고, 궁궐과 수레와 말은 백성의 힘이다. 나라에 바치는
세금과 물건은 백성의 피다. 백성이 십분의 일을 바치는 이
유는 임금이 총명하게 잘 다스려 주기를 바라기 때문이다.
그러므로 임금은 음식상을 받으면 백성들이 자신처럼 잘 먹
고 있는지 생각해야 하고, 어의를 입으면 백성들이 자신처럼
잘 입고 있는지 생각해야 한다. 궁궐에 있을 때면 백성들이
편안한지 생각하고, 수레를 타면 백성들이 평화로운지 생각
해야 한다.

그래서 임금이 입고 먹는 것은 모두 백성의 고혈이라 말
한다. 평상시에 무언가를 받으면 감사하며 연민의 마음을 가
져야 한다. 어찌 망령되고 무익한 일을 하려 하는가. 백성들
을 번거롭게 동원해 농사지을 때를 놓치게 하면 백성들은
한숨을 쉬고 원망을 한다. 평화로움을 깨뜨리면 하늘의 재

앙을 불러와 백성은 굶주리게 되고, 인자한 부모와 효성스러
운 자식이 서로를 돌보지 못해 뿔뿔이 흩어져 도랑과 골짜
기에서 죽게 된다.

아! 옛날 좋았던 시절에는 임금과 백성이 하나가 되어 임
금의 힘을 알지 못했다. 그 시절에 이런 노래를 불렀다.

우리 백성은 쌀밥을 먹고, 도적은 없고 임금은 극진하구나.
부지불식간에 임금의 뜻에 따르게 된다.

또 이런 노래도 있었다.

아침에 나가 일하고 저녁에 들어와 쉬니,
임금의 힘이 나에게 무슨 소용이 있겠느냐.

후세에 이르러 폭군이 교만하고 잔혹해 백성들을 한숨짓
게 해 원망이 생겼다. 그때에 이런 노래를 불렀다.

썩은 동아줄로 여섯 마리 말을 부리듯 하면
어찌 원망을 드러내 놓고 하겠는가, 보지도 않고 도모해 버리지.

이런 노래도 있었다.

때와 날을 언제 잃어버렸는가, 너와 내가 모두 망하리라.

주지육림 속에서 밤낮으로 놀며 정강이를 자르고 아이

밴 배를 갈랐다.[1] 그러면서도 폭정이 해롭지 않다고 말했다. 전국 시대[2]에 이르러, 강대국이 약소국을 집어삼키며 전쟁을 벌이는 참화가 일어나 무고한 백성들을 사지로 몰아넣었다. 어찌어찌하여 진(秦)나라가 세워졌고 다시 한나라가 세워졌다. 도사(道士)들이 창궐하고 노자와 석가모니의 말이 나날이 번성해, 궁궐에서 지내는 제사에 쓸데없는 비용이 들어가니, 다시 백성이 괴로워졌다.

백성의 생업이 나날이 어려워졌다. 가난한 동네의 사람들은 생계 자체가 어렵게 되자 앞다투어 도망을 쳐 정체를 감추고 숨어 살았다. 그것을 편안하게 생각했다. 그러니 임금이 누구와 함께 나라를 이루겠는가.

따라서 나라를 다스리는 데 있어 오로지 백성을 사랑하는 마음이 근본이다. 백성을 사랑하는 방법은 어진 정치를 펴는 것이다. 어진 정치란 무엇인가? 따뜻하게 품어 주는 것도 아니요, 부드럽게 만져 주는 것도 아니다. 오직 생업이 잘 되도록 권장하는 것이다. 그 방법은 무엇인가? 번거로운 명령으로 백성을 괴롭히지 않고 밤낮으로 생업을 장려하는 것이다. 조세를 적게 거두고 농사지을 때를 놓치지 않게 하는 것이다.

그래서 공자가 『춘추』를 지으면서, 궁궐 정자를 짓고 성곽을 쌓는 때를 반드시 기록했다. 후세의 임금에게 백성을 동원하는 일이 매우 중차대한 일임을 깨우쳐 주기 위해 그렇게 했다.

[1] 은나라 시대의 폭군 주왕(紂王)이 벌인 악행.

[2] 기원전 5세기 무렵부터 기원전 221년 진나라가 통일을 이룰 때까지 중국의 분열 시기.

더 읽어 보기

김시습,『국역 매월당집』, 세종대왕기념사업회, 1977

김시습, 이지하 옮김,『금오신화』, 민음사, 2009

김시습, 정길수 옮김,『길 위의 노래 : 김시습 선집』, 돌베개, 2006

심경호,『김시습 평전 : 시대의 비판자, 귀속을 거부한 자유인』, 돌베개, 2003

최귀묵,『김시습의 사상과 글쓰기』, 소명출판, 2001

서경덕

생성과 극복의 철학을 열다

서경덕은 1489년 지금의 개성인 송도(松都) 화정리(禾井里)에서 태어났다. 무관 집안 출신으로, 증조부와 조부 그리고 아버지가 하급 무관직을 지냈다. 호는 화담(花潭)이고, 자는 가구(可久)이며, 시호는 문강(文康)이다. 본래 복재(復齋)라는 호를 사용했는데, 송도의 화담에 거주했던 것을 기려 사람들이 화담이라 불렀다.

14세 때 『서경』의 첫머리 「요전편(堯典篇)」을 공부하던 중 "1년은 365일여이니 윤달로써 사시(四時)를 정하고 해를 이룬다."라는 구절에 대해 선생이 제대로 설명하지 못하자, 그 이후부터는 스승을 두지 않고 홀로 공부했다. 18세 때 『대학』을 읽다가 사물을 연구해 앎에 이른다는 뜻의 격물치지(格物致知)의 대목에 이르러 학문의 방법을 크게 깨달았다. 그로부터 3년간 알고자 하는 사물의 이름을 적어 방벽에 붙여 놓고는, 그것을 알 때까지 사색과 관찰을 하는 독특한 공부를 해 큰 통찰을 얻었다.

43세 때 어머니가 간곡히 부탁해 과거 시험을 보아 사마시에 합격했다. 그러나 대과를 보기 위해 성균관에 들어가 공부하다가 이내 그만두고 나와 버렸다. 52세 때, 대제학(大提學) 김안국(金安國)이 조정에 추천했고, 56세 때에는 중종이 후릉 참봉(厚陵參奉)이라는 벼슬을 내렸다. 그러나 정중히 사양하고 받지 않았다.

1546년 7월 7일, 오랜 병마에 시달리던 중 목욕재계를 한 후 조용히 숨을 거두었다. 그의 나이 58세였다.

그의 주요 저작들은 뿔뿔이 흩어졌는데, 제자들이 그중 일부를 찾아내어 『화담집(花潭集)』으로 묶은 것이 전해진다.

어지러운 세상에 나아가지 않다

황진이(黃眞伊)는 개성에 살던 여자 소경의 딸이다. 성격이 쾌활했고 거
문고를 잘 탔으며 노래를 잘 불렀다. 산과 물을 찾아 놀기를 좋아해 풍악
산, 태백산, 지리산을 두루 다니다 금성(지금의 나주)에 이르렀다. 마침 고
을의 원님이 잔치를 베풀어 감사를 대접하고 있었다. 기생들이 가득히
앉아 있었는데, 황진이는 해어진 옷을 입고 세수도 제대로 안 한 채 윗자
리에 앉아 태연히 이를 잡으며 거문고를 타고 노래를 불렀다.

황진이는 평소 화담 서경덕을 사모해 거문고와 술을 들고 화담의 집을
찾아가 놀곤 했다. 황진이는 말하기를 "지족 선사는 30년간 벽을 보고 수
도했다 하지만 나에게 무너졌다. 그런데 화담 선생은 여러 해 동안 친하게
지냈지만 마음이 흔들리지 않았다. 이분은 진실로 성인이시다."라 했다.

일찍이 황진이가 화담에게 "송도에 삼절이 있습니다."라고 말했다. 화담
이 "삼절은 무엇이냐?"라고 물으니, 황진이가 "박연 폭포와 선생님과 저
입니다."라고 답했다. 이에 화담이 크게 웃었다.

조선 후기 실학자 이긍익(李肯翊)이 쓴 『연려실기술(練藜室記述)』에 실려
있는 일화이다. 송도삼절(松都三絶), 송도의 빼어난 것 세 가지라는 말이
다. 황진이는 박연 폭포와 서경덕(徐敬德, 1489~1546) 그리고 자기 자신을

그렇게 부르며, 서경덕을 진정한 성인으로 여겨 존경심을 표했다.

서경덕은 조선 11대 임금인 중종 때 사람이다. 중종은 폭정을 일삼던 연산군을 반정(反正)으로 몰아내고 왕위에 추대되었다. 그는 연산군 시대의 폐정을 혁파하고 널리 인재를 등용하고자 했다. 연산군 때 일어난 두 차례의 사화(士禍), 즉 무오사화(1498년)와 갑자사화(1504년)로 전원에 조용히 숨어 지내고 있던 학자들은 중종반정으로 세상이 바뀌면서 다시 중앙 정계에 진출하기 시작했다.

이때 진출한 학자들은 문장이나 이론에 관심을 두지 않고, 공자와 맹자의 사상과 도를 정치·경제·사회에 실현하고자 하는 성향을 지니고 있었다. 그 대표적인 사람이 조광조(趙光祖)였다. 그는 진사시에 합격해 성균관에서 공부하던 중, 종이를 만드는 부서인 조지서(造紙署)의 사지(司紙)로 추천되자 정식으로 과거 시험을 치러 홍문관(弘文館)에 들어갔다.

홍문관에 들어간 후 임금과 자주 자리를 함께하게 되었고, 그때마다 유학의 도(道)를 설파해 임금의 신임을 얻었다. 중종은 조광조에게 중책을 맡기고 몇 년 사이에 부제학(副提學), 대사헌(大司憲)으로 임명했다.

조광조는 임금에게 덕치를 이루기 위한 수양 교육을 하는 한편, 현량과(賢良科) 실시를 관철해 신진 세력인 사림파 학자들을 대거 등용했다. 또한 집권 세력인 훈구파의 정치 체제를 허물어뜨리기 위해 105명의 중종반정 공신 중 76명에 이르는 인원의 공훈을 박탈하는 조치를 취했다.

조광조의 파격적인 개혁 정치는 훈구파의 거센 반발을 불러왔다. 중종 역시 조광조가 실시하는 수양 교육에 염증을 느끼고 있던 중, 훈구파가 역모 사건을 조작해 그를 탄핵했다. 이에 조광조를 비롯한 사림파들 대부분이 죽거나 유배되었다. 조광조의 개혁 정치는 허무하게 끝나 버렸다. 이것이 기묘사화(1519년)이다. 조광조는 능주로 유배되었다가 사사되었다.

서경덕은 이런 시대를 살았다. 그는 조광조 등이 거듭 요청했음에도 끝내 벼슬하지 않고 은둔 생활을 했다.

격물을 통해 통찰을 얻다

서경덕은 지금의 개성인 송도 화정리에서 태어났다. 어머니 한씨가 공자묘에 들어가는 꿈을 꾼 후 잉태했다고 하여 집안의 기대가 컸다. 하지만 하급직 무관 집안으로 생활이 어려워 누에를 치고 남의 땅을 빌려 소작하는 집안 형편상 그를 뒷받침해 줄 수는 없었다.

서경덕은 어릴 때부터 집안을 돕기 위해 바구니를 들고 나물을 캐러 다녔다. 그러나 빈 바구니로 저녁 늦게 돌아오기 일쑤였다. 부모가 그 이유를 묻자, 그는 "나물을 뜯다가 종달새 새끼가 나는 것을 보았습니다. 첫날에는 땅에서 한 치를 날더니 다음 날에는 두 치, 그다음 날에는 세 치를 날다가 차츰 하늘로 날아다니게 되었습니다. 이것을 보고 그 이치를 생각해 보았지만 터득하지 못해 나물도 얼마 못 뜯고 늦게 돌아오게 되었습니다."라고 대답했다. 이렇듯 그는 어려서부터 자연을 관찰하고 스스로 그 이치를 깨닫고자 하는 비상한 능력을 보여 주었다.

이이는 서경덕과 이황(李滉)을 비교하며 서경덕은 자득지학(自得之學), 이황은 의양지학(依樣之學)이라 했다. 서경덕은 스스로 터득해 학문했고, 이황은 의양, 즉 옛 학자의 글을 연구해 학문했다는 얘기이다. 서경덕은 『대학』에 대해 묻는 제자에게 "글자로 쓰인 내용은 옛사람들의 생각의 찌꺼기에 불과하니, 진짜로 중요한 일은 스스로 알아내는 일이다."라고 했다.

서경덕이 독학을 한 이유는 집안이 가난해 스승을 구하지 못했기 때문만은 아니다. 그는 14세 때 선생을 정하고 공부했다. 『서경』의 첫머리 「요전편」을 공부하는데, "1년은 365일여이니 윤달로써 사시를 정하고 해를 이룬다."라는 구절이 나왔다. 양력으로 1년은 365일이고 음력으로는 355일이기 때문에, 양력과 음력을 일치시키기 위해 윤달을 넣는다는 뜻이다.

그런데 선생은 이 원리를 알지 못해 제대로 설명해 주지 않았다. 서경덕은 보름 동안 스스로 사색해 그 원리를 깨쳤다. 이후로 스승을 두지 않고 스스로 터득해 가는 공부를 했다.

그는 18세 때 『대학』을 읽다가 사물을 연구해 앎에 이른다는 뜻의 격물치지의 대목에 이르러 학문의 방법을 크게 깨달았다. 이때의 감격에 대해 그는 "우리가 학문을 하는 데 있어 먼저 격물(格物, 사물을 연구함)을 하지 않으면 아무 소용이 없다."라고 말했다. 알기 위해서는 먼저 사물을 연구해야 한다. 그래서 그는 사물에 대한 연구에 집중했다.

서경덕의 학습 방법은 독특했다. 매우 총명했던 그는 스스로 "20세가 되면서부터 한 번 저지른 실수를 두 번 저지르지 않았다."라고 말할 정도였다. 그러나 그의 공부 방법은 한마디로 무식했다. 알고자 하는 사물이 있으면 그 이름을 적어 방 벽에 붙여 놓고는 사색과 관찰을 했다. 확실히 깨닫지 못하면 깨달을 때까지 몇날 며칠이고 식음을 전폐한 채 연구했다. 서경덕식 학습법이다.

서경덕은 「천기(天機)」라는 시에서 당시를 회고했다.

벽 위에 마도(馬圖)를 붙여 놓고
3년 동안 들어앉아 공부를 했네.
거슬러 올라가 혼돈이 시작되던 때를 보니
음양과 오행은 누가 움직이게 했을까?

이 시는 그의 핵심적인 학습 주제가 무엇이었는지 보여 준다. 마도는 중국 전설상의 인물 복희씨(伏羲氏)가 세상을 다스릴 때 용마(龍馬)가 지고 나왔다는 문서이다. 그곳에는 팔괘(八卦)가 그려져 있었다고 한다. 마도를 붙여 놓고 공부했다 함은 우주 만물의 원리가 연구 주제였음을 뜻한다.

만물이 생겨나기 전 이 세상은 혼돈의 상태였다. 그 후 음양과 오행이 움직여 만물이 생겨났다. 음양은 음기와 양기, 즉 기이다. 오행은 우주 만물을 이루는 다섯 가지 원소, 즉 금(金), 수(水), 목(木), 화(火), 토(土)를 말한다. 누가 이것을 움직였는가? 이를 알아내는 것이야말로 '천기(天機)'를 알아내는 일이다.

3년여에 걸친 사색과 연구를 통해 서경덕은 통찰을 얻었다. 그러나 자신이 통찰한 바를 검증하고, 그것을 기록해 남기는 데까지 많은 시간이 필요했다.

그는 우주적 원리만을 사색한 것은 아니었다. 주변에서 일어나는 현상들에 대해서도 연구와 관찰을 했다. 그는 "주변에서 원리를 만날 수 있는데 사람들은 원리가 있는 곳을 알고자 한다."라며 주변에 대한 연구를 강조했다. 또한 모든 이치와 이상이 한 가지로 귀착되므로 멀리서 찾으려하지 말고 가까운 데서 그것들을 찾을 것을 제안했다.

서경덕은 자신의 학문이 "모두 고심하며 전력을 다해 얻어 낸 것"이라 했다. 그만큼 스스로 터득하는 자득의 길은 험난한 것이었다. 훗날 그는 "나는 스승을 얻지 못해 공부하는 데 지극한 어려움을 겪었다. 후인들은 나의 말을 따르면 공부하기가 나처럼 힘들지 않을 것이다."라고 했다. 이것은 자신의 생각이 당대의 학자들과 다르다는 말이기도 하고, 자신의 통찰에 대한 자신감의 표현이기도 했다.

벼슬을 하지 않은 이유

> 눈에는 발을 드리우고 귀에는 문을 닫았지만,
> 솔바람 시내 소리는 더욱 뚜렷하기만 하구나.
> 나를 잊고 물(物)을 물대로 보게 되니,
> 마음이 어디에 있든 절로 맑고 따뜻하구나.

「무제(無題)」라는 이름이 붙은 시의 앞부분이다. 나를 잊고 물을 물대로 본다는 것은 물아일체(物我一體)의 경지를 말한다. 이는 유교는 물론 불교, 도교 등 동양 철학에서 추구하는 가장 이상적인 경지이다. 이 경지에 다다르면 눈과 귀를 가려도 바람 소리, 시내 소리를 뚜렷하게 들을 수 있다. 마음이 어디에 있든 맑아지고 따뜻해진다. 서경덕은 격물치지의 학습을 통해 물아일체의 경지에 다다랐음을 자부했다.

서경덕은 통찰을 얻은 후 옛 학자들의 글을 찬찬히 읽으며 자신의 생각과 비교해 보았다. 그러면서 그는 자신이 고심을 다해 얻은 결론이 올바르다는 것을 더욱 확신하게 되었다. 그는 특히 『주역』과 수학(數學)에 많은 공을 들여 공부했다. 물론 책만 읽으며 공부한 것은 아니었다. "사물에 따라 연구하면 능히 변화를 알 수 있고, 근원부터 탐구하면 오묘한 이치를 깨달을 수 있다." 이것이 서경덕의 좌우명이었다.

서경덕의 학문적 성취에 대해 선조(宣祖)의 사위였던 신흠(申欽)은 이렇게 평가했다.

> 서경덕의 자질은 성인에 가깝다. 시골에서 태어나 스스로 공부할 줄
> 알았고, 특히 역학을 깊이 연구해 황극경세(皇極經世)의 수(數)를 계산한

것이 하나도 틀리지 않았다. 그가 중국에서 태어나 큰 학자의 문하에서 배웠더라면 그 총명함으로 이룬 것보다 더 높은 것을 이루었을 것이다. 역학의 방법을 아는 사람은 우리 조선에서 서경덕 한 사람뿐이다.

당시 서경덕의 학문에 대한 평가가 어떠했는지를 보여 주는 글이다. 황극경세는 중국 북송의 학자 소옹(邵雍)이 제시한 것으로 수리(數理)를 통해 우주 만물의 생성과 발전의 원리를 설명하고자 한 것이다. 신흠은 서경덕이 수학에 매우 정통하다고 했다. 후대의 학자들도 그를 수학자로 평가했다.

선조의 명을 받고 앞 시대 유학자들의 언행을 기록하는 일을 맡은 유희춘(柳希春)이 서경덕의 제자들로부터 스승의 언행도 포함시켜 달라는 부탁을 받았다. 이에 유희춘은 "서경덕이 진실로 학문을 열심히 하고 행동이 올바르긴 했지만 그의 학문이 수학이니 어찌하겠는가."라고 대답했다. 서경덕은 수학자이지 유학자는 아니라는 뜻이다.

그러나 서경덕은 자신을 수학자라 생각하지 않았다. "사람들이 나를 수학을 전공하는 사람이라 하는데, 나는 수학으로 말미암아 깨달은 게 아니다. 수학을 알지 못해서는 이치를 깨닫지 못하니" 수학을 공부했다고 했다. 자신은 우주 만물의 근본 이치를 깨치기 위해 연구와 학문을 했고, 오히려 그런 노력을 하지 않는 게 당대 학자들의 병폐라고 질타하기도 했다.

여기에서 눈여겨볼 대목은 유희춘이 서경덕을 유학자로 여기지 않은 부분이다. 유학자이면서 수학자일 수도 있는데, 그는 유학자가 아니라고 딱 잘랐다. 이는 당대의 유학자들과 서경덕의 사고가 달랐음을 보여 준다. 서경덕이 은둔의 생활을 택했던 이유이기도 하다.

서경덕이 젊은 시절부터 아예 벼슬에 대한 희망을 갖지 않았던 건 아니다. 그는 자신의 인생을 돌아보는 「술회(述懷)」라는 시에서 "공부하던 그 시절에는 세상을 다스리는 일에 뜻을 두었다."라고 했다. 또 다른 시에서는 "지난날의 뜻은 임금의 신하가 되는 것이었다."라고도 했다.

그러나 격물치지의 공부를 통해 통찰을 얻은 이후에 벼슬에 대한 미련을 모두 버렸다. 조광조의 중용으로 실시된 현량과에서 서경덕은 첫 번째로 추천되었다. 그러나 두 번에 걸쳐 단호히 거절했다. 동시대의 후배 학자로 역시 벼슬을 거부하고 평생 학문에만 정진했던 홍인우(洪仁祐)가 서경덕에게 물었다.

"선비가 천지간에 태어난 게 우연한 일이 아니니 임금을 요임금, 순임금처럼 만들고 백성에게 은혜를 베풀 수 있도록 하는 게 당연한 일입니다. 옛날 군자가 우주의 이치를 알고 자신의 책임을 다했으니, 그것은 그 이치를 알고 혼자만 올바른 행동을 할 수 없어서 그런 것 아니겠습니까. 포부를 가지고 있으면서 세상에서 도망쳐 숨어 살아 벼슬하지 않는 사람이 있는데, 옳지 않은 일이 아니겠습니까."

서경덕이 대답했다.

"선비가 벼슬을 하거나 은둔하는 이유는 한 가지가 아니다. 자신이 가진 도를 행할 준비가 되어 있어도 시대가 맞지 않으면 그 도를 숨기고 사는 데 불평이 없는 사람이 있다. 세상이 새로워질 수 있는 상황이 되었어도, 자신이 가진 덕이 새롭지 못하면 분수를 헤아려 자숙하는 사람도 있다. 훌륭한 임금이 있어 자기가 배운 바를 시험할 만해도 스스로 산림에 묻혀 구속 없이 사는 걸 좋아하는 사람도 있다. 자신의 덕이 아직 다 성취되지 못했더라도 백성들이 잘못되는 걸 앉아서 볼 수 없어서 부득이 세상에 나와 일을 하는 사람도 있다."

홍인우가 서경덕 본인은 어떤 경우에 해당하느냐고 묻자, 그는 빙그레

웃으며 한참 있다가 말했다.

"평생 동안 성현(聖賢)의 글만 읽었을 뿐 과거 공부에 익숙하지 못해 두 번이나 낙방했다. 이제 나이가 50세에 이르렀고 도시와 떨어져 산 지 오래 되어 이곳에 살고 싶을 뿐이니 감히 바랄 수 없다. 감히 바랄 수 없어."

하지만 서경덕이 과거 공부에 익숙하지 못하다는 건 핑계일 뿐이다. 그 는 43세 때 어머니가 간곡히 부탁해 시험을 보아 사마시에 거뜬히 합격 했다. 그러나 대과를 보기 위해 성균관에 들어가 공부하다가 이내 그만 두고 나와 버렸다. 나이 50세가 되었으니 늙어서 더 이상 벼슬을 바랄 수 없다는 말도 맞지 않는다. 대제학 김안국이 서경덕을 조정에 추천한 것은 그의 나이 52세 때였다. 56세 때에는 중종이 후릉참봉이란 벼슬을 내렸으 나 서경덕은 정중히 사양하고 받지 않았다.

이처럼 그는 여러 차례 벼슬할 기회가 있었지만 모두 거절했다. 여러 가지 이유가 있겠지만, 홍인우와 대화하며 열거한 것만 놓고 따진다면 시 대와 맞지 않았기 때문으로 보인다. 서경덕은 "천 리 길이 어긋나는 것은 단 한 발자국의 차이에서 비롯된다."라고 했다. 그 한 발의 차이, 즉 출발 점이 되는 철학의 차이가 그로 하여금 산림에 묻혀 살게 했던 것이다.

우주 만물의 근원은 기(氣)다

서경덕이 알아낸 천기(天氣)는 무엇인가? 그의 시 「천기」에서 살펴보자.

바람이 지나간 뒤 달은 밝게 떠오르고,

비 온 뒤 풀 냄새 향기롭다.

하나가 둘을 타고 있는 것을 보니,

물(物)과 물(物)이 서로 의지해 있구나.

오묘한 낌새를 꿰뚫어 얻어,

방을 비우고 앉으니 빛이 생겨난다.

바람과 달, 비와 풀 냄새는 어떻게 연관되는가? 하나가 둘을 타고 있다고 했다. 둘 속에 하나의 본성이 들어 있다는 말이다. 같은 것을 가지고 있기에, 물과 물은 서로 의지해 있는 것이다. 그래서 달리 보이는 바람과 달이 연관되어 있고, 비와 풀 냄새가 연관되어 있는 것이다. 이 오묘한 이치를 알고 나면, 방을 비워도(마음을 비워도) 밝은 빛(진리)을 얻게 된다.

57세가 되면서 서경덕은 건강이 몹시 나빠졌다. 통찰을 하여 마음속에 간직해 왔던 자신의 생각을 기록하는 일을 더 이상 미루기 어렵게 되었다. 그리하여 「원이기(原理氣)」, 「이기설(理氣說)」, 「태허설(太虛說)」, 「귀신사생론(鬼神死生論)」 등 네 편의 짧은 논문을 작성했다.

그는 이 논문들을 작성한 이유를 제자들에게 말했다. "이 논문들은 여러 성인들이 다 전하지 않은 경지까지 이해한 것을 담고 있다. 중간에 잃어버리지 않고 후세 학자들에게 전해 주고 온 세상에 두루 알리면, 먼 곳이든 가까운 곳에서든 우리나라에 학자가 있었음을 알게 될 것이다."

그는 먼저 「원이기」에서 우주 만물의 근원과 그 생성에 대해 말한다.

태허는 맑고 맑으며 형체가 없다. 그것을 가리켜 선천(先天)이라 한다. 그 크기는 끝이 없고, 그것 이전에 시작은 없으며, 그것이 어디에서 왔는지 알 수 없다. 그 맑고 맑으며 텅 비어 고요한 것[湛然虛靜]이 기(氣)의 근원이다. 기는 멀거나 가깝거나 하는 경계가 없이 널리 흩어져 있고, 비어 있는 공간 없이 가득 차 있어 한 가닥의 터럭도 차지할 공간이 없다. 잡아당겨 보지만 비어 있고, 잡아 보지만 잡히지 않는다. 그러나 도리어 기가 가득 차 있어 없다고 말할 수 없다.

그는 태허를 선천이라 했다. 선천은 우주 만물이 탄생하기 이전 시기를 말한다. 이 세상에 아무것도 생겨나기 이전의 상태가 태허이고, 그것이 기의 근원이다. 태허는 공간적, 시간적으로 끝이 없는데, 이것을 가득 채우고 있는 것이 기이다. 「태허설」에서는 "태허가 곧 기이다."라고 말한다. 기가 우주 만물의 근원이라는 뜻이다.

그러면 우주 만물은 어떻게 탄생했는가? 「천기」에서 의문을 제기했듯이, 누가 기를 움직이게 했는가? 태허, 즉 기는 문득 도약하고 문득 열린다. 누가 시켜서가 아니라 스스로 그렇게 한다. 즉 기는 스스로 운동한다. 그렇게 기가 운동해 만물이 탄생한다.

하나의 기가 나뉘어 음기와 양기가 된다. 양기가 진동해 하늘이 되고 음기가 모여서 땅이 된다. 양기가 진동하면서 그 정수가 해가 되고, 음기가 모이면서 그 정수가 달이 된다. 나머지 정수가 흩어져 별이 된다. 그런 작용이 땅에서 일어나면 불과 물이 된다. 그것을 가리켜 후천(後天)이라 한다.

후천은 우주 만물이 생겨난 이후의 시기를 말한다. 하나의 기가 음기와 양기로 나뉘고, 그것들이 스스로 운동해 우주 만물이 생겨난다. 서경덕의 주장은 언젠가 오래전 시기에 원인을 알 수 없는 대폭발이 일어나 우주가 탄생하게 되었다는 '대폭발설'과 비교해도 하등 차이가 없다.

철저한 기일원론

서경덕은 「이기설」에서 이와 기의 관계에 대해 이렇게 말한다.

> 기 밖에 이가 없다. 이는 기의 주재(主宰)이다. 주재는 바깥에서 와서 하는 게 아니다. 주재한다 함은 기가 작용하는데 저절로 그렇게 될 수 있게 한다는 의미이다. 이는 기보다 앞설 수 없다.

이가 기를 주재한다는 말은 지배하거나 조종한다는 말이 아니다. 이가 기 안에서 기가 제대로 작동하도록 하는 역할을 맡는다는 뜻일 뿐이다. 달리 말하면 이는 기가 작동하는 원리 혹은 기가 운동하는 법칙이다. 더욱이 이는 기와 분리되어 서로 독립적으로 존재하지 않는다. 존재하는 것은 온 세상을 가득 채우고 있는 기뿐이다. 이것이 기일원론이다.

서경덕의 이러한 주장은 거센 반발을 불러일으켰다. 이황은 서경덕의 글을 읽고 "유교의 정통이 아니다."라고 비판했고, 이이 역시 서경덕의 학문이 "성현의 뜻과 합치되지 않으므로 본받을 필요가 없다."라고 했다.

선조 임금까지 "경덕의 학문에 의심할 만한 것이 많이 있다."라고 했다. 이에 서경덕의 제자인 박순(朴淳)은 "경덕이 항상 말하기를 '학자들이 공부하는 방법에 대해서는 옛 학자들이 밝혀 놓지 않은 것이 없으나, 다만 이와 기에 관한 학설은 미진한 것이 많아 밝히지 않을 수 없다.'라 했습니다."라며 변론해야 했다.

이처럼 서경덕은 이와 기에 관한 주자의 학설에 동의하지 않았다. 주자학은 이의 존재성을 인정하고 이를 기보다 우선시하는 이기이원론이다. 주자학에 대한 부정은 임금의 문제 제기에서도 알 수 있듯 위험한 일이었다. 서경덕은 시대와 맞지 않아 은둔할 수밖에 없었고, 죽음에 임박해서야 자신의 철학을 짧은 논문 형태로 남길 수 있었다.

또한 서경덕의 철학은 송나라 학자 장재(張載)의 학설을 모방한 것에 지나지 않는다고 폄하되기도 했다. 장재가 『정몽(正蒙)』에서 "태허는 형체가 없으니 기의 본래 모습이다."라고 했기 때문이다. 서경덕은 장재의 철학에 영향을 받았지만, 그것이 지닌 불완전함을 극복하려 했다.

서경덕은 '선천'과 '후천'을 구분해 우주 만물이 생겨나기 이전부터 존재하는 것은 기뿐임을 분명히 했다. 하지만 장재는 이런 구분을 하지 않는다. 그는 우주 만물이 기의 운동으로 생겨남을 말했으나, 기에 앞서 다른 것이 존재할 여지를 만들어 놓고 말았다. 서경덕의 철학은 그런 장재 철학의 불완전함을 넘어선 것이었다. "이는 기보다 앞설 수 없다."

조화 속에 갈등이 있고, 갈등은 다시 조화로워진다

서경덕의 철학은 기의 운동을 상세하게 설명했다는 점에서 특히 빛을 발한다. 장재나 김시습은 기의 운동을 기가 모이고 흩어지는 것이라 설명하는 데 그쳤다. 그러나 서경덕은 「원이기」에서 생성(生成)과 극복(克服)의 관점을 도입해 기의 운동을 밝혔다.

일기(一氣)라 했지만 일(一)은 이미 이(二)를 포함하고 있다. 태일(太一)이라 했지만 일(一)은 이(二)를 지니고 있다. 일은 이를 생성하지 않을 수 없다. 이는 스스로 생성하고 극복한다. 생성이 극복이고, 극복이 생성이다. 기의 미세한 움직임에서부터 큰 진동에 이르기까지 생성과 극복이 그렇게 하게 한다.

하나밖에 없으니 조화롭다. 그러나 일(一)은 이(二)를 포함하고 있으므로 이가 생겨나지 않을 수 없다. 이는 대립되는 두 개이니 갈등이 일어난다. 대립과 갈등은 극복될 수밖에 없다. 이것을 두고 서경덕은 「이기설」에서 "태허는 하나이지만 그 속에 둘을 포함하고 있다. 이미 둘이기에 그것은 열리고 닫히고 움직이고 멈추고 생성하고 극복한다."라고 설명했다.

서경덕의 기일원론은 생성과 극복의 사상이다. 생성과 극복의 사상은 기일원론의 종착점이다. 기의 세계, 즉 현실 세계에서는 바깥의 힘이 필요하지 않다. 그것이 기독교의 하나님이든 서양 철학자들이 주장하는 최초의 원인이든 현실 세계 바깥에 있는 그 어떠한 것도 현실 세계를 움직이는 힘이 되지 못한다. 현실 세계는 오직 스스로 움직여 생겨나고 발전한다.

서경덕의 철학은 현실을 설명하고, 더 나아가 현실 세계의 문제를 현실 속에서 해결할 수 있는 힘을 열쇠를 제공한다.

그러나 서경덕은 멈추어 섰다. 심성론(心性論), 윤리학 그리고 사회적 실천 등 인간과 사회를 다루는 긴요한 문제들에 대해 그는 언급하지 않는다.

서경덕은 평생 교유했던 개성부학(開城府學) 교수(教授) 심의(沈義)에게 보낸 글에서 '멈춤'의 의미에 대해 말했다. 그 글에서 "군자가 배움을 귀하게 여기는 이유는 그것을 통해 멈춤을 알 수 있기 때문이다."라고 썼다. 이 말은 평생 학문과 가르침에 종사했던 심의에게 휴식이 필요한 때임을 말하고자 한 것이지만, 서경덕 자신에 대한 경계이기도 했다.

그는 멈추었다. 자연을 관찰하고 사색해 통찰을 이루었으나, 인간 사회에 대해서는 학문으로든 벼슬로든 개입하지 않았다. 서경덕은 네 편의 철학 논문을 작성한 이듬해 병이 악화되면서 사망했다. 1546년, 그의 나이

58세였다. 평생 끼니조차 제대로 잇지 못하는 가난 속에서 스스로 터득해 자득의 학문을 이룬 한 철학자는 결국 시골구석에서 조용히 잠들었다. 후대에 그가 살았던 집과 묘소를 방문했던 사람들은 "집은 허물어져 흉가가 되었고, 묘소로 가는 길은 풀이 무성하게 자라 길을 찾기도 어려웠다."라고 했다. 살아 있을 때나 죽어서나 서경덕은 시대와 맞지 않았다.

서경덕이 죽음을 맞이하는 자세를 보여 주는 기록이 전해진다. 그는 죽기 전 2년 동안 병을 앓았다. 그래서 자신의 죽음이 멀지 않았음을 알고 있었다. 그는 어떤 사람의 죽음에 대해 추모한 시 「만인(挽人)」에서 죽음의 이치를 이렇게 썼다.

> 만물은 어디에서 왔다가 어디로 가는가?
> 음양이 모이고 흩어지는 이치가 오묘하구나.
> 구름이 생겼다 없어졌다 하는 것을 깨우쳤는가, 깨우치지 못했는가?
> 맑은 휴식 오는 것 보니 달이 차면 기우는 것이구나.

사람의 삶과 죽음은 음기와 양기가 모였다 흩어지는 것이다. 「귀신사생론」에서도 "음양의 기가 모이면 삶을 얻고, 그것이 흩어지면 죽음에 이른다."라고 했다. 이런 이치를 사람들은 깨우쳤는가, 아니면 아직 깨우치지 못했는가?

1546년 7월 7일, 병석에 누워 있던 서경덕은 목욕을 시켜 달라고 했다. 목욕을 하면서 제자가 물었다. "지금 어떤 생각을 하십니까?" 서경덕이 답했다. "삶과 죽음의 이치를 오래전에 알았으므로 생각이 편안하다."

목욕을 마친 지 얼마 안 되어 서경덕은 조용히 숨을 거두었다. 필생의 노력으로 자신의 철학을 이룩한 한 철학자의 선비다운 최후였다.

원이기

서경덕이 56세 때 지은 철학 논문으로, 자신의 기일원론 철학을
명쾌하게 요약하고 정리해 놓은 글이다.

태허[1]는 맑고 맑으며 형체가 없다. 그것을 가리켜 선천[2]이
라 한다. 그 크기는 끝이 없고, 그것 이전에 시작은 없으며,
그것이 어디에서 왔는지 알 수 없다. 그 맑고 맑으며 텅 비어
고요한 것이 기의 근원이다. 기(氣)는 멀거나 가깝거나 하는
경계 없이 널리 흩어져 있고, 비어 있는 공간 없이 가득 차
있어 한 가닥의 터럭도 차지할 공간이 없다. 잡아당겨 보지
만 비어 있고, 잡아 보지만 잡히지 않는다. 그러나 도리어 기
가 가득 차 있어 없다고 말할 수 없다.

이곳에서는 소리를 들을 수도 없고 냄새를 맡을 수도 없
다. 수많은 학자들이 이것에 관해 말을 하지 않았고, 주돈이
(周敦頤)[3]와 장재도 끄집어내어 말하지 못했고, 소옹(邵雍)[4]
역시 이에 대해 한 글자도 쓰지 못했다.

성현들의 말을 주워 모아 그 근원을 캐 보자. 『주역』에서
는 "고요해 움직이지 않는다."라고 했다. 『중용』에서는 "진실
된 것은 스스로 이루어진다."라고 했다. 맑고 맑은 본체를 가
리켜 일기(一氣)라고 한다. 혼돈되어 있는 둘레를 가리켜 태
일(太一)이라 한다. 주돈이는 이것을 두고 무엇이라 했는가?
말을 할 수가 없어 단지 "무극(無極)이 태극(太極)"이라고 했
을 뿐이다.

그것이 선천이다. 기이하고 기이하며, 오묘하고 오묘하다.
갑자기 스스로 도약한다. 홀연히 스스로 열린다. 누가 시켜

1) 크게 비어 있는 허공.
서경덕은 이 말을 우주
만물이 탄생하기 이전의
상태를 가리키는 말로
사용했다.

2) 우주 만물이 생겨나
기 이전 상태.

3) 본명은 돈실(敦實)이
고 호는 염계(濂溪), 중
국 송나라 학자로 성리
학의 창시자 중 한 사람
이다.

4) 중국 송나라 학자로
성리학의 길을 열어 준
사람.

서 그렇게 되는가? 스스로 그렇게 할 뿐이다. 스스로 그렇게 하지 않을 수 없다. 이것을 가리켜 이(理)가 발휘된 때라고 한다. 『주역』에서 "느끼면 두루 통한다."라고 했다. 『중용』에서 "도는 스스로 길을 간다."라고 했다. 주돈이는 "태극이 움직여 양(陽)을 낳는다."라고 했다.

움직임이 없을 수 없고 고요함이 없을 수 없다. 열리지 않을 수 없고 닫히지 않을 수 없다. 왜 그렇게 되는가? 스스로 그렇게 한다. 일기라 했지만 일(一)은 이미 이(二)를 포함하고 있다. 태일이라 했지만 일(一)은 이(二)를 지니고 있다. 일은 이를 생성하지 않을 수 없다. 이는 스스로 생성하고 극복한다. 생성이 극복이고, 극복이 생성이다. 기의 미세한 움직임에서부터 큰 진동에 이르기까지 생성과 극복이 그렇게 하게 한다.

일이 이를 낳는다. 이란 무엇인가? 음과 양이다. 움직임과 고요함이다. 감(坎)과 이(離)⁵⁾이다. 일이란 무엇인가? 음과 양의 시작이다. 감과 이의 본체이다. 맑고 맑은 것이 일이다. 하나의 기가 나뉘어 음기와 양기가 된다. 양기가 진동해 하늘이 되고 음기가 모여서 땅이 된다. 양기가 진동하면서 그 정수가 해가 되고, 음기가 모이면서 그 정수가 달이 된다. 나머지 정수가 흩어져 별이 된다. 그런 작용이 땅에서 일어나면 불과 물이 된다. 그것을 가리켜 후천⁶⁾이라 한다.

하늘은 기운을 가져다가 한결같이 움직이며 쉬지 않고 회전한다. 땅은 형체를 한데 엉기게 해 한결같이 고요해 중간에 꿈적이지 않는다. 기운의 성질은 움직이며 위로 올라가는 것이고, 형체의 바탕은 무거워서 아래로 가라앉게 하는 것

5) 『주역』에 나오는 괘의 이름. 감은 물, 이는 불을 상징한다.

6) 선천과 대비되는 말로, 우주 만물이 생겨난 이후의 세상을 뜻한다.

이다. 기운은 형체의 바깥을 싸고 있고, 형체는 기운 가운데 실려 있다. 위로 올라가고 아래로 가라앉는 것이 균형을 이루어 정지하고 있다. 이렇게 태허의 가운데 매달려 있으면서 올라가지도 않고 내려가지도 않는다. 좌우로 회전하면서 옛날부터 오늘날까지 떨어지지 않는다. 소옹은 "하늘은 형체에 의지하고 땅은 기운에 붙어 있다. 스스로 의지하고 스스로 붙어 있다."라고 했다. 의지함과 붙어 있음이 이러하니 오묘하고 오묘하다. (하늘을 나는 것들이 형체에 실려 있음은 모두 이 이치이다.)

보충[7]

선생님께서 또 말씀하셨다. "허공은 기의 연못이다."

또 말씀하셨다. "일(一)은 숫자가 아니다. 숫자의 본체이다."

또 말씀하셨다. "이(理)의 일(一)은 텅 비었고, 기(氣)의 일은 거칠다. 그 둘이 합해지면 오묘하고 오묘해진다."

또 말씀하셨다. "『주역』에서 '서두르지 않아도 빠르고, 가지 않아도 도착한다.'라고 했다. 기는 있지 않은 곳이 없다. 무엇 때문에 서두르겠는가. 기는 도달하지 않는 곳이 없다. 무엇 때문에 가겠는가. 기의 맑고 맑음과 형체가 없는 묘미를 가리켜 신령스럽다고 한다. 이미 기는 거칠게 움직여 흔적을 남긴다. 신령스러움은 거친 흔적을 남기지 않는다. 과연 어디에서 본뜨고 어디에서 재어 볼 것인가. 그 이유를 이(理)라 하고, 그 오묘한 이유를 신령스럽다고 한다. 자연스럽고 진실한 것을 가리켜 성(誠)이라 하고, 도약하고 천지 만물이 스스로 움직이면서 생겨나는 유행(流行)을 가리켜 도라고 한다. 갖추지 않은 것이 없는 총체를 태극이라 한다. 움직임과 고요함은 서로 바꾸지 않을 수 없고, 그런 작용은 저절로 일어난다. 한번은 음이었다가 한번은 양이 되는 것을 가리켜 도라 하는 것이다."

또 말씀하셨다. "정호(程顥)와 장재는 '하늘은 커서 끝이 없다.'라고 했다. 즉 태허는 끝이 없다는 말이다. 태허는 일(一)임을 알고 있으니, 나머지는 모두 일이 아니라는 것을 안다. 소옹은 '어떤 사람은 천지의 바깥에 다른 천지 만물이 있고, 그것은 이곳의 천지 만물과 다르다고 말한다. 나는 그것을 알 수 없다. 나만 그런 것이 아니고 성인들도 역시 알지 못한다.'라고 했다. 소옹의 그 말은 당연히 다시 생각해 보아야 한다."

또 말씀하셨다. "불교에서 '공(空)은 큰 깨달음 가운데 생기고, 바다의 한 물거품과 같다.'라고 말한다. 또 '참된 공과 미련한 공[8]'을 말한다. 그것은 하늘이 커서 끝이 없음을 알지 못하는 것이고, 허(虛)가 곧 기임을 알지 못하는 것이다. 참된 공과 미련한 공이 있다는 말은 이와 기로 인해서 이와 기가 된다는 것을 알지 못한 것이다. 어찌 본성을 안다고 할 수 있으며, 도를 안다고 할 수 있겠는가."

8) 불교에서 모든 미혹한 감정을 떨쳐 버린 일체의 양상은 '참된 공'이라 하고, 그렇지 못한 것을 '미련한 공'이라 한다.

천기

서경덕이 지은 철학 시이다. 자신이 밝혀 보고자 했던 것이 무엇이고, 무엇을 밝혀냈는지 그리고 그것을 통찰하고 난 후의 심경에 대해 썼다.

벽 위에 마도[1]를 붙여 놓고
3년 동안 들어앉아 공부를 했네.
거슬러 올라가 혼돈이 시작되던 때를 보니
음양과 오행은 누가 움직이게 했을까?
서로 상응해 수작하는 곳에
환하게 천기가 보인다.
태일(太一)[2]이 움직임과 고요함을 주관하고,
만물의 변화는 하늘을 따른다.
음과 양의 풀무가 바람을 내뿜고,
하늘과 땅의 문이 열렸다 닫혔다 한다.
해와 달이 서로 왔다 갔다 하고,
바람과 비가 서로 흐렸다 개었다 한다.
강함과 부드러움이 서로 번갈아 움직이고,
떠도는 기(氣)가 불어 어지럽게 비가 내린다.

물건들이 각기 형체를 갖게 하고,
널리 흩어져 모든 곳을 가득 채운다.
꽃과 풀은 스스로 붉고 푸르게 되고,
털이 난 짐승들과 날개 있는 짐승들은 스스로 달리고 날아오른다.

1) 중국의 전설상 인물 복희씨가 세상을 다스릴 때 용마가 가지고 나왔다는 문서. 『주역』의 팔괘가 그려져 있었다고 함.

2) 『장자(莊子)』에 나오는 말로, 커다란 하나라는 뜻.

누가 그렇게 시켰는지 알 수 없고,
오묘한 주재자는 낌새를 보기 어렵다.

어진 도는 드러나지만 그것의 작용은 감추어지니,
누가 극히 미세한 움직임을 알 수 있겠는가.
시간을 보려 해도 볼 수 없고,
장소를 보려 해도 볼 수 없다.
사물의 이치로 미루어 보면,
단서를 어렴풋이 알 수가 있다.

화살은 활시위에서 나가고,
군대는 깃발로 지휘한다.
소는 코뚜레로 복종시키고,
말은 재갈로 길들인다.
일의 법도가 멀리 있는 것이 아니니,
천기가 나와 어긋나겠는가.

사람들은 모두가 하루하루 생활하며,
목마르면 마시고 추우면 옷을 입는다.
자기 주위에서 원리를 만나고 있는데도,
원리가 있는 곳을 알고자 한다.
백 가지의 생은 하나로 모아지고,
나뉜 길은 한 길로 통한다.
앉아서 천하를 알 수 있는데,
왜 문밖으로 나가려 하는가.

봄이 돌아오면 어진 덕이 베풀어짐을 보게 되고,
가을이 되면 쌀쌀한 기운을 알게 된다.
바람이 지나간 뒤 달은 밝게 떠오르고,
비 온 뒤 풀 냄새 향기롭다.
하나가 둘을 타고 있는 것을 보니,
물(物)과 물(物)이 서로 의지해 있구나.
오묘한 낌새를 꿰뚫어 얻어,
방을 비우고 앉으니 빛이 생겨난다.

더 읽어 보기

서경덕 외, 김규성 외 옮김, 『한국의 사상대전집』 제9권, 동
화출판공사, 1972
서경덕, 김학주 옮김, 『서화담 문선』, 명문당, 1988
배종호, 『한국유학사』, 연세대학교 출판부, 1974
현상윤, 이형성 교주, 『현상윤의 조선유학사』, 심산, 2010
황광욱, 『화담 서경덕의 철학 사상』, 심산, 2003

이황

변하지 않는 하늘의 이치를 밝히다

이황은 1501년 경상도 예안현 온계리(지금의 경상북도 안동시 도산면 온혜리)에서 진사(進士) 이식(李埴)의 팔남매 중 막내로 태어났다. 호는 퇴계(退溪)이고 자는 경호(景浩)이며 시호는 문순(文純)이다.

12세 때 숙부 이우(李堣)에게서 『논어』를 배웠다. 21세 때 결혼하고 23세 때 상경해 성균관에 입학했다. 28세 때 진사가 되었고, 34세 때 식년 문과(式年文科)에 급제해 부정자(副正字)에 임명되었다. 37세 때 어머니가 돌아가셔서 고향으로 돌아가 삼년상을 치른 후, 39세 때 상경해 정언(正言), 승문원 교리(承文院校理)를 역임했다.

이후 대사성, 형조 참의(刑曹參議), 병조 참의(兵曹參議), 부제학, 공조 참판(工曹參判), 공조 판서(工曹判書), 예조 판서(禮曹判書) 등을 거쳤는데, 배명과 사직을 반복했다. 69세 되던 해에 벼슬에서 완전히 물러나 고향으로 돌아가 은거하며 살았다.

1570년 11월 9일 종가 제사에 참석했다가 감기가 들었는데, 병세가 계속 악화되어 12월 8일 숨을 거두었다. 그의 나이 70세였다.

주요 작품으로는 『퇴계전서(退溪全書)』, 시조 「도산십이곡(陶山十二曲)」 등이 있다.

서경덕과 이황

현명한 인재가 같은 시대에 태어난 일은 우연이 아닌데, 함께 시험하지 못한 건 천운이다. 서경덕이 일을 했더라면 반드시 빨리 성취할 것이지만 쉽게 실패도 했을 것이다. 이황이 일을 했더라면 반드시 더디게 성취할 것이지만 오래갈 것이다.

조선 중기의 문신 박세채(朴世采)의 문집에 실린 구절이다. 서경덕과 이황(李滉, 1501년~1570년)은 11세 차이이니 동시대 사람이다. 박세채는 요즘 말로 하면 서경덕을 천재형, 이황을 노력형으로 평가한 듯하다.

이와 같은 평가가 올바른지 여부는 가리기 어렵지만, 두 사람이 대비되는 인물이었음은 분명하다. 서경덕은 평생 벼슬하지 않고 은거했다. 이황 역시 은둔 생활을 즐겼다. 과거 시험에 급제해 대제학(大提學)과 판서(判書)에까지 올랐지만 벼슬을 사퇴하고 은둔하다, 다시 부름을 받아 복귀했다가 사퇴하기를 여러 차례 반복했다. 그는 고향인 도산(陶山)으로 돌아가 은거하기를 좋아했다.

스승을 두지 않고 홀로 깨치며 공부한 것도 두 사람의 공통점이다. 서경덕은 14세 때 서당에 나갔지만 선생이 자신의 질문에 제대로 답변하지 못하자 그 이후로 스승을 두지 않고 공부했다. 이황은 12세 때 숙부 이우에게 『논어』를 배운 뒤로는 혼자 공부했다.

홀로 하는 공부의 어려움은 이루 말할 수 없었다. 서경덕은 3년간 공부하다 심신이 탈진하는 상태에 이르렀다. 이황도 훗날 "어려서부터 학문에 뜻을 두었으나, 뜻을 깨우쳐 줄 스승이 없어서 수십 년 동안 헤매었다. 어디서부터 시작해야 할지 몰라 헛되이 마음만 허비했고, 사색을 하며 때로는 눕지도 않고 밤을 새우기를 여러 날 하다 보니 병을 얻어 여러 해 동안 학문을 중단하기도 했다."라고 술회했다.

이렇듯 학문에 대한 열정은 서로 같았으나 학문하는 방법은 서로 달랐다. 서경덕은 스스로 이치를 깨우쳐 가는 자득의 학문을 한 반면 이황은 옛 학자의 글을 철두철미하게 연구하는 의양의 학문을 했다. 그는 특히 주자를 몹시 존경해서 "천하 고금에서 가장 으뜸 되는 사람"이라고 했다.

이황의 학문적 성향은 「언행록(言行錄)」에서도 잘 드러난다.

> 나는 19세 때 처음으로 『성리대전(性理大全)』 첫 권과 마지막 권을 얻어 읽어 보았다. 나도 모르게 마음이 기쁘고 눈이 열리는 듯해 숙독하기를 여러 차례 했다. 점점 그 의미를 알게 되어서 비로소 학문에 들어가는 길을 알게 되었다.

『성리대전』은 송나라 때 주자가 집대성한 성리학설의 주요 저서를 분류해 일흔 권으로 편집한 책이다. 이 책의 첫 권과 마지막 권을 읽고 학문에 들어가는 길을 알게 되었다는 데서 이황이 평생 연구한 분야가 무엇이었는지 알 수 있다.

두 사람의 철학은 대립적이었다. 서경덕은 기일원론을 주장했고, 이황은 이기이원론을 주장했다. 이런 결과는 두 사람이 택한 학문 방법의 차이에 기인한다. 서경덕은 자연과 주변에 대한 관찰과 사색을 통해 자신의 철학을 세웠다. 관찰 가능한 현상을 통해 근본 이치에 이르고자 했던 것이다.

반면 이황은 옛 학자들의 글을 연구하며 인간의 심성(心性)에 관한 사색을 통해 자신의 철학을 세웠다. 그는 선학들의 글에 제시된 인간의 타고난 본성을 사색을 통해 발견하고자 했다.

논쟁의 방아쇠를 당기다

동시대 사람으로서 서로 대립되는 철학을 주장했기에 두 사람 간에 논쟁이 있었을 법도 하다. 그러나 서경덕은 이황에 대해 언급하지 않았다. 이황은 이이가 지적했듯이 저서를 별로 남기지 않았다. 그래서 서경덕은 생전에 이황의 글을 읽을 수 없었다. 따라서 평가를 하든 비판을 하든 이황에 대한 언급을 할 수 없었다.

반면 이황은 서경덕의 철학을 단호하게 비판했다. 그는 서경덕이 지은 「원이기」 등 철학 논문을 읽고 이에 반대하는 글을 썼다. 그 글이 바로 「비이기위일물변증(非理氣爲一物辨證)」이다. "이와 기는 하나다."라는 주장이 잘못되었음을 증명하겠다는 제목의 이 글은 서경덕이 주장한 기일원론을 비판한다.

> 공자는 '『주역』에 태극이 있는데, 이것이 음양을 낳았다.'라고 했다. 주돈이는 '태극이 움직여 양을 낳고 고요해 음을 낳았다.'라고 했다. 또한 '무극의 진리와 음양오행의 정기가 묘하게 합해 엉긴다.'라고 했다. 지금

살피건대, 공자와 주돈이가 음양은 태극이 낳은 것이라고 분명히 말했다. 만약 이와 기가 본래 하나라고 한다면 태극이 곧 음양이니 어찌 태극이 음양을 낳을 수 있다고 할 수 있는가. 무극의 진리니, 음양과 오행의 정기니 하는 것이 하나가 아니기 때문에 합해 엉긴다고 했지, 만약 이와 기가 하나라면 어찌 묘하게 합해 엉길 수 있겠는가.

이황은 공자와 주돈이의 말을 들어 이와 기는 결코 하나가 아니라고 했다. 이를 단정 짓기 위해 "이와 기는 틀림없이 두 물(物)이다.(理氣決是二物)"라는 주자의 말을 원용했다. 이와 기는 서로 다른 두 존재이다. 또한 태극이 음양을 낳았다는 것에서도 알 수 있듯, 이는 기에 앞서 존재한다. 따라서 성현들의 말과 다른 서경덕의 주장은 결코 옳지 않다.

그럼 어디에서 잘못되었는가? 이황은 서경덕이 "이(理)라는 글자를 투철하게 알아내지 못했다."라고 결론 짓는다. 그리고 이 결론은 논쟁을 촉발했다.

흔히 유교 철학에서 기가 무엇인지에 대해 궁금해한다. 이런 궁금증은 대부분 서양 철학에 익숙한 사람들에게서 나타난다. 서양 철학의 중심 개념은 정신과 물질이다. 이런 개념들과 비교해 볼 때, 이(理)는 정신인 것 같은데, 기는 정신인지 물질인지 정체를 알기 어렵다.

그러나 정신과 물질이라는 개념만으로는 기는커녕 이(理)조차 제대로 이해하기 어렵다. 이(理)는 정신을 넘어선 순수한 절대적 존재이자 가치를 가리키는 개념이다. 굳이 비유하자면, 기독교의 하나님과 같은 존재이다. 기는 정신과 물질을 모두 포괄하는 개념이다. 기는 음기와 양기로 이루어지고, 두 기가 스스로 운동해 우주 만물을 만들어 낸다. 여기에는 인간의 정신도 포함된다. 그러므로 기는 인간을 포함해 이 세상에 존재하는 모든 것을 가리킨다. 쉽게 말해 현실 세계가 기이다.

그렇다면 이와 기의 관계는 무엇인가? 달리 말해 절대적 가치와 현실 세계는 어떤 관계가 있는가? 절대적 가치는 존재하는가, 존재하지 않는가? 존재한다면 그것은 현실 세계에 어떻게 영향을 미치는가? 이러한 물음을 두고 조선 시대 내내 논쟁이 벌어졌다. 서경덕은 말한다. 절대적 가치로서 이는 존재하지 않는다. 이황은 반박한다. 이와 기는 전혀 다른 존재이고, 이는 기에 앞서 존재한다. 논쟁의 방아쇠는 당겨졌다.

시작부터 곤란했던 벼슬길

이황은 경상도 예안현 온계리(지금의 경상북도 안동시 도산면 온혜리)에서 진사 이식의 팔 남매 중 막내로 태어났다. 태어난 지 7개월 만에 아버지가 돌아가셔서 32세의 젊은 나이에 과부가 된 어머니가 남매를 키우며 집안을 유지해야 했다.

숙부 이우는 이황을 가리켜 "우리 가문을 반드시 일으킬 아이다."라고 했다. 그런 기대대로 이황은 오로지 공부에만 열중했다. 23세 때는 상경해 성균관에 입학했다.

그가 성균관에 입학하기 3년 전 기묘사화(1519년)가 일어났다. 개혁 정치를 추진하던 조광조 등 신진 사림 세력들이 대규모로 숙청되었다. 이 사건은 청운의 꿈을 안고 과거 시험을 준비하던 사람들에게 엄청난 충격을 주었다. 자식들이 과거 시험 보는 것을 말리는 집안도 있었다. 자칫 벼슬길에 나섰다 목숨을 잃을지도 모를 상황이었기 때문이다.

이황이 성균관에 입학할 무렵에도 그러한 분위기가 지배적이었다. 성균관 학생들은 학문을 꺼리고 실없는 농담이나 주고받으면서 하루하루를 지냈다. 그러나 이황은 예의 바르고 공부만 열심히 하는 학생이었다. 그런 그를 두고 손가락질하며 비웃는 학생들도 있었다.

이 무렵 이황은 송나라 때의 학자 진덕수(眞德秀)가 지은 『심경(心經)』에 정민정(程敏政)이 주석한 『심경부주(心經附註)』를 얻어 읽게 되었다. 이 책은 성리학을 집대성한 정이(程頤)와 주자의 어록이었는데, 이황은 구두점 하나 놓치지 않고 숙독했다. 그는 훗날 이렇게 말했다.

나는 『심경』을 얻어 본 뒤로 비로소 심학(心學)의 근원과 심법(心法)의 오묘함을 알았다. 나는 평생에 이 책을 믿기를 하늘처럼 했고, 이 책을 공경하기를 엄한 아버지와 같이 했다.

『심경』에 대한 절대적인 믿음과 공경이 드러나 있다. 그는 후에 『심경』에 대한 잘못된 해석을 바로잡기 위해 『심경후론(心經後論)』을 저술하기도 했다.

이황은 28세 때 진사가 되었고, 34세 때 식년 문과에 급제해 부정자에 임명되면서 중앙 정계에 첫발을 내딛었다. 집안의 기대와 달리 늦은 나이에 과거에 합격했던 것이다. 39세 때 정원, 승문원 교리를 지냈다.

그의 벼슬길은 처음부터 곤란을 겪었다. 과거 시험에 합격한 지 얼마 안 되어 이황은 한림(翰林)으로 추천되었다. 그런데 당시 권력자였던 김안로(金安老) 일파가 이황을 역적의 족속이라 주장하며 자리를 바꾸어 버렸다. 김안로가 경상북도 영천에 있을 때 잠시 그곳에 들른 이황을 불렀는데, 이황이 이를 거절해 이때부터 김안로의 눈 밖에 났기 때문이다.

또 다른 사정도 있었다. 이황은 권질(權礩)의 딸과 결혼했다. 권질의 형은 권진(權礦)이었는데, 권진은 중종 때 남곤(南袞), 심정(沈貞)을 죽이기로 모의했다고 하여 죽임을 당했다. 김안로는 이런 가계도를 보고 이황을 역적의 족속이라 했던 것이다.

김안로는 좌의정까지 지낸 인물로, 정적을 음해해 축출하고 살해하는 공포 정치를 펼쳤다. 그러나 왕비인 문정 왕후를 축출하기 위해 모의하다 발각되어 유배지에서 죽었다. 이황이 어머니가 돌아가셔서 고향으로 내려간 해인 1537년의 일이었다. 만일 김안로가 승승장구했다면 이황은 아예 벼슬길을 접었어야 했을지도 모른다.

짐승 우리에 갇힌 삶

이황이 45세 때 대사성으로 재직하던 중 을사사화(1545년)가 일어났다. 을사사화는 왕실 외척 간 권력 투쟁의 와중에 사림파들이 유배 및 사형을 당한 사건이었다. 이황 역시 죄인 명부에 올라 감옥살이를 했다. 죄가 풀려 복직되기는 했지만, 다시 중앙 정계에 머무르고 싶지 않았던 그는 단양 군수를 자원했다가 1년 만에 사직하고 고향으로 돌아갔다. 이때부터 임명과 사퇴의 역사가 시작되었다.

47세 때 고향에서 쉬던 이황은 홍문관 응교(弘文館應敎)로 임명되었다. 그런데 한양으로 상경하는 길에 양재(良才)의 벽서(壁書) 사건이 일어났다. 문정 대비의 수렴청정과 국정 농단을 비판하는 벽서가 발각된 것이다. 이로 인해 봉성군(鳳城君) 송인수(宋麟壽)가 사형당하고 이언적(李彦迪) 등 20여 명이 유배되었다. 이를 정미사화(1547년)라고 한다. 이황은 임명장조차 제대로 못 받은 상태에서 연이은 사건이 터지자 벼슬에 대한 의욕을 잃고, 병을 핑계 삼아 지방 군수로 갔다가 사임해 버렸다.

52세 때는 다시 성균관 대사성에 임명되었다. 그러나 성균관 학생들의 풍습이 매우 타락해 교화하기 어렵다고 판단하고 스스로 그 직책에서 물러났다. 그 이듬해에는 아예 병을 핑계 대고 고향으로 내려가 버렸다. 54세 때와 56세 때 각각 형조 참의와 부제학으로 다시 임명되었지만 이 역시 중도에 사퇴하고 고향으로 내려갔다.

왕실의 외척인 윤원형(尹元衡) 일파가 한창 권력을 휘두르던 시기인 58세 때 다시 대사성, 공조 참판으로 임명된 이황은 벼슬을 받기는 했으나 직무를 수행할 생각은 안 하고 다섯 달 동안 계속 사의를 표명했다. 그러고는 그 이듬해 봄에 제사를 핑계로 고향에 내려가 한양으로 올라오지 않았다.

그런데 그해에 또다시 동지중추부사로 임명되었다. 바로 이때가 이황이 가장 오랫동안 벼슬자리에 있던 시기이다. 그는 64세가 될 때까지 무려 5년이 넘도록 벼슬을 했다. 물론 그사이에도 여러 차례 사의를 표명했지만 모두 반려되었다. 마침내 65세가 되던 1565년 봄에 사표가 수리되어 "이제부터 비로소 하늘이 놓아준 몸이 되었다."라며 기뻐했다.

고향으로 돌아간 이황은 그때의 기쁨을 「도산잡영(陶山雜詠)」에 썼다.

나는 시골 사람이므로 들은 것은 없어도 산림을 돌아다니는 데에 즐거움이 있다는 것을 일찍 알았다. 나이 들어 망령되게 세상일에 나아가 바람과 티끌이 뒤덮인 곳에서 나그네 생활을 했다. 스스로 돌아오지 못하고 거의 죽을 뻔했다. 나이가 더욱 들어 병이 깊어져 세상은 나를 버리지 않았지만 부득이 나는 세상을 버려야만 했다. 비로소 짐승 우리와 새장 같은 곳에서 벗어나 농촌에 돌아오니 산림의 즐거움이 다시 살아났다. 내가 묵은 병을 고치고 깊은 시름을 풀면서 궁색한 노년 생활을 편히 보낼 곳은 여기 말고 또 어디에 있겠는가.

중앙 정계는 짐승 우리, 새장과 같은 곳이었다. 거기에서 거의 죽을 뻔했다가, 이제 고향으로 돌아와 새로운 기쁨을 얻게 되었다. 이황의 기쁨을 알 만도 하다.

그러나 고향에 돌아온 기쁨도 잠시, 불과 반년 만에 그는 임금으로부터 다시 상경하라는 편지를 받았다. 이황은 어쩔 수 없이 한양에 올라가 잠시 머물다가 그 다음해 4월에 병을 핑계로 고향으로 돌아갔다. 그러나 불과 1년 만에 다시 임금의 부름을 받았다. 이번에는 중국 사신을 접대하는 직책을 맡으라는 것이었다. 그런데 임명장도 받기 전에 임금이 세상을 떴다. 그다음 임금이 된 선조는 바로 이황을 예조 판서로 임명하려 했으나, 그는 한사코 사양했다.

이때 이황을 설득하기 위해 이이가 나섰다. 「언행록」에 기록된 두 사람의 대화를 보자.

이이가 말했다. "어린 임금께서 이제 막 즉위해 나랏일에 어려움이 많으니 선생께서 물러나시면 안 됩니다."

이황이 대답했다. "도리로 보면 물러나서는 안 되지만, 내 몸 상태로 볼 때는 물러나지 않을 수 없다. 원래 몸에 병이 많은 데다가 재주도 없어 감당할 수가 없다."

이이가 재차 말했다. "선생께서 국정을 의논하는 자리에 계시면 큰 도움이 될 것입니다. 벼슬이란 백성을 위한 것이지, 어찌 자기를 위한 것이겠습니까."

이황이 다시 말했다. "벼슬하는 사람은 원래 백성을 위해야 하는데, 백성에게 이익은 주지 못하고 그것을 걱정하다 자기를 해치게 된다면, 그것은 할 수 없는 일이다."

이이가 마지막 한 수를 두었다. "선생께서 조정에 있으면서 아무 일도 하지 않는다 해도, 임금께서 마음으로 의지하셔서 든든하게 생각하고 사람들의 마음이 즐거이 따른다면, 그것 또한 백성에게 이익을 주는 일 아니겠습니까."

아무 일 안 해도 좋으니 조정에 머물러 있기만 해 달라는 부탁마저 이황은 거절했다. 이이는 훗날 이 일을 두고 올바른 선비의 자세가 아니라며 비판했다. 이것이 이황과 이이의 차이이다. 이이는 어떠한 난관이 있다 하더라도 현실 정치에 참여해서 이를 개혁하려는 의지가 강한 사람이었다. 당시 그는 한창나이인 32세였다. 이황은 소심한 성격이기도 했지만 오랜 경험을 통해 가급적 정치에서 발을 빼려는 사람이었다. 그의 나이 67세였다.

벼슬에서 벗어나 자연을 벗 삼다

이황에게 제자가 언제 정치에 참여하고 언제 정치에서 물러나야 하는지를 물었다. 이황은 대답했다. "임금이 어질고 어질지 못한 것보다 대신들이 방해해 일을 할 수 없으면 벼슬을 할 수 없다." 그 시대가 그러했다. 김안로, 문정 왕후, 윤원형 등이 차례로 실권을 쥐고 국정을 농단했다.

이황은 스스로 정치에 어울리지 않는 사람이라고 생각했지만, 정치가

들은 그를 놓아주지 않았다. 이황의 명성이 필요했기 때문이다. 자신의 의지와 달리 계속 중앙 정계에 발을 들여놓을 수밖에 없는 것은 그의 또 다른 운명이었다.

68세 때, 이황은 조정에 다시 불려 왔다. 이때는 상황이 달라져 있었다. 국정 농단 세력들은 모두 제거되었다. 그는 판중추부사(判中樞府事)로서 나랏일에 의욕적으로 참여하고자 했다. 그러나 상황이 여의치 않았다. 「언행록」에 실린 제자 우성전(禹性傳)의 증언을 통해 이때의 상황을 살펴볼 수 있다.

> 선생이 무진년(1568년)에 벼슬을 한 것은 전혀 그 뜻이 없었다고 할 수 없다. 그런데 그때 정치를 오래 한 무리들이 일에는 관심이 없으면서 시간만 보내고 봉급만 축냈다. 선생이 하고자 하는 바를 그들 모두가 꺼렸다. 선생이 의견을 내놓아도 그저 뭉개고 행하지 않았다. 작은 일도 그들과 충돌을 일으켜 단 한 가지도 할 수 없었다. 일은 없고 그저 봉급만 축내는 것을 어찌 선생이 좋아하겠는가. 선생이 한 사람에게 준 편지에서 "이곳에 있는 것은 마땅하지 않다. 일이 마구 꼬여 어지러우니 어떻게 고향으로 돌아갈 계획을 급히 서두르지 않을 수 있겠는가."라고 하셨다. 그 뜻을 알 만하다.

역시 정계는 이황 같은 사람이 발을 들여놓을 데가 못 되었다. 그가 일을 하려 들면 기득권 세력이 가만히 있지 않았다. 게다가 이황은 이 상황을 정면 돌파할 수 있는 의지를 가진 사람도 아니었다. 임금의 태도도 마찬가지였다. 원칙을 강조하는 말이 달갑지 않았던 선조는 이황의 말에 귀를 기울이지 않았다.

이런 분위기를 눈치챈 이황은 『성학십도(聖學十圖)』를 지어 임금에게 올리는 것을 마지막으로 사직했다. 이제 완전히 벼슬을 벗어던지고 오직 자연을 벗 삼아 학문에만 매진할 수 있게 되었다. 그러나 그런 기쁨을 누릴 수 있는 시간은 별로 없었다. 그의 나이 69세였다.

하늘의 뜻을 밝히다

서경덕의 『화담집』에 부쳐 세 수의 시를 썼다는 뜻의 「서서처사화담집 삼수(書徐處士花潭集三首)」라는 시에서, 이황은 일생을 두고 추구했던 일에 대해 썼다.

> 말세에도 하늘의 뜻은 바뀌지 않으니,
> 우리나라는 성인들이 살고자 했던 곳이다.
> 노나라의 풍습은 오히려 변할 수 있지만,
> 기자의 가르침은 허망하게 없어지지 않는다.
> 앞 시대의 사람들은 문장이 화려하고 뛰어났는데,
> 오늘의 사람들은 잡스러운 재주만 부리는구나.
> 어느 누가 있어 스스로 분발해,
> 도를 실행하고 경전으로 향할 것인가?

그는 지금의 시대를 말세라고 했다. 하지만 사회적·정치적 상황으로 인해 말세가 되어도 하늘의 뜻은 여전하고 성인의 가르침도 없어지지 않는다. 이황이 개탄하는 것은 학문이 처한 상황이었다. 앞 시대 학자들은 문장만 화려했고 지금의 학자들은 잡스러운 재주만 부릴 뿐이다. 도를 실행하고 경서를 향하는 학문을 하지 않는다.

이황은 앞선 시대의 학자들에 대해서도 평가했다. 이색, 정몽주, 권근(權近), 김종직(金宗直), 조광조, 서경덕 등이 그들이다. 이황의 평에 따르면, 이색은 불교에 대해 많이 썼고 그 내용도 자세한 반면 유교에 대해서는 그렇지 않다. 정몽주는 충절을 지켰지만 저술이 없다. 권근은 천인합일(天人合一)의 원리를 말했지만 논리적 결함이 많다. 김종직은 학문은 하지 않고 문장 다듬기만 했다. 조광조는 뜻을 제대로 펼치지 못해 안타까운 인물이다. 서경덕은 성현의 생각과 다른 방향으로 나아갔다.

그나마 거론될 만한 학자들이 이렇듯 결점이 많았다. 학문이 제대로 세워질 리 없었다. 이황은 학문을 세우는 일을 자신의 사명이라 생각했다. 그러기 위해서는 도를 실행하고 경서를 향해야 한다. 그는 『성리대전』을 통해 학문에 들어가는 길을 알았고, 『심경』을 소중히 여겨 깊이 연구했다.

이황이 평생에 걸쳐 밝혀내고자 한 것은 '이(理)의 정체'였다. 이는 절대적 존재이자 가치이다. 그것은 하늘의 뜻, 즉 천도(天道)이며 변하지 않는 것이다. 이는 우주와 자연과 사회 질서의 바탕이자, 인간을 포함한 만물의 근원이다.

이(理)는 기보다 앞서 존재한다. 이황은 "태극이 음과 양을 낳았다."라는 공자의 말을 즐겨 인용했다. 태극은 이(理)이다. 따라서 부모와 자식이 있기 이전에 부모와 자식 사이의 도리, 즉 부자지리(父子之理)가 있다. 임금과 신하가 있기 이전에 군신지리(君臣之理)가 있다. 부부가 있기 이전에 부부지리(夫婦之理)가 있다. 부모와 자식, 임금과 신하, 남편과 아내가 기(氣)이고, 부자지리, 군신지리, 부부지리가 이(理)이기 때문이다.

또한 만물은 이(理)를 선천적으로 지니고[稟賦] 태어난다. 이는 만물이 가지고 태어난 본성, 즉 천성의 근원이다. 인간 역시 이를 본성으로 한다. 따라서 인간의 본성은 순수하고 착하다.[純善]

인간이 이(理)를 깨우치면 순수하고 착한 본성을 알고, 우주와 자연, 사회의 질서 역시 알게 된다. 이것을 알고 실행하면 인간 사회는 우주적 질서와 합치하는 이상적인 사회가 된다. 인간 사회의 본 모습인 도덕적 질서가 확립된다.

이상이 이황이 밝혀낸 '이의 정체'이다. 그런데 현실 사회는 오히려 비도덕적이고 오염되고 타락한 모습을 보여 준다. 왜 그런가? 기 때문이다. 기는 비도덕과 악의 근원이다. 인간은 현실 세계에서 시기하고 질투하고 다투고 탐욕과 이기심을 추구하며, 본성을 잃어버리고 사악한 마음을 따른다. 그런 세계는 동물의 세계이지 인간의 세계가 아니다.

이황이 서경덕의 철학을 비판한 이유가 여기에 있다. 서경덕은 오염되고 타락한 현실 세계, 즉 기만이 존재한다고 말한다. 그렇다면 비도덕과 악이 정당화되고, 도덕적 질서를 실현할 수 없게 된다. 그래서 이황은 이렇게 말했다. "서경덕의 주장은 잘못되었다. 그는 이가 무엇인지 알지 못했기 때문이다."

이황은 이과 기를 철저히 구분하고 이는 선, 기는 악이라 했다. 이것이 이황 철학의 이기이원론이다.

그러면 타락한 세계를 어떻게 구원할 것인가? 이가 발동하기 때문에 가능하다. 현실에서 부모와 자식 관계가 어떠하든 부자지리는 타격을 받지 않는다. 변하지 않는 이치이기 때문이다.

이가 발동하면, 즉 부모지리가 작동하면 부모와 자식 관계는 합당해진다. 예를 들어 보자. 자식이 부모를 학대하는 일이 종종 벌어진다. 자식의 패륜적 행위는 지탄을 받는다. 법원은 자식에 대해 법률적 제재를 가한다. 사람들은 합당한 부모와 자식 관계를 깨닫고 이를 실행한다. 이황에 따르면 이러한 흐름은 이가 발동한 것이다.

이는 발동하게 되어 있다. 인간은 평소에 착한 본성과 합당한 우주적 질서, 사회적 질서가 있음을 믿고 그것을 발견하기 위해 노력해야 한다. 그 방법이 경(敬)이다. 경은 성현의 말씀을 존경하고 그 말씀을 공경해 따르는 일이다. 그 속에 인간의 본성, 우주와 사회의 합당한 질서가 모두 기록되어 있다. 일상생활을 하면서 가지게 된 일체의 선입관과 편견을 버려라. 그리고 성현의 말씀을 공손하게 배워 받아들이고 정성을 다해 실행하라. 이것이 말세를 극복하기 위해 이황이 제시한 길이다.

주자의 학설을 넘어서다

이황의 주장에 대해 뜻밖에도 제자인 기대승(奇大升)이 이의를 제기하고 나섰다. 사건의 경위는 이랬다. 정지운(鄭之雲)이라는 학자가 있었다. 그는 독자적으로 이의 정체를 밝히기 위해 노력하던 중 『천명도설(天命圖說)』을 지었다. 천명은 천도와 같은 말이다. 그는 천명을 그림으로 설명하려 했다. 이황이 그 책을 읽고 정지운을 만나 일부 수정을 권유하고, 정지운은 그 충고를 따랐다. 1553년, 이황의 나이 53세 때였다.

수정된 내용은 별것이 아니었다. "사단발어리(四端發於理) 칠정발어기(七情發於氣)"라고 쓰인 부분을 "사단이지발(四端理之發) 칠정기지발(七情氣之發)"로 바꾼 것이다. 뜻은 같다. "사단은 이의 발동이고, 칠정은 기의 발동이다." 표현만 약간 바꾼 것에 불과했다. 사단은 인의예지(仁義禮智)로, 도덕심을 말한다. 칠정은 희노애락애오욕(喜怒哀樂愛惡欲), 즉 기뻐하고, 성내고, 슬퍼하고, 즐거워하고, 사랑하고, 미워하고, 욕심내는 것을 말한다. 이것은 인간이면 누구나 가진 감정이다. 따라서 도덕심은 이의 발동이고, 인간의 감정은 기의 발동이라는 것이 이 구절이 지닌 뜻이다.(理發氣發論)

그 일이 있고 난 5년 후, 기대승이라는 32세의 젊은이가 이황의 문하로 들어와 『천명도설』에 대한 강의를 듣게 되었다. 기대승은 자신의 눈과 귀를 의심했다. 주자의 말씀에 가장 정통한 이황 문하에서 이런 내용이 강의된다고는 생각하지 못했던 것이다. 그래서 스승 이황에게 자신의 의심에 대해 물었다. 이렇게 하여 시작된 스승과 제자 사이의 논쟁은 무려 8년 동안이나 계속되었다.

기대승이 제기한 문제의 핵심은 '이가 발동할 수 있느냐'라는 것이었다. '이의 발동', 그것은 이황이 구상한 철학의 뼈대였다. 기대승은 이의 발동은 주자의 학설과 맞지 않는다고 문제를 제기했다. 주자는 "이는 기 가운데 있다."라고도 하고, "이와 기는 분리될 수 없다."라고도 했다. 이와 기의 관계가 이렇다면, 이도 발동하고 기도 발동하는 일은 있을 수 없다.

이황의 대답은 요지부동이었다. 그는 주자의 저서를 온통 뒤져 '이의 발동과 기의 발동'을 모두 인정하는 문구를 찾아냈다. 이것을 증거로 자신의 학설이 주자의 것과 다르지 않다고 해명했다.

그러면서도 이황은 제자에게 일부 양보했다. "기가 발동하면 이가 올라탄다.(氣發理乘)"라고 했다. 기 안에 이가 있으니, 현실 세계 속에도 선과 악이 공존할 수 있음을 인정한 것이다.

그렇지만 어디까지나 중심은 '이의 발동'이었다. 길 가던 나그네가 물에 빠진 어린아이를 구하는 행동을 보라. 그것은 명예욕이나 이해득실을 따진 행동이 아니라 본능에 따른 행동이다. 인간의 마음속에서 이가 발동한 증거이다. 이와 마찬가지로 사회에서도 이가 발동해 합당한 사회 질서가 만들어진다.

이 부분에서 이황이 구상한 철학의 탁월함이 드러난다. 주자가 비록 일부 저서에서 '이의 발동'에 대해 썼지만, 그의 기본 구상은 이것을 부정하는 것이었다. 그런 면에서 주자의 학설을 들어 이황에게 문제 제기한 기대승의 주장은 당연했다. 이황은 그런 주장이 터무니없다고 생각했다. 이가 작동하지 않는다면 우주와 사회의 합당한 질서는 세워질 수 없다. 이의 능동성을 인정한 점에서 이황은 주자의 학설을 넘어섰다.

죽음을 맞이하는 유학자의 자세

스승과 제자 사이에 있었던 8년간의 논쟁은 제자가 스승의 주장을 받아들임으로써 끝났다. 이황의 나이 68세였다. 그다음 해에 이황은 모든 관직에서 사퇴한 뒤 고향에서 은둔의 즐거움을 맛볼 수 있게 되었다.

그러나 그는 심하게 병을 앓고 있었다. 젊은 시절부터 지나치게 공부한 탓에 건강이 몹시 나빠졌다. 그는 자신의 무덤에 새기라며 인생을 술회한 「묘갈명(墓碣銘)」을 작성했다. 거기에서 "천지 만물의 조화를 타고 돌아가니, 다시 무엇을 구하겠는가."라고 했다. 천지 만물이 생겼다가 사멸하는 이치처럼, 사람은 태어났다 죽는 법이다. 더 바랄 게 무엇이겠는가. 우주의 질서 속에서 개인의 운명을 생각하고, 마음을 비워 삶과 죽음을 순리에 맡기겠다는 뜻이다.

이황이 병들어 죽음에 이르는 과정이 「언행록」에 기록되어 있다. 1570년 11월 9일 이황은 종가 제사에 참석했다 감기가 들었다. 병세가 날로 악화되어 자리에서 일어날 수 없었다. 12월 3일 방 안에 있던 매화를 옮기라 했다. 자신의 몸이 불결해 매화에게 미안하기 때문이라 했다. 12월 4일 제자들을 만났다. 제자들에게 "평소에 그릇된 견해를 들어 자네들과 종일 강론하는 게 쉬운 일이 아니었다."라고 말했다. 12월 8일 매화나무에 물을 주라고 했다. 저녁이 되자 구름이 모여들더니 눈이 내려 한 치나 쌓였다. 이때 자리를 정돈하라 하고 부축을 받아 일어나 앉아서 숨을 거두었다. 그러자 눈이 그치고 구름이 흩어졌다. 그의 나이 70세였다.

이황은 한평생 자신이 세운 철학에 입각한 삶을 살았다. 그런 면에서 그는 성자이다. 벼슬을 할 때는 임금이 착한 본성과 우주적 질서를 깨우쳐 덕치를 펼칠 수 있도록 보좌했다. 사정이 여의찮을 때는 물러나 수양하며 '이의 발동'을 기다렸다. 그것이 말세를 극복하는 길이라고 생각했다. 이런 그의 삶에서 종교적 엄숙성마저 느껴진다.

이황은 필연적으로 이가 발동할 것이라는 낙관주의를 제시했다. 이것은 현실 사회에 앞서 존재하는 사회적 질서, 즉 사회의 이를 구현하자는 이상주의였다.

진성학십도차(進聖學十圖箚)

이황이 68세 때 지어 선조 임금에게 올린 『성학십도』의 머리말이다. 이 책을 쓴 내력이 서술되어 있는데, 여기에서는 이황의 철학 방법론의 핵심인 경(敬)에 대해 설명한 부분을 싣는다.

맹자가 말하길 "마음이 해야 하는 일은 생각이다. 생각하면 얻고 생각하지 않으면 얻지 못한다."라고 했습니다. 또한 기자가 무왕에게 규범에 대해 말할 때, "생각을 하면 사소한 부분까지 밝혀낼 수 있고, 사소한 부분까지 밝혀낼 수 있다면 밝혀내지 못할 게 없다."라고 했습니다. 마음은 사방 한 치밖에 안 되는 작은 곳에 있지만 지극히 크고 지극히 신령스럽습니다. 이(理)는 도서(圖書)에 나타나 있는 대로 지극히 소중하고 지극히 진실합니다. 지극히 크고 신령스러운 마음으로 지극히 소중하고 진실한 이를 밝히고자 한다면 얻지 못할 것이 없습니다. 따라서 생각하면 밝혀낼 수 있는데, 어찌 오늘날에 밝히지 못하겠습니까.

그러나 마음이 크고 신령스럽다 해도 제대로 다스리지 않는다면, 일이 눈앞에 닥쳐도 생각을 하지 못합니다. 이가 소중하고 진실한 것이어도 잘 보관하지 않으면, 눈앞에 있는 것도 보지 못하게 됩니다. 이 『성학십도』의 내용을 항시 생각하고 소홀히 해서는 안 됩니다.

공자는 "배우기만 하고 생각하지 않으면 사리에 어둡게 되고, 생각만 하고 배우지 않으면 위태롭게 된다."라고 했습니다. 배움이란 이치를 제대로 알아서 진실하게 실천하는 것을 말합니다. 성인의 도를 마음으로 배우지 않으면 현혹되어 얻지 못하게 됩니다. 따라서 반드시 생각해 사소한 부분까지 밝혀내야 합니다. 이치를 제대로 알지 못하면 위태롭고 불안해집니다. 따라서 반드시 배워서 진실하게 실천해야 합니다. 생각함과 배움은 서로 계발해 주고 서로 향상되게 합니다.

엎드려 바라옵건대, 성왕(聖王)께서는 이런 이치를 깊이 통촉하여 주십시오. 먼저, "순임금은 대체 어떤 사람이냐? 나는 어떤 사람이냐? 노력하면 똑같아진다."라고 생각하십시오. 그래서 열심히 노력하시어 생각과 배움에 힘쓰십시오.

경(敬)은 생각과 배움에 힘쓰고, 움직임과 고요함을 관통하고, 안과 밖을 합하고, 소중한 것과 사소한 것을 하나로 보는 이치입니다. 그것을 하기 위해서는 우선 마음을 반드시 삼가고 엄숙하게 하고 흔들리지 않게 해야 합니다. 이치를 탐구해서 배우고 묻고 생각하고 분별할 때, 볼 수도 들을 수도 없는 부분에서는 마음을 더욱더 경계하고 두려워하고 절제해야 합니다. 매우 사소한 부분이나 홀로 떨어져 있는 부분에서는 더욱더 정밀하게 살펴야 합니다. 하나의 그림을 생각하면 오로지 그 그림에만 집중하고 다른 그림이 있다는 생각을 하지 마십시오. 하나의 일을 배운다면 오로지 그 일만을 배우고 다른 일이 있다는 생각을 하지 마십시오. 아침에나 저녁에나 항상 그렇게 하십시오. 오늘과 내일에도 계속 그렇게 하십시오.

밤기운이 맑고 깨끗할 때에는 어려운 문제의 실마리를 찾아 음미하십시오. 평상시에 다른 사람과 함께할 때에는 몸소 검증하고 되새겨 암송하십시오. 처음에는 익숙하지 못해 불편하고 모순되는 일도 있을 수 있습니다. 매우 고통스럽고 불쾌할 수도 있습니다. 그것은 옛사람들이 말한 것처럼 장차 크게 진보할 징조입니다. 좋은 소식이 오는 기미이기도 합니다. 따라서 이것 때문에 스스로 포기해서는 안 됩니다. 자신감을 가지고 스스로 격려해 나가면 진실로 많은 것을 얻을 것입니다.

지긋하게 노력하면 자연스럽게 마음과 이(理)가 서로 스며들게 되어, 부지불식 중에 자세하게 이해하게 되고 이치를 꿰뚫게 됩니다. 익힘과 일이 서로 잘 맞아 들어가 점차 순탄하고 편안하게 진행이 될 것입니다. 처음에는 각각이 오로지 하나였지만, 이제는 여러 가지가 모여 하나가 될 것입니다. 이는 실로 맹자가 말한 '깊이 깨달아 스스로 얻는' 경지이며, 한 번 얻으면 잊어버릴 수 없는 징조입니다.

이런 경지에서 부지런히 재주를 발휘하면, 안자(顏子)의 마음처럼 인(仁)을 어기지 않아 나랏일이 그 마음 가운데 있게 될 것입니다. 증자(曾子)가 충서(忠恕)로 일관한 것처럼 자신의 행동으로 도를 전하게 될 것입니다. 일상에서 외경(畏敬)을 하면 천지가 올바로 되고 만물이 번창하게 될 것입니다. 덕행이 인륜을 벗어나지 않으면 하늘과 사람이 하나가 되는 천인합일의 오묘함을 얻을 수 있을 것입니다.

도산십이곡발(陶山十二曲拔)과 도산십이곡

「도산십이곡」은 이황이 63세 때 지은 연시조이다. 전곡 여섯 수와
후곡 여섯 수 등 총 열두 수로 이루어져 있다. 전곡은 언지(言志, 뜻
을 말한다.)라 했고, 후곡은 언학(言學, 학문을 말한다.)이라 했다. 국
문으로 쓰였는데 여기에서는 현행 맞춤법에 맞추어 싣는다. 또한
국문으로 시조를 지은 내력을 쓴 「도산십이곡발」을 함께 싣는다.

도산십이곡발

아래 「도산십이곡」은 도산 노인이 지은 것이다. 노인이 이
곡을 지은 이유는 무엇인가? 우리나라의 노래는 대부분 음
란해 말할 필요가 없다. 「한림별곡(翰林別曲)」과 같은 유는
문인의 입에서 나왔으나, 호색을 자랑해 방탕하고 점잖지 못
하게 희롱을 늘어놓아 군자가 숭상할 바가 못 된다. 근래에
이별(李鼈)의 6가(歌)가 세상에 널리 퍼져 이것보다 좋다고는
하나, 세상을 희롱하고 불경스러운 뜻만 있지 마음에서 우러
나는 내용이 적은 게 애석하다.

노인은 본래 음률(音律)을 잘 알지도 못하고, 세속의 음악
을 듣는 것도 즐기지 않는다. 한가롭게 살면서 병을 돌보는
틈틈이 마음에 감동이 일어나면 매번 시를 지었다. 그러나
지금의 시는 옛날의 시와는 달라서 읊을 수는 있어도 노래
하지는 못한다. 만약 노래하려면 반드시 백성의 말로 지어야
하니, 대개 나라 풍속이 음절을 그렇게 하지 않으면 안 되기
때문이다. 그래서 일찍이 이별의 노래를 모방해 도산 육곡을
두 편 지었다. 하나는 언지이고, 또 하나는 언학이다. 아이들
이 아침저녁으로 이 노래를 익혀 방석에 기대어 부르고 듣

기를 바란다. 또한 아이들이 노래를 부르고 그것에 맞춰 춤을 추기를 바란다. 그래서 비루한 마음을 씻어 버리고, 마음으로 느끼고 서로 마음이 통해 노래하는 아이와 듣는 아이가 서로 유익하기를 바란다.

생각해 보니 의도와 달리 이 같은 한가한 일로 인해 혹시나 말썽이 생기는 단서가 될는지 알 수 없다. 또한 이 곡조가 음절과 맞을는지 확신할 수도 없다. 당분간 한 부를 필사해 상자에 넣어 두고서 때때로 꺼내어 스스로 살펴보아야겠다. 훗날 읽어 보는 사람이 이것을 버릴지 취할지 기다려야겠다. 가정(嘉靖) 44년 을축해 늦봄 16일에 도산 노인이 쓰다.

도산십이곡

전6곡 언지

이런들 어떠하고 저런들 어떠하냐.
초야 우생(草野愚生)[1]이 이런들 어떠하냐.
하물며 천석고황(泉石膏肓)[2]을 고쳐 무엇하랴.

연하(煙霞)로 집을 삼고 풍월(風月)로 벗을 삼아
태평성대에 병으로 늙어 가네.
이 중에 바라는 일은 허물이나 없고자.

순풍(淳風)[3]이 죽는다 하니 진실로 거짓말이고
인성(人性)이 어질다 하니 진실로 옳은 말이네.
천하에 허다 영재(許多英才)를 속여 말을 하랴.

그윽한 난초 골짜기에 피니 자연(自然)이 듣기 좋고

흰 구름이 산에 머무니 자연이 보기 좋아

이 중에 피미일인(彼美一人)⁴⁾을 더욱 잊지 못하네.

산 앞에 정자 있고 정자 아래 물 흐르는구나.

떼 많은 갈매기는 오며 가며 하는데

어째서 교교백수(皎皎白駒)⁵⁾는 멀리 마음 두는가.

봄바람 부니 산에 꽃 만개하고 가을밤 되는 정자에 달빛
가득하구나.

사시가흥(四時佳興)이 사람과 한가지라.

하물며 어약연비(魚躍鳶飛)⁶⁾ 운영천광(雲影天光)⁷⁾이야 어디
끝이 있으랴.

후6곡 언학

천운대(天雲臺) 돌아들어 완락재(玩樂齋) 소쇄(瀟灑)한데

만권 생애(萬卷生涯)로 낙사(樂事) 무궁하여라.

이 중에 왕래 풍류(往來風流)를 말해 무엇하랴.

뇌정(雷霆)이 파산(破山)해도 농자(聾者)는 못 듣나니

백일(白日)이 중천(中天)해도 고자(瞽者)는 못 보나니

천둥 소리 요란해도 귀머거리 못 듣고 밝은 해가 하늘에
떠도 장님은 못 보나니

우리는 이목총명(耳目聰明) 남자로 농고(聾瞽) 같지 말거라.

고인(古人)도 날 못 보고 나도 고인을 못 봬
고인을 못 봬도 가던 길 앞에 있네.
가던 길 앞에 있으니 아니 가고 어쩌랴.

당시(當時)에 가던 길을 몇 해를 버려 두고
어디가 다니다가 이제야 돌아왔나.
이제야 돌아오나니 딴 데 마음 안 두리.

청산(靑山)은 어찌하여 만고(萬古)에 푸르르며
유수(流水)는 어찌하여 주야(晝夜)에 그치지 아니하나.
우리도 그치지 마라 만고상청(萬古常靑) 하리라.

우부(愚夫)도 알며 하나니 그 아니 쉬운가.
성인(聖人)도 못 다 하시니 그 아니 어려운가.
쉽거나 어렵거나 중에 늙는 줄을 몰라라.

더 읽어 보기

배종호, 『한국유학사』, 연세대학교 출판부, 1974
이이 외, 유승국 외 옮김, 『한국의 유학 사상』, 삼성출판사, 1981
이황, 성낙훈 옮김, 『한국의 사상대전집』 제10권, 동화출판
공사, 1972
한국철학사상연구회, 『논쟁으로 보는 한국 철학』, 예문서원,
1995
한형조, 『조선 유학의 거장들』, 문학동네, 2008

이이

조선 유교 철학을 완성하다

이이는 강원도 강릉 북평촌(지금의 강릉 오죽헌)에서 태어났다. 자는 숙헌(叔獻)이고 호는 율곡(栗谷)이며, 시호는 문성(文成)이다. 아버지는 찰방(察訪)을 지낸 원수(元秀)이고, 어머니는 신사임당(申師任堂)이다. 3세 때 이미 옛글을 인용하기 시작했고, 4세 때에는 중국 역사서 『사략(史略)』의 글귀에 토를 달아 주위 사람들을 깜짝 놀라게 했다. 6세 때 어머니를 따라 한양 수진방(壽進坊)으로 올라왔다. 이때부터 사서삼경(四書三經)을 본격적으로 공부하기 시작했다. 13세 때 진사 초시(進士初試)에 합격했다.

16세 때 어머니가 돌아가시자 파주 두문리 자운산에 묘막을 짓고 삼년상을 치렀다. 19세 때 금강산으로 들어갔다가 1년 만에 하산했다. 22세 때 한성시(漢城試)에서 장원한 이후, 29세 때 응시한 생원시(生員試)와 식년 문과(式年文科)를 포함해 모두 아홉 차례의 시험에서 장원했다.

29세 때 호조 좌랑에 임명되어 처음으로 중앙 관계에 진출했다. 이후 이조 좌랑과 정언을 지냈고, 33세 때는 천추사(千秋使)의 서장관으로 북경을 다녀왔다. 41세 때, 이조 정랑직을 둘러싸고 벌어진 동인(東人), 서인(西人) 간 붕당 갈등을 풀려고 노력하다 양측으로부터 원망을 듣고, 임금에게도 '과격하다'는 평가를 받아 스스로 사퇴했다.

48세 때, 병조 판서로서 상소해 개혁을 촉구하고 십만양병설(十萬養兵說)을 주장했다. 그러나 개혁안이 받아들여지지 않고, 오히려 탄핵당해 사퇴했다. 이후 이조 판서로 임명되었지만 곧바로 사직했다. 1584년 1월 16일 서울 대사동(大寺洞)에서 병으로 죽었다. 그의 나이 49세였다.

저서로는 『율곡전서(栗谷全書)』, 『격몽요결(擊蒙要訣)』, 『성학집요(聖學輯要)』 등이 있다.

학문과 정치를 두루 추구하다

요즘 조광조, 이황, 서경덕의 주장을 보니, 조광조가 최고이고 이황이 그다음이며 서경덕이 그다음이다. 그중에서 조광조와 서경덕은 스스로 터득한 맛이 많고, 이황은 본받은 맛이 많다.

조광조는 전체를 보았으나 밝혀내지 못한 부분이 있고, 주자를 깊이 믿지 아니하여 그 주장을 제대로 파악하지 못했다. 기질이 탁월하기 때문에 말이 지나친 부분이 있고, 이와 기를 한가지로 보는 잘못이 있는 듯하지만, 실은 이와 기를 하나로 보지는 않았다. 학문에 밝지 못해 말이 지나친 것이다.

이황은 주자를 믿어 그 뜻을 깊이 연구했다. 기질이 상세하고 치밀하며, 공부한 내용 또한 깊어서 주자의 뜻에 부합하지 않는다고 할 수 없다. 또한 전체를 보지 못했다고도 할 수 없다. 그러나 환하게 꿰뚫어 이치를 깨닫는 경지에까지 이르지는 못했다. 그래서 본 것을 다 밝혀내지 못했고, 주장에도 잘못된 점이 있다. "이도 발동하고 기도 발동한다."라거나 "이가 발동하고 기가 따른다."라는 것은 아는 게 병이 된 주장들이다.

서경덕은 다른 사람보다 총명하기는 하지만 중후함이 떨어진다. 독서와 연구가 책에 구애받지 않았고 독자적인 주장을 많이 했다. 다른 사람보다 총명했기에 이치를 깨닫기는 했지만, 중후하지 않아서 독자적인 주장에 만족하고 말았다.

이이(李珥, 1536년~1584년)가 성호원(成浩原)에게 보낸 편지에서 조광조, 이황, 서경덕 등 세 사람에 대해 평가한 부분이다. 조광조는 서경덕보다 일곱 살 위였고, 이황은 서경덕보다 열한 살 아래였다. 이 세 사람은 거의 동시대를 살았고, 정치와 학문에서 뚜렷한 족적을 남겼다. 이이는 그들보다 한 세대 뒤 사람이다. 그런데 이이는 세 사람에 대한 평가가 조심스러웠는지 편지 말미에 추신하기를 "한 번 본 뒤에는 남의 눈에 띄지 않게 돌려달라."라고 했다.

세 사람을 평가한 공통적인 잣대는 이와 기의 관계를 보는 관점이다. 서경덕과 이황은 이 점에 관해 매우 뚜렷하게 대비되는 주장을 한 사람들이었다. 그런데 조광조를 거론한 점이 이채롭다. 조광조는 정치적으로는 중요한 위치에 섰던 사람이지만 학문적으로는 그리 대단한 인물이 아니었다. 그는 학문보다는 정치 개혁에 더 많은 관심을 두었다.

그런데도 이이가 조광조를 가장 높이 평가한 것은 이황과 서경덕의 철학에 대한 불만의 표출로 볼 수 있을 것이다. 또한 조광조는 강력하게 개혁 정치를 추구했던 인물이라 후한 점수를 준 것이기도 했다. 그러나 조광조는 실패함으로써 당대는 물론 이후 두 세대에 걸쳐 학자들에게 큰 시련을 안겨 주었다. 이이는 그 실패의 원인을 철학의 부재에서 찾은 듯하다. 그는 조광조가 학문에 밝지 못해 말이 지나치다고 평가했다.

이이는 정치에 지대한 관심을 가졌다. 조선 시대 학자들에게 정치와 학문은 구분된 것이 아니었다. 주자학은 수기(修己), 즉 개인의 수양과 치국(治國), 즉 나라를 다스리는 일을 동시에 강조하는 철학이다. 학문 연마를 통해 개인을 수양하고, 그것을 통해 밝혀낸 이치를 정치에 적용해 덕치를 구현하자는 것이 주자학의 입장이었다. 달리 말하면 학문을 바탕[體]으로 하여 그것을 정치에 적용[用]하자는 것이었다.

조광조는 정치에 치중한 사람이었다. 서경덕은 정치에는 일체 관여하지 않고 학문만 했다. 이황은 정치에 관여하기는 했지만 소극적이었고, 은둔해 학문하기를 즐겼다. 이이는 그들과 달랐다. 그는 학문과 정치를 모두 추구했다. 그런 점에서 그는 주자학의 가르침을 충실히 따른 사람이었다.

천재의 탄생

이이는 강원도 강릉 북평촌에서 태어났다. 그가 태어나던 날 어머니 신사임당은 검은 용이 집 안으로 들어오는 꿈을 꾸었다고 한다. 그래서 그의 어린 시절 이름은 현룡(現龍)이었고, 그가 태어난 방은 몽룡실(夢龍室)이라 불렸다. 외할아버지는 일찍 돌아가셨고 아버지는 벼슬 때문에 한양에 머물고 있었기 때문에, 그는 어린 시절 외할머니, 어머니와 함께 지냈다.

3세 때 외할머니가 석류 열매를 보여 주며 무엇이냐고 묻자, 그는 "부스러진 붉은 구슬을 껍질이 감싸고 있다."라고 옛글을 인용해 대답했다고 한다. 4세 때는 중국 역사서 『사략』을 배우면서 글귀에 토를 달아 주위 사람들을 깜짝 놀라게 했다. 한마디로 천재의 탄생이었다.

6세 때, 어머니를 따라 한양 수진방으로 올라왔다. 이때부터 어머니의 지도 아래 사서삼경을 본격적으로 공부하기 시작했다. 8세 때, 파주 율곡으로 이사를 갔다. 조상들이 살던 옛 집이 거기에 있었기 때문이다. 그곳 임진강가에 화석정(花石亭)이라는 정자가 있었는데, 이이는 그것을 보고 시를 지었다.

숲 정자에 가을이 이미 깊어 가니,

시인의 감흥이 끝이 없구나.

강물의 끝은 하늘에 닿아 푸르고,

서리 단풍은 나날이 붉어지는구나.

산은 외로이 둥근 달을 토해 내고,

강은 끝없이 바람을 품는구나.

변방의 기러기는 어디로 가느냐,

소리가 끊어진 저녁 구름 속에서.

『율곡전서』의 맨 첫머리에 실린 이 시 「화석정」은 이이가 8세 때 지은 것이다. 강과 단풍, 산과 기러기가 있는 늦가을의 풍경이 한 점의 수채화처럼 담겨 있다. 훗날 그는 자신이 한문 책을 한눈에 열다섯 줄밖에 못 읽는다고 겸손해했다. 이는 보통 사람이 다다를 수 있는 경지가 아닌데도 말이다.

이이는 13세의 나이에 진사 초시에 합격해 시험관들을 놀라게 했다. 그러나 정작 그 자신은 별로 기뻐하는 기색이 없었다고 한다. 이렇듯 잘나가던 이이에게 시련이 닥쳤다. 어머니 신사임당이 세상을 떠난 것이다. 그의 나이 16세 때였다. 그때 이이는 아버지의 출장길을 따라 나서는 바람에 집에 없었다. 그는 어머니의 임종을 지키지 못한 죄책감과 애통함 속에서 파주 두문리 자운산에 묘막을 짓고 삼년상을 치렀다.

신사임당의 죽음은 이이에게 큰 정신적 충격을 주었다. 신사임당은 어머니일 뿐만 아니라 스승이었고, 정신적 지주였다. 그런 어머니가 돌아가셨을 때 이이는 사춘기였다. 심적으로 방황하던 그는 삼년상을 치른 이듬해에 홀연 금강산으로 들어갔다.

현실을 어떻게 볼 것인가?

이이가 금강산에서 무엇을 하려 했는지에 대해서는 기록이 남아 있지 않다. 후학인 송시열(宋時烈)은 이이가 금강산에 들어가기 이전부터 불교 서적에 심취했다고 증언한다. 정신적 방황을 하는 가운데 불교에서 새로운 길을 모색했던 모양이다. 당시 불교가 철저하게 억압받았음을 고려할 때, 어머니의 죽음으로 인한 정신적 고통이 얼마나 컸는지를 짐작할 수 있다. 아마 그는 승려가 되기 위해 금강산에 들어간 것 같다.

만약 그렇게 되었다면 대유학자 한 사람을 잃어버릴 뻔했다. 그러나 이이는 1년 만에 산에서 내려왔다. 그가 왜 하산했는지 알 길은 없다. 다만 「풍악증소암노승(楓岳贈小菴老僧)」이라는 짧막한 글에서 그 실마리를 찾아볼 수 있다. 풍악은 가을철의 금강산을 부르는 이름이다. 따라서 그 글은 1554년 가을 무렵 금강산에 있는 작은 암자에서 노승을 우연히 만나 나눈 대화를 기록한 것이다.

이이는 "불교의 핵심 교리가 유교를 벗어나지 않는데 왜 유교를 버리고 불교에서 찾고 있습니까?"라고 노승에게 물었다. 노승은 "마음이 곧 부처"라는 말이 유교에 있느냐며 되받았다. 이이는 "맹자가 인간의 본성은 선하다 하고 요임금과 순임금을 거론하는데, 그것이 '마음이 곧 부처'라는 말과 무엇이 다르겠습니까."라고 대답하면서, 유교의 견해가 훨씬 더 진실하다고 덧붙인다. 두 사람의 대화는 합의점에 이르지 못했다.

불교와 유교의 합의점을 찾기 어려운 것은 예나 지금이나 마찬가지다. 이 둘은 인간의 본성 속에서 진리를 찾고자 하는 점에서 공통된다. 그것을 한쪽에서는 '부처'라 하고 다른 쪽에서는 '순수하게 착함[純善]'이라 할 뿐이다. 그러나 인간이 사는 세상을 어떻게 볼 것인가 하는 점에서 차이가 있다. 불교에서는 그것을 허망한 것, 가상의 것으로 보고 이로부터 빨리 떠날 것을 주장한다. 반면 유교에서는 현실 세계를 기의 세계라 하며 인간은 여기서 벗어날 수 없다고 본다. 일찍이 정도전이 불교를 비판하기 위해 쓴 『불씨잡변』의 핵심 내용이기도 하다.

이이가 하산한 이유는 불교가 새로운 길을 제시해 주지 못했기 때문으로 보인다. 현실에 참여해 세상을 개혁하는 일에 대한 열망과 의지가 더 강했기 때문이기도 하다. 이이는 하산한 직후 「자경문(自警文)」을 짓는다. 열다섯 개의 항목으로 이루어진 이 글에서 그는 "먼저 뜻을 크게 가져야 한다. 성인을 모범으로 삼아 터럭만큼이라도 성인에 미치지 못하면 나의 일은 끝나지 않은 것이다."라고 썼다.

이이는 모든 일이 뜻을 세우는 것[立志]에서 시작된다고 생각했다. 그래서 「자경문」에서뿐만 아니라, 42세 때 청소년 교육 교재로 작성한 『격몽요결』에서도 제일 첫 번째 항목에서 "성인이 되겠다."라는 뜻을 세우라고 했다. 『성학집요』 「진차(進箚)」에서도 임금에게 "반드시 성인이 되겠다는 뜻을 먼저 세우라."라고 조언했다.

하산한 지 얼마 안 되어 이이는 이황을 만났다. 1558년, 이이는 23세였고 이황은 59세였다. 두 사람은 도산 서원에서 이틀간 함께 지냈다. 그 기간 동안 이이는 금강산에 들어갔던 상황을 설명하고 이황은 충고를 했던 모양이다. 이황은 이이에게 보낸 편지에서 이렇게 썼다.

그대가 불교 서적을 읽고 중독되었다는 말을 듣고 애석하게 생각했다. 지난번에 나에게 와서 그 잘못을 숨김없이 말했고, 또 지금 보내 준 두 번째 편지를 읽어 보니 그대가 도(道)를 향해 나아갈 수 있음을 알게 되었다. 다만 걱정되는 것은 새로 하려는 것은 달갑지 않고 익숙한 것은 잊기 어렵다는 점이다. 오곡의 열매가 채 여물기도 전에 가라지와 피가 먼저 여무는 것과 같은 상태가 되지 않을까 걱정스럽다. 이런 일을 모면하려면 다른 곳에서 찾으려 하지 말고, 오직 거경(居敬)과 궁리(窮理)의 공부에 충분히 노력하면 된다. 이 두 가지 방법은 『대학』에 나와 있고, 주자가 장구(章句)와 혹문(或問)에서 밝혀 자세히 다루어 놓았다.

이이가 전향한 것을 대견해하며 학문하는 방법에 대해 충고하는 내용이다. 이후 두어 차례 오고 간 서신에서도 두 사람은 주로 학문하는 방법에 대해 묻고 답했다. 이이가 토를 달면 이황이 설명해 주는 방식이었다. 이이는 이황의 해석에 전적으로 동의하지 않은 것으로 보인다. 두 사람의 차이는 관직 생활을 하는 가운데에서도 드러났다. 이이는 32세 때, 관직을 사퇴하려는 이황을 만류하기 위해 나섰다. 그러나 간곡한 요청에도 이황은 떠나 버렸다. 이이는 이황이 "이(理)라는 굴속에 매몰된 사람"이라고 불만을 드러냈다.

대학자에게서도 답을 얻지 못했다. 답은 스스로 찾을 수밖에 없었다. 이이는 그런 의지와 능력을 가진 사람이었다.

붕당 갈등 속에서 절망을 느끼다

이이는 하산 이후 과거 시험을 본격적으로 준비했다. 그는 22세 때 한성시에서 장원한 이후, 29세 때 생원시와 식년 문과에서 장원할 때까지 아홉 차례의 시험에서 모두 장원했다. 26세 때 아버지가 돌아가셔서 묘막 생활을 하며 삼년상을 치르는 공백이 있었음에도, 그는 모든 시험에서 거뜬히 장원을 차지했다. 이런 기록을 두고 사람들은 그를 '구도장원공(九度壯元公)'이라 불렀다.

29세 때 호조 좌랑에 임명되어 처음으로 중앙 정계에 발을 들여놓았다. 그 뒤 예조 좌랑, 정언, 이조 좌랑 등을 두루 역임했다. 33세 때 천추사의 서장관이 되어 중국 명나라를 다녀오기도 했다. 이이는 가족의 상을 당한 경우나 병이 심해진 경우를 제외하고 줄곧 관직에 머물러 벼슬이 계속 높아졌다.

그렇다고 이이의 관직 생활이 순탄한 것은 아니었다. 그는 두 차례에 걸쳐 탄핵을 당했다. 첫 번째는 이조 정랑 사건 때문이었다. 이조 정랑은 정오품의 벼슬로 하급 관리에 불과했지만, 정삼품 통정대부 이하의 문신에 대한 추천권과 자신의 후임을 지명할 수 있는 자대권(自代權)을 가지고 있었다. 이 자리에 김효원(金孝元)이 추천되었는데, 심의겸(沈義謙)이 반대했다. 이전 임금인 명종 집권 시기에 실권을 쥐고 국정을 농단하던 윤원형의 집에서 김효원이 기숙한 적이 있었다는 것이 반대 이유였다.

그러나 김효원은 결국 이조 정랑이 되었다. 이후 김효원이 그 자리를 그만두게 되자, 심의겸은 자신의 동생인 심충겸(沈忠謙)을 추천했다. 이번에는 김효원이 심충겸을 반대하고 이발(李潑)을 추천했다. 심충겸이 왕실의 외척이란 것이 반대 이유였다.

조정 관료들 중 노장파는 심의겸을 지지했고, 소장파는 김효원을 지지했다. 김효원은 한양 동쪽 건천방(乾川坊)에 살았기 때문에 그를 지지하는 사람들을 동인(東人)이라 불렀고, 심의겸은 한양 서쪽 정릉동(貞陵洞)에 살았기 때문에 그를 지지하는 사람들을 서인(西人)이라 불렀다. 이렇게 하여 동인과 서인이라는 붕당(朋黨)이 형성되고, 당파 싸움이 시작되었다.(1575년)

공교롭게도 동인에는 이황의 제자가 많았고, 서인에는 이이의 제자가 많았다. 이이는 싸움의 발단이 된 김효원, 심의겸 두 사람을 한양 바깥으로 내보냄으로써 문제를 해결하고자 했다. 김효원은 경흥 부사로, 심의겸은 개경 유수로 파견되었다. 그러자 동인들이 반발했다. 김효원이 더 무거운 벌을 받았다는 것이었다. 그리고 그러한 인사를 단행한 이이 역시 서인이라고 몰아붙였다.

이이는 "사림이 분열하면 나라가 어지러워지고, 사림이 패망하면 나라가 망한다."라는 논리를 내세워 동인과 서인을 화해시키고 붕당을 해소하려 했지만 소용이 없었다. 한번 불이 댕긴 붕당 싸움은 그칠 줄 모르고 사사건건 대립했다. 또한 선조 임금마저 이이를 두고 '과격하다'고 평가했다. 이에 이이는 동인과 서인 간 붕당 갈등이 해소되기를 바라는 상소문을 내고 사퇴했다. 그때 그는 완전히 은퇴하기로 결심하기까지 했다. 그의 나이 41세였다.

병조 판서로 재임하고 있던 48세 때 또 한 차례 탄핵을 받았다. 역시 동인과 서인 사이의 붕당 싸움 때문이었다. 당시 이이는 당대의 폐단을 다스릴 것을 요구하는 상소문 「진시폐소(陣時弊疎)」를 올렸다.

이이는 이 글에서 "온 세상이 잘못된 인습을 따르다가 더러워졌고, 관리는 부를 탐하는 마음에 무너졌으며, 정치는 쓸데없는 얘기로 어지럽고, 백성은 쌓이고 쌓인 폐단으로 곤궁해졌다."라고 당대의 상황을 진단했다. 또한 임금에게 "거칠고 음란해 법도가 없는 임금과 같이 위태롭고 어지러운 길로 들어가고 있다."라고 경고를 했다. 만약 자신이 건의한 방책대로 3년간 실행해 보아도 세상이 달라지지 않는다면, 임금을 속인 죄로 자신을 처벌해 달라고 결론을 맺었다. 극언에 가까운 상소였다.

국정을 협의하는 자리에서도 나라가 매우 위태로운 상태에 처했다며

'십만양병설'을 주장했다. 그러자 동인들이 즉각 반발했다. 그들은 평화로운 시기에 군대를 양성하면 백성들에게 피해만 줄 뿐이라는 이유를 내세웠다. 임금 역시 이이의 주장에 시큰둥했다. 동인들은 격렬하게 그를 탄핵했다. 심지어 이이가 젊은 시절 정신적 방황을 하다 승려가 되기 위해 금강산에 들어갔던 사실까지 탄핵의 이유로 활용되었다. 결국 이이는 절망감을 느끼며 모든 관직을 사퇴하고 고향인 율곡으로 내려가 버렸다.

이와 기는 하나이면서 둘이다

이황의 제자들과 이이의 제자들이 동인과 서인으로 붕당을 지어 대립한 것은 김효원과 심의겸의 자리다툼 때문만은 아니었다. 이것은 표면적인 이유이고, 밑바탕에는 철학의 차이가 있었다. 이황과 기대승이·서로 논쟁하며 주고받은 편지가 묶여 발간되자, 그것을 읽은 이이는 자신이었다면 결판을 냈을 것이라고 했다. 이황의 철학을 결판냈을 거라는 뜻이다. 이이의 이런 태도를 이황의 제자들이 달가워할 리 없었다.

이이는 서경덕과 이황의 철학에 대해 불만을 나타냈다. 서경덕은 성현의 뜻에서 벗어났고, 이황은 "이라는 굴속에 파묻혀 버렸다."라고 생각했다. 이이가 박순에게 보낸 편지에는 두 사람의 철학에 대한 비판이 나타난다.

　　　성현의 말씀에도 미진한 부분이 있습니다. 태극이 음과 양을 낳았다고만 말하고, 음양은 본래 있었다고 말하지 않았고, 그것이 처음 생겨난 시기와 이유에 대해서도 말하지 않았습니다. 그래서 글만 보고 해석하는 자들은 "기가 있기 전에 오직 이만 있었다."라고 말하는데, 그것은 진실로 오류입니다. 또 다른 의견이 있는데, "태허는 맑고 깨끗하게 텅 비어 있는데, 그것이 음과 양을 낳았다."라고 합니다. 이것 역시 한쪽 극단의 오류입니다. 음양이 본래 있었다는 것을 알지 못했기 때문입니다.

　음과 양은 순환하기에 원래 처음이란 게 없습니다. 음이 다하면 양이 생기고, 양이 다하면 음이 생깁니다. 한 번 음하고 한 번 양하는데 그 속에 태극이 있지 않은 때가 없습니다. 태극은 우주 만물의 변화의 근원이며, 만물의 밑바탕입니다. 만약 맑고 고요한 기가 음양을 낳았다고 하면 음양은 시작이 있게 됩니다. 시작이 있으면 끝이 있게 됩니다.

'기가 있기 전에 오직 이만 있었다.'라는 것은 이황의 주장이고, '기가 음양을 낳았다.'라는 것은 서경덕의 주장이다. 이이는 두 사람의 주장이 양극단의 오류라고 했다. '한 번 음하고 한 번 양하는데 그 속에 태극이 있지 않은 때가 없다.' 즉 음양과 태극이 함께 있다는 뜻이다. 이이는 서경덕과 달리 태극을 이(理)라고 생각했다. 또한 이황과 달리 이인 태극은 음양, 즉 기(氣)와 함께 있다고 생각했다. 이 중에서 태극, 즉 이가 만물 변화의 근원이자 만물의 바탕이다.

이이는 이가 기에 앞선다는 이황의 주장도, 오직 기만이 존재한다는 서경덕의 주장도 배척했다. 이와 기는 함께 있다. 성호원에게 보낸 편지에서 이이는 이와 기의 관계에 대해 정식화했다.

　이는 기의 주재이다. 기는 이가 올라타는 것이다. 이가 아니면 기가 뿌리내릴 곳이 없고, 기가 아니면 이가 의지할 곳이 없다. 이와 기는 한 가지[一物]도 아니고, 두 가지[二物]도 아니다. 한 가지가 아니기 때문에 하나이면서 둘이고[一而二], 두 가지가 아니기 때문에 둘이 아니고 하나이다[二而一]. 왜 이와 기가 한 가지가 아니라 하는가? 이와 기는 서로 분리되지 않고 묘하게 합쳐져 있으면서도, 이는 스스로 이이고 기는 스스로 기이기 때문에 이와 기는 서로 섞이지 않는다. 그래서 한 가지가 아니다. 그러면 왜 두 가지가 아니라고 하는가? 이와 기는 서로 떨어지지 않고 사이가 벌어지지 않으며, 선후도 없고 떨어지거나 합해지는 일도 없기 때문이다. 그래서 두 가지로 보이지 않기 때문에 두 가지가 아니다.

이와 기는 떼려야 뗄 수 없는 관계이다. 그것들은 한 몸처럼 붙어 있다. 그러나 그 속에서도 이는 이고, 기는 기다. 그래서 이와 기는 한 가지가 아니고 두 가지도 아니다. 이이는 이와 기가 두 개의 서로 다른 존재라는 점을 인정하고, 이(理)를 보다 근원적인 것으로 본다는 점에서 이황과 같은 이기이원론 쪽이다.

이통기국의 철학

이이는 이황 철학의 핵심인 "이의 발동"에 대한 비판에 심혈을 기울였다. 이황은 '이와 기의 발동'을 모두 인정했다. 이이는 성호원에게 보낸 편지에서 "만약 이황의 주장이 옳다고 하면 이와 기가 서로 앞서고 뒤서고 하여 따로따로 나오게 되니, 사람의 마음에 두 가지 근본이 있게 된다. 이것이 어찌 합당한 말이겠는가."라고 비판했다.

이이는 이황의 주장 중 "기가 발동해 이가 올라탄다.[氣發理乘]"라는 부분만 받아들였다. 길 가던 나그네가 물에 빠진 어린아이를 구하는 행동을 보라. 물에 빠진 것을 보았기에 구하려는 마음이 생겨난 것이다. 물에 빠진 것을 본 것은 기가 발동한 것이고, 구하려는 마음이 생긴 것은 이가 기를 올라탄 결과이다.

이는 발동하지 않는다. 여기에서 이이는 이황과 갈라선다. 이황은 임금과 신하가 있기 전에 임금과 신하 사이의 도리, 즉 군신지리가 있다고 했다. 따라서 지금 임금과 신하의 관계가 어떠하든 이가 발동해 군신지리가 작동하면 합당한 질서가 생긴다. 하지만 이이는 이런 이상주의를 믿지 않았다.

발동하는 것은 기뿐이다. 현실 세계의 타락상을 극복하는 일은 현실 세계 속에서 이루어져야 한다. 그것은 가능한가? 현실 세계에 이가 퍼져 있기 때문에 가능하다.

이는 아무런 행동도 하지 않고, 아무런 형체도 없다. 기만이 행동하고 형체도 가지고 있다. 이는 행동도 하지 않고 형체도 없기 때문에 시간적, 공간적으로 제약되지 않는다. 따라서 이는 세상 어디에서나 한결같은 모습으로 존재할 수 있다. 기는 행동도 하고 형체도 가지고 있기 때문에 제약된다. 따라서 기는 여러 가지 모습으로 존재할 수밖에 없으며, 그것이 우주 만물의 형체가 다양한 이유이다. 만약 주자라도 이것과 다르게 주장한다면 그것은 틀린 것이다. 이이는 이렇게 단언했다.

이이는 자신의 주장을 이통기국(理通氣局)이라 명명하고, 그것이 자신의 발견이라고 자부했다. 그는 성호원에게 보낸 편지에서 자신의 이통기국론을 이렇게 정식화했다.

이가 기를 타고 만물을 생성하므로 만물이 천차만별해도 그 본연의 오묘한 이가 없는 곳이 없다. 기가 한쪽으로 치우쳐 있는 곳에서는 이도 역시 치우쳐 있는데, 치우친 것은 이가 아니라 기다. 기가 온전한 곳에서는 이도 역시 온전한데, 온전한 것은 이가 아니라 기다. 맑은 곳과 혼탁한 곳, 순수한 곳과 얼룩진 곳, 찌꺼기와 재와 거름, 더러운 곳에도 이가 있어서 그 본성이 된다. 그러나 본연의 오묘한 이는 그대로 이다. 이것이 이통(理通)이다.

기가 국(局)한다 함은 무엇을 말하는가? 기는 형체를 가지고 있어서 본말이 있고 선후가 있다. 기의 근본은 맑고 깨끗한 것으로, 찌꺼기와 재와 거름의 기가 따로 있는 건 아니지만 기가 올랐다 내렸다 하며 쉬지 않고 운동하기 때문에 천차만별의 변화가 일어난다. 기가 만물을 생성할 때 본연의 모습을 잃지 않는 것도 있고, 본연의 모습을 잃는 것도 있다. 본연의 모습을 잃어버리면 본연의 기는 있는 곳이 없게 된다. 치우친 것은 치우친 기이지 온전한 기가 아니다. 맑은 것은 맑은 기이지 혼탁한 기가 아니다. 찌꺼기와 재는 찌꺼기와 재의 기이지, 맑고 순수한 기가 아니다. 만물 속에 그 본연의 오묘한 이가 그대로 있지만 기는 그렇지 못하다. 이것이 기국(氣局)이다.

이는 형체가 없으므로 기가 행동할 때 자연스럽게 올라탄다. 그래서 이는 기를 통해 나타날 수밖에 없다. 이는 기를 조종하고 기가 만들어 내는 만물의 본성이 된다. 이는 한결같지만 기를 타고 나타날 수밖에 없으니 만물의 본성은 다양하게 된다. 동물은 치우친 기이기 때문에 이 또한 치우치지 않을 수 없다. "호랑이는 인, 개미는 의, 비둘기는 예"를 알 뿐이다. 오직 인간만이 온전한 기이므로 온전한 이를 본성으로 갖는다.

위기의 조선을 구하는 길

이이의 철학적 구상은 이황의 그것과 다르다. 이이가 이황과는 전혀 다른 정세 인식을 바탕으로 철학을 추구했기 때문이다. 그는 『경연일기(經筵日記)』에서 이렇게 썼다.

> 우리 조선은 나라를 세운 지 200년이 되어 중쇠기에 이르렀다. 앞서 권세 부리는 간신들이 혼탁한 짓을 저지른 게 많아서, 오늘날에 이르러 마치 노인이 원기를 모두 소진해 회복하기 어려운 것과 같은 상황이다. (중략) 지금은 흥하느냐 망하느냐 하는 기로에 서 있는 시기이다.

이이는 위기 상황의 원인을 진단하고 그 해법을 내는 데서 이황과 달랐다. 이황은 학문의 부재가 말세의 원인이고, 따라서 학문을 세워 이가 발동할 수 있게 함으로써 위기를 극복할 수 있다고 보았다. 이이의 생각은 전혀 달랐다. 위기는 현실에서 생겨났으니, 이것의 극복 역시 현실에서 이루어져야 한다.

이의 발동을 거부하고 "기가 발동하고 이가 올라탄다."라고 주장한 것은 새로운 사고방식이다. 현실과 다른 차원에 선이 있음을 인정하지 않고, 현실에 선과 악이 함께 있음을 말한다. 더욱이 이이는 "처음에는 선이었으나 악으로 귀착되는 것도 있고, 반대로 처음에는 악이었지만 선으로 귀착되는 것도 있다."라고 했다. 선과 악을 미리 결정하지 않고 결과를 보아 판단하는 상대주의적 사고방식이다.

물론 선과 악을 판단하는 기준은 따로 있다. 바로 이, 즉 합당한 질서이다. 이이의 정세 인식에 따른다면 그 결과를 흥하게 하는 것, 즉 조선을 발전시키는 것이 이(理)이고 선이다. 반대로 망하게 하는 것은 악이다. 예컨대 조선이 멸망하고 다른 왕조가 들어선다면, 다른 왕조를 세운 사람에게는 그것이 선이겠지만 이이에게는 악이다.

이이의 철학은 이와 같은 인식 위에 서 있다. 이가 발동하면 자연스럽게 해결된다는 식의 사고는 이이의 머릿속에는 없다. 현실 속에서 싸워서 선을 키워 이를 실현해야 한다. 현실은 음기와 양기로 이루어졌으므로 대립과 갈등은 필연적이다. 이 싸움을 회피해서는 안 되고, 오히려 적극적으로 나서서 이를 실현하기 위해 싸워야 한다.

이런 입장에서 이이는 단호한 개혁을 주장한다. 1만 자에 이르는 긴 글인 「만언봉사(萬言封事)」에서 그는 자신의 입장을 피력했다.

오늘날의 정세가 날로 그릇되어 감에 따라 백성의 기력이 날로 쇠퇴했습니다. 권세를 부리는 간사한 자들이 일을 맡았을 때보다 더욱 쇠퇴했습니다. 그 까닭이 무엇이겠습니까? 권세를 부리는 간사한 자들의 시대에는 왕조의 시조께서 남기신 혜택이 아직 남아 있었기 때문에, 정치가 비록 어지러워도 백성의 힘이 아직 버틸 수 있었습니다. 오늘날 시조께서 남긴 혜택은 이미 다했고 권세를 부리는 간사한 자들이 남긴 해독이 드러나고 있습니다. 제대로 된 의논을 행할지라도 백성의 힘이 이미 다했습니다. 비유하자면, 주색을 멋대로 하여 몸이 상했음에도 젊은 혈기가 아직 강할 때는 상한 것이 나타나지 않다가, 늙으면 몸이 쇠약해져 몸속의 독이 한꺼번에 나타나 아무리 삼가고 조절해도 원기가 시들어 유지되지 못하는 것과 같습니다. 오늘날의 사태가 실로 이러하니 10년을 지나지 않아서 커다란 변란이 반드시 올 것입니다.

이 글이 지어진 것은 1582년, 그의 나이 47세 때였다. 그로부터 정확하게 10년 뒤 임진왜란이 일어났다. 이이가 꼭 왜란을 예언한 것은 아니었다. 다만 외부에 의해서든 내부에 의해서든 변란이 일어날 수밖에 없음을 말하고자 한 것이었다.

백성의 힘이 다했음은 왕조의 힘 역시 다했음을 의미한다. 특단의 조치가 없으면 조선의 운명은 불을 보듯 뻔하다. 하지만 새로운 문제는 새로운 방식으로 대처해야 한다. 변화된 상황에 맞춰 바뀌어야 한다. 그것이 나라를 구하고 백성을 구하는 길이다.

이이는 만약 자신이 건의한 개혁안을 3년간 시행해 보고 효과가 나타나지 않으면 임금을 속인 죄로 자신을 처벌하라고 단언했다. 그만큼 그는 정세를 위태롭게 보았고, 우국충절의 마음은 절실했다. 하지만 이이가 제출한 개혁안은 무시되었다. 임금은 심드렁했다. 때마침 몰아친 동인과 서인 간의 붕당 싸움에 그는 희생되어 탄핵을 당했고, 모든 벼슬에서 물러났다. 얼마 안 가 복권되어 이조 판서로 임명되었지만, 사퇴하고 나아가지 않았다. 그리고 불과 3개월 뒤 그는 서울의 대사동에서 세상을 떠났다. 1584년, 그의 나이 49세였다.

이이는 오랫동안 병을 앓았다. 아픈 몸을 이끌고 업무를 수행했다. 죽기 1년 전 병조 판서를 맡고 있을 때에도 몸이 불편해 누워 있기 일쑤였다. 그때 북방의 여진족이 국경을 자주 침범하자 북도병사(北道兵使) 이제신(李濟臣)이 북방 방위책 20조를 건의했다. 그런데 군사적 식견이 없어서 조정의 그 누구도 제대로 검토하지 못했다. 결국 조정에서는 병석에 누운 이이를 불러 의견을 물었다. 그는 이제신의 건의안을 조목조목 검토해 의견을 내놓았는데, 아무도 여기에 반대하는 사람이 없었다.

이 상황을 보고 박순이 기록을 남겼다.

누가 이이를 보고 뜻만 컸지 꼼꼼하지 못하다고 했는가. 그 재주를 써 보지도 않고 어떻게 함부로 평가를 하는가. 그가 시행하고 조처하는 것을 보니 아무리 어려운 난제라도 조용히 밀고 나가는 게 구름이 허공을 건너가듯 흔적이 없구나. 참으로 희귀한 인재이다.

이이의 탁월한 식견을 보여 주는 장면이다. 아울러 그가 조정에서 얼마나 견제를 받고 폄하되었는지 알 수 있는 증언이기도 하다. 이이는 어떤 문제든 명쾌하게 정리해 자신의 의견을 내놓았다. 죽기 이틀 전 순무북로(巡撫北路)의 명을 받고 떠나는 서익(徐益)이 병문안하러 찾아오자, 병중에도 일어나 '육조방략(六條方略)'을 가르쳐 주었다.

임금의 인자함과 덕을 높여 복속한 곳의 백성을 편안하게 하고, 임금의 위엄을 늘려 반란의 무리를 섬멸하며, 미리 장수가 될 재목을 살펴두어 상황에 대비하라.

역시 병문안 차 들른 정철(鄭澈)에게는 "사람들을 선발하는 데 편중되어서는 안 된다."라고 당부했다. 이이는 동인과 서인 간의 당파 싸움을 종식할 것을 이렇게 호소했다. 백성의 기력이 다해 쇠퇴기를 맞이한 조선 왕조를 되살려 보려는 그의 노력은 이렇듯 죽는 날까지 계속되었다.

유교 철학의 난제를 풀다

이이는 서경덕과 이황의 철학을 비판하고 '이통기국'이라는 자신의 철학을 세웠다. 중쇠를 맞은 조선 왕조를 되살리기 위한 고심의 산물이었다. 그는 서경덕과 달리 이의 근원성을 인정해 도덕적 질서의 근거를 마련했다. 또한 이황과 달리 기의 발동만 인정함으로써 현실주의 위에 자신의 철학을 세웠다.

그것은 위기에 현실적으로 대처하면서 위기 극복의 좌표를 설정하려는 시도였다. 이이가 제시한 이와 기의 관계 설정이 그런 시도의 철학적 결정(結晶)이다. 이와 기는 하나이면서 둘이고, 둘이면서 하나이다. 이는 통하고 기는 국한한다. 그렇게 하여 유교 철학의 최대 난제인 이와 기의 관계는 일단 해결되었다. 이로써 조선에서 유교 철학이 완성되었다.

그러나 이이의 철학은 절충적이었음이 드러나게 된다. 이와 기의 존재를 동시에 인정하는 이원론이 가지는 숙명적인 한계였다. 조선 왕조의 위기가 더 깊어지자 위기에 대처하려는 방법이 갈라지면서, 그가 절충해 놓은 봉합선이 다시 찢어지기 시작한다. 이통이냐 기국이냐, 그것이 문제였다.

격몽요결

이이가 42세 때 지은 책으로, 학문을 시작하는 청소년들을 위해
지었다. 여기에서는 그중 서문과 제1장 입지(立志)를 싣는다.

서문

사람이 이 세상에 나서 학문을 안 하면 사람이 될 수 없
다. 이른바 학문이란 것은 평범한 것이지 이상스럽고 별다른
것이 아니다. 아버지는 자애롭고 아들은 효도해야 한다. 신
하는 충성하고, 부부는 구별할 줄 알아야 한다. 형제는 우애
롭고, 젊은이는 어른을 공경하며, 친구 사이에는 신의가 있
어야 한다. 일상생활의 모든 일에서 그 일에 따라 각각 마땅
한 바를 얻을 뿐이지, 오묘한 것을 마음에 두어 기이한 것을
바라거나 노려서는 안 된다.

학문을 하지 않는 사람은 마음이 궁색하고 식견이 좁다.
반드시 글을 읽고 그 이치를 깊이 연구하여 마땅히 행할 바
를 밝힌 뒤에야, 행하는 일에 대한 조예가 깊어지고 실천이
올바르게 된다. 요즘 사람들은 학문이 일상생활에 있다는
것을 모르고, 망령되게 뜻만 높고 멀게 두다 보니 학문하기
어렵다며 특별한 사람에게 미루어 버린다. 스스로 자포자기
하니 어찌 슬프지 않으랴.

내가 해산(海山, 오늘날의 해주)의 남쪽 양지바른 곳에 거처
를 정하자, 한두 명의 학도(學徒)가 찾아와 배움에 대해 물었
다. 내게 스승이 될 만한 능력이 없었지만, 처음으로 배우는
사람이 방향을 알지 못하고, 뜻이 견고하지 않아 대충대충
배우기만 한다면, 서로에게 도움이 되지 않고 도리어 남에게

비웃음을 살까 두려웠다. 그래서 간략한 책 한 권을 써서, 뜻을 세우고 몸가짐을 바르게 하며 부모님을 봉양하고 사람을 대하는 방법을 대략 서술하고 『격몽요결』이라 이름 지었다. 학도들이 이 책을 보고 마음을 깨끗이 하고 새롭게 다짐하면서 그날그날의 공부를 시작하기 바란다. 나 또한 오랫동안의 인습에 얽매였던 것을 걱정했는데, 스스로 경계하고 반성하는 계기가 되고자 한다.

제1장 입지

처음 배우는 사람은 먼저 뜻을 세워 반드시 성인이 되겠다는 목표를 세우고, 이 목표에서 조금이라도 물러서면 안 된다. 보통 사람과 성인은 그 본성이 같다. 비록 기질이 맑고 탁하고, 순수하고 얼룩지고 하는 차이가 없을 수는 없지만, 참되고 알고 실천하여 낡고 오염된 습관을 버리고 처음의 본성을 회복하면, 터럭만큼도 보태지 않고 온갖 선을 다 갖출 수 있다. 그러니 보통 사람이 어찌 성인을 자기 목표로 하지 않을 수 있겠는가. 맹자가 사람의 본성은 착하다고 하면서 요임금과 순임금을 사례로 들어 말하기를 "사람은 모두 요임금과 순임금이 될 수 있다."라고 했다. 어찌 우리를 속이겠는가.

항상 분발하여 "사람의 본성은 본래 착해 옛사람이나 지금 사람이나, 지혜로운 사람이나 어리석은 사람이나 차이가 없다."라고 되새겨라. 성인은 성인이 되고 우리는 보통 사람이 된 이유가 무엇인가? 뜻을 세우지 못하고 제대로 알지 못하고 진실하게 행동하지 않았기 때문이다. 뜻을 세우고 제대로 알고 진실하게 행동하는 일이 모두 우리에게 달려 있지 어찌 다른 이유가 있겠는가. 안연(顔淵)이 말하길, "순임금이 다르고 내가 다르겠는가. 살아 있는 사람은 모두 같다."라고 했다. 우리 역시 안연이 순임금과 같이 되고자 한 마음가짐을 본받아야 한다.

사람의 용모에 대해 말하면, 추한 것을 예쁘게 바꿀 수 없고, 가지지 못한 것을 가진 것처럼 바꿀 수도 없다. 신체에 대해 말하면, 작은 키를 크게 만들 수 없다. 이것은 모두 사람에게 정해진 분수이니 고칠 수가 없다. 그러나 마음은 뜻을 세우면 어리석음을 지혜로움으로 바꿀 수 있고, 부족함을 현명함으로 바꿀 수 있다. 이것은 마음이 신령스러워 가지고 태어난 것에 구애받지 않기 때문이다. 지혜로움보다 훌륭한 것이 없고 현명함보다 귀한 것이 없으니, 무엇이 어려워 지혜롭고 현명하게 되지 못해 하늘로부터 부여받은 본성을 훼손하고 있는가. 사람들이 뜻을 굳세게 세워 물러나지 않으면 도(道)에 가까이 다가갈 수 있다.

사람들이 뜻을 세웠다고 하면서 즉시 공부를 하지 않고 미루는 이유는 말로만 뜻을 세운 것이지 실제로 배움을 향한 진실함이 없기 때문이다. 진실로 뜻이 학문에 있다면 자신의 의지에 달려 있어 하고자 하면 할 수 있다. 왜 다른 사람에게 배우겠다고 매달리고 뒤에 하겠다고 미루는가. 뜻을 세우는 일이 중요한 이유는 즉시 공부에 착수해 비록 부족하더라도 물러서지 않겠다고 결심하는 일이기 때문이다. 뜻을 세움이 진실하지 못하고 낡은 관습에 젖어 세월만 보내면, 수명을 다해 세상을 마쳐도 아무런 성취가 없을 것이다.

성학집요

이이가 40세 때 지어 임금에게 올린 글로서, 임금이 학문을 하는데 반드시 알아야 할 유교 경전의 핵심 내용을 뽑아 놓은 것이다. 여기에서는 『성학집요』의 맨 처음에 실린 「진차」 중 일부분을 싣는다.

전하께서는 먼저 큰 뜻을 세우시어 성현을 모범으로 삼아 삼대(三代)를 기약하십시오. 정성을 다해 독서를 하시고 만물의 이치를 깊이 연구하십시오. 마음에 거슬리는 말이 있으면 반드시 도(道)가 아닌지 생각해 보시고, 마음에 드는 말이 있으면 혹시 도에 어긋나는 것은 아닌지 생각해 보십시오. 곧은 의견을 즐겨 들으시고 꺼리거나 억누르려 하지 마십시오. 아량을 넓게 하시고 의리의 귀결을 깊이 살피십시오. 몸을 낮추는 것을 수치스러워하지 마시고, 남을 이기려는 사사로운 마음을 버리십시오. 한가한 때에도 진실하게 행동하시어 한 가지라도 실수가 없도록 하십시오. 혼자 계실 때도 마음가짐을 돈독하게 하시어 한 가지 생각이라도 잘못됨이 없도록 하십시오. 중도에 나태해지거나 작은 성취에 만족하지 마십시오. 오류의 뿌리를 뽑아내시고 훌륭한 자질을 온전하게 하시어 제왕의 학문을 이루신다면 크나큰 행복이십니다.

신이 또 엎드려 바라옵건대, 전하께 당부 드리는 말씀의 중요성을 깊이 생각하십시오. 시운(時運)이 쇠퇴했음을 한탄하시어 다스리는 일에 온 힘을 다하십시오. 현명한 사람과 선비들을 예로써 대하시고, 대신들을 웃어른처럼 공경하시며, 여러 신하들을 친구처럼 여기십시오. 백성들을 염려하시고 백성들이 상처받지 않도록 주의하십시오. 그러면 삼대 이후에는 이제까지 볼 수 없었던 일이 이루어질 것입니다. 지금 신이 본분을 잊고 망령되게 전하께 호소를 드리는 이유는 하늘이 땅이 되는 것과 같은 세상의 변화를 보고자 하기 때문입니다.

임금과 신하 사이에 진실한 믿음이 서로 부합하지 못하여, 신하의 믿음이 임금께 전달되지 못하고 임금의 뜻을 신하가 깨닫지 못한다면, 책임을 맡기고 일을 성취하기가 어렵게 되지 않을까 걱정이 됩니다. 옛날부터 임금과 신하가 서로 마음을 알지 못한 채 일을 이루었다는 말을 들은 적이 없습니다. 삼대 이상은 말할 것도 없지만, 광무제(光武帝)가 관중(關中)의 사정을 걱정하면서도 빙이(憑異)를 깊게 신뢰했습니다. 그가 함양왕(咸陽王)을 사칭하지 않을 것을 알았기 때문입니다. 촉한의 황권(黃權)이 길이 막혀 위나라에 항복했지만, 소열(昭烈)을 깊이 믿었습니다. 그가 처자식을 죽이지 않을 것을 알았기 때문입니다. 이것은 충성과 믿음이 마음으로 맺어져 있어서 이간질하는 말이 들어설 곳이 없었기 때문입니다. 현명한 임금과 현명한 신하가 뜻이 맞아 도가 일치하는 것은 물고기가 물을 만난 것과 같습니다. 하루에 세 번을 만나 서로 훈도(薰陶)하여 이롭습니다. 말하면 모두 따르고 간(諫)하면 모두 들으니 어찌 선이 행해지지 않고, 어찌 일이 이루어지지 않겠습니까.

이것은 후대의 임금이 반드시 본받아야 할 것입니다. 그런데 후대의 임금은 그렇지 않았습니다. 높고 깊은 궁궐에 살며 신하들을 소외시켰습니다. 선한 줄 알면서도 등용하지 않고, 악한 일을 보면서도 내쫓지 않았습니다. 중요한 일을 비밀로 하여 신하들에게 보여 주지 않음으로써 임금의 체통을 유지하려 했습니다. 따라서 군자는 진실함을 다하지 못하게 되고, 소인은 그 틈을 엿보게 되었습니다. 옳은 것과 그릇된 것이 섞이고 애매하게 되어서는 나라를 제대로 다스리지 못하게 될 것이니, 이점을 경계하셔야 합니다.

지금 전하께서는 선을 좋아하지만 선비들이 반드시 옳은 것은 아니라고 의심하십니다. 또한 전하께서는 악한 것을 싫어하시지만, 마음이 나쁜 자라도 반드시 그릇된 것은 아니라고 생각하십니다. 강직한 선비와 간사한 소인배를 모두 과격하다 하시니, 현명한 신하가 충성을 다하기 어렵습니다. 간사한 무리들과 경험 많은 신하들을 모두 인정하시니, 어리석은 자들이 절개를 타락시킵니다. 또한 현명한 신하들과 접촉이 드물어 따뜻한 마음과 올바른 의사가 막히고 서로 통하지 않으니, 법령이 천심에 합당하지 않게 되었습니다. 인물을 등용하고 쫓아내는 일이 백성의 뜻과 어긋나, 선비의 말은 실행되지 않고 허풍쟁이 같은 말을 해 대며 백성을 병들게 하는 법이 고쳐지지 않고 있습니다. 오히려 개혁하는 과정에서 나타날 수 있는 허물만 걱정하시니, 선을 좋아하지만 현명한 인재의 능력이 낭비되고 있습니다. 악한 것을 싫어하지만 악한 일을 제거하지 않으시니, 의논이 분분하고 시비가 가려지지 않습니다. 충성스럽고 현명한 신하는 심복으로 기여하지 못하고, 간사한 자들이 틈을 엿볼 수 있게 하시니, 전하의 의중을 알 수가 없습니다. 나라의 일을 누구에게 의

탁할 것이며, 전하의 뜻을 누구에게 기탁하시겠습니까? 전하께서 마음에 두신 신하가 있겠지만, 여러 신하들이 알 수가 없으니 어찌 위아래의 간격이 없다 하겠습니까.

엎드려 바라옵건대, 전하께서는 반드시 대신 중에서 충성스럽고 믿을 만한 신하에게 중요한 임무를 맡기십시오. 그의 말을 듣고 그가 제시한 계책을 믿고 따르시면 처음과 끝이 한결같게 됩니다. 또한 학문에 밝고 행실이 훌륭한 신하와 국정 협의를 하십시오. 그들이 때를 가리지 않고 출입할 수 있게 하셔서 항상 좌우에 두시면, 그들이 마음을 다하여 전하의 뜻을 드러나게 할 것입니다. 선비들이 일시에 감동하여 떨쳐 일어날 마음을 가질 것입니다. 초야에 묻혀 있는 현명한 자들을 정성을 다해 불러내시어 능력에 맞게 벼슬을 주시되 반드시 유용한 곳에 두십시오. 끝끝내 불러내지 못한 사람들에게도 표창을 하고 격려하십시오. 그 높은 뜻을 이루어 주시고 시의 적절하게 역량을 헤아리시면, 단번에 세상 인심이 달라지지는 않더라도 조정에서 항시 올바른 논의가 계속되어 일이 제대로 진행될 것입니다.

간사한 자들은 사악한 의견을 내놓고 선왕의 도를 배척하되, 자신들의 모습을 여러 가지로 바꿉니다. 일하려는 사람들을 방해하는 자들은 행적이 이미 드러났으니 용납할 수 없습니다. 그런 자들은 유배를 보내시어 악한 것을 증오하는 모습을 보여 주십시오. 반드시 현명한 사람을 등용하시고 능력이 안 되는 자들을 배척하시면, 위로는 폐해가 없어지고 아래로는 의심이 없어져 위아래 사이에 마음이 서로 통하게 됩니다. 그렇게 되면 백성들은 전하의 마음이 청천백일 같아 정성을 다하지 않는 일이 터럭만큼도 없다는 것을 알게 될 것입니다. 군자는 기대감을 가지고 자신의 재능을 모두 펼칠 것입니다. 소인은 두려워하여 얼굴빛을 고쳐 선을 따르게 될 것입니다. 올바른 기운이 뻗어나고 나라의 명맥이 장엄하게 될 것입니다. 기강이 바로서고 선정(善政)이 베풀어질 것입니다. 덕치가 이루어지니 이보다 더 좋은 일은 없을 것입니다.

아! 밝은 임금께서 천년에 한 번 오는 기회를 맞이하셨습니다. 세상인심이 변하는 건 흐르는 물과 같습니다. 이제 서둘러 실행하십시오. 나중에 후회해도 늦을 것입니다. 옛 사람이 말하기를 "어두운 임금을 원망하지 말고 밝은 임금을 원망하라."라고 했습니다. 어두운 임금은 하려고 해도 능력이 안 되니 백성들이 기대하는 바가 없습니다. 밝은 임금은 할 수 있는데도 힘쓰지 않아 백성들의 원망이 높아만 갑니다. 어찌 크게 두려워하지 않겠습니까.

신이 이제 엮은 책을 올리니 다른 말씀을 덧붙일 필요는 없겠지만, 그래도 몇 마디 말씀을 드렸습니다. 전하께서 기질을 바꾸려는 노력을 하지 않으시고, 현명한 사람들을 등용하지 않으신다면, 이 책을 올리더라도 헛일이 될 것입니다. 외람된 말씀이 여기에까지 이르렀으니, 엎드려 바라옵건대 전하께서 어리석은 망발을 용서하여 주시고 인자하게 살피시어 받아 주십시오.

더 읽어 보기

배종호,『한국유학사』, 연세대학교 출판부, 1974

이이, 성낙훈 옮김,『한국의 사상대전집』제12권, 동화출판공
사, 1972

이이 외, 유승국 외 옮김,『한국의 유학 사상』, 삼성출판사, 1981

한형조,『조선 유학의 거장들』, 문학동네, 2008

황준연,『이율곡, 그 삶의 모습』, 서울대학교 출판부, 2000

송시열

주자의 말씀만을 진리로 삼다

송시열은 충청북도 옥천의 구룡촌(九龍村)에서 태어났다. 아버지는 사옹원 봉사(司饔院奉事)를 지낸 갑조(甲祚)이고 어머니는 선산 곽씨이다. 자는 영보(英甫)이고 호는 우암(尤庵)이며, 시호는 문정(文正)이다.

8세 때부터 송이창(宋爾昌)에게 사사했다. 1623년 인조반정이 일어나 서인이 집권했다. 그의 나이 17세 때였다. 21세인 1627년에 정묘호란이 발발했다. 22세 때, 아버지가 돌아가셔서 삼년상을 치르고, 24세 때 김장생(金長生)을 찾아가 그의 문하생이 되었다.

27세 때 생원시에 장원하고 경릉 참봉(敬陵參奉)에 임명되었으나 보름 만에 사직했다. 29세 때, 봉림 대군의 스승이 되었다. 30세 때인 1636년 병자호란이 일어났다.

43세 때 봉림 대군(효종)이 왕위에 오르자 장령(掌令)에 등용되었고, 세자시강원진선(世子侍講院進善)을 거쳐 집의(執義)에 올랐다. 52세 때 찬선을 거쳐 이조 판서가 되었다. 54세 때 우찬성(右贊成), 62세 때 우의정, 68세 때 좌의정을 역임했다.

1674년 인선 왕후가 사망한 뒤 발생한 복상(服喪) 논란으로 함경도 덕원으로 유배되었다. 1680년 경신출척으로 남인(南人)이 실각하자 중추부영사(中樞府領事)로 기용되었다가 1683년 벼슬에서 물러나 봉조하(奉朝賀)가 되었다.

1689년 왕세자 책봉에 반대하는 상소를 했다가 제주에 유배되었다. 그 후 국문을 받기 위해 서울로 오는 도중 정읍에서 사약을 받았다. 그의 나이 83세였다.

주요 저서로는 『송자대전(宋子大全)』, 『우암집(尤庵集)』 등이 있다.

임진왜란의 참화

저번에 왜놈들이 한양을 함락할 때,
어린아이 데리고 시어머니와 남편을 따라나섰다오.
굳은살 못 박이도록 걸어 궁벽한 골짜기에 숨었다가,
밤에는 나가 구걸하고 낮에는 엎드려 있었다오.
시어머니는 늙고 병들어 남편이 업고 걸었지요,
높은 산에 이르러 쉴 겨를도 없었다오.
그때 하늘에선 비 오고 밤은 어두워 캄캄한데,
웅덩이가 미끄럽고 다리는 아파 깊은 곳으로 굴렀다오.
칼 든 도적 두 놈이 어디선가 나타나
서로 시기하는 사이인 양 어둠을 타고 뒤를 밟아 왔다오.
노한 칼로 내리쳐 머리를 둘로 쪼개고 사지를 찢어 놓으니,
모자(母子)가 함께 죽어 원한의 피를 흘렸다오.

조선 중기의 문인 허균(許筠)이 한 늙은 부인네의 원한을 받아 적은
「노객부원(老客婦怨)」의 일부이다. 그녀는 가족과 함께 전쟁 통에 피난길
에 나섰다 도적을 만나 남편과 시어머니를 잃었다. 부인네의 넋두리는 계
속된다. 데리고 나온 아이는 난리 중에 헤어졌는데, 소문을 들으니 어느

유력 가문의 종이 되었다 하니 이제 만난들 알아볼 수나 있겠느냐고 탄식했다. 전쟁으로 집안이 풍비박산 나 주막에서 허드렛일하는 한 늙은 여인의 넋두리는 임진왜란을 겪었던 백성들의 삶의 단면을 보여 준다.

이이가 우려했듯이, 1592년 임진왜란이 일어났다. 7년여에 걸친 전쟁으로 조선은 거의 초토화되다시피 했다. 조선군은 전투다운 전투 한번 제대로 못한 채 패퇴했고, 왜군은 부산에 상륙한 지 불과 20일 만에 한양을 점령했다. 선조는 개경, 평양을 거쳐 국경 지대인 평안도 의주로 도망쳤다. 여차하면 명나라로 망명할 계획도 세웠다.

전쟁의 피해는 고스란히 백성들의 몫이었다. 왜군은 양민을 학살하고 잡아가 노예로 삼았다. 특히 왜군이 퇴각하기 시작하는 전쟁 후반기에 대대적인 양민 학살이 자행되었다. 오늘날과 같은 인구 통계 제도가 없던 시대라 정확한 수치를 파악하기 어렵겠지만, 임진왜란 전후의 인구 추이를 보면 전쟁으로 희생된 인구가 대략 300만 명인 것으로 추산된다. 조선군의 경우 대략 70퍼센트가 사망했다.

백성들은 전쟁을 피해 도망 다니며 초근목피로 연명했다. 그들을 더욱 힘들게 한 것은 군량미 징발이었다. 특히 명나라가 참전하면서 군량미 조달 문제는 더욱 심각해졌다. 조선 정부에서는 납속책을 세워 군량미를 낸 사람들에게 특권을 부여하며 군량미 징발을 채근했다. 백성들은 아사 직전의 상태로 몰렸고, 사람을 잡아먹는 일까지 벌어졌다.

임진왜란으로 인한 피해의 정도를 알 수 있는 또 다른 자료로 경지 면적의 축소를 들 수 있다. 전쟁 전 170만 결이던 경지 면적이 전쟁 후에는 54만 결로 급감했다. 전쟁으로 국토가 황폐화되고 수많은 농민이 희생된 데다 농사짓는 데 사용되는 소마저 거의 살아남지 못한 결과였다.

붕당의 역사

임진왜란이 끝나고 한 세대가 흐른 1636년, 병자호란이 일어났다. 이번에는 북쪽에서 여진족이 세운 청나라가 쳐들어온 지 불과 두 달 만에 조선이 항복했다. 임금인 인조가 삼전도(三田渡, 지금의 서울시 송파구 삼전동)에서 신하의 예를 갖춰 청나라 황제를 맞이했다. 소현 세자와 봉림 대군(훗날 효종)이 인질로 잡혀 갔고, 약 50만 명에 달하는 백성들이 납치되었다. 조선은 청나라에 신하의 예를 갖추기로 맹세해야 했다.

임진왜란과 병자호란은 나라 안팎의 정세를 변화시켰다. 일본에서는 전쟁을 주도했던 도요토미 히데요시(豊臣秀吉)가 사망하고 치열한 권력 투쟁 끝에 도쿠가와 이에야스(德川家康)가 집권해 막부 시대(幕府時代)를 열었다. 중국에서는 조선 파병으로 명나라의 힘이 약해진 틈을 타서 여진족이 청나라를 세웠다. 명나라는 이자성(李自成)이 이끈 농민군에 멸망했고, 청나라가 농민군을 진압해 중국 천하를 지배하게 되었다.

임진왜란 당시 전쟁의 당사자인 조선은 살아남았다. 전쟁의 피해는 막심했지만, 백성들이 나라를 구하기 위해 단결했기 때문에 나라의 명맥은 유지되었다. 하지만 병자호란은 상황이 달랐다. 짧은 기간 동안 전쟁으로 인한 백성의 피해가 극심하기는 마찬가지였지만, 무엇보다도 조선의 지배 이념이 큰 타격을 받았다.

조선의 지배 이념은 중국의 천자(天子)를 정점으로 한 국제 질서를 이상으로 하고 있었다. 임진왜란 때만 해도 천자의 나라인 명나라가 군대를 파견해 왜군을 물리쳤으니 이상적 질서가 제대로 작동하는 것처럼 보였다. 그러나 명나라가 망하고, 오랑캐라 불리던 여진족이 세운 청나라가 중국을 지배하게 되었다. 더욱이 조선의 임금은 오랑캐에게 머리를 숙이고 신하의 예를 다할 것을 맹세하기까지 했다. 이상적 질서는 파탄 났다.

조선이 중쇠기에 들어섰다고 했을 때만 해도 지배층은 꿈쩍하지 않았다. 오랫동안 평화가 이어지고 있는데 웬 위기 타령이냐는 것이었다. 그러나 이제 위기는 현실화되었다. 이 고비를 어떻게 극복하느냐를 두고 치열한 논쟁이 벌어졌다. 철학적으로 보면, 급변하는 정세에 대처할 새로운 철학의 개발이 아니라 기존 유교 철학을 어떻게 더 강화하느냐를 둘러싼 논전이었다. 붕당 간 당파 싸움이 일어나 논쟁은 더욱 맹렬하게 전개되었다.

이익(李瀷)은 「붕당론(朋黨論)」에서 "이익이 하나이고 사람이 둘이면 두 개의 당이 생겨나고, 이익이 하나이고 사람이 넷이면 네 개의 당이 생겨난다."라고 했다. 그 말처럼 자리가 하나인데 이를 차지하려는 사람은 둘이어서 두 개의 붕당, 즉 동인과 서인이 생겨났다.

그런데 붕당은 단지 자리 때문에 생겨난 것은 아니었다. 유교 철학 자체에 붕당의 소지가 있다. 유교는 군자와 소인을 엄격히 구분한다. 이런 구분은 수양의 측면에서는 매우 중요한 일이다. 군자를 모범으로 삼고 소인 같은 생각과 행동을 경계하라는 것이기 때문이다. 그런데 이 구분을 정치의 세계에 대입하면 매우 극단적인 결과가 초래된다. 자기 무리는 군자라 하고 다른 무리를 소인이라 낙인찍게 되는 것이다. 유교 철학이 지배하는 한 소인으로 낙인찍힌다는 것은 치명적이다. 실권을 잡아야 자기들을 군자라 할 수 있고 상대방을 소인으로 몰아붙일 수 있으니, 붕당 간 당파 싸움은 치열할 수밖에 없었다.

선조 때 동인과 서인으로 갈라진 이후 숙종 대에 이르러 노론(老論)이 최종적으로 승리할 때까지 붕당의 당파 싸움은 다양한 양상으로 전개되었다. 처음에는 동인이 우세했다. 그러나 동인은 서인과의 관계 설정 문제를 놓고 강경파인 북인(北人)과 온건파인 남인(南人)으로 갈라졌다. 이후 실권을 잡은 북인은 다시 선조의 후계 문제를 두고 광해군을 지지하는 대북파(大北派)와 그에 반대하는 소북파(小北派)로 갈라졌다.

광해군이 집권하자 대북파가 실권을 잡았다. 대북파는 후환을 없애기 위해 영창 대군을 죽음으로 몰고 갔다. 이에 반발한 서인이 쿠데타를 일으켜 인조를 왕위에 앉혔다. 이른바 인조반정이다. 이를 계기로 대북파와 소북파는 완전히 제거되고, 중앙 정계는 서인과 남인으로 재편되었다. 서인과 남인의 권력 투쟁은 숙종 대에 이르러 서인의 결정적 승리로 끝났다. 권력을 잡은 서인은 다시 노론과 소론(少論)으로 갈라졌고, 최종적으로 노론이 승리했다. 노론은 이후 조선의 정치를 좌지우지하게 되었다. 이 노론의 영수(領袖)가 바로 송시열(宋時烈, 1607년~1689년)이다.

『조선왕조실록』에 3000번 등장하는 사람

송시열은 충청북도 옥천의 구룡촌에서 태어났다. 자는 영보, 호는 우암이며 시호는 문정이다. 어렸을 때 이름은 성뢰였는데, 아버지가 공자가 여러 제자들을 데리고 집에 들어오는 꿈을 꾸고 낳았다고 하여 그렇게 이름 지었다.

8세 때부터 송이창에게서 그 아들 송준길(宋浚吉)과 함께 수학했다. 1623년 인조반정이 일어나 서인이 집권했고, 그 4년 뒤 정묘호란이 일어났다. 광해군이 명나라와 청나라 사이에서 등거리 외교를 펼쳤는데, 인조가 집권한 뒤 친명 외교 일변도로 나가자 여기에 불만을 품은 청나라가 조선을 침략한 것이었다. 패배한 조선은 청나라와 형제의 국가가 되기로 맹세하고 원창군(原昌君)을 인질로 보내게 되었다.

22세 때 아버지가 돌아가셔서 삼년상을 치르고, 24세 때 김장생을 찾아가 문하생이 되었다. 김장생은 이이의 제자로, 서인의 정신적 지도자였다. 송시열이 스스로 김장생을 찾아갔다 함은 서인에 들고자 했음을 의미한다. 그것은 송시열의 인생에 매우 중요한 사건이었다. 어느 붕당에 속할 것인지 결정하는 일이었기 때문이다.

27세 때 생원시에 장원하고 경릉 참봉에 임명되었으나 보름 만에 사직했다. 29세 때, 봉림 대군의 스승이 되었다. 봉림 대군은 세자가 아니었으나 소현 세자가 일찍 죽는 바람에 왕위에 올랐다. 그가 효종이다. 송시열로서는 매우 귀중한 기회를 잡게 된 것이었다. 30세 때, 병자호란이 일어나자 인조를 수행해 남한산성으로 들어갔다. 그러나 불과 한 달도 버티지 못하고 청나라에 항복했다.

정묘년에 이어 병자년까지 두 차례에 걸쳐 오랑캐로 여겼던 청나라에 패배해 신하의 예를 바치게 되었다는 사실은 조선의 유학자들에게 커다란 충격으로 다가왔다. 게다가 얼마 지나지 않아 '천자의 나라' 명나라가 멸망하고 청나라가 중국을 지배하자 가치관이 전도되는 현상이 일어났다. 정점이었던 천자는 사라지고 오랑캐가 지배하는 세상이 도래한 것이다. 유교가 추구하는 이상적 질서가 붕괴했다.

이런 현실을 그대로 받아들일 것인지, 아니면 거역할 것인지가 철학의 중심적인 문제가 되었다. 송시열은 후자를 택했다. 그것은 가치관의 전도를 막고 유교 철학을 조선의 지배 이데올로기로서 더욱 강화하는 일이었다.

송시열은 32세 때 별제(別提)에 임명되었으나 나아가지 않았다. 그 이후로도 여러 벼슬에 올랐지만 나아가지 않거나 잠시 봉직하다 물러나기를 반복했다. 관직에 나아가기보다는 충청북도 황간에 머무르며 학문하기를 즐겼다. 그렇다고 하여 송시열이 정치와 무관한 삶을 산 것은 결코 아니었다.

조선의 붕당 구조는 정치 현장에만 국한되지 않았다. 정계에 몸담지 않더라도 거의 모든 유학자들은 특정 당파에 소속되었다. 그래서 정치 현장에서 일어난 다툼이 시골 동네의 유학자들 사이의 다툼으로까지 확대되었고, 반대로 시골 동네 유학자들 사이의 사소한 다툼도 정치 현장에서의 다툼으로 번지기 일쑤였다.

송시열은 김장생의 후계자로서 집권 서인의 이론적 지도자가 되었다. 따라서 정치 현장에 있든 아니면 시골에서 공부하고 있든 그의 영향력은 막강했다. 송시열의 이름은 『조선왕조실록(朝鮮王朝實錄)』에 3000번 이상 등장한다. 역대 임금을 제외하고는 가장 많이 등장하는 인물이다. 송시열이 집권당을 이끄는 수장으로서 막강한 영향력을 행사했음을 보여 주는 사례이다.

당파의 입장에서 추구한 철학

송시열은 이이의 철학을 충실히 계승한다고 했다. 그러나 송시열의 철학적 주장은 철저하게 자기 당파의 입장에 기반을 둔 것이었다. 당시 서인은 집권당으로서 반대 당인 남인과 대립했다. 송시열이 이이를 숭상한 것은 학맥에 따른 것이기도 했지만, 남인 철학의 원조 이황을 공격하기 위해서였다. 「주서동이고(朱書同異考)」라는 글을 보자.

이황의 '이가 발동하고 기가 그것을 따른다.'라는 한 문장은 크게 잘못된 것이다. 이(理)는 마음과 뜻을 움직이거나 부릴 수 없고 어떤 것을 만들어 내지도 못한다. 이는 기 속에 있다. 기만이 움직이고 부릴 수 있는 행위를 할 수 있고, 이도 역시 기에 부여된다.

이가 아닌 기만이 행위를 할 수 있다는 이이의 주장과 일치한다. 그런데 굳이 '이황'을 앞에 넣은 이유가 심상치 않다. 그것은 그를 공격하기 위해서였다.

물론 천자를 정점으로 하는 이상적 질서가 붕괴했기 때문에 이가 발동하기를 기다리자는 이황의 철학은 결정적인 타격을 입었다. 현실주의적인 이이의 철학이 득세할 시대적 배경이 형성되었다. 송시열은 이런 정세를 십분 활용하여 남인의 세력을 꺾기 위해 이황을 공격했다. 또한 서인의 단결력을 높이고 세력을 더욱 확장하여 집권을 계속하기 위해 이이를 높이 받들었다. 이것이 철학적 논쟁을 하는 송시열의 기본적인 태도였다.

그러다 보니 이론의 정밀함이 떨어졌다. 이이가 주장한 이통기국을 설명한 「일음일양지위도(一陰一陽之謂道)」의 한 부분을 보자.

이른바 기국(氣局)이란 무엇인가? 양의 바탕과 음의 바탕이 달라 음의 바탕이 양의 바탕이 아닌 것을 가리켜 기국이라 한다. 이른바 이통(理通)이란 무엇인가? 양의 이가 음의 이이고 음의 이가 양의 이인 것을 가리켜 이통이라 한다. 국(局)하기 때문에 서로 맞서고, 통하기 때문에 함께 존재한다. 국하지 않으면 통을 찾아낼 곳이 없고, 통하지 않으면 국이 어디에서 시작하겠는가.

이이는 이가 발동하지 않더라도 그것이 만물의 근원이 될 수 있음을 입증하기 위해 무진 애를 썼다. 그런데 송시열은 이통기국론을 도식화해 버린다. 음기와 양기는 본래 다른 것이므로 기국이고, 음기와 양기 속에 있는 이(理)는 본래 같은 것임으로 이통이다. 국한하는 것이 기의 업무이고, 통하게 하는 것이 이의 업무라 하면, 이가 발동하지 않는데 어떻게 이통이 가능할 것인가. '통하지 않으면 국이 어디에서 시작하겠는가.'라는 송시열의 말은 그 답이 될 수 없다. 이이도 말했고 송시열 본인도 인정하듯 기는 스스로 움직이는 존재이기 때문이다. 즉 이통하지 않고도 기는 움직일 수 있다.

심즉기(心卽氣), 즉 '마음은 곧 기이다.'라는 주장 역시 송시열의 사상이 정밀하지 않음을 보여 주는 또 다른 사례다. 이이는 이를 주장하기는 했지만 특별히 강조하지는 않았다. 기의 발동만을 인정하는 입장에서 마음은 외부 사물과 관계해서만 움직인다는 것을 말하고자 한 것이었다. 그러면서도 마음과 본성과 감성의 관계에 대해 논했다. 송시열은 이이의 심즉기론을 지지했다. 제자인 김간(金榦)이 "마음이 텅 비어 신령함은 기 때문입니까, 이와 기가 합쳐졌기 때문입니까?"라고 묻자 송시열은 "기 때문이다."라고 대답했다. 그러나 여기에 대한 설명은 없다. 그는 다만 이이가 주장했기 때문에 옳다고 한 것뿐이었다.

여기에서도 송시열이 철학의 문제를 당리당략과 연관시키고 있음을 알 수 있다. 심즉기에 대비되는 말이 심즉리(心卽理), 즉 '마음은 곧 이이다.'라는 말이다. 이것은 주자학이 배척하는 양명학(陽明學)의 주된 가치였기 때문에 공개적으로 주장할 수는 없었지만, 이황의 철학은 이 말을 바탕에 깔고 있었다. 따라서 송시열의 입장에서는 심즉기론이 이황의 철학을 공격할 수 있기에 옳고, 이이가 주장한 것이기에 당연한 것이었다.

북벌 계획과 소중화 사상

효종이 왕위에 올랐다. 송시열의 나이 43세였다. 효종은 왕자 시절 자신을 가르친 스승 송시열을 찾았다. 송시열은 임금과 독대를 하며 「기축봉사(己丑封事)」를 올렸다. 봉사란 비밀스러운 일을 가지고 임금에게 올리는 글을 말하는데 주로 임금을 가르치려는 의도를 담고 있다. 송시열은 51세 때에도 「정유봉사(丁酉封事)」를 올린다. 효종과 송시열의 관계가 매우 특별했음을 알 수 있다.

송시열은 「기축봉사」에서 "오랑캐는 선왕의 원수이니 맹세코 한 하늘 밑에 살 수 없다."라며 마음을 굳게 먹으라고 하면서 다음의 내용을 강조했다.

주자가 인륜을 추리하고 천리(天理)를 깊이 따져 부끄러움을 씻는 의리를 밝히기를, "하늘은 높고 땅은 낮은데 사람은 그 가운데 위치한다. 하늘의 도는 음양에서 벗어나지 않고, 땅의 도는 굳셈과 부드러움에서 벗어나지 않는다. 사람의 도는 인(仁)과 의(義)를 벗어나 세울 수 없다. 인은 부자 사이의 것이 가장 크고, 의는 임금과 신하 사이의 것이 가장 크다. 이것은 삼강(三綱)의 요체요 오상(五常)의 근본이다. 인륜은 천리의 지극함이니 천지 사이에서 벗어날 수 없다. 임금과 아버지의 원수와 한 하늘 아래 함께 살 수 없음은 하늘이 알고 땅이 아는 일이다. 군신 관계와 부자 관계의 본성은 뼈에 사무치는 원통함에서 나오므로 자기의 뜻대로 할 수 없고, 자기가 함께 느끼는 정은 사사로움에서 나오는 것이 아니다."라고 했습니다.

신은 이 글을 읽을 때마다 한 글자, 한 구절이라도 어두워지면 예악(禮

樂)은 똥통에 떨어지고, 사람의 도리가 금수(禽獸)와 같이 되어 구제할
수 없다고 생각했습니다. (중략)

전하께서 벌써 마음속에 계책을 가지고 계실 줄 아오나, 걱정되는 것
은 완고하고 둔해 이(利)만 밝히고 부끄러움을 모르는 무리들이 있다는
것입니다. 그 무리들이 "우리는 이미 몸을 그들에게 굽혔으니 명분은 정
해졌다. 따라서 홍광(弘光)의 시해나 선조(先朝)의 수치를 돌아볼 필요가
없다."라고 한다면, 그리고 이 설이 행해지게 되면, 공자 이래의 이치와 법
칙이 모두 무너지고, 장차 삼강이 사라지고 도덕의 아홉 가지 원칙이 없
어질 것입니다. 자식은 부모를 알지 못하고 신하는 임금이 있음을 알지
못해, 인심이 천지와 어긋나고 닫히고 막혀 금수의 무리와 다를 바 없게
될 것입니다.

송시열의 논법을 따라가 보자. 그는 주자의 말을 인용해 인륜은 천리의
지극함이니 으뜸이라 했다. '홍광의 시해'는 명나라의 홍광 황제가 청나
라 군대의 침략으로 피살된 사건을 말한다. '선조의 수치'는 조선의 인조
가 청나라에 항복한 사건이다. 홍광 황제의 원수를 갚고 인조가 당한 수
치를 씻어야 한다. 이것이 인륜이다. 청나라에 대한 복수와 인륜의 실현
을 동일시했다.

왜 명나라가 망했는지, 청나라가 일어나게 되었는지는 송시열에게 중요
하지 않다. 또한 청나라가 왜 조선을 침략하게 되었는지 역시 그에게는 중
요하지 않다. 오직 청나라가 명나라 황제를 피살하고 조선 임금에게 수치
를 주었다는 사실만이 중요하다. 이렇게 사태를 단순화해야 청나라는 복
수해야 할 적이 된다.

그런데 이런 복수를 거부하는 집단이 있다. 그들은 '완고하고 둔해 이

만 밝히고 부끄러움을 모르는 무리들'이다. 그들이 우세해지면 인륜은 무너지고 인간은 개, 돼지 같은 짐승이 된다고 했다. 송시열은 자신과 다른 주장하는 집단을 패륜적이라 단정한 것이다.

'오랑캐의 나라'가 중국을 지배하는 것은 유교적 가치관의 근간을 뒤흔드는 일이다. 천자를 정점으로 하여 만들어진 '이상적 질서'가 붕괴했기 때문이다. 이런 현실을 그대로 인정하면 유교적 가치관과 이것을 국가 기틀로 삼는 조선 역시 붕괴할 수 있다.

송시열은 위기를 타개할 대책을 제시했다. 명나라를 절대화하고 청나라를 원수로 규정했다. 또한 명나라 대신 청나라에 복수해 이상적 질서를 회복해야 한다고 주장했다. 이것은 조선이 당한 수치를 씻는 길이요, 인륜을 실현하는 길이기도 하다. 여기에 저항하는 무리들은 패륜적이므로 처단되어야 한다.

송시열이 이이의 철학을 계승한다고 했지만, 현실의 위기에 대처하는 측면에서는 완전히 달랐다. 이이는 현실을 인정하는 바탕 위에 시의적절한 개혁을 하자고 했다. 기존 질서에도 문제가 있다면 과감히 바꾸자고 했다. 반면 송시열은 현실의 위기는 인정했지만 새롭게 형성된 질서는 인정하지 않았다. 오히려 기존 질서를 절대화하고 그것의 회복을 통해 위기를 극복하고자 했다. 이이가 진보적이었다면 송시열은 복고적이었다.

효종은 송시열의 주장을 받아들여 북벌 계획을 추진했다. 병자호란 당시 끝까지 청나라와 싸우자고 주장한 김상헌(金尙憲)과, 홍익한(洪翼漢)·윤집(尹集)·오달제(吳達濟) 등 이른바 삼학사(三學士)가 널리 추앙되었다. 또한 중화(中華)인 명나라가 없어진 상태이므로 그 모범을 이어받은 조선이 소중화(小中華)라고 주장했다.

효종과 송시열이 실제 북벌 의지를 가지고 있었는지는 중요하지 않다.

군사적 능력 면에서 보면 북벌은 사실상 불가능한 일이었다. 그러나 북벌 계획과 소중화 사상을 통해 유교적 가치관의 붕괴를 막을 수 있었다. 그 것들은 전쟁의 참화를 겪은 백성들의 지지를 이끌어 냈다.

조선은 그 이후로도 300년 가까이 살아남았다. 북벌 계획과 소중화 사 상은 조선 사회를 유지하는 절대적 이데올로기가 되었다. 송시열은 효종 과 수시로 독대할 수 있는 위치에 올라섰고, 서인은 그를 중심으로 실권 을 유지했다.

영광과 좌절

효종은 왕위에 오른 지 10년 만에 사망했다. 송시열의 나이 53세 때였 다. 절대적 후원자가 사망했어도 송시열의 정치적 영향력은 줄어들지 않았 다. 이런 사실을 보여 주는 대표적인 사례가 이른바 1차 예송(禮訟)이다.

이 논쟁은 사소한 일에서 시작되었다. 효종이 죽자 효종의 계모인 자의 대비가 어떤 상복(喪服)을 입어야 하는지를 두고 조정 내에서 의견이 오 고 갔다. 송시열은 『대명률(大明律)』과 『경국대전(經國大典)』을 들어 기년설 (朞年說), 즉 1년 복상을 주장했다.

그런데 윤휴(尹鑴)가 이의를 제기하고 나섰다. 그는 "효종이 비록 차남 이지만, 왕위를 계승한 정통성이 있으므로 장남으로 예우해 삼년상을 해 야 한다."라고 했다. 이로써 문제가 복잡해졌다. 효종의 정통성 문제가 거 론된 것이다. 송시열은 이런 문제까지는 생각지 않았다. 효종의 절대적 지 원을 받았던 사람으로서 정통성에 의문을 제기하는 것은 있을 수 없는 일이었다. 다만 송시열은 예법에 따라 기년설을 주장한 것뿐이었다.

논란이 복잡해지자, 영의정 정태화(鄭太和)가 "임금의 가사(家事)에 관한 일은 처음에는 심히 작게 시작되나, 종말에는 큰 재앙을 몰고 온다."라고 서둘러 봉합하며 송시열의 손을 들어 주었다. 그러나 윤휴는 물러서지 않았고, 남인의 거두 허목(許穆)이 가세해 윤휴를 지지함으로써 상복 문제는 이론적 논쟁을 넘어 당파 싸움으로 확산되었다.

효종의 정통성 문제가 거론되면서 논쟁은 폭발성을 지녔다. 여기에 기름을 부은 사람이 윤선도(尹善道)였다. 그는 이 기회에 서인 세력을 전복시키고자 했다. 윤선도는 "송시열의 주장은 효종의 정통성을 약화시키는 것이고, 그가 효종의 은총을 입은 자임에도 불충한 행동을 했다."라며 송시열을 탄핵했다. 이제 문제는 매우 심각해졌다. 임금의 정통성 문제이기에 개인에게는 목숨이 걸린 사안이 되었고, 당파로서도 운명이 걸린 문제가 되어 버렸다.

현종(顯宗)은 송시열의 손을 들어 주었다. 그는 윤선도가 음험한 상소를 했다고 죄를 물어 함경도 삼수로 유배했다. 남인은 송시열의 주장이 잘못되었고, 윤선도는 죄가 없다며 계속 상소했다. 그러나 조정에서 더는 문제 삼지 않아 일단락되었다. 송시열은 건재했다.

그런데 현종 즉위 마지막 해에 이르러 상황이 바뀌었다. 그해에 효종의 부인인 인선 대비가 세상을 뜨는 바람에 시어머니인 자의 대비의 복상 문제가 다시 제기되었다. 서인은 대공설(大功說), 즉 9개월 복상을 주장했고, 남인은 기년설 즉 1년 복상을 주장했다. 효종이 죽었을 때와 똑같은 논리로 주장한 것인데 이번에는 남인이 이겼다.

상황이 이렇게 된 것은 왕실 내부의 인식 변화가 일어났기 때문으로 보인다. 송시열의 주장은 왕실이나 평민의 집안이나 예법에는 차이가 없다는 것이고, 이는 유교 철학에서 볼 때 당연한 말이었다. 그러나 왕실과 평민의 집안은 다르다는 남인의 상소가 계속되면서 "왕실은 특별한 예법을 가지고 있다."라는 쪽으로 인식이 변화했다. 여기에는 서인의 장기 집권으로 인한 염증과 피로감도 함께 작용했다.

송시열은 책임 추궁을 당해 파직되었다가 함경도 덕원으로 유배되었다. 그의 나이 69세였다.

언론과 사상의 통제

예송이 진행되는 가운데 송시열은 예송보다는 사상 문제에 관심을 기울였다. 그것은 윤휴의 유교 경전 해석에 대한 문제였다. 송시열은 윤휴의 학문적 재능을 긍정적으로 평가하는 입장이었다. 비록 윤휴가 유교 경전에 대한 주자의 해석을 거부하고 독자적인 해석을 시도했지만, "윤휴의 이기설은 조예가 깊고 우수해 예전 사람들이 이르지 못한 곳을 통찰했다."라고 칭찬하기도 했다.

윤휴에 대한 송시열의 태도가 바뀐 건 예송이 일어나면서부터였다. 송시열은 한 편지에서 윤휴에 대해 "상례(喪禮)에 관한 일 이후로는 논하는 말이 반역에 가까웠다."라고 하며 자신의 의도를 감추지 않았다.

윤휴는 임금과 함께하는 학습의 장에서 "주자의 해석을 보지 말라."라고 했다. 또한 주자를 배척하는 자신의 행동을 "우임금이 홍수를 다스린 공적에 비유할 수 있다."라고도 했다. 이런 그의 언행이 지나치다 생각했던지, 남인의 영수 허목은 "사람마다 스스로 성인을 자처하는 폐단으로 인한 폐해가 중국 동주(東周) 시대부터 명나라 말년에 이르기까지 심각했으니, 이것이 쇠란한 시대의 일이다. 경전을 공부하는 선비들은 마땅히 경계해야 한다."라며 점잖게 타이르기도 했다.

송시열은 주자에 대해 "말마다 옳은 사람은 주자뿐이고, 일마다 마땅한 사람도 주자뿐이다. 총명하고 밝은 지혜로써 온갖 이치를 밝혀 놓았으니 주자야말로 성인이다."라고 말했다. 또한 "내가 배운 것은 『주자대전(朱子大全)』뿐이다. 어찌 배운 것을 버리고 다른 학문을 하겠는가."라고 하는가 하면, "학문을 하는 자는 하루라도 『주자어류(朱子語類)』가 없으면 공부할 수 없다. 옷을 팔아서라도 그 책은 사야 한다."라고 했다.

주자에 대한 송시열의 신앙은 지나칠 정도였다. 그를 일평생 괴롭힌 것은 『주자어류』에 실린 "사단은 이의 발동이고 칠정은 기의 발동이다."라는 구절이었다. 이것은 이황의 주장을 지지할 수 있는 구절이었지만 주자의 전체적인 언동으로 볼 때 무시할 수도 있는 것이었다. 이이는 주자가 잘못된 주장을 한 것이라고 단언하고는, 그 구절에 신경을 쓰지 않았다.

그러나 송시열은 달랐다. 그는 그 구절이 기록자의 실수임을 입증한다며 『주자언론동이고(朱子言論同異攷)』라는 방대한 내용의 고증적 저술에 착수하기도 했다. 만약 진실로 주자를 숭상했다면 주자의 말을 그대로 받아들이면 되었을 것이다. 실제로 송시열 자신도 주자를 인용하면서 자의적으로 해석한 부분도 많았다.

그런데도 송시열이 한 구절에까지 집착하며 시비를 따지고자 했던 데는 다른 의도가 있었다. 그는 주자를 절대화함으로써 상대방을 공격하고자 했다. 사상 통제를 통해 언론을 독점하고 자신들만이 정통이라고 자부하고자 했던 것이다. 이렇게 볼 때 스스로 주자를 배척한 윤휴는 좋은 사냥감이었다. 송시열은 윤휴에게 사문난적(斯文亂賊)이라는 딱지를 붙였다. 이후로도 송시열은 주자와 해석을 달리하는 견해, 더 정확히 말하면 자기와 다른 견해를 가진 이들을 사문난적이라 낙인찍고 몰아붙였다. 훗날 이익은 "한 글자라도 의심스럽게 여기면 망령이고, 이것저것 따져 보아 대조하면 죄였다."라고 개탄했다.

송시열은 상대방에 대해서는 한 글자, 한 구절까지 따졌지만 서인 사람들에게는 관대했다. 예컨대 장유(張維)가 주자학이 배척한 양명학에 기울었음에도 별다른 문제를 제기하지 않았고, 김만중(金萬重) 역시 주자학이 배격하는 불교에 심취했는데도 아무런 제재를 가하지 않았다. 홍만종이 도사들에 대한 책을 썼을 때는 서문을 써 주기도 했다. 이렇듯 송시열의 태도는 지극히 당파적이었다. 그가 의도한 바는 상대방에 대한 언론과 사상의 통제였다.

주자의 말씀을 갑옷 삼아 싸우다

70세가 다 된 나이에 오지로 유배를 간 송시열은 재기가 불가능해 보였다. 그도 마음을 비운 듯 독서와 강의, 저술을 하며 조용히 지냈다. 그런 송시열에게 재기의 기회를 준 것은 남인이었다. 남인은 집권했지만 국정에 대한 아이디어가 없어 숙종의 마음을 사로잡지 못했다. 더욱이 당파 내에 청남(淸南)과 탁남(濁南)으로 분파가 생겨 다툼이 심해지자 숙종은 싫증을 내기까지 했다.

남인이 정적을 죽이려 한다는 근거 없는 유언비어가 돌자, 숙종은 남인을 내치고 서인을 다시 등용했다. 이를 경신출척(1680년)이라 한다. 송시열은 유배지에서 풀려나 돌아왔다. 그의 나이 74세였다. 송시열은 노쇠했음에도 정치에 대한 간여와 자기 당파를 키우기 위한 노력을 한시도 게을리하지 않았다.

경신출척 후 남인에 대한 처리를 둘러싸고 서인 내에서 분열이 생겼다. 그 배경에는 몇 년 전에 일어났던 송시열과 윤증(尹拯)의 갈등이 있었다. 윤증은 송시열의 제자였고, 그의 아버지 윤선거(尹宣擧)는 송시열과 오랜 친구 사이였다. 송시열과 윤선거의 관계가 틀어지기 시작한 것은 윤휴 문제 때문이었다. 송시열이 윤휴와 관계를 단절하라고 여러 번 권했음에도 윤선거는 윤휴의 재능을 아껴 때로는 변론을 해 주기도 했다. 그러던 중 윤선거는 죽었고, 윤휴가 제문을 지어 오자 윤증이 그것을 받았다.

사건은 그 이후에 일어났다. 윤증이 스승인 송시열에게 아버지 묘비에 새길 글을 써 달라고 부탁했다. 1673년, 송시열의 나이 67세 때였다. 그래서 글을 지어 주기를, "나는 윤선거를 잘 모르니 박세채가 쓴 전기문에 의거하여 몇 자 적었다."라고 했다. 윤휴에 대한 윤선거의 태도에 대해 불쾌감을 이렇게 드러낸 것이었다.

40년 된 친구를 잘 모른다고 한 태도에 윤증은 분노했다. 그는 내심 송시열이 아버지를 찬양하는 내용의 글을 써 줄 것을 기대하고 있었다. 윤증은 송시열에게 항의했지만 송시열의 반응은 별무신통이었다. 그러자 윤증은 유학자들에게 사발통문을 돌리고 송시열을 비난했다. 이로 인해 서인 내 문인들 사이에 논쟁이 촉발되었고 급기야 정치 문제로까지 비화했다. 조선 시대의 정치 구조가 그러했다. 개인적이고 사소한 문제로 출발했더라도 이것이 학자들 간의 논쟁으로 옮겨 가면 곧바로 정치 문제로 불거졌다.

문제의 심각성을 깨달은 송시열이 자신의 잘못이라며 임금에게 상소했으나 때는 늦었다. 임금은 윤증에게 자숙을 명령했고, 윤증을 지지하는 학자들은 윤증에게 죄가 없다며 집단 상소를 올렸다. 그러는 사이 서인 내부가 분열되기 시작했다. 선배 무리는 송시열을 지지했고, 후배 무리는 윤증을 지지했다.

이런 까닭에 다시 실권을 잡은 서인은 남인을 어떻게 처리할 것인지를 두고 송시열을 지지하는 파와 윤증을 지지하는 파로 완전히 갈라졌다. 전자를 노론이라 하고 후자를 소론이라 한다. 이 사건은 송시열의 편협한 마음과 윤증의 공명심(功名心)이 부딪치면서 일어난 것인데, 당파의 입장을 우선시하는 송시열의 완고한 자세가 사건 전체의 배경으로 작용했다고 볼 수 있다.

서인이 노론과 소론으로 갈라진 후 노론이 집권했다. 그 영수 송시열은 노익장을 과시하며 여전히 정치 문제에 깊숙이 관여했다. 그러던 중 숙종이 장 희빈의 아들을 세자로 책봉하는 일이 일어났다. 적통론에 입각해 있던 송시열이 서자를 세자로 책봉하는 데 찬성할 리가 없었다. 그는 세자 책봉이 너무 빠르다며 반대 의사를 표시했다. 이에 숙종은 즉각 송시열을 제주도로 유배 보냈다. 몇 달 뒤 국문할 것이라는 명령을 듣고 송시열은 한양으로 올라오다 정읍에서 사약을 받고 죽었다. 그의 나이 83세였다.

송시열은 위기를 직접 체험했던 시대를 살았다. 이가 발동할 것이라는 낙관론은 사라졌다. 오히려 이상적 질서는 붕괴했다. 이이가 주장한 것처럼 이(理)는 활동하지 않는다. 그러면 어떻게 현실에서 이(理)를 구현해 이상적 질서를 회복할 것인가?

송시열은 '양일음이(陽一陰二)'에 대해 말했다. 현실은 양기와 음기가 대립하는 세계이다. 양기가 1이고 음기가 2라는 말은 음기가 우세하게 되었다는 말이다. 이처럼 현실에서는 소인배와 사악한 주장이 우세해지고 군자와 올바른 주장이 위축되었다. 그러나 군자가 결국에는 승리한다. 송시열은 이것이 필연이라[必然之理] 했다. 그렇지만 현실에서는 마땅히 이겨야 할 세력이 이기지 못하고 패배해야 할 세력이 패배하지 않을 수도 있다. 그것을 일컬어 이지혹연(理之或然)이라 했다.

그러면 어떻게 할 것인가? 군자와 소인, 선과 악으로 나누어진 세계에서 군자와 선이 소인과 악에 맞서 싸워야 한다. 송시열은 그것을 하고 있다고 자부했다. 그래서 사소한 문제에서부터 철학의 문제에 이르기까지 모든 것을 당파 싸움과 결부했다. 자신의 당이 군자이고 선이라 생각했기 때문이다.

송시열은 북벌 계획과 소중화 사상이라는 명분으로 승리했다. 유교 국가에서 반대 당이라 할지라도 이런 명분을 거부할 수 없었다. 더욱이 그것은 백성들의 지지를 이끌어 낼 수 있는 명분이기도 했다. 그는 주자를 절대화하고 이이를 우상화했다. 그러나 절대화와 우상화는 위기의식의 발로일 뿐이다. 고삐를 바짝 죄어야 한다는 생각에서 그런 행동이 나오기 때문이다.

송시열은 언론과 사상을 엄격히 통제하고자 했다. 창의적인 논의는 물밑으로 가라앉아 버렸다. 사라져 버린 '이상적 질서'를 지상의 목표로 강조할수록 그 사상은 조선 사회 내부의 상황과 괴리되면서 결국 관념화되고 말았다.

기축봉사

송시열이 43세 때 효종에게 올린 글로, 열여섯 개의 항목으로 구성되어 있다. 여기에서는 그중에서 북벌 계획의 논리를 제공한 "정사를 올바로 하여 오랑캐를 물리쳐야 한다."라는 부분을 싣는다.

이른바 '정사를 올바로 하여 오랑캐를 물리쳐야 한다.'에 대해 말씀 드리겠습니다. 공자가 『춘추』를 지어 근본적인 질서를 세상에 밝힌 이후, 혈기 있는 부류라면 중국을 당연히 존중하고 오랑캐를 미워해야 함을 알았습니다. 주자가 인륜을 추리하고 천리를 깊이 따져 부끄러움을 씻는 의리를 밝히기를, "하늘은 높고 땅은 낮은데 사람은 그 가운데 위치한다. 하늘의 도는 음양에서 벗어나지 않고, 땅의 도는 굳셈과 부드러움에서 벗어나지 않는다. 사람의 도는 인과 의를 벗어나 세울 수 없다. 인은 부자 사이의 것이 가장 크고, 의는 임금과 신하 사이의 것이 가장 크다. 이는 삼강의 요체요 오상의 근본이다. 인륜은 천리의 지극함이니 천지 사이에서 벗어날 수 없다. 임금과 아버지의 원수와 한 하늘 아래 함께 살 수 없음은 하늘이 알고 땅이 아는 일이다. 군신 관계와 부자관계의 본성은 뼈에 사무치는 원통함에서 나오므로 자기의 뜻대로 할 수 없고, 자기가 함께 느끼는 정은 사사로움에서 나오는 것이 아니다."라고 했습니다.

신은 이 글을 읽을 때마다 한 글자, 한 구절이라도 어두워지면 예악은 똥통에 떨어지고, 사람의 도리가 금수와 같이 되어 구제할 수 없다고 생각했습니다.

삼가 생각하건대, 우리 태조 고 황제(高皇帝)[1]는 우리 조선

1) 명나라 태조 주원장.

의 태조와 동시대에 창업하여 군신의 의리를 정했습니다. 소국(小國)[2]에 대한 은혜와 대국(大國)[3]에 대한 충정의 절의가 300년간 변하지 않았습니다. 불행히도 추악한 오랑캐가 흉악하게도 나라를 함락시켜 당당한 예의의 나라가 비린내로 뒤덮였습니다. 그때의 일을 어찌 입에 올리겠습니까. 뒤이어 갑신년(1644년)의 참변[4]이 일어나 황제의 수도가 함락되어 천하에 주인이 없어져 버렸습니다. 그것은 비록 오랑캐의 소행은 아니지만, 그 틈을 이용해 오랑캐가 우리의 황국을 능멸하고, 우리의 황족(皇族)을 더럽혔으니 통탄스러운 일입니다.

홍광 황제께서 남쪽에서 즉위하여 대통을 이으셨습니다. 우리 조선이 비록 합당한 예를 드리지 못했지만, 우리 신종 황제(神宗皇帝)의 골육이시니 어찌 멀리 떨어져 있다고 군신의 의를 다하지 않을 수 있겠습니까. 그런데 하늘이 계속 재앙을 내리시니 어찌 된 일입니까. 오랑캐가 또다시 홍광 황제를 시해했습니다. 해와 달이 비치고 서리와 이슬이 내리는 곳에 사는 인간이라면, 그것들과 함께 살 수 없다는 공분을 가지지 않는 자가 없을 것입니다.

더욱이 우리나라는 신종 황제의 은혜를 입어, 임진왜란 때 종사가 폐허가 되었다가 다시 살아나게 되었습니다. 백성들이 모두 없어졌다가 다시 소생했습니다. 우리나라의 풀 한 포기, 나무 한 그루, 백성들의 머리털 한 올까지도 황제의 은혜가 미치지 않는 곳이 없습니다. 따라서 오늘날 우리만큼 원통한 마음을 가진 곳이 어디에 있겠습니까.

광해군이 무도하게도 강홍립(姜弘立), 김경서(金景瑞)로 하여금 모든 군대를 오랑캐에게 투항하게 하여, 천하의 사람

2) 조선.

3) 중국.

4) 이자성(李自成)이 이 끄는 농민군이 명나라 수도 북경을 함락시킨 것.

들이 우리가 오랑캐가 된다고 비웃었습니다. 우리 인조께서 대의를 내걸고 반정하여 더러운 오점을 말끔히 씻어 내시고 해와 별 같은 밝은 세상을 만드셨으니, 우리의 백성들은 후세에 할 말을 할 수 있게 되었습니다.

인조께서 성심을 다해 중국을 섬겨 은혜를 얻었으니 아무런 간격이 없어졌습니다. 그런데 정묘년(1627년) 이후에 북쪽 오랑캐가 위협해 울분을 머금고 충절을 드러내지 못했습니다.[5] 정축년(1637년) 이후의 일은 신하로서 차마 입에 담을 수가 없습니다. 오랑캐에게 원병을 보낸 일을 눈앞에서 보아야 했고, 정명수(鄭命壽)[6]의 오만방자한 행동을 단번에 다스리지 못했습니다. 신하가 한번 죽는 것이 이처럼 어렵다는 말입니까.

아, 선왕의 덕이 성대한데도 이런 참변을 당했습니다. 군대는 약하고 재상과 장수는 용렬해 황제의 철천지원수를 섬기지 않을 수 없게 되었으니, 선왕께서는 신하로서의 도리를 다하지 못해 대단히 수치스러워 하셨습니다. 오랫동안 울분을 억누르고 용맹을 떨치지 못하셨으니, 수명을 오래 누리지 못한 이유가 여기에 있을 것입니다. 저희 같은 신하의 심정은 어떠하겠습니까. 저 푸른 하늘이 어찌 그리도 고통을 준 것이겠습니까. 우리에게 원한을 깊이 쌓게 하여 원수를 갚으라는 것 아니겠습니까.

전하께서는 하늘이 주신 지혜와 용기, 위엄과 덕망을 타고나셨습니다. 하늘의 보살핌과 선왕이 맡기신 일이 반드시 있을 것입니다. 신하와 백성이 간절히 그것을 기원하고 있습니다. 만약 추호라도 그 일에 진력을 다하시지 않는다면, 하

5) 정묘년에 청나라가 조선을 침략해 청나라와 조선 사이에 형제 국가의 예를 갖출 것을 합의한 이후에 일어난 상황.

6) 평안도 은산 출신으로 병자호란 때 청나라 장수의 역관을 지냈고, 효종이 북벌을 계획하고 있다고 청나라에 밀고했다.

늘과 같은 지위를 누리신다 해도 무슨 즐거움이 있겠습니까.

전하께서 벌써 마음속에 계책을 가지고 계실 줄 아오나, 걱정되는 것은 완고하고 둔해 이(利)만 밝히고 부끄러움을 모르는 무리들이 있다는 것입니다. 그 무리들이 "우리는 이미 몸을 그들에게 굽혔으니 명분은 정해졌다. 따라서 홍광의 시해나 선조의 수치를 돌아볼 필요가 없다."라고 한다면, 그리고 이 설이 행해지게 되면, 공자 이래의 이치와 법칙이 모두 무너지고, 장차 삼강이 사라지고 도덕의 아홉 가지 원칙이 없어질 것입니다. 자식은 부모를 알지 못하고 신하는 임금이 있음을 알지 못하여, 인심이 천지와 어긋나고 닫히고 막혀 금수의 무리와 다를 바 없게 될 것입니다. 어찌 두려운 일이 아니겠습니까.

그러나 지금 정세를 헤아리지 않고 가벼이 강한 적에 대항하다가 원수를 갚지 못하고 패배하게 된다면, 선왕께서 수치심을 참고 굽히신 본뜻을 이어받지 못하게 됩니다. 엎드려 바라옵건대, 전하께서는 마음을 단단히 하셔야 합니다. "저 오랑캐는 황제와 아버지의 원수이므로 같은 하늘에 함께 살수 없다."라고 굳은 결심을 하셔야 합니다. 원한을 쌓고 분통함을 참으며, 말은 공손하게 하지만 분노는 더욱 새겨야 합니다. 공물을 바치면서도 와신상담의 마음을 더욱 절실하게 해야 합니다. 매우 중요한 정무는 비밀에 부치시어 귀신도 모르게 해야 합니다. 뜻은 더욱 굳건하게 하여 그 누구도 그 뜻을 꺾을 수 없게 하십시오. 5년, 7년, 아니면 10년, 20년 마음을 늦추지 마시고, 우리 힘의 강점과 약점을 살피시며 저들의 정세의 성쇠를 관찰하십시오. 그러면 비록 창과 칼로 죄를 묻고 중원을 청소해 우리 신종 황제의 지극한 은혜를 갚지는 못한다 하더라도, 오랑캐와 관계를 단절해 이름을 바로 세우고 이치를 밝게 해 우리의 의를 지킬 수 있을 것입니다. 성패를 예측할 수는 없지만 우리는 임금과 신하, 아버지와 아들의 관계에서 유감이 없을 것입니다. 그것이 몸을 굽히고 구차하게 사는 것보다 현명하지 않겠습니까.

이 일을 하는 데 전하의 마음이 가장 중요합니다. 반드시 사사로움을 버리고 마음을 바르게 하십시오. 왕실을 잘 다스리고 충직하십시오. 올바른 도리를 넓게 하고 체통을 세우십시오. 기강을 바로잡고 씀씀이를 절약하십시오. 사치를 혁파하고 백성이 힘을 낼 수 있게 하십시오. 뜻이 굳세고 계책이 명확하며 기세가 충만한 다음에야 이것을 말하십시오. 그러지 않으면 아무리 밤낮으로 이것을 떠들어 댄다 해도 빈말이 되어 듣는 순간만 즐거울 뿐입니다.

주자가 효종에게 말씀하시길 "큰 공을 세우는 건 쉽지만 은밀한 본심은 지키기 어렵습니다. 중원의 오랑캐를 쫓아내는 건 쉽지만 일신의 사사로운 마음은 없애기 어렵습니다. 따라서 감히 큰소리를 친다 해도 폐하를 속일 수는 없습니다. 오직 폐하께서 마음을 바르게 하여 사사로움을 떨쳐 버리고 정사를 바르게 하신다면, 진실로 큰 공을 점차 이룰 수 있을 것입니다. 진실로 선한 자는 말을 쉽게 하지 않습니다. 진실로 원래의 상태를 회복하려는 자는 칼을 어루만지며 손바닥을 치는 일은 하지 않습니다."라고 했습니다.

또 말씀하시길 "위엄과 강함이 근본이 아니라 덕을 쌓는 게 근본입니다. 방비를 잘하려면 변방이 아니라 조정이 잘해야 합니다. 갖추어야 할 것은 군량이 아니라 기강입니다."라고 했습니다. 이 말씀은 참으로 만세의 지론입니다.

엎드려 바라옵건대, 전하께서는 주자의 이 말씀을 높이 걸어 두어 좌우명으로 하시고, 아침저녁으로 살피시어 성찰하십시오.

아, 전하께서 이미 치욕을 씻어 내고 정의를 세우시기를 결심하셨다면 한 몸을 되돌아볼 필요가 없습니다. 천하의 어떤 것도 나의 마음을 당할 것은 없습니다. 안락함, 즐거움, 편안함 같은 사사로운 감정이 어찌 조금이라도 그 뜻을 꺾을 수 있겠습니까. 이와 같이 하신다면 벙어리, 귀머거리, 절름발이라 하더라도 백배의 용기를 얻어 그 뜻을 따를 것입니다.

엎드려 바라옵건대, 성스러운 뜻을 깊이 유념하시어 잊지 않으신다면 종사가 행복해지고 백성이 행복해질 것입니다.

차홍원구기주손이십운(次洪元九寄疇孫二十韻)

송시열이 유배 시절에 지은 시로, 남원목사를 지낸 홍석기(洪錫箕, 원구는 그의 자)가 손자 주석(疇錫)에게 보낸 시의 운(韻)에 맞추어 지었다. 간략한 서문과 마흔 연의 오언 절구 시로 구성되어 있는데, 서문에서는 시를 짓는 목적을 나타냈고, 시에서는 자신의 후원자였던 효종에 대한 애틋한 그리움과 상대 당파에 대한 비판을 담았다.

원숙한 문장 솜씨가 젊은이들의 재치와 겨루니, 이는 초패왕 항우가 누번(樓煩)[1]과 겨루는 것과 같다. 주고받은 시 가운데 어진 사람들의 눈물을 흘리게 하는 곳이 있기에, 그 운자(韻字)를 이용해서 나 자신의 슬픈 마음을 서술하니, 초나라 수도 영(郢)을 바로잡았듯이 세상을 바로잡는 데 사용하기를 바란다.

옛날 우리 효종 임금을 생각하니,
화려했던 선조의 업 받들었네.
또한 장차 큰 무공을 선양하여,
중국을 나라답게 하는 일 부여받았네.
어찌 순임금 나이의 절반도 못 되어,
소상강가에 눈물을 뿌리게 될 줄이야.[2]
그 업적 이루지 못했지만,
후세에 길이 남을 명성을 이루었다.
헌장(憲章)을 이미 밝게 비추었으니,
새것으로 옛것을 바꾸어서는 안 되리라.

1) 항우와 겨루었던 유방의 부하로 활을 잘 쏘았다.

2) 순임금이 죽자 아황과 여영 두 후비(后妃)가 소상강가에서 눈물을 흘렸다는 고사를 인용한 것으로, 효종이 죽었음을 표현한 것.

위엄한 신령(威靈) 하늘 위에 계셔서,

크게 의심하여 한 번은 분노하게 되시리라.

상제(上帝)가 좌우에 두시고,

다시 백성의 주인이 되게 하지 않으시니,

혼탁함이 오늘에 이르렀구나.

백성이 말씀드리고자 하는 것이 있어도,

상제 계신 곳 어찌 그리도 먼가.

답답해도 호소할 길 없구나.

효종께서 어여삐 여기시어,

제때에 비바람 내리시니,

논밭에 벼 곡식 자라나고,

도랑마다 물 넘치고 흐르니,

쇠락한 시절이 왔어도,

백성들은 두려움이 없구나.

슬프구나, 나는 죽어서 신하가 못 되고,

피눈물만 흘러 땅속으로 들어가는구나.

남기신 활을 항시 품고 있지만,

애틋한 충성심 드러낼 길 없구나.

저 새로 귀하신 몸 된 자들아,

그 뜻이 하늘을 가로막았구나.

지초(芝草) 난초(蘭草) 향기롭다 하지 않고,

까마귀 희다 하고 해오라기 검다 하네.

들리는 말에 회계공(會稽公)[3]이

동남로(東南路)에서 위력을 떨친다 하네.

3) 명나라의 영원총병 오
삼계(吳三桂)를 말함.

우리나라는 대궐 안길이 끊겨,

4) 남인이 실권을 잡아 오삼계의 반란에 호응하 지 못하게 되었다고 비유 적으로 비판하고 있다.

5) 송나라 사람 유안세 (劉安世)로, 여기에서는 송시열 자신을 일컫는 것 이다.

6) 주자를 일컬은 말로, 주자에 대한 신앙이 흐려 지고 있음을 비판한 말.

마음이라도 함께 먹고 뱉고 하지 못하네.[4]

바다 건너에 있는 늙은 원성(元城)[5]이,

누각 아래에서 희미해지는 아버지[6]를 읊는다.

화답할 시를 다시 읽어 보며 배회하는데,

해는 문득 저무는구나.

더 읽어 보기

배종호, 『한국유학사』, 연세대학교 출판부, 1974

송시열, 민족문화추진회 엮음, 『송자대전』, 1980

이덕일, 『송시열과 그들의 나라』, 김영사, 2000

이종호, 『우암 송시열』, 일지사, 2000

현상윤, 이형성 교주, 『현상윤의 조선유학사』, 심산, 2010

임성주

생의의 철학을 통해 현실을 긍정하다

임성주는 충청도 청풍(淸風, 지금의 충청북도 제천)의 노은동(老隱洞)에서 태어났다. 자는 중사(仲思)이고 호는 녹문(鹿門)이며, 시호는 문경(文敬)이다. 아버지는 함흥 판관을 지낸 적(適)이다. 주로 충청남도 공주의 녹문동에 머물며 학문을 했기에 사람들이 녹문 선생이라 불렸고, 자연스럽게 녹문이라는 호를 갖게 되었다.

말을 배우자마자 곧 글자를 배우기 시작해 3세 때는 벽에 "임사동복중서오백자(任獅同腹中書五百字)"라고 썼다. 자신의 머릿속에 500개의 글자가 들어 있다는 말이다. 15세 때 아버지를 따라 함흥으로 갔다가 그 이듬해 한양으로 돌아왔다. 이때 이이의 글을 읽고 큰 깨달음을 얻었다.

23세 때, 어머니의 뜻에 따라 사마시에 응시해 급제를 했지만, 대과를 치르지는 않았다. 40세 때, 익위사(翊衛司) 세마(洗馬)에 등용되었고, 42세 때 시직(侍直)으로 자리를 옮겨 사도 세자를 가르쳤다. 44세 때, 임실 현감이 되었으나 동생과 형의 상을 당하자 사직했다.

52세 때, 위솔(衛率)로 천거되어 왕세손(훗날 정조)을 가르치다 병으로 사임했다. 64세 때, 성천 부사로 임명되었으나 정사가 서툴다는 이유로 해임되었다. 이후 일체의 관직을 사양하다가 실권자인 홍국영(洪國榮) 측의 탄핵을 받고 원주 산호(山湖)에 들어가 5년간 머물렀다. 1788년 공주에서 사망했다. 그의 나이 78세였다.

저서로는 『녹문집(鹿門集)』이 있다.

남녀 차별 없이 학문하는 집안에서 자라다

새벽에 잠 깨면 『논어』 중 한 편을 외운다. 아침에 일어나 앞서 외운 구절에서 의심나는 곳을 찬찬히 되짚어 본다. 세수 하고 머리 빗고 나서 『주역』의 한 장 또는 두세 장을 힘닿는 데까지 읽는데 서른 번씩 읽는다. 아침을 먹고 나서 『주자대전』과 『주자대전차의(朱子大全箚疑)』, 『고증초고(考證草藁)』를 자세히 따져 가며 읽고, 몇 쪽씩 베껴 쓴다. 피곤하면 눈을 감고 잠시 쉬다가 다시 고요히 앉아 책을 읽는다. 어떤 때는 『남헌집(南軒集)』을 몇 쪽씩 뒤적여 보기도 한다. 아침 식사 전에 읽은 횟수가 서른 번이 안 되면 다시 읽어 서른 번을 채운다. 저녁을 먹은 뒤에는 등불을 밝혀 놓고 『주역』의 계사를 열 번씩 읽는다. 밤마다 지금까지 읽은 것을 합쳐 외우고, 날마다 읽은 것을 되풀이해 음미한다.

임성주(任聖周, 1711~1788년)가 옥화대(玉華臺)에서 공부할 때 자신의 하루 일과를 적어 놓은 것이다. 이때 그의 나이 19세였다. 그는 아버지가 돌아가시자 형과 함께 어머니를 모시고 옥화대에 들어가 일체의 외부 일을 사양하고 오로지 학문에만 몰두했다. 이런 식으로 평생에 걸친 학문 연구를 통해 당대의 지배적인 철학과는 다른 제안을 하게 되었다.

조선 시대 대표적인 여성 학자로 임윤지당(任允摯堂)이 있다. 윤지당은 바로 임성주의 동생이다. 여성들의 바깥출입조차 엄격히 통제되던 시대였지만, 임성주는 여성도 학문을 해야 한다는 생각에 동생을 가르쳤다. 동생이 시집가고 난 뒤에도 편지를 주고받으며 학문을 전수하고 토론했다.

임성주는 동생에 대해 "누이는 우리 가문이 낳은 태임(太任)이요 태사(太姒)다. 정자(程子)의 따님은 대수롭지 않다."라고 말했다. 태임은 중국 주나라 문왕의 어머니이고, 태사는 문왕의 부인이다. 정자는 중국 북송의 대유학자이다. 임성주는 중국에서 인품과 학식으로 인정받았던 여성들과 견주어 윤지당을 칭찬했다.

동생인 임정주(任靖周)가 쓴 기록에 다음과 같은 대목이 나온다.

> 둘째 형님(임성주)이 양근군수로 있을 적에 협과 흡 형제가 별당에서 공부하고 있었다. 그때 누님(임윤지당)께서 원주에서 오셔서 관사에 머물고 계셨는데, 조카들이 매일 아침저녁으로 문안 인사를 드렸다. 하루는 누님이 "오늘 공부는 어떠하냐?"라고 묻자, 조카들이 "날이 더워 견딜 수 없습니다."라고 대답했다. "그러면 부채질을 하느냐?"라고 다시 묻자, "그렇습니다."라고 대답했다. 그러자 누님이 "정신을 집중해서 책을 읽으면 가슴에서 자연히 서늘한 기운이 생기는데, 부채질할 이유가 있겠느냐. 너희들이 아직도 헛된 독서를 하고 있구나."라고 말했다.

임윤지당의 경지를 보여 주는 일화이다. 윤지당은 "남성과 여성은 현실에 처한 입장만 다를 뿐 하늘에서 타고난 본성에는 하등 차이가 없다."라고 말했다. 그녀는 시대를 몇 걸음 앞서 나가 있었다. 동생인 임정주 역시 훌륭한 학자였다. 그는 형과 누나가 죽자, 그들의 유고를 모아 『녹문집』과 『윤지당유고(允摯堂遺稿)』를 펴냈다.

이렇듯 임성주의 형제들은 남녀를 구분하지 않고 학문을 닦았다. 남녀 차별이 없는 자유로운 분위기는 여느 집안에서 찾아보기 어려운 것이었다.

16세에 큰 뜻을 세우다

임성주는 충청도 청풍의 노은동에서 태어났다. 자는 중사, 호는 녹문이며, 시호는 문경이다.

그는 말을 배우자마자 곧 글자를 익히기 시작해, 3세 때는 벽에 "임사동복중서오백자(任獅同腹中書五百字)"라고 썼다. 자신의 머릿속에 500개의 글자가 들어 있다는 말이다. 이처럼 어린 시절부터 총명하고 기억력이 남달랐다. 15세 때 아버지를 따라 함흥으로 갔다가 그 이듬해 한양으로 돌아왔다. 이때 임성주는 이이의 글을 읽고 큰 깨달음을 얻었다. 그는 "16세 때 이이의 글을 읽고 깨달음을 얻어 하늘과 사람이 하나로 합치되는 이치를 알았고, 큰 뜻을 세웠다."라고 말했다.

이이는 모름지기 사람은 일을 하기 전에 뜻을 세워야 한다고 했다. 임성주는 큰 뜻을 세웠고, 16세 때 쓴 「자서(自序)」에 그 뜻을 이렇게 밝혔다.

> 사람은 당연히 이치를 밝히고 도를 실행하기 위해 노력해 성인이 되기를 기대해야 한다. 강물에 씻어 햇볕에 말린 것처럼 성인의 덕은 밝은데, 나는 이처럼 오염되어 있다. 구름과 해를 보는 것처럼 성인의 도는 높은데, 나는 이처럼 비천하다.

그는 자신의 처지를 성인의 덕과 도에 비교하고, 이치를 밝히고 도를 실행해 성인이 되겠다는 뜻을 세웠다. 이후 스승을 찾아 수소문한 끝에, 이재(李縡)에게 편지를 보냈다. 임성주의 나이 17세였다. "정미년(1727년) 12월 20일 임성주는 목욕재계하고 선생님께 재배(再拜)의 예로써 글을 올립니다. 소생은 선생님을 사모하여 오래전부터 뵙기를 원했습니다. 어려서부터 사람들에게 듣기를 오늘날 문장이 고매하고 도덕이 높아 이 시대에 으뜸이 되는 분은 오직 선생님뿐이라고 했습니다." 그는 이처럼 깍듯하게 예를 갖추어 배움을 청하며 자신이 하고자 하는 학문에 대해 썼다.

자라면서 옛사람들이 자기 수양의 학문[爲己之學]을 했음을 알고 난 이후로 과거 시험을 보아 이름을 날리는 데는 뜻을 두지 않았습니다. 마음속으로 다짐하기를 '선생님께서 세상에 이름을 날리는 이유는 선생님의 덕 때문이고, 문장은 다만 그 영화(榮華)를 밖으로 드러낸 것일 뿐이다. 사람이 학문을 하려면 당연히 그 근본을 배워야 한다.'라고 했습니다. 비로소 옛날의 생각이 옳지 않았음을 알았습니다.

과거 시험에 뜻을 두지 않고 학문에만 정진할 것을 다짐한 글이다.

임성주는 아버지가 돌아가셔서 삼년상을 치른 후, 이재의 문하에서 본격적인 수업을 받았다. 23세 때, 어머니의 간곡한 뜻에 따라 사마시를 보아 급제했다. 그러나 벼슬자리는 임성주의 관심사가 아니었다. 그는 대과에는 응시하지 않고 사마시에 합격한 그 다음해에 『중용』을 들고 화양산에 들어가 50일 동안 연구했다. 27세 때에는 아예 어머니를 모시고 여강(지금의 여주)으로 거처를 옮겨 학문에만 열중했다.

임성주는 어려서부터 유교 경전을 홀로 혹은 교우들과 함께 연구하고 독파하는 데 주력했다. 「자서」에는 이런 내용이 있다.

육경을 연구해 근본을 깊게 하고, 사서를 고찰해 뜻을 원대하게 하며, 제자백가서를 참고해 공통점과 차이점을 평가하여 각각의 귀결점을 서로 통하게 한다. 그러면 옳고 그름을 분명하게 할 수 있고, 올바른 도리[義]와 사소한 이익[利]을 분별할 수 있어 자신을 수양하고 남을 다스리는 올바른 도리가 마음속에서 밝아진다. 또한 성인이 되고자 하는 궁극적인 목표를 얻을 수 있으니, 그 방책을 숨김없이 얻을 수 있다.

임성주는 이미 17세 때부터 유교 경전을 읽으며 스스로 주석을 달았다.

진정한 탕평책이란 무엇인가?

임성주는 영조와 정조 시대를 산 사람이다. 이 시대에 특기할 만한 사항은 정치적으로는 영조와 정조에 의해 시행된 탕평책(蕩平策)이고, 학문적으로는 인물성동이론(人物性同異論), 이른바 호락논쟁(湖洛論爭)이었다.

숙종 때 서인이 노론과 소론으로 나뉜 이후 둘 사이의 당파 싸움은 매우 치열해졌다. 영조는 탕평책을 써서 당파 간 조화를 이루고자 했으나, 오히려 당파 싸움으로 인해 아들인 사도 세자가 희생되었다.(1762년) 그 뒤를 이은 정조는 아버지의 희생을 거울로 삼아 탕평책을 더욱 넓은 범위에서 실시했다. 정조는 노론과 소론은 물론 정계에서 완전히 소외되어 있던 남인까지 등용해 균형과 조화를 꾀했다.

임성주는 두 차례에 걸쳐 세자에게 학문을 가르쳤다. 42세 때 사도 세자의 스승이 되었는데, 1년 정도 가르친 뒤 임실 현감으로 나갔다가 형과 동생이 죽자 낙향해 학문에만 열중했다. 그다음에는 사도 세자가 죽은 후세손(훗날의 정조)이 세자로 책봉되면서 세자의 스승이 되었다. 52세 때였다. 이번에도 1년 정도 가르친 후 병이 나 사직했다. 그 후로는 여러 지방 관직에 임명되었지만 모두 몇 달 만에 사직하고 낙향했다.

임성주는 한직에 머물거나 잠깐 동안 지방 관직을 맡았기 때문에 중앙 정계와 관계하지 않았다. 노론 계열에 속했지만 당파색과도 무관했다. 20세 때 스승 이재와 샘물가에서 나눈 이야기를 기록한 「한천어록(寒泉語錄)」에서 붕당에 대해 이렇게 썼다.

> 붕당은 예로부터 없을 수 없다. 음양이 있으니 올바름과 그릇됨이 없을 수 없다. 올바름과 그릇됨이 있으니 붕당이 없을 수 없다. 이것은 필연적이다. 다만 세속에서는 편견을 가지고 붕당이란 두 글자를 매우 좋지 않게 말하고 있다. 붕당이란 두 글자를 생각하지 말고 단지 올바름과 그릇됨만을 말하면 된다. 주자는 "붕당을 싫어해서 그것을 버리려고 하다가 종종 나라를 잃는 수가 있다."라고 했다. 따라서 그것을 버리기가 어려운데 꼭 없애려고 하는 이유는 무엇인가? 다만 올바름과 그릇됨을 가리고 말과 행동을 분명하게 하면 진정한 탕평을 볼 수 있을 것이다.

영조가 추진한 탕평책을 두고 한 말이다. 붕당은 필연적이므로 굳이 없애려 하지 말고, 올바름과 그릇됨을 잘 가려낸다면 진정한 탕평이 될 수 있다는 것이다. 임성주는 지방 관직에 있을 때에도 올바름과 그릇됨을 가리는 것을 주요한 업무라고 생각했다. 그는 '자신을 바르게 하고 사물의 이치를 올바르게 아는 것[正己格物]'을 중심으로 하여 정사를 돌보았다.

하지만 이런 자세를 정사에 무능력하다는 근거로 여기는 사람들이 있었던 모양이다. 64세 때 성천 부사로 임명되었는데, "문장은 잘하지만 정사에 서투르고 병치례만 한다.”라는 상소가 올라가 해임되었다. 임성주는 벼슬자리에 관심이 없던 사람이었기 때문에 이런 일에 개의치 않았다.

반면에 임성주는 학문적 특기 사항인 인물성동이론에는 깊은 관심을 가지고 논쟁의 추이를 살피며 자신의 입장을 정리했다. 인물성동이론이란 사람과 사물의 본성이 같은가 다른가를 따지는 논쟁이다. 이 논쟁은 이이와 송시열의 학맥을 잇는 권상하(權尙夏) 문하의 한원진(韓元震)과 이간(李柬) 사이에서 발생해 급격히 확산되었다. 대부분의 유학자들이 여기에 지대한 관심을 가지고 관망, 주시, 참여를 했다.

임성주 역시 마찬가지였다. 49세 때 김원행(金元行)에게 보낸 편지에서 이렇게 썼다.

> 이른바 마음의 본성[心性]에 관한 논쟁과 관련해 어릴 적부터 한원진과 이간 두 분 사이에 주고받은 편지를 보았습니다. 이간의 주장이 마음에 들어 그 주장을 절반쯤 받아들였습니다. 십여 년 전에, 우연히 『맹자』의 「생지위성(生之謂性)」을 읽었는데, 도에 관해 밝히면서 본성을 이기(理氣)의 큰 틀에서 다루는 것을 보았습니다. 이것을 깊이 생각해 보면서 약간의 깨달음을 얻을 수 있었습니다. 비로소 이간의 마음에 대한 견해는 진실로 의심할 수 없지만, 본성에 관한 견해는 합당한 것이 상당히 많음에도 마음에 대한 견해와 모순된다는 점을 알게 되었습니다.

이처럼 그는 어렸을 때부터 이 논쟁에 지대한 관심을 가졌다. 처음에는 이간의 주장이 올바르다고 생각했는데 『맹자』를 읽어 보면서 생각이 달라졌다고 했다. 이간의 주장에 모순이 있음을 알게 되었다는 것이다. 그렇다면 임성주의 생각은 어떻게 달라진 것일까?

인물성 논쟁의 시작

인물성동이론을 다루기에 앞서 학맥을 먼저 정리해 두자. 이이의 제자가 김장생이고, 김장생의 제자가 송시열이다. 송시열에게는 권상하와 김창협(金昌協) 등 여러 제자들이 있었다. 송시열은 정읍에서 사약을 받을 때, 학통의 수장 자리를 연장자인 권상하에게 물려주었다. 권상하 문하에는 이간, 한원진, 윤봉구(尹鳳九) 등이 있었다. 이이 학통을 이은 제4세대 제자들이다. 이들 사이에서 사람과 사물의 본성이 같은가 다른가를 놓고 논쟁이 벌어졌다. 이간은 같다는 입장이었고, 한원진은 다르다는 입장이었다. 스승 권상하는 한원진을 지지했다. 갑론을박이 벌어지면서 이이 학통을 이어받은 거의 모든 제자들 사이로 논쟁이 급속히 확산되었다.

김창협은 송시열의 제자로, 권상하의 후배이다. 김창협의 제자가 이재이고, 이재의 제자가 임성주, 김원행 등이다. 즉 임성주는 이이 학통의 제5세대 제자이다. 김창협은 이간을 지지했고, 제자들 역시 같은 입장을 취했다. 임성주가 처음에는 이간의 주장이 올바르다고 생각한 이유가 여기에 있다. 이간을 지지하는 사람들은 주로 한양에 살았기 때문에, 한양 부근이라는 뜻의 '낙하(洛下)'에서 따와 그들의 주장을 낙론(洛論)이라 했다. 반면에 한원진을 지지하는 사람들은 주로 충청도에 살았기 때문에, 충청도를 뜻하는 '호서(湖西)'에서 따와 그들의 주장을 호론(湖論)이라 했다. 즉 사람과 사물의 본성이 같다는 주장이 낙론이고, 다르다는 주장이 호론이다. 그래서 이 논쟁을 호락논쟁이라 한다.

논쟁은 한원진에게서 시작되었다. 그는 스승인 권상하에게 보낸 「상사문(上師門)」에서 본성에는 세 개의 층위가 있다고 했다.

본성에는 세 가지 층위가 있는데 서로 다릅니다. 사람과 사물이 똑같은 본성이 있습니다. 사람과 사물은 서로 다르고 사람끼리는 똑같은 본성이 있습니다. 사람마다 똑같지 않은 본성도 있습니다.

이에 대해 이간이 문제 제기를 하자, 이에 대답하기 위해 쓴 「의답이공거(擬答李公擧)」에서 이것을 이(理)와 기(氣)의 관계로 풀어 설명했다.

이의 근본은 하나이지만, 기를 초월하여 있는 것도 있고, 기로 인해 있는 것도 있고, 기와 섞어서 있는 것도 있다.

정리하면 이렇다. 이가 기를 초월해 있다는 입장에서 보면 사람과 사물의 본성은 같다. 이가 기로 인해 있다는 입장에서 보면 사람들 사이에서는 같지만, 사람과 사물 사이에는 다르다. 이가 기와 섞여 있다는 입장에서 보면 사람과 사물 사이에서도 다르고 사람과 사람 사이에서도 다르다. 한원진은 이 세 가지를 다시 구분해 첫 번째와 두 번째를 본연지성(本然之性)이라 하고, 세 번째를 기질지성(氣質之性)이라 했다.

이간은 즉각 반발했다. 그는 스승인 권상하에게 보낸 편지 「상수암선생(上遂菴先生)」에서 자신의 입장을 피력했다. 권상하가 한원진을 지지했기 때문에, 그는 스승과 논쟁을 벌여야 했다.

이가 기 가운데 있는 다음에야 그것을 본성이라고 합니다. 따라서 크게 본성을 말하면 본연과 기질은 본래 나누어지지 않고, 두 가지 뜻을 가집니다. 만약 이(理)만 말한다면 그것은 본연지성입니다. 본연이든 기질이든 본성은 단지 이일 뿐입니다. 따라서 본성을 말할 때 살펴야 하는 것은 기(氣)와의 관련 여부이고, 이(理) 자체는 다시 살필 필요가 없습니다.

이간의 주장은 이렇다. 본성은 이인데, 기와의 관련 여부에 따라 달리 말하게 된다. 즉 기와 관련되지 않을 때 본연지성이라 하고, 기와 관련될 때 기질지성이라 한다는 뜻이다. 따라서 한원진이 말하는 '기로 인해 있는 것'은 본연지성이 아니라 기질지성일 뿐이다.

두 사람의 쟁점은 분명해졌다. 무엇을 본연지성이라 하는가이다. 한원진은 본연지성을 들어 사람과 사물이 본성이 다르다 했고, 반면에 이간은 본연지성을 들어 두 가지의 본성이 같다고 했다.

성인과 보통 사람은 본래 다르다?

본성 문제는 유교 철학에서 근본에 해당하는 문제이다. 유교 철학은 인간의 본성은 착하다는 성선설(性善說)이라는 전제 위에 세워졌다. 선천적인 착한 본성, 그것이 이(理)이다. 그런데 본성이 착하다면 왜 도둑놈도 있고, 사기꾼도 있고, 심지어 엽기적인 살인마도 있는가? 유교에서는 그것이 기(氣) 때문이라고 설명해 왔다. 기가 다르기 때문에 다종다양한 성격의 인간들이 생겨난다는 설명이다.

그러면 어떻게 이가 현실에서 발현될 수 있는가? 이황의 철학에 따르면 비교적 단순히 설명된다. 이(理)는 스스로 발동한다. 현실 세계가 기로 가득 차서 악당들이 판을 치더라도 이가 발동하면 다 정리된다. 그런데 이이의 철학에 따르면 설명이 복잡해진다. 이는 스스로 발동할 수 없다. 발동하는 것은 기뿐이므로 기 속에서 이가 발현되는 길을 찾아야 한다. 이것이 이이의 철학이 해결해야 할 근원적인 문제였다.

이이의 주장에 따르면 이는 하나이고 온 세상에 두루 퍼져 있어 통하게 되고, 기는 다양한 모습을 가질 수밖에 없으므로 국한된다. 그러므로 보편적이고 절대적인 이는 드러날 수밖에 없다. 이것이 이통기국론이다. 그러나 이와 기는 서로 다른 것이기 때문에 이가 기 속에서 자연스럽게 드러난다고 할 수 없다. 이통기국론은 이가 드러나야 한다는 당위성의 근거는 될지언정 어떻게 해서 드러나느냐 하는 문제는 전혀 해결하지 못했다.

송시열은 그것을 권력의 문제와 연결시켜 해결하려 했다. 그는 이 세상을 선을 대표하는 세력과 악을 대표하는 세력으로 갈라 놓고, 선을 대표하는 세력이 힘을 키워 악을 대표하는 세력을 몰아내면 된다고 했다. 하지만 이런 주장은 당파 싸움의 정치적 논리는 될지언정 결코 철학적 해답이 되지는 못한다. 한원진의 고민은 여기에서 출발했다. 그는 본성을 세 가지 층위로 나누고 '기를 초월하여 있는 이(理)'를 상정했다. 그렇지만 그러한 이는 존재하지 않는다. 이는 기와 함께 기 속에 있다. 이이 학풍의 제자 한원진이 그것을 몰랐을 리 없다. 오히려 한원진은 기를 초월한 이를 드러냄으로써 부정하고자 한 것이었다. 그의 관심사는 이가 기와의 연관 속에서 어떻게 드러나느냐 하는 것이었다.

사람과 사물이 생겨난 다음에야 그것들의 본성이 있다. 한원진은 사람과 사물에 있는 본성을 밝혀내고, 그것을 본연지성과 기질지성으로 구분했다. 사람은 본연지성을 가지지만 사물은 기질지성만 가지므로 서로 다르다는 것이 결론이었다. 한원진의 결론은 기가 다르면 이도 다르다는 것이다. 이통기국론으로 말하면, 이통보다는 기국이 그의 관심사였다. 그렇지만 그는 본연지성과 기질지성을 엄격히 구분함으로써 비록 이가 기 속에 있지만 기와 구분된다는 점은 인정했다. 그런데 한원진이 본연지성이라 말한 '기로 인해 있는 것'과 기질지성이라 말한 '기와 섞여 있는 것'의 차이가 애매하다. 이가 기 속에 있다면 그것들은 서로 섞여 있는 것이지 다른 상황을 상정하기 어렵기 때문이다.

그래서 같은 권상하 문하의 윤봉구는 아예 '기로 인해 있는 것'을 삭제해 버렸다. 그는 「심성정합인심도심도설(心性情合人心道心圖說)」에서 "기가 있으면 이가 있다. 이는 스스로 움직이지 못하고 기에 따른다. 기가 온전한가 그렇지 않은가에 따라 이(理) 역시 온전하기도 하고 그렇지 않기도 한다."라고 말했다. 이렇게 말하면 이와 기의 차이가 거의 없어져 버린다. 이는 기에 따라 달라지는 것일 뿐이다.

윤봉구는 본연지성과 기질지성의 차이가 기 때문에 생겨난다고 했다. 그는 성인과 보통 사람의 차이를 예로 들어 설명했다.

> 성인이 타고난 다섯 가지 기는 고르고 아주 맑고 아주 아름답다. 크고 맑고 아름다운 정령 때문에 그 마음이 맑고 밝고 순수할 수 있다. 보통 사람은 타고난 기가 비록 바르고 통한다 해도 지나치거나 모자라는 등 불균형하다. 또한 맑음과 더러움이 섞여 있다. 정령도 불균형을 이루고 잡다해 지나치거나 모자라고, 맑거나 더러운 것 등 천만 가지로 고르지 못하다.

성인만이 맑고 순수한 기를 가지고 있으므로 본연지성을 가진다. 덧붙여 말하기를 "성인은 기가 맑아 순수한 마음이 계속 흘러가지만, 보통 사람은 기가 흐린 탓에 더욱 타락할 뿐"이라고 했다. 성인과 보통 사람은 태어날 때부터 본성이 다르고, 그 차이를 극복할 수 없으므로 보통 사람은 성인이 될 수 없다는 결론이다. 차별적 인간관이다.

논쟁이 일어난 이유

이간은 한원진, 윤봉구 등의 주장이 이(理)를 부정하는 방향으로 흐르고 있음을 우려했다. 그래서 그는 이의 중요성을 새삼 강조하고자 했다. 이간 역시 이이의 학통을 잇는 사람이기 때문에, 사람과 사물이 생겨나고 난 이후에야 본성이 드러난다는 점은 인정했다. 그러나 드러나기 이전에도 이미 본성이 존재하는 게 아니냐는 것이 이간이 주장하고자 한 바였다. 이미 존재하는 것, 그것은 이기론으로 말하면 이이고, 본성론으로 말하면 본연지성이 된다. 그것이 있음으로 해서 사람과 사물의 본성은 같다.

이러한 이간의 주장은 이통기국론으로 말하면 이통에 초점을 맞추는 것이었다. 그런데 여기에는 심각한 결함이 있다. 이간의 주장에 따르면 "이는 기 가운데 있지만, 기 이전에 이미 이가 존재한다." 그래야 사람과 사물이 생겨나기 이전에 이미 본성이 존재하게 된다. 이간은 한 발은 이이에, 다른 발은 이황에 걸쳤다. 양다리를 걸칠 수는 있지만, 논리적으로는 모순이다. 이와 기가 떨어질 수 없다고 하면서 그것들을 분리하기 때문이다. 또한 이간은 자신의 주장을 밀고 나가 "도둑놈의 본성이 순임금의 본성일 뿐만 아니라 사물의 본성이 사람의 본성이다."라는 비상식적인 결론을 내렸다.

이렇게 하여 논쟁의 한쪽 당사자들은 차별적 인간관이라는 비합리적 결론으로, 다른 한쪽은 사람과 개·돼지의 본성이 같다는 비상식적인 결론으로 치달았다. 이렇게 된 이유는 양쪽 모두 정도의 차이는 있을지언정 이(理)를 포기할 수 없었기 때문이었다. 이간과 한원진은 말할 것도 없고, 윤봉구 역시 이와 기의 차이를 최대한 좁혔지만 결론적으로는 이의 우위성으로 나아갔다.

이황과 이이 시대에는 이의 역할이 주요한 논쟁점이었다. 학자들은 이가 발동하느냐 그렇지 않느냐를 놓고 논란을 벌였다. 인물성동이론은 논쟁의 핵심을 이와 기의 관계로 옮겨 놓았다. 즉 이는 기에 따라 변화하느냐, 아니면 기와 구별되는 이가 있느냐가 주요 논쟁점이었다.

이런 논쟁점의 변화는 시대적 상황의 변화를 반영한다. 임진왜란과 병자호란을 거치면서 조선 사회는 크게 동요했고, 비록 일시적으로 조선의 붕괴 위기를 넘기기는 했지만 여전히 위기의 징후들이 계속 나타났다. 상공업의 발달로 신분제가 동요하기 시작했고, 전국 각처에서 농민들의 불만이 높아지고 있었다. 이런 움직임은 중세의 왕조 질서와는 다른 새로운 질서에 대한 요구를 내포했다.

또한 철학적으로 보면, 시대적 상황의 변화는 이가 발동할 것이라는 낙관론을 무력하게 만들었고, 기에 대한 관심을 높이는 결과를 낳았다. 이와 기의 관계와 관련해 세 가지 방향이 있을 수 있다. 기는 악한 것이므로 억압하고 이를 발현하자는 것이 하나의 방향이고, 기가 이에 영향을 준다는 점을 인정하면서 이가 발현될 수 있게 하자는 것이 또 하나의 방향이다. 이것들과 달리 아예 이(理)를 부정하고 기만을 인정해 기의 움직임을 긍정하자는 방향이 있다. 인물성동이론은 앞서 언급한 두 방향 사이의 논쟁이었다.

이(理)는 본성론에서 보면 순수하게 착한 본성, 즉 인의예지라는 도덕심을 가리킨다. 그런 도덕이 제대로 발현되었던 이상 사회가 중국의 요순 시대라는 것이 유학자들의 기본적인 생각이었다. 요순시대의 재현이 그들의 목표였고, 요순시대 이외의 새로운 질서를 요구하는 일은 악일 뿐이었다. 그래서 호론이든 낙론이든 이(理)의 우위성을 벗어날 수 없다.

다른 한편으로 이와 기의 관계를 두고 본격적인 논쟁이 벌어졌다는 것은 중세 이념으로서의 유교가 무너지고 있음을 의미한다. 이이는 위기의 시대에 유교 이념의 붕괴를 막기 위해 이와 기의 중요성을 함께 인정하고 이통기국이라는 논리를 내세웠다. 그것은 야심찬 기획이었고, 조선 중기의 지배적 철학으로 자리 잡았다.

그러나 위기가 더욱 심화되자 이통기국은 임시방편에 불과했음이 드러났다. 현실 변화를 악으로 규정하고 억압하자는 쪽은 이통을 강조했고, 전면적이든 부분적이든 긍정하자는 쪽은 기국을 강조했다. 이렇게 하여 이통기국은 붕괴했고, 조선의 지배적인 철학은 스스로 위기에 처했음을 드러냈다.

명쾌한 기일원론 철학

임성주가 김원행에게 이간의 주장에 문제가 있다는 내용의 편지를 보낸 것은 49세 때였다. 편지에서 그는 이미 10여 년 전에 그것을 깨달았다고 했다. 그런데도 자신의 입장을 밝히는 데 오랜 세월이 걸렸다. 단지 이간을 지지하는 스승 이재에 대한 배려의 마음 때문만은 아니었다.

임성주가 입장 발표를 늦춘 이유는 「녹려잡지(鹿廬雜識)」를 보면 알 수 있다. 그는 이 글에서 자신의 철학을 집약적으로 서술하면서도 착상을 산만하게 늘어놓은 듯한 형식을 취했다. 그러면서도 용어 하나하나에 주의를 기울였다. 자신의 구상이 자칫 이단으로 몰리는 사태를 방지하기 위해 주자학의 전통을 충실히 잇는 것처럼 보이게 하면서도 이치를 차분하게 따져 사고의 전환이 필연적임을 보여 주려 했기 때문이다.

「녹려잡지」의 처음 몇 줄을 보자.

그러하게 하지 않았으나 그러하다. 한 개의 텅 비어 둥글고 매우 큰 것을 스스로 가지고 있는데, 끝이 없고 광대하다. 안과 바깥이 없고, 갈라짐과 끊어짐이 없고, 가장자리의 경계가 없고 시작과 끝도 없어 온통 밝다. 그것은 또한 생의(生意)이다. 생의는 쉴 새 없이 흘러가면서 사물을 낳는데 헤아릴 수 없다.

주제어는 생의이다. 그것은 쉼 없이 흘러가면서 사물을 낳는다. 또한 텅 비어 둥글고 매우 큰 것을 가지고 있는데, 한없이 광대해 시작도 없고 끝도 없다. 그것은 또한 '그러하게 하지 않았는데 그러하다.' 즉 스스로 운동한다. 이렇게 정리해 놓고 보면 임성주가 무엇을 주장하는지 알 수 있다.

서경덕은 「원이기」에서 다음과 같이 주장한 바 있다.

태허는 맑고 맑으며 형체가 없다. 그것을 가리켜 선천(先天)이라 한다. 그 크기는 끝이 없고, 그것 이전에 시작은 없으며, 그것이 어디에서 왔는지 알 수 없다. 그 맑고 맑으며 텅 비어 고요한 것이 기의 근원이다.

임성주는 서경덕과 마찬가지로 기일원론을 주장하고 있는 것이다. 사상 통제라는 시대적 분위기 때문에, 그는 서경덕을 바로 인용하지 못하고 말을 둘러댔다. 기를 생의라고 말한 것도 그러한 이유 때문이다. 다른 한편으로 보면 생의는 생기(生機), 즉 '삶의 기틀'이라 말할 수 있는데, 기(氣)보다는 훨씬 와 닿는다. 그렇다고 둘러대는 말만 한 것은 아니었다. 조금 아랫부분으로 내려가서는 다음과 같이 서술했다.

우주에서 바로 위로 바로 아래로, 안도 없고 바깥도 없고, 시작도 없고 끝도 없고, 가득 차서 넘치고, 수많은 조화를 부려 수많은 사람과 사물을 만드는 것은 오직 하나 기(氣)뿐이다.

그러면서 덧붙이기를 "조그만 틈새도 없으니 어디에 이(理) 자를 집어넣겠는가."라고 했다. 임성주는 이처럼 명백하게 기일원론의 입장을 밝혔다. 그는 한 발 더 나아간다. "만리(萬里)는 만상(萬象)이고, 오상은 오행이고, 건순(健順)은 양의(兩儀)이고, 태극은 원기(元氣)이다."라면서, "모두 기를 두고 이름 지은 것이다."라고 했다. 이기이원론에서 보면 만리·오상·건순·태극은 이이고, 만상·오행·양의·원기는 기이다. 임성주는 그것들이 같은 것이라 하여 이와 기가 같다고 했다. 더욱이 그 모든 것이 기를 여러 가지로 부른 말이라고 했다.

명쾌한 기일원론이다. 서경덕만 해도 "이는 기의 주재"라고 하면서, "주재란 외부에서 와서 하는 것이 아니고, 단지 기가 운동하는 원리를 말한다."라고 보충 설명을 해야 했다. 그럼에도 "이는 기의 주재"란 말 때문에 이가 기보다 우월하다는 인상을 피할 수 없었다. 그러나 임성주는 어떠한 이름을 붙이든 그것은 기일 뿐이라고 명쾌하게 정리했다.

보통 사람도 군자가 될 수 있다

서경덕이 기일원론의 원리를 밝힌 데서 멈춘 반면, 임성주는 더 나아갔다. 기일원론의 원리를 밝힌 후 그가 선택한 다음 주제는 '이일분수(理一分殊)'였다. "이(理)는 하나이고 나뉘어 다르다."라는 뜻이다. '나뉘어 다르다'는 말은 수많은 사물이 있음을 가리킨다. 여기에서 초점은 '나뉘다[分]'라는 말이다. 무엇이 나뉜다는 말인가? 이는 하나이므로 나뉠 수 없다.

그래서 이이는 '이일'은 '이통'으로, '분수'는 '기국'으로 풀었다. 이렇게 이와 기를 구분 짓다 보니, 어떻게 기 속에서 이를 관철시킬 것인가 하는 문제가 생겼다. 이간, 한원진, 윤봉구 역시 이 문제를 풀 수 없어 비상식적이거나 비합리적인 결론으로 치달았던 것이다.

임성주는 "요즘 사람들은 이일분수를 들어 이는 하나이나 기는 다르다고 한다."라면서, "이가 하나인 것은 기가 하나이기 때문에 나타나는 줄 모른다."라고 비판했다. 그러면서 결론 내리기를 "이일분수는 이를 중심으로 하는 말이니 나뉘는 것은 마땅히 이(理)다. 만약 기를 주로 해서 말하면 기일분수(氣一分殊)도 옳지 않을 수 없다."라고 했다.

이를 위주로 하느냐, 기를 위주로 하느냐는 관점의 차이이다. 이(理)를 위주로 한다면 이는 하나이면서 나뉘어 여러 가지가 된다. 이것은 이가 하나라고 주장하는 정통 주자학에서는 도저히 받아들일 수 없는 결론이다. 그러나 이치는 분명하다. 이가 하나이면서 여럿이라고 해야 보편성과 특수성이 통일되고, 이가 어떻게 관철될 수 있느냐 하는 골치 아픈 문제가 해결된다. 이는 보편성이자 특수성이므로 구체적인 사물 속에서 자연스럽게 드러난다.

이것을 받아들일 수 없다면, 기일분수를 받아들이면 된다. 임성주의 입장에서는 이나 기나 똑같은 것을 가리키는 다른 이름일 뿐이다. 이렇게 하여 이이의 이통기국론은 폐기되었다. 모든 문제는 보편성과 특수성의 통일로 말끔히 정리되었다.

이렇게 기초를 다진 후, 임성주는 사람과 사물의 본성 문제로 들어간다. 그는 이간의 주장이 잘못되었다고 했다. 이간의 잘못은 '사람과 사물의 본성이 같다.'라는 주장 때문이 아니었다. 이와 기를 근본적으로 다른 것으로 구분하는 데 잘못이 있었던 것이다. 한원진과 윤봉구 역시 똑같은 오류를 범했다. 이와 기는 다른 것이 아니라 같은 것이다. 그러므로 본연지성과 기질지성을 구분하는 것도 역시 잘못되었다. 기질지성을 떠나 본연지성이 따로 있을 수 없다. 그 두 가지는 같다. 임성주는 말했다. "사람의 본성이 착함은 그 기질의 착함을 말한다. 기질 바깥에 착한 본성이 별도로 있는 것이 아니다."

사람과 사물은 모두 기, 즉 생의에 의해 생겨난다. 그러므로 사람과 사물의 본성은 같다. 그러나 여기에 머물면 사람과 개·돼지의 본성이 같다는 이간의 비상식적 결론과 똑같이 되고 만다. 그래서 임성주는 "사람과 사물의 기가 다르기 때문에 본성이 다르다."라고 덧붙인다. 즉 기로 인해 사람과 사물의 본성이 같고, 기 때문에 사람과 사물의 본성이 다르다는 것이 임성주가 내린 결론이었다. 이것은 사람과 사물의 본성이 같다고 하는 쪽과 서로 다르다고 하는 쪽 양측의 일면성을 극복하고 양자를 통일적으로 볼 수 있게 했다.

기가 다르니 본성이 다르다 함은 윤봉구의 주장과 다르지 않아 보인다. 그러나 임성주와 윤봉구의 주장은 근본적으로 다르다. 우선, 사람과 사람의 관계에서 윤봉구는 군자와 보통 사람의 기질이 다르기 때문에 보통 사람은 군자가 될 수 없다고 했다. 반면 임성주는 사람이 가진 기질은 누구나 같다고 했다. 즉 태어날 때부터 군자와 보통 사람이 구별되는 게 아니다. 그럼 왜 악당이 생겨나는가? 맑은 기 속에 찌꺼기가 있기 때문이다. 이 찌꺼기 때문에 악한 마음이 생겨나는데, 이것을 잘 다스리면 누구나 군자가 될 수 있다. 임성주는 이처럼 차별적 인간관을 넘어 평등한 인간관을 펼칠 수 있는 토대를 마련했다.

임성주는 사람과 사물의 관계에서도 사람의 도덕률로 사물을 평가하지 말라고 했다. 사물의 기, 즉 생의의 발현을 그 자체로 긍정해야 한다고 했다. 사물을 있는 그대로 바라보고자 한 것이었다. 임성주는 말한다. "닭이 울고, 개가 짖고, 솔개가 날고, 물고기가 뛰고, 초목이 울창하고 시드는 것을 두고 인간의 인의예지로 평가할 수 없다."

세계관 전환의 토대를 마련하다

임성주는 중앙 정계에 관여하지 않았는데도 당대의 실권자인 홍국영 측의 탄핵을 받았다. 당시 학자들은 자신의 뜻과 관계없이 특정 당파 소속으로 분류되었기 때문에 당파의 부침에 따라 그 영향을 받을 수밖에 없었기 때문이다. 그는 가족을 데리고 강원도 원주 산호로 거처를 옮겨 조용히 독서를 하고 지냈다. 그렇게 5년간 원주에서 지낸 후 공주로 돌아와서 죽었다. 1788년, 그의 나이 78세였다.

임성주는 현실을 있는 그대로 긍정하는 철학적 토대를 마련했다. 이가 기의 다른 이름이라 하여 기일원론의 원리를 명확하게 밝혔고, 기일분수를 통해 보편성과 특수성의 통일로서 현실을 바라볼 수 있는 시각을 제시했다. 또한 사람은 모두 같은 기를 타고난다고 하여 평등한 인간관을 위한 토대를 제공했고, 사람의 도덕관념으로 사물을 평가하지 말라는 획기적인 관점을 세웠다. 그것은 세계관의 전환을 알리는 전주곡이었다.

임성주의 주된 관심은 도덕이었다. 현실 속에서 인의예지가 어떻게 나타나고 있는지가 주된 관심사였다. 그가 이룩한 철학적 토대를 바탕으로 우주와 자연, 사회를 설명하는 일은 후대 학자들의 몫으로 남겨졌다.

녹려잡지

임성주가 49세 때 지은 글로, 그의 철학이 집약되어 있다. 여기에
는 주요한 부분만 발췌해 싣는다.

    그러하게 하지 않았으나 그러하다. 한 개의 텅 비어 둥글
고 매우 큰 것을 스스로 가지고 있는데, 끝이 없고 광대하
다. 안과 바깥이 없고, 갈라짐과 끊어짐이 없고, 가장자리의
경계가 없고, 시작과 끝도 없어 온통 밝다. 그것은 또한 생의
이다. 생의는 쉴 새 없이 흘러가면서 사물을 낳는데 헤아릴
수 없다. 그것의 본체를 가리켜 천(天)이라고도 하고, 원기라
고도 하고, 호연(浩然)이라고도 하고, 태극이라고도 한다. 생
의를 가리켜 덕이라고도 하고, 원(元)이라고도 하고, 천지지
심(天地之心)이라고도 한다. 쉴 새 없이 흘러가는 것을 도(道)
라고도 하고, 건(乾)이라고도 한다. 헤아릴 수 없음을 신(神)
이라고도 한다. 그러하게 하지 않았으나 그러하다는 것을 가
리켜 명(命)이라고도 하고, 제(帝)라고도 하고, 태극이라고도
한다. 요약하면 모두가 텅 비어 둥글고 매우 큰 것을 두고 이
름을 다르게 붙인 것인데, 그 실상은 하나이다. (그러하게 하지
않았으나 그러하다는 말은 바로 자연을 가리키는 말이다.)

    깊이 생각해 보면, 우주에서 바로 위로 바로 아래로, 안
도 없고 바깥도 없고, 시작도 없고 끝도 없고, 가득 차서 넘
치고, 수많은 조화를 부려 수많은 사람과 사물을 만드는 것
은 오직 하나 기뿐이다. 조그만 틈새도 없으니 어디에 이(理)
자를 집어넣겠는가. 기의 능력이 이와 같이 성대하게 작용하

니 누가 그것을 시켰는가. 스스로 그렇게 해서 그렇게 된 것일 뿐이다. 저절로 그러한 것을 가리켜 성인이 도(道)라고도 하고, 이(理)라고도 했다. 기는 본래 텅 비어 아무것도 없는 것이 아니다. 전체가 밝고 겉과 속을 모두 관통하는 것이 생의이다. 기는 한 번 움직여서 만물을 발생시키고, 한 번 고요하여 만물을 거두어들인다. 발생하는 것이 원이고 형(亨)이다. 거두어들이는 것이 이(利)이고 정(貞)이다. 이것은 기의 성질이니, 자연히 그렇게 되니 당연히 그렇게 된다. 당연한 것이기에 성인은 또 그것을 도라 하고, 이(理)라 하는 것이다. 그러나 자연히 그렇게 되는 것과 당연히 그렇게 되는 것은 또한 경계가 없으니, 기를 두고 한 말이다. 그러하게 하다[然]라는 말은 바로 기를 가리킨다. 그 앞에 붙는 자(自) 자나 당(當) 자는 그저 보태어 넣은 말로서 기의 의사(意思)를 형용하는 말일 뿐이다. 진실로 기의 의사를 알 수 있다면 기를 이라고 부르더라도 잘못된 것은 아니다. (중략) 오늘날의 사람들은 이것을 알지 못하고, 주자가 "이와 기는 결단코 두 개다."라고 한 말만을 믿고 종종 이와 기가 두 개라고 생각한다.

만리는 만상이고, 오상은 오행이고, 건순은 양의이고, 태극은 원기이다. 모두 기를 두고 이름 지은 것이다. 오늘날 사람들은 이일분수를 이는 같으나 기는 달라 여러 가지라는 뜻으로 생각하여, 이가 하나인 이유가 기가 하나이기 때문임을 알지 못한다. 만약 기가 하나가 아니라면 이가 하나인 이유를 어떻게 알 수 있겠는가. 이일분수는 이를 위주로 하여 말한 것이니, 여기에서 분(分) 자는 당연히 이에 속해야 한다. 만약 기를 위주로 하여 말하면 기일분수라 해도 틀리지 않은 말이다.

인간의 본성이 착한 이유는 곧 기질이 착하기 때문이다. 기질 밖에 착한 본성이 따로 있는 것이 아니다. 그래서 "사람은 착하지 않음이 없고, 물은 아래로 흘러가지 않음이 없다."라고 했다. 또한 "사람을 해치고서 어찌 인의가 실현되기를 바라는가."라고 했다. 사람이란 글자와 물이란 글자만을 말하고 본성을 다시 거론하지 않았으니 그 뜻을 알 만하다. 그래서 맹자가 본성은 착하다고 하면서 호연지기(浩然之氣)를 말하는 데 이르렀으니 그 뜻을 알 만하다. 정자가 말하길 "맹자는 그 가운데를 지나 호연지기를 발휘해 나갔으니 가히 다했다고 할 만하다."라고 했다. 그것이 올바른 얘기이다. 오늘날 사람들은 사람과 본성을 둘로 분리하여 사람의 기질은 악하고 본성은 착하다고 한다. 그것은 이와 기를 둘로 갈라 버리는 것이다. 그래서 본성의 착함을 진정한 착함일 수 없게 했다. 어떤 사람은 기질이 오염되고 온전하지 못한데 (기질의 본체는) 어디에 있느냐고 의문을 제기한다. 그것에 대해 (나는) 비록 기질이 오염되고 온전하지 못하다 할지라도 그 본체는 맑고 온전해 다름이 없다고 대답할 것이다. 사람은 천지의 바른 정기를 타고나고, 마음은 텅 비어서 통한다. 이 텅 비고 통하는 곳에 맑고 온전한 본체가 뻗쳐 있다. 그래서 아무런 장애 없이 천지와 통하고 흘러간다. 그 덕을 본성이라 하고 그 신(神)을 마음이라 하며, 그 작용을 감정이라 한다. 이것들은 모두 기에 의거해 이름 지은 것이다. 이른바 오염되고 온전하지 못하다는 것은 바른 기 가운데 있는 찌꺼기를 두고 하는 말이다. 찌꺼기가 무거우면 본체가 감춰지는 것 또한 이치이고 필연이다. 그렇다고 어찌 본체가 착하다는 것을 의심할 수 있겠는가.

기의 근본은 하나이다. 오르고 내리며, 날아오르고 펼치며, 느끼고 만나며, 엉키고 모일 때 커지기도 하고 작아지기도 하며, 올바르기도 하고 치우치기도 하며, 강하기도 하고 부드럽기도 하며, 맑기도 하고 오염되기도 한다. 스스로 천차만별이 되지 않을 수 없는데, 엉키고 모인 것에 따라 각각 하나의 기가 된다. 그것을 두고 장자는 "떠도는 기가 어지럽다가 합쳐서 바탕이 되어 사람과 사물이 만 가지로 달리 생겨난다."라고 했다. 비록 각각 하나의 기가 된다고 하지만 기의 근본은 그곳에 있지 않은 적이 없으면서, 엉키고 모이는 것에 따라 발현한다. 엉키고 모여 물이 되면 물은 적시면서 흘러내려 간다. 그것이 기의 발현이고 물의 본성이다. 엉키고 모여 불이 되면 불은 태우면서 위로 올라간다. 그것이 기의 발현이며 불의 본성이다. (이것으로 미루어 보면 만물이 다 그렇다.) 그런데 엉키고 모이는 정도가 강하고 부드러움에 따라 달라져서 그 본성이 다르게 된다. 그러나 기의 생의가 하지 않는 바가 없다. 대체로 적시면서 내려감과 태우면서 올라감은 기가 하나의 단서로서 나타난 것인데, 사람의 착함은 그 전체이다.

통(通)과 국(局) 두 자는 이와 기에 나누어 소속시킬 필요가 없다. 대체로 하나가 근원을 이루는 것을 말하면 이만 하나이지 않고 기 또한 하나이다. 하나면 통한다. 만 가지가 다른 것에 대해 말하면 기가 만 가지일 뿐만 아니라 이 또한 만 가지이다. 만 가지면 국한다. 하나는 신(神)이고 두 개가 존재하면 헤아릴 수 없다 하니 통이 아니다. 인을 행하면 의를 얻을 수 없고, 의를 행하면 인을 얻을 수 없으니 국이 아니다. (통과 국으로 이와 기를 나누면 말은 새롭지만 뜻은 막힌다. 만약 이일분수의 논의를 이를 위주로 하지 않으면서 기가 그 가운데 있게 하고, 한데 얽혀 꿰맨 틈이 없게 하면 말이 쉬우면서 뜻이 명확하게 된다.)

이른바 '본성이 곧 이다.'라는 말은 어찌 본성이 같다는 증거만 되고 다르다는 증거는 될 수 없는가. 대체로 이(理)는 하나이면서 만 가지이다. 하나이면 같다. 만 가지이면 다르다. 하나이면서 만 가지이고, 만 가지이면서 하나이다. 같으면서도 다르지 않을 수 없고, 다르면서도 같지 않을 수 없다. 바로 이의 전체이다. 오늘날 사람들은 하나이면서 같은 것은 이라 하고 만 가지이면서 다른 것은 기이지 이가 아니라고 한다. 무릇 기 바깥에 이가 없다. 본성 바깥에 만물이 있는 것이 아니다. 기를 위주로 하여 말하면 만 가지가 모두 기이다. 어찌 한 가지가 기가 아니란 말인가. 이를 위주로 하여 말하면 하나는 진실로 이(理)이다. 유독 만 가지만 이가 아닐 수 있겠는가. 아, 이와 기가 나뉘어서 둘로 된 지 오래구나. 속된 견해가 어둠 속에서 더듬어 찾으면서 말을 고집해 뜻을 현혹시키는 것처럼 어찌 괴이한 일이 아니겠는가.

김삼연(金三淵)이 동물의 본성과 도에 대한 질문에 답해 말하길 "바탕은 온전하지만 작용은 통하지 못했다."라고 했다. 그 말이 아주 통쾌해 잠깐 보아서는 기뻐할 만한 것이지만, 사물의 이치를 세밀하게 살펴보면 그의 말에 잘못된 점이 많이 발견된다. 대체로 호랑이와 이리의 부자 관계, 벌과 개미의 군신 관계에 대해서는 (김삼연처럼) 말할 수 있다고 하겠다. 그러나 소가 밭 갈고, 말이 짐 싣고, 닭이 울고, 개가 짖고, 솔개가 날고, 물고기가 뛰고, 초목이 울창하다가 시드는 것은 원래 사람과 다르니 어떻게 해서 말이 통하게 하겠는가. 무릇 도는 본성을 따르는 것이다. 밭 갈고, 짐 싣고, 울고, 짖고, 날고, 뛰고, 울창하다가 시드는 도가 있다면 그와 같은 본성이 있는 것이다. 그 본성이 사람과 같다고 하면, 사람과 달라지게 되는 이유는 기질 때문이다. 그러면 기질지성은 또한 다르다고 할 수 있는가. 옛 유학자들이 동물과 식물의 도를 논하면서 번번이 기질지성을 따른다고 말했는가. 만약 본성은 사람과 같아서 스스로 본성이고, 도는 기에 따라서 그렇게 될 수밖에 없다고 한다면, 본성은 도 밖에 있게 되고, 도는 형체에 제약을 받아 본성은 본성이 아니게 되고, 도는 도가 아니게 되어 하나도 옳지 못하게 된다. 김삼연은 도무지 이것에 대해 깊이 연구하지 않고, 호랑이와 이리의 부자 관계를 대충 살펴, 바탕은 갖추었으나 작용은 막혔다는 주장을 했다. 자사(子思)의 말과도 어긋나고, 진실로 탄식할 만한 일이다.

심성잡영(心性雜詠)

임성주가 59세 때 지은 철학 시로, 김원행의 「신기음(神氣吟)」에서 운을 따 서른여섯 수를 짓고, 그 각각에 설명을 덧붙였다. 여기에는 그중 아홉 수를 싣는다.

원래 맑고 온전한 것이 하늘과 사람을 관통하나니,
성대하게 흘러가서 스스로를 신(神)이라 하는구나.
하나이기에 신이고, 신이어서 진실하고,
기와 마음과 본성을 두루 갖추었으니 진실하도다.

기다, 본성이다, 마음이다 하는 것은 모두 하나라는 말은 무엇을 가리키는가? 정자는 "형체를 가리켜 천(天)이라 하고, 주재(主宰)를 가리켜 제(帝)라 하고, 오묘한 작용을 가리켜 신(神)이라 하고, 본성과 심정을 가리켜 건(乾)이라 한다."라고 말했다. 상하를 가르는 게 분명하니, 천은 기이고 건은 본성이다. 제와 신은 마음이다.

맑고 온전한 것이 사람마다 부여되었음을 모름지기 알아야 하나니,
요임금이나 걸왕(桀王)[1]은 원래 이 신(神)이 같다.
기가 같고 신이 같아 진실로 하나이니,
기와 신이 다르면 진실 역시 달라진다.

기의 근본은 맑고 온전함이다. 맑고 온전한 것이 나뉘어 음과 양이 된다. 또 나뉘어 오행이 된다. 사람은 음양과 오행

의 뛰어난 기를 받아 가지고 태어나 마음이 텅 비어 통한다. 이 텅 비어 통한 곳에 맑고 온전한 본체가 있다. 요임금 역시 맑고 온전하고, 걸왕 역시 맑고 온전하다. 이미 같으니 신과 본성이 같음도 그 가운데 있다. 맑고 온전한 것에서 나뉜 가닥이 있다면 신은 어찌 홀로 하나이겠는가. 신에 차등이 있다면 본성은 어찌 나뉠 수 없겠는가.

기가 같으니 신이 같다고 하는데,
예부터 평범함과 신이 어떻게 갈라졌겠는가.
기에는 찌꺼기가 있어,
찌꺼기가 무거우면 신을 덮어 버리는구나.

우수한 기를 받아 가지고 태어났다 해도, 우수한 기 가운데 찌꺼기가 없을 수 없다. 맑거나 오염되고, 온전하거나 찌그러지는 등의 차이가 있는 이유는 찌꺼기가 두껍기도 하고 얇기도 하기 때문이다. 찌꺼기가 두꺼우면 맑고 온전한 것이 가려지고, 맑고 온전한 것이 가려지면 신과 본성 역시 흐려진다.

오염된 기 역시 영험한 신이라 하지 말라,
기가 오염되면 신이 아니게 되느니라.
도척(盜跖)과 장교(莊蹻)[2]가 맑고 온전한 본체가 없다면,
이 밝고 밝은 신을 받아 가지고 태어났겠는가.

2) 사마천의 『사기』에 등장하는 도적들.

요즈음 학자들은 맑고 온전한 본체에 관해 제대로 파악

하지 못했다. 수준 낮은 학자들은 기가 마음을 더럽혀 거울의 쇠가 정교하거나 조잡하게 된다고 주장한다. 수준이 높다는 학자들은 마음과 기를 분리해 기는 오염되고 온전하지 못해도 마음의 본체와 상관없다고 말한다. 도척과 장교가 사악하지만 호연지기를 가지고 태어났기에, 밝고 밝아 영험한 것이 그 본체가 됨을 알지 못한다. 만약 그렇지 않아 마음이 원래 오염된 기로 막혀 있다면 신 또한 거기에 없을 것이다. 그러면 밝고 영험한 본체가 어디에서 드러나겠는가. 도척이나 장교의 밝은 덕이 성인과 같다는 것을 말할 수 있겠는가.

> 도와 기(器)가 나누어진 지 오래되었구나,
> 이간과 한원진의 싸움은 근원이 같은 병이로다.
> 치우침과 온전함, 선과 악을 둘로 갈랐으니,
> 서로 바꾸면 한 가지 소리가 된다.

마음과 본성은 치우침과 온전함으로 나눌 수 없다. 선과 악 역시 나눌 수 없다. 각기 한쪽 머리를 잡고 서로 배격하니, 그 주장이 스스로 서로 모순된다. 함께 목욕하면서 상대방이 옷을 벗었다고 나무라니 웃음이 난다. 한원진이 선과 악에 대해 주장한 바를 이간이 치우침과 온전함에 대해 주장한 것과 합치고, 이간이 선과 악에 대해 주장한 것을 한원진이 치우침과 온전함에 대해 주장한 바와 비교하면, 옳고 그름을 주장할 수 없다. 그 주장들이 서로 따르는 주장이니 모순되는 폐단이 사라진다.

이가 순수하면 기도 순수하니,

기가 순수하지 못하면 어찌 이가 순수하겠는가.

매번 찌꺼기를 본체를 잘못 알고서는,

본성이 순수하다는데, 실은 순수하지 않구나.

이에서 말하면 이(理)는 본래 순수하므로, 기 역시 본래 순수하다. 기를 따라 말하면 기가 순수하므로 이 역시 순수하다. 이가 순수하지 못하면 기가 어찌 스스로 순수하겠는가. 기가 순수하지 못하면 이가 허공에 매달려 홀로 순수하다는 말인가. 오늘날 사람들은 기를 말하면서 찌꺼기를 본체로 알아, 사람이 가지고 태어난 기는 본래 맑은 것도 있고 오염된 것도 있다고 한다. 말로는 본성이 착하다고 하지만 사실 진정으로 순수한 착함은 성립되지 않는다.

하나의 근본이 만 가지가 되는 게 진실이니,

나누어 갈라짐이 어찌 이가 하나인 것에 방해가 되겠는가.

만 가지는 도리어 하나가 됨을 모름지기 알아야 하나니,

다르다느니 같다느니 다만 이것을 두고 하는 말일 뿐이다.

하나의 기가 흘러 만 가지를 만든다. 치우치거나 온전하거나, 작거나 크거나 면모가 각기 다른 것은 이가 스스로 그렇게 한 것이다. 그러므로 만 가지의 다른 것이 하나의 같은 것이다. 만 가지냐 하나냐 하는 것은 원래 이것을 두고 하는 말이다. 만 가지 바깥에 하나가 있는 것이 아니니, 하나를 만 가지라 해도 하나에 해로운 것이 아니다. 말하는 사람들

이 하나를 이에 소속시키고 만 가지를 기에 소속시켜, 만 가지에 대해 이라 말하면 크게 놀라 괴이하게 여기고, 들고일어나 이(理)는 하나일 뿐이라고 공격하니, 그러면 만 가지는 어디에 있는가. 가소로울 뿐이다.

다르다고 하고 같다고 하는 게 모두 본연이니,
다른 데서 같은 것을 알아보아야 참된 깨달음이라.
위에서 겹겹이 닫히고 떨어져 있는 바람에,
이는 기(氣)를 넘어서 원만하다 하는구나.

하나의 이는 모든 것을 갖추고 있고, 만 가지 형상은 숲처럼 우거져 있다. 그렇다고 같은 것은 본래 본체이고, 다른 것은 홀로 원래 본체에 속해 있지 않은 것이겠는가. 다르다는 것이 같지 않다는 것이 아님을 알아야 한다. 다른 것은 기질이지 본연이 아니라고 한다면, 그 다른 것은 본연에서 나온 것이 아니니 도대체 어디에서 나온 것인가? 그렇다면 본연지성은 텅 비고 막막해 형체가 없으니 그것이 옳은가?

도의 본체는 밝고 무성하여 어디든 머무는데,
깊이 생각하는 공부가 얕으면 알기 어렵구나.
이 말 한 마디가 이치에 맞지 않으면,
하늘이 버리리라, 하늘이 버리리라.

천명의 비밀은 일상생활에 있다. 일상생활이 성숙해지면 도의 본체가 뛰어오르는 것과 같다. 일상생활을 하면서 깊이 생각하고 쌓아 올린 공부가 없으면서, 단번에 총명해져 언어와 문자로 분별하고자 한다면 옳지 않다.

더 읽어 보기

손흥철,『녹문 임성주의 삶과 철학』, 지식산업사, 2004
조동일,『한국의 문학사와 철학사』, 지식산업사, 2000
한국철학사상연구회,『논쟁으로 보는 한국 철학』, 예문서원,
1995
한형조,『조선 유학의 거장들』, 문학동네, 2008
현상윤, 이형성 교주,『현상윤의 조선유학사』, 심산, 2010

홍대용

평등주의 세계관으로 중화사상을 깨뜨리다

홍대용은 충청도 천원군(지금의 충청남도 천안) 수촌 마을에서 태어났다. 그의 자는 덕보(德保)이고, 호는 담헌(湛軒)이다. 아버지는 목사를 지낸 역(櫟)이고, 어머니는 청풍 김씨이다.

10세 때 학문에 뜻을 두고, 12세 때 경기도 양주(楊州, 지금의 남양주시)에 있는 석실서원(石室書院)으로 가 김원행의 제자가 되었다. 29세 때에는 나경적(羅景績)을 만나 함께 혼천의(渾天儀)를 제작하고, 충청도 천안군 장명 부락에 사설 천문대를 설치하고 농수각(籠水閣)이라 이름 지었다.

35세 때, 숙부인 홍억(洪檍)을 따라 북경 여행을 했다. 이때 사귄 육비(陸飛), 엄성(嚴誠), 반정균(潘庭筠) 등 세 사람의 중국 학자들과 평생의 우정을 나누었다. 이로 인해 그는 오랑캐와 사귄다는 음해에 시달려야 했다.

44세 때 익위사(翊衛司) 시직(侍直)에 임명되어 17개월간 정조를 가르친 것을 시작으로, 53세에 어머니의 병을 핑계로 영천군수를 사직할 때까지 9년간 벼슬살이를 했다.

1783년 10월 22일, 그는 중풍으로 상반신 마비를 일으켜 갑자기 죽었다. 그의 나이 53세였다.

그의 저서로는 『담헌서(湛軒書)』, 『주해수용(籌解需用)』, 『건정필담(乾淨筆談)』, 『임하경륜(林下經綸)』 등이 있다.

자유로운 사상 연구를 추구하다

　허자(虛子)라는 선비가 있었다. 그는 30년 동안 은거하며 공부했다. 그리하여 마침내 세상의 모든 법칙과 진리를 깨달았다. 그런데 세상에 나와 사람들과 이야기를 해 보니 사람들이 자신의 얘기를 제대로 알아듣지 못했다. 심지어 비웃기까지 했다.

　그래서 그는 중국으로 갔다. 수많은 선비들을 만나 얘기해 보았지만 그를 알아주는 사람은 아무도 없었다. 마침내 그는 이렇게 탄식한다.

　"어찌 된 세상인가? 내가 공부한 유교가 잘못된 것인가?"

　홍대용(洪大容, 1731~1783년)이 쓴 『의산문답(醫山問答)』은 이렇게 시작된다. 허자는 30년 동안 은거하며 유교를 공부했다. 마침내 모든 법칙과 진리를 깨달았다고 자부했는데, 세상 사람들과 얘기해 보니 비웃음만 샀다. 홍대용은 유교가 세계를 설명하는 데 한계에 봉착했음을 이렇게 표현했다.

　홍대용은 중국 북경에서 만났던 육비, 엄성, 반정균 등 세 사람의 학자에 대해 「건정록후어(乾淨錄後語)」에서 "겉과 속이 일치하고 마음과 하는 말이 서로 다르지 않아, 일반 선비들이 보여 주는 겉치례하는 태도가 없다는 점에서 모두 같다."라고 했다. 세 학자를 조선의 선비들과 간접 비교한 것이었다.

또한 그들과의 만남에 대해 "그들은 우리나라 사람들의 고루한 습성을 깨끗이 씻어 버렸으므로 실로 사람의 가슴을 시원하게 했다."라고도 했다. 그러면서 조선의 유학자들에 대해 이렇게 썼다.

> 우리나라 학자들이 주자를 숭상하는 것은 중국조차도 따르지 못할 것이다. 그런데 숭상하는 것만 귀중하게 생각하고, 경전에 의문이 생겨 의논을 해야 하는 대목에 이르러서는 바람 부는 대로 따라가고, 서로 무리를 지어 생각의 허물을 덮어 주기만 한다. 이렇게 하여 입에다 재갈을 물리려 한다.

조선의 학자들은 경전에 대해 의문이 있어도 의논하지 않고, 무리를 지으며 입에다 재갈을 물린다고 했다. 학자들이 탐구 정신을 상실한 현실을 이렇게 한탄했다. 입에다 재갈을 물린다는 것은 당시 사상 통제가 이루어졌음을 뜻한다. 자기 무리와 다른 견해를 가진 유학자가 있다면 사문난적으로 몰아 탄압하는 일이 비일비재했다.

홍대용은 이런 학문적 상황에 저항하고자 했다. 그가 중국의 학자들을 소개한 의도가 여기에 있다. 당시 조선에서는 청나라를 오랑캐로 간주했다. 또한 청나라 정부에 봉사하는 중국인 역시 오랑캐와 다를 바 없다고 했다. 그러나 홍대용은 자신이 만난 중국의 학자들을 예로 들어 그들이 결코 오랑캐가 아니라고 했다. 오히려 중국 학자들과 비교함으로써 조선 유학자들의 허위성을 드러내고자 했다.

홍대용은 "우리나라는 중엽부터 편파적인 논의가 나타나고, 시비가 공정하지 못하게 되었다."라고 말했다. 송시열 이후 나타나기 시작한 사상 통제에 대한 비판이다. 또한 그는 주자학에 대한 절대적인 숭상으로 인해 철학이 위기에 처하게 되었다고 생각했다. "중국에서는 주자학과 배치되는 양명학을 숭상하는 사람들이 많지만, 그 사람들에 대해 사문난적이라 하는 얘기를 듣지 못했다."라고도 했다.

물론 홍대용이 양명학을 숭상한 것은 아니었다. 다만 자유로운 입장에서 사상을 추구해야 함을 말하고자 한 것이다. 그는 "나는 내가 좋아하는 것을 따르고, 그들은 그들대로 선한 일을 하도록 하는 게 나쁘단 말인가?"라고 문제를 제기했다.

자유로운 사상 연구. 이것은 홍대용이 일생을 두고 추구한 학문하는 태도였다. 다양한 사상과 분야에 대한 연구를 통해 그는 주자학으로 대표되는 조선의 지배적 철학의 근간을 뒤흔들어 놓았다.

의문에서 시작하는 학문

홍대용의 학문은 의문에서 시작된다. 그는 독서 방법에 대한 글 「독서부결(讀書符訣)」에서 "배운 것에 대해 의문을 품지 않는 것이 사람들의 공통점"이라며 이렇게 썼다.

글을 대충 읽는 사람은 의문이 없기 마련이다. 그러나 이것은 의문이 없는 게 아니고 깊이 생각하지 않았기 때문이다. 의문이 없는 데서 의문이 생기고, 맛이 없는 데서 맛을 느껴야 독서를 했다고 말할 수 있다.

이 글은 홍대용이 38세 때 쓴 것으로, 당시 그는 아버지의 삼년상을 치르며 시골 서당에서 잠시 선생 일을 하고 있었다. 그런데 2년 동안이나 배

읽는데도 진척을 보이지 않는 학생들이 있었다. 홍대용은 그 이유가 생각하지 않고 의문을 갖지 않는 데 있다면서, 그런 태도로는 "학문을 하든 과거 공부를 하든 남들보다 잘할 수 없어 결국 쓸모없는 인재가 될 것이다."라고 제자들을 꾸짖었다.

그것은 자기 자신에 대해 경계하는 말이기도 했다. 홍대용은 항상 이런 자세를 가지고 학문했다. 『의산문답』의 허자는 '내가 공부한 유교가 잘못된 것인가?'라고 질문했지만, 홍대용 본인은 "왜 잘못되었는가?"라는 데까지 나아갔다. 그러한 의문이 세계관의 전환을 이루어 내는 원동력이었다.

홍대용은 충청도 천원군 수촌 마을에서 태어났다. 그는 10세 때부터 학문에 뜻을 두었는데, 훗날 "10세가 되면서부터 고학(古學)에 뜻을 두고 문장이나 끼적거리면서 세상 물정에는 어두운 선비가 되지 않기를 맹세했다. 나라를 부강하게 하고 백성을 편안하게 하는 학문을 아울러 사모했다."라고 회고했다. 고학에 뜻을 두었다는 말은 옛날 학문을 하겠다는 것이 아니라 진정한 학문을 하겠다는 의미이다.

그는 선비를 경전을 연구하는 선비, 문장을 하는 선비, 과거 공부를 하는 선비의 세 부류로 나눈다. 먼저, 과거 공부를 하는 선비를 재사(才士)라고 하는데, 시와 문장을 공부해 벼슬과 명예를 구하는 사람들로 진정한 선비가 아니라고 했다. 다음으로, 문장을 하는 선비를 문사(文士)라고 하는데, 경전의 글귀나 옛 학자들의 문장을 베끼며 말을 꾸미는 데 익숙하고 당대에는 물론 후대에까지 명성을 얻고자 하는 사람들로 역시 진정한 선비가 아니라고 했다. 마지막으로, 경전을 공부하는 선비를 경사(經士)라고 하는데, 겉으로는 고상하고 몸가짐이 단정하지만 속으로는 도덕이 없고 세상을 다스릴 능력도 없는 속이 텅 빈 사람들로 역시 진정한 선비가 아니라고 했다. 이러한 분류와 평가로 미루어 홍대용 자신은 벼슬과 명성에 구애되지 않는 진정한 선비가 되고자 했음을 알 수 있다.

12세 때, 경기도 양주에 있는 석실서원으로 가 김원행의 제자가 되었다. 어릴 때 집을 떠나 유학(遊學)을 하게 된 것이다. 김원행은 이재의 제자로, 임성주와 아주 가까운 동문이었다. 홍대용은 김원행의 문하로 들어감으로써 이이 학통의 제6세대 제자가 되었다.

송시열만 옳은가?

홍대용은 고학과 아울러 '나라를 부강하게 하고 백성을 편안하게 하는' 학문을 하겠다고 했다. 이런 학문적 경향은 「소학문의(小學問疑)」에 실린 다음과 같은 글에서도 잘 드러난다.

> 옛날에는 어렸을 때부터 육예(六藝)를 가르쳤으므로, 자라서 비록 위로 도를 아는 데까지 미치지 못할지라도 아래로 적용을 하는 데 그릇됨이 없었다. 오늘날의 사람들은 오로지 문장을 끼적거리는 데에만 관심을 가져, 근본을 깨우쳤다 하더라도 구체적인 적용을 할 수 없어 쓸모가 없게 되어 버린다. 도를 안다고 하는 사람도 문장을 끼적거리고 시를 읊는 데는 어긋남이 없지만, 일상생활에 관한 것은 어두워 살피지 못한다. 일상사에 서투른 것을 높은 경지라 생각하고, 일상적인 사무를 종합해 파악하는 일을 비속한 것이라 여긴다. 옛날 군자는 특정한 것에 얽매이지 않는다고 했지만, 한 가지라도 재주나 재능이 없는 군자는 없었다. (이렇지 않아서 학자들이) 세상에 도움이 안 되고 속된 무리들의 비웃음거리가

된다. 육예를 가르칠 때는 소소한 가사일과 병행해야지 분리해서는 결코 안 된다.

육예란 예(禮, 법도), 악(樂, 음악), 사(射, 활쏘기), 어(御, 통치술), 서(書, 문학), 수(數, 수학) 등 여섯 가지 공부를 말한다. 옛날에는 이것들을 가르쳐 도를 모르더라도 실제적인 분야에서는 그릇됨이 없었다. 그런데 요즘 학자들은 글이나 끼적거리고 시나 읊조리는 데만 열중할 뿐 일상생활에 대해서는 아는 것이 없다. 따라서 육예와 아울러 물 뿌리고 비질하는 가사일 역시 함께 가르쳐야 한다고 했다. 실용적 학문의 중요성을 이렇게 말한 것이다.

실제로 홍대용은 수학과 음악에 조예가 깊었다. 일찍부터 거문고를 배워 경지에 올라, 훗날 박지원(朴趾源)이 청나라의 학자들과 대화할 때 "우리나라의 이름난 거문고 연주자로 홍대용이 있다."라고 소개할 정도였다. 북경에서 거문고 연주를 할 때는 반정균이 이를 듣고 눈물을 흘렸다고 한다. 이처럼 음악적 재능이 탁월해 북경을 방문했을 때 들른 천주교 성당에서 오르간 건반을 몇 번 눌러 보고는 조선의 음악을 연주했다고 한다.

홍대용은 과학에 대한 관심도 남달랐다. 수학을 연구해 『주해수용』이라는 수학 연구서를 저술하기도 했는데, 특히 천문학에 대단한 관심을 보였다. 29세 때에는 나경적을 만나 함께 혼천의를 제작하기도 했다. 스스로 자명종을 만들었고, 충청도 천안군 장명 부락에 사설 천문대를 설치하고 농수각이라 이름 지었다.

21세 때, 홍대용은 스승 김원행으로부터 큰 꾸지람을 듣는다. 사건은 홍대용이 영남 지방을 여행하다가 윤증의 문고를 얻어 읽은 데서 시작되었다. 윤증은 아버지의 묘비명 문제로 송시열과 대립하다가, 결국 서인을 노론과 소론으로 분열하게 만든 장본인이었다. 문고를 읽어 본 홍대용은 송시열이 지나쳤다고 생각했고, 이를 스승에게 물어보았다.

김원행은 크게 화를 냈다. 그는 홍대용의 할아버지가 송시열에게 종묘 제사에 함께 해 줄 것을 소청했음을 상기시키고, 홍대용의 집안이 대대로 노론 가문임을 강조하며 꾸짖었다. 이에 홍대용은 "큰 의심을 가지지 않는 자는 큰 깨달음이 없습니다. 의심을 가지고서 말을 얼버무리기보다는 자세히 물어 옳고 그름을 가리는 것이 낫다고 생각합니다."라며 자신을 변호했다. 홍대용은 의문을 중시하는 자유로운 선비였다.

결국 이 사건은 홍대용이 사죄함으로써 끝이 났다. 만약 노론 집안 출신이 아니었다면 홍대용은 자기 자신뿐만 아니라 집안 전체에 엄청난 재앙을 몰고 왔을 것이다. 그만큼 당대에 송시열에 대한 문제 제기는 최대의 금기 사항이었다.

북경을 방문하다

홍대용은 25세를 전후해 박지원과 교유했다. 두 사람의 교유에 대해 박지원의 아들 박종채(朴宗采)는 『과정록(過庭錄)』에 이렇게 기록했다.

> 담헌공(홍대용)은 아버지(박지원)보다 여섯 살 위였으며 학식이 정교하고 깊었다. 공 또한 과거를 그만두고 조용히 수양하며 지내셨다. 공은 아버지와 도의(道義)를 가지고 사귀시어 우정이 돈독하였다. 두 분이 공경하는 말과 호칭은 처음 사귈 때나 나중에나 똑같았다. 아버지는 늘 우리나라 선비들이 이용후생학(利用厚生學), 경세제국학(經世濟國學), 명물도수

학(名物度數學, 수학·천문학 등 과학) 등의 학문을 소홀히 하여 잘못된 지식을 그대로 답습하고, 그 학문이 몹시 조잡하고 거친 점이 병통이라 하셨다. 담헌공의 평소 지론도 그와 같았다.

매번 만나실 때마다 며칠을 함께 지내시며 위로는 고금의 치란과 흥망에 대한 일에서부터 옛사람들이 벼슬에 나아가거나 물러날 때 보여 준 절의(節義), 제도의 연혁, 농업과 공업의 이익과 폐단, 재산을 증식하는 법, 환곡(還穀)을 방출하고 수납하는 법, 지리, 국방, 천문, 음악, 그리고 초목(草木), 조수(鳥獸), 문자학, 수학에 이르기까지 꿰뚫어 포괄하지 않는 내용이 없었으니, 모두가 외워 전할 만한 내용이었다.

두 사람은 의기투합했고, 방대한 분야에 대해 토론했다. 실로 박학다식한 사람들이었다. 홍대용은 박지원을 통해 이덕무(李德懋), 박제가(朴齊家), 유득공(柳得恭), 이서구(李書九) 등 이른바 사가(四家)와도 교유했다. 훗날 이들은 북학파(北學派)를 이루게 된다.

홍대용의 일생에서 가장 기억에 남는 일은 북경 방문일 것이다. 그의 나이 35세 때였다. 동지사(冬至使)의 서장관이 된 숙부 홍억이 조카에게 함께 갈 것을 제안했고, 홍대용은 흔쾌히 수락했다. 당시에 해외여행을 할 수 있는 사람은 극히 제한되어 있었다. 따라서 북경으로의 여행은 가슴 벅차도록 설레는 일이었다. 홍대용은 자기 눈으로 직접 중국의 발전된 문물을 보고, 서양의 과학 기술을 관찰할 기회를 얻게 되었다. 그는 치밀하게 준비했다. 앞서 북경을 다녀온 사람들의 여행기를 구해 정독하며 여행 경로를 익혔다. 중국에 가져갈 선물을 준비하고, 스승과 선후배들에게 인사를 하고 환송연을 가졌다. 중국 사람들에게 보일 자기소개서도 작성했다. 역관을 만나 중국어 공부를 하는 것도 게을리하지 않았다.

5개월여의 준비를 마치고 1765년 11월 2일 한양을 출발한 동지사 사절단은 56일간의 긴 여정 끝에 12월 27일 북경에 도착했다. 그다음 해 3월 1일 사절단이 북경을 떠날 때까지 홍대용은 3개월 동안 북경에 머무르며 천주교회를 방문하고 흠천정감(欽天正監)과 흠천부감(欽天副監)을 네 차례 만나 천문학에 관해 토의했다. 하지만 가장 관심이 있었던 천문 관측 기기는 보지 못했다.

홍대용이 북경 방문을 통해 얻은 최대 성과는 엄성, 반정균, 육비 등 세 사람의 학자를 만난 일이었다. 그는 2월 한 달 동안 무려 일곱 차례나 그들과 만나 필담을 주고받았다. 만나지 못할 때에는 편지를 주고받으며 교분을 쌓았다. 이런 우정은 홍대용이 조선에 되돌아온 뒤에도 계속되어 끊임없이 서신 왕래가 이루어졌다. 이를 두고 박제가 등은 '천애지기(天涯知己, 까마득히 떨어져 있어도 나를 알아주는 벗)'라고 높이 평가했다.

오랑캐도 성인이 될 수 있다

홍대용은 조선으로 돌아오자마자 북경 여행을 정리하기 시작했다. 그는 자신의 여행기를 『을병연행록(乙丙燕行錄)』으로 정리하는 한편, 중국의 학자들과 주고받은 필담과 편지를 『항전척독(杭傳尺牘)』으로 묶었다.

그런데 여기에 실린 내용이 알려지면서 김종후(金鍾厚)란 자가 시비를 걸었다. 그는 사도 세자를 죽음으로 몰아넣은 '나경언(羅景彦)의 상변(上變)'을 사주한 장본인이었다. 노론 벽파(僻派)의 영수인 김구주(金龜柱) 일당에 가담했다가, 그들이 제거되자 실권자인 홍국영 측에 가담하고, 이윽고 홍국영이 쫓겨나자 자신은 기만당했다고 상소해 연명하는 등 제 몸을 지키는 데 급급한 인물이었다.

김종후는 청나라를 "비린내 나는 더러운 원수의 나라"라고 하며 그곳 학자들과 사귀고 우정을 나누는 일은 바람직하지 않다고 딴죽을 걸었다. 그런 문제 제기는 청나라에 대해 완고한 태도를 취하고 있는 세력들의 입장을 대변하는 것이기도 했지만, 여기에는 사도 세자를 죽음으로 몰아넣고 실권을 잡은 일당의 일원으로서 한 건수 잡으려는 공명심이 강하게 작용했다.

이에 대해 홍대용은 김종후에게 보낸 편지에서 "군자가 사람을 사귀는 데 차별을 해서야 되겠느냐."라며 다음과 같이 썼다.

> 강희(康熙) 이후 청나라는 백성을 안정시키고 제도를 간단하게 하여 중국을 지배하고 복종시킬 수 있었다. 그래서 청나라의 새로운 제도가 100년 동안 중국 사람들에게 익숙해져서 과거의 전통처럼 편하게 여기게 되었다.

강희는 청나라 4대 황제 강희제의 연호이다. 강희제 이후 100년 동안 청나라는 백성을 안정시키고 지배하는 나라가 되었다. 중국 사람들도 이제 청나라의 제도를 편하게 생각한다. 그런데 왜 조선은 여전히 청나라를 오랑캐의 나라라며 비하하고 있느냐는 문제 제기가 담겨 있다. 그러면서 "예로부터 천하의 대세는 늘 바뀌어 왔다. 세상이 바뀐 뒤에 과거 역사를 잊지 않도록 하기는 어렵다."라고 덧붙였다. 세상이 바뀌었는데 없어진 명나라만 여전히 추앙하는 조선에 대한 비판을 이렇게 표현했다.

그러자 김종후가 이번에는 '강희'라는 문구를 꼬집어 홍대용이 강희제를 황제로 인정한 것 아니냐며 트집 잡았다. 조선의 지배층이 가진 완고

함이 이러했다. 이에 대해 홍대용은 재차 보낸 편지에서 말꼬투리를 잡아 죄를 뒤집어씌우려는 것 아니냐며 다음과 같이 통박했다.

> 우리나라가 오랑캐가 된 것은 지리적 위치 때문이니 그 사실을 숨길 필요가 있겠는가. 오랑캐로 태어나서 오랑캐로 살아도 성인이나 위대한 인물이 될 수 있다. 우리가 무슨 불만이 있겠는가. 우리나라는 중국을 본받아서 오랑캐란 이름을 벗어난 지 오래되었다. 그래도 중국과 비교하면 구분이 있을 수밖에 없다. 하찮은 재주를 가진 무리들이 이런 말을 들으면 화내고 부끄러워하면서 좋아하지 않을 것이다.

홍대용은 조선이 오랑캐란 이름을 벗어났다고 하지만 중국에서 보면 여전히 오랑캐 아니냐고 했다. 하찮은 자들이 들으면 매우 기분 나쁠 얘기이지만 "고명한 그대까지 이럴 줄은 미처 몰랐다."라고 비아냥댔다. 당신도 똑같이 하찮은 무리 중 한 명이 아니냐는 놀림이었다.

김종후와 주고받은 편지에서 홍대용은 세계관의 전환을 보여 주었다. 조선이 오랑캐라 불린 이유는 지리적 위치 때문이었다. 오랑캐도 얼마든지 성인이 될 수 있다. 이는 전통적인 중화주의적 세계관에 대한 비판이었다.

사람과 사물의 본성은 같다

홍대용의 스승 김원행은 인물성동이론에 대해 "10년을 연구했으나 결론을 내리지 못했다."라고 고백했다. 스승인 이재가 사람과 사물의 본성이 같다는 주장을 지지했음을 감안하면, 김원행이 망설인 이유는 스승과 생각이 달랐기 때문일 것이다. 김원행과 매우 가까운 동문인 임성주는 기일원론에 입각해 이간과 한원진의 주장을 모두 비판한 바 있다.

홍대용 역시 인물성동이론으로부터 자유로울 수는 없었다. 그는 「심성문(心性問)」에서 이 문제를 간략히 정리하면서 자신의 철학적 기초를 다졌다. 먼저 이(理)에 대해 말하는 사람들을 비판했다.

> 이를 말하는 자는 "이는 형체가 없으나 존재한다."라고 주장한다. 형체가 없다면 존재하는 것은 무엇인가? 이에 대해 말하면서 형체가 없다고 하는데 그런 것이 있다고 할 수 있겠는가? 소리가 있으면 있다고 하고, 빛이 있으면 있다고 하고, 냄새와 맛이 있으면 있다고 한다. 이 네 가지가 없으면 형체도 없고 있을 곳도 없다. 있다고 하는데 무엇이 있다는 말인가? 소리도 없고 냄새도 없으나 조화의 근원이 되고 사물의 바탕이 된다고 하는데, 작동하지 못하는 것이 어찌 근원이 되고 바탕이 될 수 있겠는가?

이(理)는 형체가 없으니 존재할 수 없고, 작동하지 못하니 조화와 사물의 근원이나 바탕이 될 수 없다고 했다. 이에 대한 전면적 부정이다. 임성주가 이는 기의 다른 이름일 뿐이라고 말한 반면, 홍대용은 아예 이의 가치를 인정하지 않았다. 굳이 이가 존재한다면 "기가 하는 바를 따를 뿐이다."라고 덧붙였다. 그런 이가 어떤 의미가 있겠는가? 홍대용은 이의 존재성과 절대성을 전제로 하는 주자학의 기본 구상을 근본적으로 비판했다.

이렇게 이와 기에 대해 간략히 정리한 뒤, 본성 문제로 넘어간 홍대용은 먼저 본성이 착하다는 주장에 대해 검토했다.

오늘날 학자들은 입만 열면 본성이 착하다고 한다. 본성이 착한 것을 어떻게 알게 되었는가? 어린아이가 우물에 빠진 것을 보고 측은한 마음을 가짐은 진실로 본심이라 할 것이다. 만약 장난감을 좋아해 탐내는 마음이 생겨 자연스럽게 그 마음을 따라 행동하게 되면, 이것을 어찌 본심이라 하지 않을 수 있겠는가. 본성은 한 몸의 이(理)이고 이는 소리도 냄새도 없는데 선과 악 두 자를 어떻게 붙이겠는가.

위험에 처한 아이를 구하는 것도 본심이고, 장난감을 좋아해서 슬쩍 훔치는 것도 본심에 따른 것이라고 했다. 그렇다면 본성이 착한지 악한지 어떻게 알 수 있겠는가. 이렇듯 홍대용은 본성론에 대한 주자학의 전제인 성선설을 부정했다. 이런 바탕 위에 그는 사람과 사물의 본성이 같다고 주장하며 그 근거로 인(仁)과 의(義)를 들었다. 임성주는 사람의 도덕으로 사물을 판단하지 말라고 했다. 그러나 홍대용은 과감하게 인과 의를 사람과 사물이 함께 가지고 있다고 했다.

자나 저울의 작은 눈금도 오직 인과 의이고, 하늘과 땅의 커다란 것도 오직 인과 의일 뿐이다. 커서 덧붙일 수 없고, 작아서 덜어 낼 수 없으니 지극하구나. 초목의 이는 동물의 이이고, 동물의 이는 사람의 이이며, 사람의 이는 하늘의 이이다. 이는 인과 의일 따름이다.
호랑이와 이리의 인, 벌과 개미의 의는 그것들을 발견한 장소에 따라 말한 것이다. 본성으로 말하면 호랑이와 이리가 어찌 인에만 그치고, 벌과 개미가 의에만 그치겠는가. 호랑이와 이리의 부자 관계는 인이고, 이 인을 행하는 이유는 의이다. 벌과 개미의 군신 관계는 의이고, 그 의가 발현되는 이유는 인이다.

고정된 관점에서 벗어나라

그러나 홍대용의 주장에는 복선이 있었다. 거기에는 개나 돼지만도 못한 인간의 실상에 대한 비판 의지가 담겨 있다. 「답서성지론심설(答徐成之論心說)」에는 그 점이 잘 드러나 있다.

사람은 자비롭지 못한 때가 있어도, 호랑이는 반드시 자식을 사랑한다. 사람은 충성을 다하지 못하는 때가 있어도, 벌은 반드시 임금을 공경한다. 사람은 음란하기도 하지만, 비둘기는 반드시 분별을 한다. 사람은 맹목적으로 행동할 때가 있지만, 기러기는 반드시 때를 기다린다.

홍대용은 인과 의만을 본성으로 간주하고 있다. 인은 자비로움, 의는 충직함을 말한다. 이것은 동물의 세계에도 널리 퍼져 있는 행동이다. 그는 인간 도덕의 총체를 말하는 인의예지 중 예(禮)와 지(智)를 제외했다. 예의를 갖추고 지식을 쌓는 일은 인간에게만 해당되는 것이다. 이 두 가지를 제외함으로써 임성주와 마찬가지로 홍대용도 인간의 기준으로 사물을 보지 말 것을 주장하고 있다.

이런 문제는 그의 세계관과 연관되어 있다. 홍대용은 이기론, 본성론 등에서 유교 철학의 근본을 뒤흔들어 놓은 후 새로운 세계관을 주장했다. 그의 세계관과 철학이 응축된 저서가 43세 무렵에 지은 『의산문답』이다.

이 글은 자신의 주장을 피력하는 형식이 아니라, 허자와 실옹(實翁)이라는 가상의 두 인물이 의무려산(醫巫閭山)이라는 가상의 공간에서 만나 나눈 이야기를 기록한 형식으로 되어 있다. 인물 설정도 세심하게 배려되었다. 홍대용 자신은 허자로서 주자학의 학설에 입각한 주장을 하는 사람으로 설정해 놓았다. 홍대용 자신의 실제 주장을 펴는 실옹은 산속에 사는 도사로 설정해 놓았다. 이러한 형식과 설정은 사상 탄압을 피하기 위해서였다. 홍대용은 자신이 사문난적으로 낙인찍히는 것을 우려했다. 당시의 상황이 그러했다.

허자는 '내가 공부한 유교가 잘못된 것인가?'라며, 유교가 현실 세계를 설명하는 데 한계에 봉착했음을 자인했다. 그는 우연히 실옹을 만나 함께 우주와 자연과 사회에 관한 광범위한 대화를 나눈다. 실옹은 허자의 주장을 조목조목 반박해 나갔다. 그러던 중 실옹이 허자에게 사람과 사물의 차이에 대해 묻자, 허자가 대답했다.

> 천지 사이의 생물 가운데 오직 사람이 귀합니다. 동물과 초목은 지혜가 없고 깨달음도 없으며, 예의도 모릅니다. 사람은 동물보다 귀하고, 초목은 동물보다 천합니다.

그러자 실옹은 크게 웃으면서 말했다.

> 너는 진실로 사람이구나. 오륜(五輪)과 오사(五事)는 사람의 예의이다. 무리 지어 다니고 소리를 내어 (새끼들을) 불러 먹이는 것은 동물의 예의이다. 떨기로 나서 무성해지는 것은 초목의 예의이다. 사람의 관점에서 사물을 보면 사람이 귀하고 사물이 천하지만, 사물의 관점에서 사람을 보면 사물이 귀하고 사람이 천하다. 하늘에서 보면 사람과 사물은 똑같다.

입장에 따라 달리 보이는 것이다. 허자는 사람의 입장에서 사물을 보았기 때문에 사람을 귀하게 생각했다. 사물의 입장에서 보면 그 반대이다. 그러나 하늘에서 보면 사람이나 사물이나 똑같다. 하늘에서 본다는 말은 어떤 하나의 중심을 두지 않음을 의미한다. 홍대용은 하나의 고정된 관점, 입장을 버리고 사물을 볼 것을 요구했다. 또한 주자학이 가진 인간 중심적 세계관을 청산하고, 상대적 세계관을 가질 것을 주장했다. 세계관의 대전환이었다.

세상에는 하나의 중심이 없다

홍대용은 우주에도 하나의 중심이 없음을 입증하려고 시도했다. 지구가 돌고 있다는 지전설(地轉說)은 그가 지구 중심주의라는 낡은 세계관을 털어 버리고 우주를 탐구한 결과였다. 우주에도 하나의 중심이 없는데 인간 사회에 하나의 중심이 있을 수 있겠는가.

실옹은 중국의 역사를 설명하며 국가의 흥망성쇠와 오랑캐의 부흥에 대해 인사(人事)의 감응(感應)이요, 천시(天時)의 필연이라고 말한다. 나라의 흥망성쇠는 인간의 잘잘못으로 생겨났고, 오랑캐의 부흥 역시 인간의 노력에 의한 것이니 필연적이라는 뜻이다. 명나라가 망하고 청나라가 들어선 것도 역시 마찬가지 이유라고 했다. 실옹은 이런 식으로 중화주의의 근간을 흔들었다.

그러자 허자가 반발했다.

공자가 『춘추』를 지을 때, 중국을 안으로 하고 네 가지 오랑캐를 밖으로 했습니다. 무릇 중화와 오랑캐의 구분이 이처럼 엄격한데, 당신은 인사의 감응과 천시의 필연으로 돌리니 옳지 않은 일 아닙니까?

실옹이 대답했다.

하늘이 생명을 주었고 땅이 길렀으니 피와 살이 있는 사람은 다 똑같은 사람이다. 무리들 가운데 선발되어 한 나라를 맡아 다스리는 자는 다 똑같은 임금이다. 문을 겹겹이 만들고 해자를 깊이 파서 강토를 지키는 것은 다 똑같은 국가이다. 관(冠)을 썼건 갓을 썼건, 몸에 문신을 새기든 현판에 무언가를 새기든 다 똑같은 풍습이다. 하늘에서 보면 어찌 안과 밖의 구분이 있겠는가. 각각 자기 나라 사람과 친하고, 자기 나라 임금을 섬기고, 자기 나라를 지키고, 자기의 풍습을 편안하게 여기는 것은 중화나 오랑캐나 마찬가지이다.

중화와 오랑캐가 피와 살이 있는 똑같은 사람이라고 했다. 중화와 오랑캐는 모두 임금이 나라를 다스리고 국가를 지키고 고유의 풍습을 가진다. 그 점에서 그들은 전혀 다를 바가 없다. 조선의 지배적인 중세 이념인 화이사상(華夷思想)은 설 자리를 잃게 되었다. 홍대용은 실옹의 입을 빌어 화이사상이 생겨난 이유에 대해서도 밝혔다.

공자는 주나라 사람이다. 왕실이 나날이 왜소해지고 제후들이 쇠약해지자, 오나라와 초나라가 하나라를 어지럽히고 도적질을 서슴지 않았다. 『춘추』는 주나라의 역사서이다. 안과 밖을 엄격하게 구분하는 것은 옳지 않겠는가. 그러나 공자가 바다를 건너 아홉 오랑캐들이 있는 곳에 거주했다면, 하나라의 법을 사용해 오랑캐를 변화시키고, 주나라의 도의를 주나라 바깥에서 일으켰을 것이다. 그러면 안과 밖을 나누고 존경함과 물리침의 의리에 따라 '주나라 바깥의 춘추'가 생겨났을 것이다. 이것이 공자가 성인인 이유이다.

중화와 오랑캐의 차이에는 절대적 기준이 있는 것이 아니다. 단지 안과 밖의 구분이 이루어진 것일 뿐이다. 주나라 입장에서 보면 자신들이 중화이고 자신 이외의 나라가 오랑캐이다. 오랑캐의 입장에서 보면 자신들이 중화이고 주나라가 오랑캐이다. 공자가 오랑캐의 땅에 살았다면 오랑캐를 중화라고 하는 『춘추』를 지었을 것이다. 이렇듯 중화와 오랑캐의 구분은 상대적이라는 홍대용의 주장은 하늘에서 사물을 바라보자는 세계관의 대전환을 인간 사회에 구체적으로 적용한 것이었다.

신분제의 개혁을 외치다

홍대용은 44세 때 익위사 시직에 임명되어 17개월간 정조를 가르친 것을 시작으로, 53세에 어머니의 병을 핑계로 영천 군수를 사직할 때까지 9년간 벼슬살이를 했다. 그는 이 시절의 경험을 바탕으로 「임하경륜」을 썼다. 짧은 논문이지만 정치, 경제, 사회, 군사 등에 관한 해박한 지식과 개혁안을 보여 준다. 특히 홍대용은 양반에 대해 통렬한 비판을 가했다.

우리나라는 본래부터 명분을 중요시해 양반은 비록 쓰러져 굶어 죽는 한이 있더라도 팔짱을 끼고 편히 앉아 지내며, 농사일 같은 것을 하지 않는다. 간혹 성실하고 부지런히 일하며 천하게 생각되는 일도 마다하지 않는 사람이 있지만, 모두들 그를 업신여기고 비웃어 대며 아랫사람 취급하니, 자연히 노는 백성이 많아지고 일하는 사람은 줄어든다. 재물이 어찌 부족하지 않을 수 있으며, 백성이 어찌 가난하지 않을 수 있겠는가.

그는 양반이 일하지 않고 놀고먹는 현실을 개탄했다. 일하는 사람이 줄어들면 생산이 줄고, 당연히 물자가 부족해진다. 놀고먹는 양반까지 먹여 살려야 하니 백성은 더욱 가난해진다. 그래서 홍대용은 이렇게 제안했다.

마땅히 법 조항을 엄격하게 해, 선비를 포함해 백성들 중에 일하지 않고 놀고먹는 자들에 대해서는 벌을 주고 세상의 지탄을 받게 해야 한다. 재주와 학식이 있다면 농사꾼이나 장사꾼의 자식이라도 정부에 들어가 일하는 게 분수에 넘치는 일이라 할 수 없다. 재주와 학식이 없다면 비록 고관의 자식이라도 하인이 되는 것을 한탄해서는 안 된다. 위와 아래가 힘을 다해 함께 자신의 일을 수행하고, 부지런함과 게으름을 살펴서 상과 벌을 밝게 베풀어야 한다.

신분제를 과감히 개혁하자는 것이다. 재주와 학식에 따라 농사꾼의 자식도 나랏일을 맡을 수 있고, 고관의 자식도 하인이 될 수 있게 해야 한다고 했다. 이렇듯 홍대용은 세계관의 대전환을 통해 중세의 절대적 질서인 화이사상과 신분제를 흔들었다.

1783년 벼슬을 그만둔 홍대용은 10월 22일 중풍으로 상반신 마비를 일으켜 갑자기 죽었다. 그의 나이 53세였다. 장례식은 평소에 절친했던 박지원의 주도하에 진행되었다. 그는 홍대용을 추모하며 다음과 같은 묘비명을 썼다.

서호(西湖)에서 상봉하리니,

아는가, 그대가 스스로에게 부끄러움이 없는 것을.

입에 반함을 하지 않은 건

보리 읊조린 유학자를 미워해서네.

서호에서의 상봉은 홍대용이 깊이 사귀었던 중국 학자들과의 상봉을 말한다. 그들과의 만남이 결코 부끄럽지 않은 일이라고 했다. 반함은 죽은 사람을 염습할 때 입에 구슬이나 쌀을 물리는 일을 말한다. 홍대용은 평소 이런 것을 할 필요가 없다고 말했다. 박지원은 그런 사실을 들며 홍대용과 당대의 위선적인 유학자들을 풍자적으로 대비시켰다.

홍대용이 어떤 자세로 살았고 무엇에 시달렸는지가 짧은 글에 압축적으로 표현되어 있다. 그는 진정한 선비가 되고자 했다. 중국 학자들과의 우정 역시 진정한 선비가 가져야 하는 당연한 덕목으로 생각했으나, 집권층과 위선적인 유학자들은 이를 끝끝내 물고 늘어졌다.

홍대용은 세계관의 대전환을 이루었지만 유교의 틀에서 완전히 벗어난 것은 아니었다. 이는 새로운 세계에 대한 전망을 구체화할 수 없었던 시대적 한계 때문이기도 했다. 그러나 그는 중세를 넘어서 새로운 세계로 향하는 길을 제시했다. 그 길은 세계를 절대적인 중심과 주변으로 나누고 수직적으로 보는 게 아니라, 안과 밖으로 구분하고 하늘에서 바라보듯 평등하게 파악하라는 주장 속에서 찾을 수 있다. 차별은 사라지고 평등의 길이 열린다.

하늘에서 봐라. 사람과 사람, 사람과 사물, 중화와 오랑캐가 똑같지 않은가.

의산문답

홍대용이 43세 무렵 지은 것으로, 그의 철학과 세계관, 우주관, 역사관, 사회관이 집약되어 있다. 여기에서는 그가 자신의 세계관을 밝히는 첫 부분과 이를 인간 사회에 적용한 마지막 부분을 싣는다.

실옹은 오랫동안 쳐다보다가 말했다.

"너의 얼굴은 이미 쭈그러졌고 머리카락 역시 희어졌구나. 먼저 네가 배운 것부터 들어 보자."

허자가 대답했다.

"어렸을 때에는 성현의 글을 읽었고, 어른이 되어서는 시(詩)와 예(禮)를 익히고 음양의 변화와 사람과 사물의 이치를 탐구했습니다. 마음을 수양할 때는 충(忠)과 경(敬)으로 했고, 일할 때는 진실함과 민첩함으로 했습니다. 정사(政事)를 하고 백성을 다스리는 때는 주나라의 법도에 따랐고, 세상에 나오고 들어가는 일은 이윤(伊尹)과 여상(呂尙)을 본받았습니다. 또한 예술, 천문, 병기, 제기(祭器), 수학에 이르기까지 다방면으로 폭넓게 공부했습니다. 그 모든 것의 귀결점은 육경과 정자, 주자의 학설이었습니다. 이것이 제가 배운 것들입니다."

실옹이 말했다.

"네가 말한 대로라면 유교의 모든 내용을 다 갖추었는데, 무엇이 부족해 나에게 묻고자 하느냐? 나의 입을 막을 생각이냐, 아니면 나와 학문을 겨룰 생각이냐, 아니면 규범을 들이대어 나를 시험할 생각이냐?"

허자가 일어나 절하며 말했다.

"그 무슨 말씀이십니까. 저는 자질구레한 것에 매달려서 큰 도를 듣지 못했습니다. 우물 안 개구리처럼 망령되게 행동했고, 여름 벌레가 얼음을 얘기하는 것처럼 제대로 알지 못했습니다. 이제 당신을 보니 마음이 트이고 눈과 귀가 맑아져 정성을 다하고자 하는데 무슨 말씀이십니까."

실옹이 말했다.

"과연 너는 유학자로구나. 먼저 물 뿌리고 청소를 하고 난 다음에야 사람과 하늘의 이치를 배우는 것이 나이릴 때 배우는 순서이다. 너에게 큰 도를 말하기에 앞서 근본부터 말하겠다. 사람이 사물과 다른 점은 마음이다. 마음이 사물과 다른 점은 몸이다. 너에게 묻겠다. 너의 몸이 사물과 다른 점을 말해 보아라."

허자가 대답했다.

"그 바탕을 말하면, 머리가 둥근 것은 하늘을, 발이 네모난 것은 땅을, 피부에 난 털은 산의 숲을, 맑은 피는 냇물과 바다를, 두 개의 눈은 해와 달을, 호흡은 바람과 구름을 닮았습니다. 따라서 사람의 몸을 작은 천지라고 합니다. 사람이 태어나는 것으로 말하면, 아버지의 정기와 어머니의 피가 맺어져서 잉태되어 달이 차면 내려와 탄생을 합니다. 나이가 들고 지혜가 많아지면서 일곱 가지 구멍이 서로 통해 밝아지고, 다섯 가지 본성을 갖추게 됩니다. 이것이 사람의 몸과 사물이 다른 이유가 아니겠습니까."

실옹이 말했다.

"아, 너의 말대로라면 사람과 사물이 다른 점이 몇 가지 안 되는구나. 털과 살갗의 바탕, 정기와 피의 교감은 사람과 초목이 같다. 하물며 동물은 어떻겠느냐. 너에게 다시 묻겠다. 생물의 종류에는 세 가지가 있는데, 사람과 동물과 초목이 그것이다. 초목은 거꾸로 태어나는 까닭에 지식은 있어도 깨달음은 없다. 동물은 가로로 태어나기 때문에 깨달음은 있어도 지혜가 없다. 세 종류의 생물은 끝없이 혼란이 일어나고 서로 흥망을 거듭하는데, 귀천의 등급이 있겠느냐?"

허자가 대답했다.

"천지 사이의 생물 가운데 오직 사람이 귀합니다. 동물과 초목은 지혜가 없고 깨달음도 없으며, 예의도 모릅니다. 사람은 동물보다 귀하고, 초목은 동물보다 천합니다."

실옹이 고개를 쳐들고 웃으면서 말했다.

"너는 진실로 사람이구나. 오륜과 오사는 사람의 예의이다. 무리 지어 다니고 소리를 내어 (새끼들을) 불러 먹이는 것은 동물의 예의이다. 떨기로 나서 무성해지는 것은 초목의 예의이다. 사람의 관점에서 사물을 보면 사람이 귀하고 사물이 천하지만, 사물의 관점에서 사람을 보면 사물이 귀하고 사람이 천하다. 하늘에서 보면 사람과 사물은 똑같다.

(사물은) 지혜가 없기 때문에 거짓이 없다. 깨달음이 없기 때문에 하는 일도 없다. 따라서 사람보다 귀하고 심오하다. 봉황은 날갯짓해 천리를 날고, 용은 날아서 하늘에 있다. 국화꽃 향기 나는 술은 마시면 신과 통하게 하고, 송백나무는 재목으로 쓰인다. 사람과 비교하면 무엇이 귀하고 무엇이 천하냐. 자랑하는 마음이 큰 도를 해친다. 사람이 사람을 귀하게 여기고 사물을 천하게 여기는 것이 자랑하는 마음의 근원이다."

허자가 말했다.

"봉황이 날갯짓하고 용이 날지만 그것들은 동물일 뿐입니다. 국화와 송백나무는 초목일 뿐입니다. 그것들은 백성에게 혜택을 주는 자비로움도 없고, 세상을 다스릴 지혜도 없습니다. 복식과 의장(儀章) 제도, 예악과 군대와 형벌도 갖추지 못했습니다. 어찌 사람과 같다고 할 수 있습니까."

실옹이 대답했다.

"심하구나, 너의 미혹됨이. 물고기를 놀라게 하지 않는 게 용이 백성에게 주는 혜택이고, 새들을 놀라게 하지 않는 게 봉황이 세상을 다스리는 방도이다. 다섯 가지 색깔의 구름이 용의 의장이고, 온몸을 두른 글 장식이 봉황의 복식이다. 요란한 바람과 우레가 용의 군대와 형벌이고, 높은 봉우리에서 화답하는 울음소리가 봉의 예악이다. 국화꽃 향기 나는 술은 종묘 제사 때 소중하게 사용되고, 송백나무는 기둥의 귀중한 재목이다.

그러므로 옛사람들이 백성에게 혜택을 주고 세상을 다스릴 때 사물로부터 배우지 않은 게 없었다. 임금과 신하 사이의 의식은 벌에게서, 군대의 진법은 개미에게서, 예절은 박쥐에게서, 그물 치는 방법은 거미에게서 배워 온 것이다. 그래서 '성인은 만물을 스승으로 섬긴다.'라고 했다. 너는 하늘에서 사물을 보지 않고, 사람의 입장에서 사물을 보는구나."

허자가 눈빛을 빛내며 크게 깨닫고 다시 절을 했다.

(중략)

실옹이 말했다.

(중략)

"주나라 이후 왕도가 날로 쇠약해지고 패도(覇道)가 횡행해 자비로움을 가장한 자가 황제가 되고, 병력이 강한 자가 왕이 되었다. 지략을 잘 쓰는 자가 귀하게 대접받고, 아첨을 잘하는 자가 영화를 누렸다. 임금은 총애와 봉록을 미끼로 신하를 다스렸고, 신하는 권

모술수를 자랑으로 삼아 임금을 섬겼다. 서로 제대로 알지도 못하면서 의기투합하고 술수로 근심을 덜며, 손을 잡기도 하고 견제하기도 하면서 서로 사욕을 챙겼다. 아, 한탄스럽구나. 온 천하가 이익만을 노리고 서로 관계를 맺는구나.

절약하고 세금을 줄여 백성을 위하고, 어진 사람을 존중하고 능력 있는 사람을 등용해 나라를 위해야 하거늘, 그렇지 못하다. 반역자를 토벌하고 죄를 벌해 포악함을 금지해야 하거늘, 그렇지 못하다. 많이 주더라도 적게 받고 멀리 떨어져 있는 물건을 탐내지 않아야 멀리 떨어진 곳과 화평한데, 그렇게 하지 않고 있다. 성을 지키고 자리를 보전해 죽을 때까지 영화를 누리다가 이대, 삼대로 물려주는 일을 하면, 임금은 현명하고 신하는 충성스럽다고 하는구나.

어떤 사람이 말하기를 '나무와 돌의 재앙은 집 짓는 법을 처음 가르친 유소(有巢) 때문에 시작되었고, 새와 짐승의 재앙은 그물로 짐승 잡는 법을 처음 가르친 포희(包羲) 때문에 시작되었다. 흉년 걱정은 불을 처음 만든 수인(燧人) 때문에 생겨났고, 교묘하게 속이는 술책과 화려한 풍습은 문자를 처음 발명한 창힐(蒼頡) 때문에 생겨났다. 선비의 도포가 오랑캐의 옷보다 편하지 않고, 절을 하고 사양하는 허례허식이 (오랑캐들이) 무릎을 꿇고 절을 하는 것보다 진실하지 않다. 쓸모없는 글을 써 대는 일보다 활 쏘는 연습을 하는 게 훨씬 실용성이 있다. 따뜻한 옷 입고 더운 밥 먹더라도 몸이 허약한 것보다 추운 천막 안에서 우유를 마시며 살더라도 몸이 건강한 것이 더 낫다.'라고 했다. 이것이 혹시 지나친 말일지 모르지만, 중국의 부진은 점차 여기에서 유래했다.

혼돈이 시작되고 순박함이 사라졌다. 문신들의 통치가 강해지자 무력이 약해졌다. 학자들이 제멋대로 떠들어 대자 주나라의 도는 날로 쇠퇴했다. 진시황은 서적을 불태웠고, 한나라의 업적은 그리 대단하지 않다. 석거각(石渠閣)에서 분쟁이 생기자, 신나라 왕망(王莽)이 왕위를 찬탈했다. 정현(鄭玄)과 마융(馬融)이 경전을 자세히 해설하자, 삼국이 분열했다. 진씨(晉氏)가 고상한 이야기를 일삼자, 신주(神州, 중국)가 망했다.

육조(六朝, 삼국 시대 이후의 여섯 나라)는 양자강 왼편에 부용(附庸)했고, 오호(五胡, 중국 북쪽의 다섯 부족)는 발전해 원(宛)나라 수도를 쓸어 냈다. 탁발(拓跋, 북위)은 북조(北朝)에서 자리를 제대로 잡았고, 서량(西凉)은 당나라에 통합되었다. 요나라와 금나라가 번갈아 주인 노릇을 하다가 송막(松漠)에서 합쳐졌다. 주씨(朱氏, 명나라 황제들의 성)가 왕통을 잃었고, 천하는 오랑캐가 지배하게 되었다. 남풍(南風, 한족 세력)이 세력을 잃고 오랑캐의 운이 날로 성장하니, 인사의 감응이요, 천시의 필연이다.”

허자가 말했다.

“공자가 『춘추』를 지을 때, 중국을 안으로 하고 네 가지 오랑캐를 밖으로 했습니다. 무릇 중화와 오랑캐의 구분이 이처럼 엄격한데, 당신은 인사의 감응과 천시의 필연으로 돌리니 옳지 않은 일 아닙니까.”

실옹이 대답했다.

“하늘이 생명을 주었고 땅이 길렀으니 피와 살이 있는 사람은 다 똑같은 사람이다. 무리들 가운데 선발되어 한 나라를 맡아 다스리는 자는 다 똑같은 임금이다. 문을 겹겹이 만들고 해자를 깊이 파서 강토를 지키는 것은 다 똑같은 국가이다. 관을 썼건 갓을 썼건, 몸에 문신을 새기든 현판에 무언가를 새기든 다 똑같은 풍습이다. 하늘에서 보면 어찌 안과 밖의 구분이 있겠는가. 각각 자기 나라 사람과 친하고, 자기 나라 임금을 섬기고, 자기 나라를 지키고, 자기의 풍습을 편안하게 여기는 것은 중화나 오랑캐나 마찬가지이다.

대체로 천지가 변화하면 사람이 많아지고, 사람이 많아지면 너와 나의 구분이 생겨난다. 너와 나의 구분으로 안과 밖의 구분이 생겨났다. 오장육부와 팔다리는 한 몸의 안과 밖이고, 나와 처자(妻子)는 한 집안의 안과 밖이며, 형제와 친척은 한 가문의 안과 밖이다. 이웃 마을과 변두리는 한 국가의 안과 밖이고, 같은 법률 속의 나라와 왕의 힘이 미치지 못하는 먼 나라는 천지의 안과 밖이다. 무릇 자기 것이 아닌데 취하는 것을 도(盜)라 하고, 죄가 없는데 죽이는 것을 적(賊)이라 한다. 오랑캐가 중국을 침략하여 지배하는 것을 구(寇)라 하고, 중국이 오랑캐를 함부로 치는 것을 적(賊)이라 한다. 서로 구다 적이다 말하지만 그 뜻은 같다.

공자는 주나라 사람이다. 왕실이 나날이 왜소해지고 제후들이 쇠약해지자, 오나라와 초나라가 하나라를 어지럽히고 도적질을 서슴지 않았다. 『춘추』는 주나라의 역사서이다. 안과 밖을 엄격하게 구분하는 것은 옳지 않겠는가. 그러나 공자가 바다를 건너 아홉 오랑캐들이 있는 곳에 거주했다면, 하나라의 법을 사용해 오랑캐를 변화시키고, 주나라의 도의를 주나라 바깥에서 일으켰을 것이다. 그러면 안과 밖을 나누고 존경함과 물리침의 의리에 따라 '주나라 바깥의 춘추'가 생겨났을 것이다. 이것이 공자가 성인인 이유이다."

답서성지론심설

홍대용이 지은 철학 논문으로 이기론, 본성론과 관련된 그의 주장
이 담겨 있다.

무릇 사물은 같으면 모두 같고 다르면 모두 다르다. 따라서 이
(理)는 천하의 같은 것이고, 기(氣)는 천하의 다른 것이다. 본성이
란 것은 형체도 있고 작용도 하니 이라 할 수 없다. 보이지 않고
들리지도 않으니 기라고도 할 수 없다. 다만 기의 순수한 것이요
사물의 신령스러운 것이니, 크고 작음이 없고, 두껍고 엷음이 없
고, 밝음과 어두움이 없고, 통함과 막힘이 없다. 그러나 지각을 할
수 있고, 잡된 생각이 없이 신령해 어둡지 아니하다. 그것은 천하
에서 같은 것인가, 다른 것인가? 만약 다르다면 성인과 어리석은
자, 길짐승과 날짐승, 풀과 나무는 다를 수밖에 없다. 만약 같다면
성인과 어리석은 자, 길짐승과 날짐승, 풀과 나무는 같을 수밖에
없다.

같으면 모두 같고 다르면 모두 다르니, 이것은 한마디 말로 결정
할 수 있다. 성인을 보면 총명하고 지혜로워 만물을 두루 살필 줄
안다. 어리석은 자를 보면 멍청하고 어리석어 사방에 널리 퍼진 것
도 알지 못한다. 따라서 그 본성이 같지 않음은 어린아이도 알 수
있다. 그런데 맹자가 말한 본성은 주로 사단(四端)이고, 정자가 말
한 본성은 본래의 착함이다. 그렇게 말한 이유가 무엇인가? 작용하
는 것을 보면 다르게 보이지만, 근본을 말하면 같다. 그 근본의 밝
음은 성인이라고 드러나고 어리석은 자라고 감춰지지 않는다. 짐승
이라 하여 갖추지 못한 것도 아니고, 초목이라 하여 전혀 가지고
있지 않은 것도 아니다. 그 이유는 근본이 신령스럽고 순수하므로,

기에 구애된다 해도 근본이 없어지지 않기 때문이다. 이렇게 보면 성인과 어리석은 자의 같음과 같지 않음을 알 수 있고, 그것을 알면 동물의 같음과 같지 않음을 알 수 있고, 또한 초목의 같음과 같지 않음을 알 수 있다.

사람은 자비롭지 못한 때가 있어도, 호랑이는 반드시 자식을 사랑한다. 사람은 충성을 다하지 못하는 때가 있어도, 벌은 반드시 임금을 공경한다. 사람은 음란하기도 하지만, 비둘기는 반드시 분별을 한다. 사람은 맹목적으로 행동할 때가 있지만, 기러기는 반드시 때를 기다린다. 기린의 자비로움, 거북이의 신령함, 나무가 잇닿아 있고 풀이 밤에 엎드려 있다가 비가 오면 일어나고 서리가 내리면 시드는 것은 그 본성이 신령스럽기 때문인가, 신령스럽지 않기 때문인가? 신령스럽지 않다고 말하면 그만이지만, 신령스럽다면 사람과 비교해도 다르지 않고 때로는 더 뛰어나니 사람과 사물의 본성이 과연 다르다고 할 수 있는가.

본성이란 신령스럽고 밝아 헤아릴 수 없는 것이고, 형체도 소리도 냄새도 없다. 같지 않다고 한다면 어떻게 떨어지고 합해지고, 어떻게 완전하기도 하고 불완전하기도 하는가. 한 가지는 같지 않은 것처럼 보이니, 본성은 기에 따라서 달리 나타나고, 신령스러움은 정해진 원천이 없다는 점이다. 정해진 원천이 없으면 지혜로운 자와 어리석은 자, 현명한 자와 못난 자가 서로 같지 않게 된다. 이것이 도대체 무슨 이치인가? 어리석은 자는 기에 국한되고, 사물은 타고난 형체에 국한되지만 본성의 신령스러움은 똑같다. 기는 변하지만 타고난 형체는 바뀌지 않는다. 이것이 사람과 사물의 다른 점이다.

천지에 가득 찬 것은 오직 기뿐이다. 이는 기 속에 있다. 기는 맑고 완전하고 텅 비어 있어 맑음과 오염됨을 말할 수 없다. 그러나 오르고 내리고, 날아올라 펴고, 서로 부딪치고 서로 밀치고 하면서 찌꺼기와 잿더미가 생겨난다. 맑은 기를 얻어 사람이 되고, 흐린 기를 얻어 사물이 된다. 그중에서 지극히 맑고 순수하고 신령스럽고 오묘하여 헤아릴 수 없는 것이 본성이 된다. 오묘하게 이를 갖추고 만물을 재제하니, 그 본성은 사람과 사물이 똑같다.

호랑이와 이리는 자식에게 자비롭고 사랑하는 마음이 생기고, 개미와 벌은 임금에게 공경하고 두려워하는 마음이 자연스럽게 생기니, 그 본성의 착함으로 보면 사람과 같다. 그렇다면 사물 역시 마음을 바르게 하고, 자기 수양을 하고, 집안을 평안하게 하고, 나라를 다스리고, 천하를 평정하는 일을 할 수 있는가? 그것들이 타고난 형체에 국한되어 있지만, 찌꺼기를 씻어 버리고 순수함으로 돌아오면 사물 역시 수양과 집안의 평안을 이룰 수 있다. 그러나 타고난 형체에 국한되어 이런 이치를 끝내 알지를 못한다. 그렇지만 형체에 국한되어 있다 하여 그 본성 역시 다르다고 하겠는가.

공자가 말하기를 "백성은 따르게 할 수는 있어도 알게 할 수는 없다."라고 했다. 백성의 본성은 본래 잡된 마음 없이 신령스럽고 깊이 살펴 환하게 밝힐 수 있어 모든 이를 갖추고 있는데, 성인이 그것을 알지 못하게 해 요임금과 순임금의 총명함과 지혜를 갖지 못하게 하니, 그 이유는 무엇인가? 백성의 본성이 기에 국한되어 있기 때문이리라. 그렇지만 그것을 들어 보통 사람의 본성이 성인의 본성과 다르다고 하니, 도대체 무슨 말을 하는지 모르겠다.

한두 갈래의 밝음으로도 만물을 두루 알 수 있는데도, 같음과 다름을 하늘과 땅을 가르는 것처럼 구별해 버린다. 다만 알 수 없는 것은 한두 갈래의 밝음이 하늘로부터 받아서 그렇게 된 것인가,

아니면 온전한 것을 받았지만 기에 구속되어 그렇게 된 것인가 하는 점이다. 사람은 온전한 것을 받았고 사물은 치우친 것을 받았다고 하면, 이는 본성에 큰 것과 작은 것, 통하는 것과 막히는 것이 있다는 말이 된다. 그러면 본성이 물건처럼 떨어지고 막히고 하는 조각이라는 것인데, 그렇다면 어찌 본성이 모든 변화의 원동력이 될 수 있겠는가.

사람 중에 멍청하고 어리석은 자가 있듯이, 사물 중에도 사리에 통달하고 밝아 총명한 것이 있다. 개미가 비 올 것을 먼저 알고 기린이 풀을 밟지 않는 것을 보면, 그것들의 본성의 신령스러움이 사람보다 낫다고 할 수 있다. 어찌 그것들이 저 멍청하고 어리석은 자들보다 못하다고 할 수 있겠는가. 그것들의 형체에만 주목해 그것들의 본성이 같지 않다고 하면, 신농씨(神農氏)가 소머리를 하고 복희씨가 뱀 몸을 하고서도 성인으로 칭송받는 것과 위배되지 않겠는가. 원숭이가 사람 흉내 내는 소리와 모래무지가 사람 걸음을 하는 것이 어찌 사람과 멀다고 하겠는가. 추운 지역에서 짐승을 잡아먹으며 짐승처럼 다니는 자들이 비록 둥근 머리와 네모난 발을 가지고 있지만, 개나 말과 다를 바가 무엇인가. 요임금의 옷을 입고 공자의 문하에서 노닌다고 해도 잡기(雜氣)를 없애지 못해 만물을 두루 알지 못하는구나. 이것만 가지고 재주가 없다고 여긴다면, 어찌 실정이 그러하겠는가.

더 읽어 보기

김인규,『홍대용 : 조선시대 최고의 과학사상가』, 성균관대학
교 출판부, 2008

김태준,『홍대용 평전』, 민음사, 1987

홍대용,『담헌서』, 민족문화추진회, 1982

홍대용, 조일문 옮김,『임하경륜·의산문답』, 건국대학교 출판
부, 1999

홍대용, 진단학회 엮음,『담헌서』, 일조각, 2001

박지원

북학파의 거목, 시대를 앞서다

박지원은 한양 반송방(盤松坊) 야동(冶洞, 서소문 밖 동네)에서 태어났다. 자는 중미(仲美)이고, 호는 연암(燕巖)이다. 아버지는 사유(師愈)이고 어머니는 함평 이씨이다.

16세 때 이보천(李輔天)의 딸과 결혼하고 난 후, 장인에게서 『맹자』를 배웠다. 처삼촌인 이양천(李亮天)에게서 사마천의 『사기』를 배우며 문장 짓는 법을 알게 되었다. 이때부터 수많은 글을 짓기 시작했다.

34세 때 감시(監試)에 응시해 장원했으나, 회시(會試)에서는 답안지를 내지 않고 나와 버렸다. 42세 때, 실권자 홍국영의 미움을 사 개성 인근 연암골로 피신해 은둔 생활을 했다. 44세 때, 홍국영이 실권하자 한양으로 다시 돌아왔다가 친척 형 박명원(朴明源)을 수행해 북경에 다녀왔다. 돌아온 후 기행문 『열하일기(熱河日記)』를 써서 청나라의 문화를 소개했다.

50세 때, 유언호(兪彦鎬)의 추천으로 선공감 감역(繕工監監役)이 되어 벼슬살이를 시작하고, 의금부 도사, 한성부 판관을 거쳐 안의현감, 면천군수 등을 역임했다. 65세에 관직에서 완전히 은퇴했다. 1805년 69세의 나이로 사망했다.

주요 작품으로는 『연암집(燕巖集)』, 『과농소초(課農小抄)』, 「허생전(許生傳)」, 「양반전(兩班傳)」, 「호질(虎叱)」 등이 있다.

소설을 쓰다

세 미치광이가 친구가 되어 세상을 피해 떠돌아다니며 남의 비위만 맞추려는 아첨배들을 조롱했다. 그들의 작태가 눈앞에 훤히 보이는 듯하다. 이에 『마장전(馬駔傳)』을 썼다.

선비가 자기 입과 배만 생각하면 온갖 행실이 어지러워지고, 높은 자리에 올라가면 탐욕스러운 생활에 빠진다. 엄행수(嚴行首)는 똥을 치우면서 먹고살아도 그 입은 깨끗했다. 이에 『예덕선생전(穢德先生傳)』을 썼다.

민옹(閔翁)은 메뚜기처럼 부지런한 사람이다. 학문과 도가 이미 용과 같았고, 풍자와 익살을 잘해 세상을 희롱하고 공손하지 않았다. 벽에 글을 써 놓고 스스로 분발해 게으름을 경계했다. 이에 『민옹전(閔翁傳)』을 썼다.

선비는 곧 하늘이 내린 벼슬이니 뜻이 있어야 한다. 그 뜻이란 무엇인가? 세상의 이익을 도모하지 않고, 선비답지 않은 일을 멀리하고, 선비정신을 잃지 않아야 한다. 그런데 절의를 지키지 않고 가문을 팔아 땅을 사고 조상의 덕을 팔아 먹고산다면 시장 장사치와 무엇이 다르겠는가. 이에 『양반전』을 썼다.

김홍기(金弘基)는 큰 은자(隱者)다. 세속에서 벗어나 은둔했지만 맑고 흐림에 잘못이 없었다. 남을 시기하지도 않고 탐욕도 없었다. 이에 『김신

선전(金神仙傳)』을 썼다.

광문(廣文)은 거지인데, 그 명성이 높았다. 그는 이름나는 것을 좋아하지 않았지만 형벌을 면할 수 없었다. 도적으로 몰려 가짜와 싸워야 했다. 이에 『광문자전(廣文者傳)』을 썼다.

우상(虞裳)은 옛 문장에 힘썼다. 예가 사라지면 초야(草野)에서 구해야 한다. 그의 삶은 짧았지만 그 이름은 영원했다. 이에 『우상전(虞裳傳)』을 썼다.

세상이 기울어 가자 허례허식만이 높아졌다. 문장을 좀 쓴답시고 세상을 어지럽히고 출세나 꿈꾼다. 옛사람들은 이런 짓을 부끄러워했다. 이에 『이학대도전(易學大盜傳)』(학문을 팔아먹는 큰 도둑놈 이야기)을 썼다.

집에서는 효도하고 밖에 나가서는 공손하면 배우지 않아도 배웠다 할 수 있다. 이 말이 지나친지 모르지만 위선을 경계할 수는 있다. 명선(明宣)은 3년 동안 독서를 안 했지만 훌륭한 학문을 했다. 농부는 밭을 갈고 아내와 서로 존경하면 눈으로 글을 읽지 못해도 진짜 학문을 했다 할 수 있다. 이에 『봉산학자전(鳳山學者傳)』을 썼다.

박지원(朴趾源, 1737~1805년)의 소설 모음집인 『방경각외전(放璚閣外傳)』 서문이다. 그는 여기서 아홉 편의 소설을 쓴 이유를 밝혀 놓았다. 이 중에서 『이학대도전』과 『봉산학자전』은 소실되어 현재 전해지지 않는다. 『이학대도전』은 특정인을 겨냥해 쓴 글인데, 그가 죽자 박지원이 스스로 불태워 버렸다고 한다.

이 아홉 편의 소설들은 박지원이 20세 남짓 되었을 때 지은 것들이다. 그때 그는 심한 불면증을 앓았다고 한다. 이때 이 소설들을 지었다고 하니, 그의 불면증은 세상에 대한 고민 때문이었던 것 같다. 이 소설들로 명성을 얻기도 했지만, 일생을 두고 시달려야 했다. 요즘 말로 하면 저질 작가 시비에 휘말렸고, 유학자들로부터 온갖 비난과 비방을 들어야 했다.

박지원은 한편으로는 자신을 방어하면서도 다른 한편으로는 유학자들과 양반 사회의 위선을 비판하는 일을 멈추지 않았다. 그는 전문적인 작가였다.

"악을 지나치게 미워해 걱정이다."

박지원은 한양 반송방 야동에서 태어났다. 자는 중미, 호는 연암이다.

훗날 집안사람이 박지원의 사주를 적어 가 북경의 점쟁이에게 길흉을 물어보았다고 한다. 그 점쟁이는 "반고(班固)와 사마천과 같은 문장을 타고났는데, 까닭 없이 비방을 당한다."라고 했다 한다. 사실 여부를 확인할 길은 없으나, 박지원의 일생을 한 문장으로 정리한 말이다. 그는 탁월한 문장가였지만 항상 비방에 시달리며 살았다.

박지원은 16세 때 이보천의 딸과 결혼한 뒤, 장인에게서 『맹자』를 배웠다. 그 이전에는 공부를 별로 하지 않은 것으로 보인다. 그 자신은 "책을 느리게 읽고 기억력이 안 좋다."라고 했다. 어렸을 때 공부를 했어도 큰 성과는 얻지 못했던 것 같다.

이보천은 어유봉(魚有鳳)의 제자인데, 어유봉은 이이 학통의 김창협의 제자였다. 따라서 학통으로 치면 박지원은 이이의 제6세대 제자가 되는 셈이다.

이보천은 동생인 이양천에게 "지원의 재주가 뛰어나기는 한데, 악을 지나치게 미워하고 뛰어난 기상이 너무 드러나 걱정이다."라고 우려했다. 박지원의 비타협적인 태도에 대한 걱정이었다. 박지원은 실제로 유학자들과 양반 사회의 위선에 대해 일생을 두고 비타협적인 자세로 비판했다.

박지원이 죽은 후 처남인 이재성(李在誠)은 제문에서 이렇게 썼다.

> 가장 참지 못한 일은 위선적인 무리들과 상대하는 일.
> 그래서 소인배들과 썩은 선비들이 늘 원망하며 비방했지.

박지원의 태도가 어떠했는지 알 수 있다.

그는 과거 시험에는 별 관심이 없었다. 주변의 성화에 못 이겨 과거에 응시하는 경우에도 백지를 내고 나오기 일쑤였다. 한번은 답안지에 소나무와 괴석을 붓 가는 대로 그리고 나오기도 했다. 그러나 젊은 시절부터 문장가로서 명성은 상당히 높았다.

29세 때의 금강산 여행 일화는 그 명성을 짐작케 한다. 친구들이 금강산 여행을 떠나는데, 박지원은 돈이 없어 함께 갈 수 없었다. 친구 한 사람이 그 소식을 듣고 여비를 대 주었다. 그런데 이번에는 함께 데려갈 하인이 없었다. 그러자 어린 여종이 길거리로 나와 "우리 집 작은 서방님 이불 짐과 책 상자를 지고 금강산에 따라갈 사람 없나요?"라며 하인을 모집했다. 순식간에 몇 명이 자원했다. 이렇듯 그의 명성이 인근에서는 자자했다.

34세 때, 감시에 응시해 장원했다. 영조가 친히 불러 답안지를 보며 격려할 정도로 답안을 매우 잘 썼던 것 같다. 그러나 회시에는 응시하지 않으려 했다. 친구들이 권유해 시험장에 들어가기는 했지만 답안지를 내지 않고 나왔다. 이것을 두고 장인 이보천은 아들에게 "지원이 회시를 보았다고 하여 그다지 기쁘지 않았는데, 답안지를 내지 않았다는 얘기를 들으니 몹시 기쁘구나."라고 했다.

박지원의 성격으로 보아 그가 정치에 참여했을 때 큰 파란이 일어날 수 있음을 우려했던 것으로 보인다. 박지원 역시 그 이후로는 과거 시험을 완전히 단념하고, 친구들과 어울려 유람하며 지냈다.

진솔한 글이 좋은 글이다

하지만 유람 생활을 한다고 하여 정치권의 사람들이 박지원을 주시 대상에서 제외한 건 아니었다. 그는 탁월한 문장가였고, 과거 시험 답안지를 놓고 임금에게 직접 칭찬을 받기도 한 사람이었다. 그만큼 명성이 높았다. 수많은 벼슬아치들이 찾아와 박지원을 자기 당파로 끌어들이려고 애썼다.

자연히 정치 얘기가 오고 가게 되면서, 박지원은 성격상 직설적인 비판을 쏟아 놓았다. 친구인 유언호(兪彦鎬)는 박지원에게 "자네의 주장이 너무 직설적이어서 권세가들의 비위를 거스르는 내용이 많으니 주의하라."라고 하기까지 했다. 결국 그는 당대의 실권자인 홍국영의 미움을 사고 말았다.

박지원은 어쩔 수 없이 개성 부근 연암골로 피신해 은둔 생활을 했다. 그의 나이 42세 때였다. 그는 2년간 시골 생활에 파묻혀 사색과 독서로 소일하며, 명성을 듣고 찾아오는 학자들에게 과거 시험 이외에 문장 공부가 있고, 문장 공부 위에 학문이 있음을 가르쳤다. 또한 학문은 글을 잘 읽고 이해하는 것만으로 되는 게 아니란 점도 가르쳤다. 박지원의 아들 박종채는 『과정록』에 제자 이현겸(李賢謙)의 증언을 기록해 두었다.

선생님(박지원)께서는 우리들에게 이렇게 말씀하셨습니다. "너희들이 책을 읽는 데 게으른 것은 아니지만, 글의 뜻과 이치를 깊이 파고들지 못하는 건 다른 이유 때문이 아니다. 과거 시험에 대비하여 글을 읽던 습관이 남아 사색을 하지 않기 때문이다. 너희들이 진실로 나를 따라 배우고자 한다면 마땅히 계획을 세우도록 해라. 매일 경서 한 장(章)과 주자가 지은 『강목(綱目)』 한 단(段)을 빨리 읽거나 외우려 하지 말고, 자세하게 음미하고 정밀하게 생각하여 토론하고 이해하도록 하여라." 이때부터 사람들이 선생님의 가르침을 좇아 배우기 시작하여 수년 만에 학문의 즐거움을 알게 되었습니다.

과거 시험 공부 습관을 버리고 진정한 학문을 하라. 이것이 박지원의 가르침이었다. 그는 글을 쓸 때도 이런 자세를 취했다. 그래서 경전이나 옛 학자들이 쓴 문장을 베끼는 일에 몹시 비판적이었다. 『과정록』에 글에 대한 그의 지론이 실려 있다.

문장에 옛사람이 쓴 문장과 오늘날의 사람이 쓴 문장이 있는 게 아니다. 한유(韓愈)나 구양수(歐陽脩)의 글을 모방하고, 반고와 사마천의 글을 본떴다고 우쭐해 으스대면서 지금 사람들의 글을 하찮게 봐서는 안 된다. 중요한 것은 자기 자신의 글을 쓰는 일이다. 귀로 듣고 눈으로 본 바에 따라 그 형상과 소리를 진실하게 표현하고 그 정경을 있는 그대로 드러낼 수 있다면 문장의 도는 그것으로 족하다.

당시 학자들은 옛사람들의 문장을 사용하지 않는 글을 천박하다고 간주했다. 이런 잘못을 바로잡기 위해 박지원은 옛사람과 오늘날 사람의 문장이 따로 있지 않다고 했다. 중요한 일은 자기 자신의 글을 쓰는 것이다. 보고 들은 대로 진솔하게 쓸 수만 있다면 그것이 좋은 글이다. 그래서 그는 "진실로 이치를 담고 있다면 집안에서 쓰는 일상적인 말을 학교에서 가르칠 만하고, 동요나 속담도 사전에 실을 만하다."라고 하기도 했다. 글에 있어 중요한 것은 내용이지, 자구가 아름다운지 아니면 옛사람의 문장을 잘 썼는지 따지는 게 아니라는 것이다.

그러면서도 정확한 글자의 사용을 중요시했다. 박지원은 어떤 글자를 볼 때, 그것이 사물의 생생한 움직임을 정확히 꿰뚫는지를 살폈다. 다시 말해 그는 사물의 움직임을 세밀하게 관찰한 후 그 움직임을 제대로 포착할 수 있는 글자를 사용하고자 했다. 그래서 일상생활의 말이라도 사물의 이치에 맞는 것이면 학교에서 가르쳐야 한다고 했던 것이다.

북벌이냐 북학이냐

박지원은 홍국영이 실권을 잃고 쫓겨나자 다시 한양으로 돌아왔다. 그의 나이 44세였다. 그사이 가까운 지인들 중 상당수가 죽거나 멀리 유배를 갔다. 그는 세상을 한탄하며 방탕하게 생활했다. 언행을 조심하지 않고 더욱 직설적으로 말했다. 사람들은 집안의 재산이나 털어먹는 난봉꾼이라며 손가락질했다. 그러나 박지원은 오히려 그런 비난을 받는 것이 몸을 보존하는 데 더 유리하다고 생각했다.

한양으로 돌아온 해에 조선을 떠나 북경을 여행할 기회가 찾아왔다. 친척 형인 박명원이 청나라 건륭제의 칠순 생일 축하 사절로 북경에 가게 된 것이었다. 박명원은 영조의 사위였다. 그의 권유로 박지원은 이 사절단에 참여했다. 사절단은 1780년 5월 한양을 출발해 8월에 북경에 도착했고, 다시 러허(熱河)로 갔다가 10월에 귀국했다.

박지원의 제자 중에 박제가, 유득공, 이덕무, 이서구 등이 있었다. 훗날 사가라고 불린 그들은 박지원의 집에서 자주 어울렸다. 여기에 가끔 홍대용이 가세하기도 했다. 그들은 모두 백성들의 경제생활의 향상에 지대한 관심을 가지고 있었는데, 조선 사회의 가장 큰 병폐가 백성의 가난이라고 보았다. 박제가는 「응지진북학의소(應旨進北學議疏)」에서 백성의 생활에 대해 이렇게 썼다.

산간 백성들은 화전을 불사르고 장작을 패느라 열 손가락이 모두 문드러졌습니다. 옷은 10년을 넘게 입어서 해졌고, 집은 허리를 굽혀야 들어갈 수 있는데 연기에 그을리고 흙도 제대로 바르지 않았습니다. 먹는 것이라곤 깨진 주발에 담은 밥과 소금도 치지 않은 나물뿐입니다.

산골 마을의 상태만 이런 것이 아니었다. 박제가는 "지금 대궐 뜰에서 예를 거행하는 곳에는 거적이 펼쳐져 있고, 동서 궐문을 지키는 병사는 무명옷에 새끼를 질끈 동여매고 서 있어 신(臣)이 보기에도 실로 부끄럽습니다."라고 했다.

박지원 등은 국가적으로 경제를 발전시켜 백성들의 삶을 향상하는 것이 조선이 당면한 최대 과제라고 보았다. 그러기 위해서는 농업은 물론 상업과 공업, 경제 발전에 필요한 과학 역시 진흥해야 한다. 또한 청나라의 발달된 문물에 관심을 가지고, 청나라와의 교역을 확대해야 한다고 생각했다.

이런 생각이 잘 드러난 글이 『북학의(北學議)』이다. 이 책은 1778년 박제가가 채제공(蔡濟恭)의 수행원으로서 북경을 방문해 얻은 지식을 기록한 것이다. 그는 불필요한 논쟁을 피하기 위해 실생활과 연관된 실용적인 분야만을 기록했다. 그러나 청나라와의 교역을 증대하고 문물을 수입하자는 생각은 숨기지 않았다. 박지원은 이 책에 서문을 썼는데, 청나라로부터 배울 것을 거듭 촉구했다.

> 저들(청나라 사람)은 깎은 머리에 옷깃을 왼쪽으로 여미고 있지만, 그들이 차지하고 있는 땅이 어찌 삼대 이래 한, 당, 송, 명나라를 거친 중화가 아니겠는가. 그 땅에서 난 자가 어찌 삼대 이래 한, 당, 송, 명나라 백성의 후손이 아니겠는가. 법이 좋고 제도가 아름다우면 오랑캐라도 스승으로 삼아야 한다. 하물며 그 규모의 방대함과, 철학의 정밀함과 심오함, 문장의 빛남이 아직도 삼대 이래 한, 당, 송, 명나라의 옛 규범을 간직하고 있음에랴.

유학자들이 중화라고 생각하는 하, 은, 주나라 삼대와 한, 당, 송, 명나라를 들어, 그 나라들의 전통을 잇는 곳에서 배워야 한다고 했다. 실제로 그곳을 지배하고 있는 청나라로부터 배워야 한다는 말을 이렇게 돌려서 한 것이다. 청나라로부터 배우자는 것, 이를 북학이라 한다.

북학은 당대의 지배적 이데올로기인 북벌과 극명하게 대립되는 개념이었다. 북벌 계획은 청나라를 오랑캐의 국가이자 명나라와 조선의 원수로 규정한다. 청나라는 배움의 대상이 아니라 토벌의 대상일 뿐이다. 영·정조 시대에 이르자 북벌 계획은 실행 정책이 아니라 이데올로기에 불과하게 되었지만, 여전히 국가의 정책과 유학자들의 사고를 지배했다.

박지원은 북벌 계획이 목소리만 높을 뿐 실질적인 내용은 전혀 없다고 비판했다. 그는 『호질』에서 청나라에 대한 인식의 전환을 이렇게 촉구했다.

지금 청나라가 중국을 통치한 지 4대가 되었지만 황제들은 모두 문무를 겸했고 오래 살았다. 지난 100년 동안 나라가 편안했으니, 지금까지 잘 다스렸다고 알려진 한나라와 당나라 시대에도 없던 일이다. 이렇게 나라를 편안하게 안정시키는 것을 보면 하늘에서 내려 준 통치자이다.

조선의 지배층 입장에서는 대단히 불편한 주장이다. 그들에게 박지원은 눈엣가시 같은 존재였다.

옛글에 얽매이지 않는 창조적 글쓰기

북학파의 거두인 박지원에게 북경 여행은 남다른 의미가 있었다. 그러나 그는 매우 조심스러워 했다. 15년 전 북경을 다녀온 홍대용이 곤욕을 치르고 있음을 잘 알고 있었기 때문이다. 이미 온갖 비방에 시달리고 있던 터라 더욱 그러했다.

박지원은 북경을 오가며 산천, 성곽, 배와 수레, 각종 생활 도구, 저자와 점포, 백성들이 사는 동네, 농사, 도자기 굽는 가마, 언어, 의복 등 자질구레한 것까지 빼놓지 않고 관찰했다. 그러나 중국 학자들과의 접촉에는 각별히 주의했다. 필담을 나눌 수밖에 없었는데, 글 쓴 종이가 남는 게 문제였다. 홍대용이 필담 때문에 곤욕을 치렀지 않은가. 그래서 그는 주로 고사성어를 이용해 필담했고, 문제가 될 만한 내용이 담긴 종이는 태워 버렸다.

박지원은 중국에서 돌아온 이후에도 북경의 학자들과 서신을 왕래하는 일을 일절 하지 않았다. 그보다 먼저 중국을 다녀온 박제가에게도 "청나라 사람들과 사사로이 소식을 주고받는 일은 몸을 삼가는 도리가 아니니 주의하라."라고 할 정도였다.

이렇게 주의를 했음에도, 기행문인 『열하일기』가 나오자 유학자들의 비난이 쏟아졌다. 그들은 『열하일기』를 '노호지고(虜號之稿)', 즉 오랑캐의 연호를 사용한 책이라고 비난했다. 당시 조선에서는 공식적인 외교 문서를 제외하고는 일체 명나라 연호를 사용하고 있었다. 따라서 박지원이 책에 청나라의 연호를 사용한 것에 대해 힐난하는 소리가 높았다.

그럼에도 『열하일기』는 널리 읽히는 베스트셀러가 되었다. 그로 인해 박지원은 다른 차원에서 시련을 겪어야 했다. 정조가 반성문을 제출하라고 명령한 것이다. 그의 나이 56세 때였다. 정조는 직각(直閣) 남공철(南公轍)을 통해 이렇게 명령했다.

근자에 문풍(文風)이 이렇게 된 것은 도무지 박지원의 죄가 크다. 내 이미 『열하일기』를 읽어 보았으니 속이거나 감출 수 있겠느냐. 『열하일기』가 세상에 유행된 이후로 문체가 이같이 되었으니, 결자해지하는 차원에서 속히 순수하고 바른 글을 한 부 올려 죄를 씻도록 하라. 그러지 않으면 무거운 벌을 내릴 것이다.

정조는 문체반정(文體反正)을 추진했다. 그는 민생의 어려움이나 조정의 문란보다 학문의 위기를 더 근본적인 문제로 보았다. '학자들이 송나라 대의 유학은 진부하다 하고, 옛 학자들의 글을 인용하는 것을 모방이라 비웃으며, 해학과 소설 같은 자잘한 이야기에만 매달리고 있다.'고 생각한 그는 문체를 바로 세워 학문을 진작시키고자 했다.

그런 정조에게 박지원이 딱 걸렸다. 외형적으로만 보면 박지원의 글은 정조가 비판한 잘못된 글의 전형이었다. 박지원은 글쓰기를 군대에 비유한다. 글쓰기 이론에 대해 밝힌 「소단적치인(騷壇赤幟引)」에서 이렇게 썼다.

> 글을 잘 쓰는 사람이면 병법을 알 것이다. 비유하자면 글자는 졸병이고 뜻은 장수이다. 제목은 적국(敵國)이고, 인용하는 고사(故事)는 전쟁터의 진지이다. 글자를 묶어서 구절을 만들고 구절을 모아서 장(章)을 만드는 것은 군대가 대오를 지어 행진하는 것과 같다.

장수가 졸병을 지휘하는 것처럼 글은 작가의 뜻을 잘 드러내야 한다. 옛날의 좋은 문장을 모방한다고 좋은 글이 아니다. "천지가 오래되었어도 항상 새롭게 생겨나고, 해와 달이 오래되었어도 그 빛은 날마다 새롭다."라는 말처럼, 작가는 새롭게 생겨나는 것을 실제로 관찰하고 경험해 글을 써야 한다. 이것이 박지원의 생각이었다.

따라서 박지원은 창조적인 글쓰기를 강조했다. 옛 문장에 매달리지 않고, 자신의 생각과 다르면 옛 학자들의 글도 과감히 수정해 버렸다. 그의 글은 독창적이었고 이로 인해 명성을 얻었다. 하지만 명성이 높아지는 만큼 비난도 커졌고, 급기야 임금의 경고까지 받게 된 것이다.

시대를 앞선 글쟁이의 괴로움

정조가 벌을 내리기 위해 박지원을 지목한 것은 아니었던 듯하다. 그는 반성문으로 제대로 쓴 글을 올리면 벼슬을 높여 주겠다고도 했다. 정조의 고민은 더 깊은 데 있었다. 유학자들은 과거 시험에 파묻혀 경전에 대한 탐구를 게을리했다. 그로 인해 유교 철학은 고답적인 도덕론을 벗어나지 못했다. 정조는 유교 철학을 새롭게 정립함으로써 다양하게 나타나는 이단적인 움직임에 효과적으로 대응하고자 했다.

그 대표적인 사례가 천주교, 즉 서학(西學)에 대한 대응이었다. 정조 시대에 서학은 백성들 사이에서 광범위하게 퍼져 나갔고, 일부 유학자들도 이에 동조했다. 나라에서는 서학을 사학(邪學), 즉 사악한 학문이라고 낙인찍었지만 그것이 왜 사학인지에 대해 백성들을 설득하지 못했다. 박지원이 지방관으로 있을 때 관찰사에게 보낸 편지에서 당시의 상황을 알 수 있다.

> 지금 사학을 금한다는 자들은 어리석은 백성을 포박해 관아에 꿇어앉히고는 바로 형구(形具)를 갖추어 호통치기를 "너는 어째서 사학을 믿었느냐?"라고 합니다. 그러면 끌려온 백성은 "저는 사학을 믿은 적이 없사옵니다."라고 대답합니다. 수령이란 자가 천주교가 왜 사학인지 알지 못하기 때문에 심문할 근거가 없어 말이 막히고 맙니다. 그러니 우격다짐으로 사학을 믿었다는 자백만 받아 내려 합니다.

이렇듯 유교는 서학에 대해 철학적, 논리적 대응을 하지 못했다. 따라서 교화보다는 탄압이 앞섰고, 백성의 원망은 점점 더 높아졌다. 정조의 고민은 여기에 있었다. 그래서 그는 새로운 학풍을 진작하고자 했다. 문체를 바로잡자는 것은 하나의 구실에 불과했다.

박지원을 본보기로 삼았던 이유는 명성 때문이었다. 정조는 박지원이 자기 명령에 완전 복종하게 함으로써 다른 유학자들에게 경고하고자 했던 것이다. 성동격서(聲東擊西)라고 할까. 서쪽을 치기 위해 동쪽에서 소리가 나도록 한 것이다. 그런데 동쪽에서는 소리가 났지만 서쪽을 치지는 못했다. 정조는 그렇게 자기 시대의 문제를 인식하고 해결하려 했지만 뜻을 이루지 못했다.

지엄한 임금의 명령 앞에 박지원은 납작 엎드렸다. 그는 남공철에게 보낸 편지에서 이렇게 썼다.

> 저는 중년 이래로 불우해 스스로를 소중히 여기지 못하고, 글로써 유희 삼아 때때로 궁한 처지에서 나오는 근심과 하릴없는 마음을 달랬습니다. 그래서 조잡하고 내용 없는 말이 아닌 것이 없었습니다. 스스로를 광대처럼 했으니 사람들의 웃음거리가 되었습니다. 참으로 천하고 비루한 짓이었습니다. 또한 성격이 게으르고 산만하여 행실을 바르게 하지 못했습니다. 제가 지은 글이 벌레를 새기고 갈대를 그리는 것과 같이 사소한 데 신경 쓰는 재주에 불과함을 알지 못해, 스스로도 잘못되었고 다른 사람도 잘못되게 했습니다.

시대를 앞서 태어난 '글쟁이'가 겪어야 했던 아픔이었다.

양반의 위선을 풍자하다

홍대용은 사람과 사물을 하늘에서 바라보라고 했다. 박지원은 관점을 바꾸어 보라고 말한다. 그는 "사물에서 사람을 보면 사람 또한 사물이다."

라고 주장했다. 기일원론의 입장에서 보면 사람과 사물은 같기도 하고 다르기도 하다. 그러므로 사람의 입장에서 사물을 볼 수도 있고, 사물의 입장에서 사람을 볼 수도 있다.

이러한 관점 바꾸기는 인간을 절대화하는 입장이 가진 독선에 대한 비판으로 볼 수 있다. 박지원은 "만물 가운데 삶을 누리는 것 중에 선하지 않은 게 없다."라고 했다. 바꾸어 말하면 삶을 누리는 것 자체가 선이다. 따라서 삶을 억압하는 것은 악이다. 이것은 인간은 물론 동물과 식물 등 모든 것의 삶을 포함하는 말이다. 선과 악에 대한 새로운 개념이다.

관점 바꾸기와 새로운 선과 악의 개념을 표현한 작품이 『호질』이다. 『호질』은 『열하일기』에 수록되어 있는데, 박지원은 북경 여행 중 옥전현(玉田縣)이라는 곳을 지나다 들른 어느 식당의 벽에 걸려 있는 글을 베껴 온 것이라고 했다. 프랑스의 작가 볼테르(Voltaire)가 『자디그(Zadig)』를 발표하면서 여행 중에 들은 얘기라고 했던 것과 같다. 두 사람 모두 탄압을 피하고자 이렇게 둘러댔다.

'호질'은 호랑이가 꾸짖는다는 말로, 꾸짖는 대상은 유학자이다. 유학자 북곽 선생(北郭先生)은 나이 마흔 살에 1만 권의 책을 교정보았고, 경전에 뜻을 달아 1만 5000권의 책을 저술했다. 대단한 학자 같지만 직접 쓴 저술은 없다. 그는 과부와 간통하다 발각되어 도망치다 호랑이를 만났다. 북곽 선생이 살려 달라고 애원하는 가운데, 호랑이의 질타와 훈계가 시작된다.

음과 양은 한가지 기운에서 나왔는데 유학자들은 그것을 둘로 나누었으니 그 고기는 잡스러울 것 같구나.

이기이원론을 주장하는 유학자들에 대한 비판이다. 만물의 이치를 잘 못 파악하고 있으니 순수하지 못하다는 뜻이다. 그런 다음 유학자들이 세상에 끼치는 폐해를 비판한다.

> 부드러운 털을 빨아 가지고 아교풀에 붙여 대추씨 모양의 날카로운 침을 만드는데, 그 길이는 한 치가 안 된다. 이것을 오징어 먹물에 담갔다가 종횡으로 치고 찌르는데, 창처럼 곳곳을 찌르고, 칼처럼 잘 들고, 검처럼 날카롭고, 방패처럼 갈라지고, 화살처럼 곧고, 활처럼 팽팽하다. 이 무기가 한번 움직이면 온갖 귀신이 밤에 나와 울 정도로 가혹하다. 서로 잡아먹는 가혹함으로 치면 너희보다 더 심한 게 어디 있느냐.

여기에서 부드러운 털은 붓을 말한다. 붓은 부드럽지만, 유학자들에 의해 칼처럼, 창처럼, 활처럼, 화살처럼 사용되어 사람들을 서로 잡아먹게 한다.

그러면 유학자의 붓은 누구를 잡아먹는가? 여기에 관점 바꾸기를 시도하는 박지원의 의도가 담겨 있다. 성리학은 사람의 입장에서 동물을 보게 하고, 유학자의 입장에서 백성을 보게 한다. 그러나 박지원의 관점 바꾸기는 동물의 입장에서 인간을 보고, 백성의 입장에서 유학자를 보게 한다. 북곽 선생에 대한 호랑이의 질타는 인간의 악행에 대한 질타일 뿐만 아니라 유학자에 대한 백성의 질타이기도 하다. 호랑이는 계속 말한다.

> 무릇 세상의 이치는 하나다. 호랑이가 진실로 악하다면 사람의 본성 역시 악하다. 사람의 본성이 선하다면 호랑이의 본성 역시 선하다.

인간과 동물의 본성이 같다는 말이다. 이렇게 전제한 후 인간을 꾸짖는다.

> 호랑이가 표범을 잡아먹지 않는 이유는 자신과 같은 무리를 차마 희생시킬 수 없기 때문이다. 호랑이가 잡아먹는 사슴과 노루는 사람이 잡아먹는 것보다 많지 않다. 호랑이가 잡아먹은 말의 수가 사람이 잡아먹은 것에 비해 훨씬 적다. 호랑이가 사람을 잡아먹는 수는 사람이 서로 잡아먹는 수에 비하면 훨씬 적다. 지난해 관중(關中, 중국의 지명)에 큰 가뭄이 들자 사람들이 서로 잡아먹은 수가 수만 명에 이른다. 그 전해에 산동 지방에 큰 홍수가 나자 수만 명의 사람들이 서로 잡아먹었다.

호랑이와 인간 중에서 누가 선한가? 호랑이는 삶을 누리는 데 필요한 만큼만 잡아먹는다. 인간은 어떠한가? 삶을 누리는 데 필요한 것 이상으로 잡아먹는다. 호랑이는 동족을 잡아먹지 않지만, 인간은 같은 인간도 잡아먹는다.

호랑이의 꾸중은 계속된다.

> 자기 물건이 아닌 것을 가져가는 자를 도둑이라 한다. 생명을 해치고 물건을 강제로 빼앗는 자를 도적이라 한다. 너희들은 밤낮으로 바쁘게 돌아다니며 팔을 걷어붙이고 남의 물건을 함부로 빼앗으면서도 부끄러운 줄을 모른다. 어떤 자는 돈을 보고 형(兄)이라 부르고, 어떤 자는 자기 아내를 죽여서 장수(將帥)가 되려고 한다.

그러고 나서 호랑이는 가 버렸다. 그것도 모른 채 코가 석 자나 빠져 땅바닥에 납작 엎드려 있던 북곽 선생을 밭 갈러 가던 농부가 발견한다. 농부는 의아한 듯 "어찌 이른 아침에 들판에 대고 절을 하십니까?"라고 묻는다. 이에 북곽 선생은 대답한다.

　　내 듣기로, 하늘이 아무리 높다 해도 허리를 굽히지 않으면 안 되고, 땅이 아무리 두껍다 해도 걸음걸이를 살금살금 해야 한다고 했다.

북곽 선생은 마치 옛 성현의 말을 실천하고 있는 것처럼 꾸몄다. 유학자는 끝까지 위선적인 모습을 버리지 못했다.

삶을 억압하는 것들에 저항하다

박지원은 유언호의 추천으로 선공감 감역에 임명되어 벼슬살이를 시작했다. 그의 나이 50세였다. 이후 의금부 도사, 한성부 판관, 안의현감, 면천군수 등을 역임하고 65세 때 관직에서 은퇴했다.

은퇴 후에는 사회 전 분야에 걸친 개혁안을 담은 글을 쓰려 했으나, 중풍으로 몸이 마비되면서 착수할 수 없게 되었다. 그는 적당히 임시변통한다는 뜻의 '인순고식(因循姑息) 구차미봉(苟且彌縫)' 여덟 자를 병풍에 쓰고는 "천하만사가 이 여덟 자로부터 잘못된다."라고 했다. 문제를 근원적으로 해결하지 않고 적당히 넘기려는 데서 세상이 잘못됨을 말하고자 한 것이었다.

박지원은 병이 깊어져 자리에서 일어날 수 없게 되자 자식들에게 장례에 관한 유언을 남기고, 『자치통감』 등을 읽게 해 그것을 들으면서 생활했다. 가까운 친구들을 초청해 그들이 주고받는 대화를 듣기도 했다. 1805년 10월 20일 그는 조용히 숨을 거두었다. 그의 나이 69세였다. 마지막 말은 몸을 깨끗하게 씻겨 달라는 것이었다.

처남인 이재성은 제문에서 박지원이 한평생 겪어야 했던 수난을 이렇게 썼다.

> 고문(古文)을 짓는답시고 뽐내며 거칠고 설익은 것을 답습하고,
> 껍데기와 찌꺼기를 본뜨면서 깨끗하고 질박한 양 착각하지만,
> 실로 너절하고 진부하기 짝이 없구나.
> 이 풍속을 고치려다 오히려 사람들의 분노를 샀다.

박지원이 몸을 씻겨 달라고 한 것은 이 세상의 때를 모두 벗어 버리고 가고자 했음이리라. 그는 "삶을 누리는 모든 것이 선하다."라는 생각을 가지고, 삶을 억압하는 것들에 저항하고자 했다. 그것은 유학자들과 양반 사회의 위선에 대한 비판이기도 했다.

한 부자가 돈을 주고 양반이 되려고 했다. 그는 양반이 해야 하는 일을 다 들은 후 이렇게 말했다. "그만두시오, 그만두시오. 나보고 도둑질이나 하란 말이오?" 『양반전』은 이렇게 끝을 맺는다. 조선은 이렇게 저물고 있었다.

호질

박지원이 『열하일기』에 수록해 놓은 소설이다. 그는 이 작품에서 호랑이가 사람을 질타하는 상황을 설정해 관점 바꾸기를 시도하고, 자신의 철학을 보여 주었다.

호랑이는 성스럽고 문무를 겸비했으며, 자비롭고 효성스러우며 인(仁)을 아는 동물이다. 그 용맹이 천하무적이지만, 비위(狒胃)는 호랑이를 잡아먹고, 죽우(竹牛)도 호랑이를 잡아먹는다. 박(駁)도 호랑이를 잡아먹고, 오색 사자는 큰 나무 구덩이에서 호랑이를 잡아먹는다. 자백(玆白)도 호랑이를 잡아먹고, 표견(酌犬)은 날면서 호랑이와 표범을 잡아먹는다. 황요(黃要)는 호랑이와 표범의 심장을 꺼내 먹고, 활(猾)은 뼈가 없어 호랑이와 표범에게 잡혀 먹혔다가 뱃속에서 호랑이와 표범의 간을 먹는다. 추이(酋耳)는 호랑이를 만나면 찢어서 씹어 먹는다. 호랑이가 맹용(猛鏞)을 만나면 눈을 감고 감히 쳐다보지 못한다. 사람은 맹용을 무서워하지 않지만 호랑이를 무서워한다. 호랑이가 위엄이 있어서 그런가 보다.

호랑이가 개를 먹으면 취하게 되고, 호랑이가 먹은 사람은 혼령이 된다. 호랑이가 첫 번째 먹은 사람은 굴각(屈閣)이라는 창귀(倀鬼)가 되었다. 호랑이의 겨드랑이에 있으면서, 호랑이를 부엌으로 안내해 솥발을 핥게 했다. 그러자 주인이 배고픔을 느껴 아내를 시켜 밤에 밥을 짓게 했다. 호랑이가 두 번째 먹은 사람은 이올(彝兀)이라는 창귀가 되었다. 호랑이의 광대뼈에 있으면서, 높이 올라서서 사냥꾼을 감시했다. 골짜기에 함정이 있으면 먼저 가서 그 올가미를 망가뜨려 버렸다. 호랑이가 세 번째 먹은 사람은 육혼(鬻渾)이라는 창귀가 되었다. 호랑이의 턱에 있으면서 자기가 아는 친구의 이름을 많이 알려 주었다.

호랑이가 창귀를 불러 물었다.

"날이 어두워졌구나. 무엇을 먹으면 좋겠느냐?"

굴각이 대답했다.

"내가 아까 점을 쳐 보니 뿔도 없고 날개도 없는 머리가 검은 놈이 나왔습니다. 눈 위에 비뚤비뚤 발자국을 내 놓았고 꼬리가 머리에 붙어 있어서 꽁무니를 감출 수 없습니다."

이올이 말했다.

"동문(東門)에 먹을거리가 있습니다. 그 이름을 의원(醫員)이라 하는데, 입에 온갖 약초를 달고 살아 그 고기가 향기롭습니다. 서문(西門)에도 먹을거리가 있습니다. 그 이름은 무당인데, 온갖 신에게 아첨하고 매일 목욕을 해 깨끗합니다. 이 두 놈 중에 하나를 선택하십시오."

호랑이가 수염을 쓰다듬으며 거만하게 말했다.

"의원의 의(醫) 자는 의심스럽다는 의(疑) 자와 같다. 의심스러운 것을 가지고 수많은 사람을 시험하여 해마다 죽이는 수가 수만 명에 이른다. 무당의 무(巫) 자는 속인다는 무(誣) 자와 같다. 신을 속이고 백성을 현혹해 매년 죽이는 수가 수만 명이 된다. 여러 사람의 분노가 뼈 속에 들어가서 금잠(金蠶)이라는 독이 되었으니 먹을 수 없다."

육혼이 말했다.

"숲 속에 고기가 있습니다. 인(仁)이라는 간(肝)과 의(義)라는 쓸개를 가지고 있으며, 충절을 갖추고 고결함을 지녔습니다. 음악을 할 줄 알고 예절을 지킵니다. 입으로 온갖 학자의 설을 외우고, 마음으로는 만물의 이치에 통달했습니다. 이름하여 덕이 높은 선비라고 합니다. 등덜미가 두둑하고 몸에 살이 쪘으며, 다섯 가지 맛을 갖추었습니다."

호랑이가 눈썹을 치켜뜨며 하늘을 보고 웃으며 말했다.

"내가 누구의 말을 들어야 하느냐?"

창귀들이 교대로 호랑이에게 추천하며 말했다.

"한 번은 음(陰)이고 한 번은 양(陽)인 것을 일컬어 도(道)라고 합니다. 선비들은 그것을 꿰뚫어 오행이 서로 생겨나고, 육기(六氣)가 서로 선양하게 합니다. 선비들이 그리로 인도하니 먹는 맛으로는 이것만 한 것이 없습니다."

호랑이가 슬픈 낯빛으로 불쾌해하며 말했다.

"음과 양은 한 가지 기운에서 나왔는데 그것을 둘로 나누었으니 그 고기는 잡스러울 것 같구나. 오행은 위치가 정해져 있어서 처음부터 서로 생겨나는 것이 아닌데도, 억지로 어머니와 아들로 나누어 놓으려 하니 짜고 시어서 그 맛이 순수하지 않을 것 같구나. 육기는 스스로 움직이기 때문에 선양하고 인도하고 할 것이 없다. 그런데도 망령되게 좋은 상태가 되도록 서로 돕는다고 말하는 것을 보니, 사사로이 자기 공을 내세우려 하는 것 같구나. 그런 것은 딱딱해 먹어도 체하니 소화가 되지 않을 것 같구나."

정(鄭)이라는 마을에 자잘한 벼슬은 하지 않는다는 선비가 있었는데, 북곽 선생이라 불렸다. 나이 마흔 살에 자기 손으로 교정한 책만 만 권이나 되었고, 아홉 가지 경전에 주석을 달아 1만 5000권을 저술했다. 천자는 그 뜻을 가상히 여기고 제후들은 그의 이름을 사모했다. 마을 동쪽에 나이 젊고 아름다운 과부가 살고 있었는데, 그 이름을 동리자(東里子)라고 했다. 천자는 그 정절을 가상히 여기고 제후들은 그 현숙함을 숭모해 그 마을 둘레 수 리(里)를 동리 과부의 마을이라 불렀다.

동리자는 수절하며 다섯 자식을 두었는데, 그 성(姓)이 모두 달랐다. 다섯 형제가 서로를 가리키며 말했다.

"강 건너 북쪽에서 닭이 울고, 강 건너 남쪽에는 새벽별이 솟았다. 방 안에서 소리가 들리는데, 북곽 선생의 목소리와 매우 비슷하다."

다섯 형제는 문 틈새로 살펴보았다. 동리자가 북곽 선생에게 부탁하며 말했다.

"선생님의 덕을 사모한 지 오래되었습니다. 오늘밤 선생님의 책 읽는 소리를 듣고 싶습니다."

북곽 선생이 옷깃을 정돈하고 무릎 꿇고 앉아서 시를 읊었다.

"원앙새는 병풍 안에 있고, 반딧불은 반짝이며 나는구나.
시루다 솥이다, 누가 그런 모양으로 만들었는가.
흥겹구나."

다섯 형제가 서로 가리키며 말했다.

"과부 집에 들어가지 않는 게 예(禮)이다. 북곽 선생은 현자다. 정 마을에 성문이 무너져 여우가 굴을 파고 산다고 들었다. 여우가 천년 묵으면 사람 모양으로 변신을 한다고 한다. 그 모양이 북곽 선생과 같구나."

서로 계획을 짜며 말했다.

"여우의 모자를 얻는 자는 천금의 부자가 되고, 여우의 신발을 얻는 자는 대낮에도 그림자를 감출 수 있고, 여우의 꼬리를 얻는 자는 남에게 잘 보여 사람들이 기쁘게 해 준다고 들었다. 어떻게 저 여우를 죽이지 않고 나누어 가질 수 있을까?"

다섯 형제는 북곽 선생을 포위해 공격했다. 북곽 선생은 크게 놀라 도망쳤다. 사람들이 자기를 알아볼까 두려워 다리를 목 뒤로 올리고 귀신처럼 춤추고 웃었다. 문을 빠져 나와 도망치다가 들에 파 놓은 구덩이에 빠졌다. 그 구덩이에는 똥이 가득 차 있었다. 간신히 빠져나오며 바라보니 호랑이가 길을 막고 있었다. 호랑이는 이마를 찌푸리고 구역질했다. 코를 막고 고개를 왼쪽으로 돌리고 으르렁거리며 말했다.

"선비란 놈은 냄새가 지독하구나."

북곽 선생이 머리를 숙이고 엉금엉금 기어서 앞으로 왔다. 세 번 절하고 꿇어앉아 우러러보며 말했다.

"호랑이의 덕은 지극하옵니다. 대인(大人)은 호랑이의 변화를 본받고 제왕은 호랑이의 걸음걸이를 배웁니다. 사람의 자식은 호랑이의 효심을 본받고 장수는 호랑이의 위엄을 배웁니다. 호랑이의 명성은 용과 짝을 이루어 신령스럽습니다. 호랑이는 바람을 일으키고 용은 구름을 몰고 옵니다. 이 땅에 사는 천한 신하는 감히 은혜를 입고자 합니다."

호랑이가 질타하며 말했다.

"가까이 오지 마라. 지난번에 듣자니, 선비 유(儒) 자는 아첨할 유(諛) 자와 같다던데 과연 그렇구나. 너희들은 평소에 천하의 악명을 망령되게도 나에게 뒤집어씌웠다. 이제 다급해지자 얼굴에 대고 아첨하는구나. 누가 그 말을 믿겠느냐. 무릇 세상의 이치는 하나다. 호랑이가 진실로 악하다면 사람의 본성 역시 악하다. 사람의 본성이 선하다면 호랑이의 본성 역시 선하다.

너희들은 천 가지 만 가지 말로 다섯 가지 덕을 가지고 살라고 말한다. 항시 그것을 경계하고 그것을 권하며 예의와 염치를 가지고 살라고 말한다. 그런데 도시나 마을에는 코가 없고, 발꿈치가 없고, 얼굴에 문신을 하고 다니는 사람들이 있다. 모두 다섯 가지 덕을 따르지 않은 사람들이다. 먹물이 부족하고 도끼가 부족할 정도로 악한 행동이 끊이지 않는다. 호랑이 세계에는 그런 형벌이 없다. 그것을 보면 호랑이의 본성이 사람보다 더 착하지 않은가.

호랑이는 초목을 먹지 않는다. 벌레나 물고기도 먹지 않는다. 술이나 음란한 것도 즐기지 않는다. 자질구레한 것에 굴복하는 일도 없다. 산에서는 노루와 사슴을 사냥하고, 들에서는 말과 소를 사냥한다. 아직까지 먹는 것을 가지고 죄를 짓거나 소송해 본 일이 없다. 호랑이의 도가 어찌 광명정대하지 않겠는가.

호랑이가 노루와 사슴을 먹으면 너희들은 호랑이를 비난하지 않는다. 호랑이가 말과 소를 먹으면 사람들은 호랑이를 원수라고 말한다. 노루와 사슴은 사람들에게 은혜를 베풀지 않았지만 말과 소는 너희들에게 공로가 있기 때문 아닌가. 그런데 너희들은 태워 주고 승복하는 노고와 정성을 잊어버리고, 매일 그것들로 주방을 채우고 뿔이나 말갈기도 남기지 않는다. 그런데도 노루와 사슴을 습격하니 우리는 산에 먹

을 것이 부족하게 되고, 들에 먹을 것이 없어진다. 하늘이 공
평하게 처리한다면 너희들을 먹는 것이 공평하겠느냐, 아니
면 놓아주는 것이 공평하겠느냐.

무릇 자기 물건이 아닌 것을 가져가는 자를 도둑이라 한
다. 생명을 해치고 물건을 강제로 빼앗는 자를 도적이라 한
다. 너희는 밤낮으로 바쁘게 돌아다니며 팔을 걷어붙이고
남의 물건을 함부로 빼앗으면서도 부끄러운 줄을 모른다. 어
떤 자는 돈을 보고 형이라 부르고, 어떤 자는 자기 아내를
죽여 장수가 되려 한다. 그렇다면 이런 자들과 도덕을 의논
할 수 있겠는가. 게다가 너희들은 메뚜기의 양식을 빼앗고,
누에의 옷을 탈취하며, 벌을 제압해 꿀을 뺏어 먹는다. 어떤
자는 개미 알로 젓을 담가 조상의 제사상에 올려놓는다.
잔인하고 야박하기가 너희보다 더한 것이 어디 있더냐.

너희들은 이치를 말하고 본성을 의논하면서 하늘에 핑계
를 댄다. 하늘에서 보면 호랑이와 사람은 똑같다. 하늘이 지
상의 생물을 만드는 자비로움을 보여 주었는데, 그 자비로움
으로 말하자면 호랑이나 메뚜기나 누에나 벌이나 개미나 사
람이나 똑같은 가축이다. 서로 빼앗아서는 안 된다. 선과 악
을 놓고 따져 본다면, 공공연하게 벌이나 개미의 집을 뒤져
빼앗는 인간이 이 세상에서 가장 큰 도둑이 아니겠는가. 메
뚜기나 누에의 밑천을 강탈하는 인간이 이 세상에서 가장
큰 도적이 아니겠는가.

호랑이가 표범을 잡아먹지 않는 이유는 자신과 같은 무리
를 차마 희생시킬 수 없기 때문이다. 호랑이가 잡아먹는 사
슴과 노루는 사람이 잡아먹는 것보다 많지 않다. 호랑이가

잡아먹은 말의 수가 사람이 잡아먹은 것에 비해 훨씬 적다. 호랑이가 사람을 잡아먹는 수는 사람이 서로 잡아먹는 수에 비하면 훨씬 적다. 지난해 관중에 큰 가뭄이 들자 사람들이 서로 잡아먹은 수가 수만 명에 이른다. 그 전해에 산동 지방에 큰 홍수가 나자 수만 명의 사람들이 서로 잡아먹었다. 호랑이는 표범을 먹지 않는다. 서로 잡아먹은 수로 보면 춘추 시대는 어떠했는가? 춘추 시대에 덕을 세운다고 일으킨 전쟁이 17번이고, 원수를 갚는다고 일으킨 전쟁이 30번이었다. 피가 흘러 천 리를 적셨고, 죽은 시체가 100만이었다.

호랑이 세계는 홍수도 가뭄도 알지 못한다. 따라서 하늘을 원망하지 않는다. 복수도 덕도 잊었다. 따라서 서로 거스를 일이 없다. 호랑이는 운명을 알아 순리대로 산다. 따라서 무당이나 의원의 간사한 속임수에 현혹되지 않는다. 태어난 대로 살고 본성을 다한다. 따라서 세속의 이익에 병들지 않는다. 이것이 호랑이가 슬기롭고 현명한 이유이다. 얼룩무늬만으로도 천하의 문장을 보여 주는 데 충분하다. 작은 병기 하나 없어도 발톱과 이빨로써 천하에 그 힘을 보여 준다. 제기나 원숭이 모양의 술잔으로 천하에 효를 널리 알린다. 하루 한 번 움직여 까마귀나 솔개나 땅강아지나 개미와 함께 모래무지를 나누어 먹는다. 인자함이 넘치지 않느냐. 헐뜯는 사람은 잡아먹지 않는다. 병든 사람도 잡아먹지 않는다. 슬퍼하는 사람도 잡아먹지 않는다. 의로움이 넘치지 않느냐.

인자함이 없구나, 너희 놈들은. 덫이나 함정도 부족해 새 그물, 노루 그물, 큰 그물, 삼태그물, 물고기 그물을 놓는구나. 그물을 처음 놓은 자는 천하에 재앙의 우두머리이다. 쇠꼬챙이, 양날 창, 팔모 창, 도끼, 세모창, 긴 창, 투구, 가마솥을 던지고, 소리를 질러 화산의 집을 무너뜨린다. 불로 음양을 파괴하고, 화약 소리가 천지를 진동한다.

학살을 즐기는 것만으로는 부족하단 말이냐. 부드러운 털을 빨아 가지고 아교풀에 붙여 대추 씨 모양의 날카로운 침을 만드는데, 그 길이는 한 치가 안 된다. 이것을 오징어 먹물에 담갔다가 종횡으로 치고 찌르는데, 창처럼 곳곳을 찌르고, 칼처럼 잘 들고, 검처럼 날카롭고, 방패처럼 갈라지고, 화살처럼 곧고, 활처럼 팽팽하다. 이 무기가 한번 움직이면 온갖 귀신이 밤에 나와 울 정도로 가혹하다. 서로 잡아먹는 가혹함으로 치면 너희보다 더 심한 게 어디 있느냐."

북곽 선생이 자리에서 일어나 고개를 숙이고, 뒤로 멈칫멈칫 물러나며 두 번 절했다. 머리를 거듭 조아리며 말했다.

"전(傳)에서 이르기를 악한 사람이라도 목욕재계하면 하느님을 섬길 수 있다 했습니다. 이 땅에 사는 하찮은 신하가 감히 당신의 은혜를 바라옵니다."

숨을 죽이고 가만히 들어 보니 오랫동안 명령 소리가 없었다. 매우 황공한 마음으로 절을 하고 머리를 들어 바라보았다. 동쪽이 밝아 오고 있었다. 호랑이는 이미 가고 없었다.

아침에 밭 갈러 가던 농부가 물었다.

"선생님, 어찌 이른 아침에 들판에 대고 절을 하십니까?"

북곽 선생이 말했다.

"내 듣기로, 하늘이 아무리 높다 해도 허리를 굽히지 않으면 안 되고, 땅이 아무리 두껍다 해도 걸음걸이를 살금살금 해야 한다고 했다."

일야구도하기(一夜九渡河記)

박지원이 북경 여행길에 직접 체험한 일을 기록한 것으로, 하룻밤
에 아홉 번 강을 건너면서 알게 된 이치를 통해 우리 바깥의 사물
에 현혹되지 않는 삶의 자세를 말했다.

　강물은 두 산 사이에서 흘러나와 돌에 부딪치고 싸우
며 거세게 흘렀다. 그 놀란 물결, 분노한 파도, 애원하는 듯
한 여울은 충돌하고 들이받고 부르짖고 고함치며 장성(長成)
도 깨부술 기세였다. 전차 만 대, 전투 기병 만 부대, 대포 만
문, 북 만 개로도 그 우르르 쾅쾅 무너져 내리는 소리에 비
길 것이 못 되었다.
　모래 위에 큰 돌들이 우뚝우뚝 서 있고, 강둑에는 버드나
무들이 어두컴컴한 모습으로 서 있었다. 그 모습은 마치 물
귀신들이 다투며 뛰쳐나와 사람을 깔보는 것 같기도 하고,
좌우에서 이무기들이 사람을 꽉 움켜잡기라도 하려는 것 같
기도 했다.
　어떤 사람은 이곳이 옛날 전쟁터였기 때문에 강물이 그렇
게 울어 댄다고 했다. 그러나 그것은 그렇지 않다. 강물 소리
는 누가 그것을 듣는가에 달렸다.
　나의 집은 산중에 있는데, 문 앞에 큰 계곡이 있다. 매년
여름밤에 폭우가 쏟아지면 계곡물이 급격히 불어나, 전차나
기병이나 대포나 북소리 같은 소리가 났다. 그 소리를 귀에
못이 박이도록 들어야 했다. 나는 문을 닫고 누워 그 소리를
비교하며 들어 보았다. 깊은 소나무 숲에서 나오는 듯한 소
리는 우아했다. 산이 찢어지고 바위가 붕괴하는 듯한 소리

는 흥분하게 했다. 개구리들이 앞다퉈 우는 듯한 소리는 교만하게 했다. 만 가지 악기가 번갈아 내는 듯한 소리는 분노하게 했다. 번개가 별안간 떨어지는 듯한 소리는 깜짝 놀라게 했다. 차를 끓이는 듯한 소리는 정취가 있었다. 거문고가 곡조에 맞춰 나오는 듯한 소리는 애처로웠다. 종이 바른 창문이 바람에 우는 듯한 소리는 의문을 갖게 했다. 이 모두가 제대로 듣지 못한 것이다. 마음속에 가지고 있는 뜻이 있어 그렇게 듣게 된 것이다.

우리는 한밤중에 강을 아홉 번 건너야 했다. 강물은 요새 바깥으로 나와서 장성을 뚫고 흘러, 유하(楡河), 조하(潮河), 황화(黃花), 진천(鎭川)의 물줄기와 합쳐져 밀운성(密雲城) 아래를 지나 백하(白河)가 된다. 나는 어제 배를 타고 백하를 건넜는데, 이곳이 그 하류이다.

내가 요동 땅에 들어오기 전이었다. 한여름이라 행렬이 뙤약볕 속을 가는데 갑자기 큰 강물이 나타났다. 시뻘건 파도가 산처럼 일어서 물가를 찾기 어려웠다. 모두 천 리 바깥의 폭우 때문이었다. 강물을 건널 때 사람들은 모두 하늘을 쳐다보았다. 나는 사람들이 하늘에 대고 기도를 하는 줄 알았다. 나중에 알고 보니 강을 건너는 사람들은 물을 쳐다보면 물이 소용돌이치기도 하고 용솟음치기도 해 몸으로 거슬러 올라오는 것 같다고 했다. 물이 흘러가는 것을 보고 있노라면 현기증이 나서 물에 빠지게 된다고도 했다. 머리를 들어 하늘을 본 것은 기도하기 위함이 아니라 물을 보지 않기 위함이었다. 목숨이 경각에 달려 있는데 기도할 여가가 있었겠는가.

그 위험이 이러했는데 물소리는 들리지 않았다. 모두 말하기를 요동 평야가 넓고 평평해 물이 분노의 소리를 내지 않는다고 했다. 그것은 강물을 제대로 알지 못한 얘기이다. 요동의 강물이 울지 않은 게 아니라 밤에 건너지 않았기 때문이다. 낮에는 물을 볼 수 있어서 오로지 눈으로 위태로움을 본다. 눈으로 본 것에 벌벌 떨며 두려워하는데 소리가 들리겠는가.

이번에 우리는 밤중에 강을 건넜다. 눈으로 위태로움을 볼 수 없고, 오로지 듣기만 해야 하니 귀가 벌벌 떨려 두려움을 감당하지 못했다.

나는 이제 도를 깨달았다. 마음이 깊은 사람은 눈과 귀가 화근이 되지 않고, 눈과 귀를 믿는 사람은 보고 듣는 것이 자세하면 할수록 병통이 된다. 내 마부가 말에 발이 밟혔기 때문에 뒤 수레에 태웠다. 드디어 강물에 뜨자 말 재갈을 풀고 안장 위에 책상다리를 하고 앉았다. 한번 떨어지면 강물이다. 강물로 땅을 삼고, 강물로 옷을 삼고, 강물로 몸을 삼고, 강물로 마음을 삼을 것이다. 일단 한번 떨어질 것을 결심하자 내 귀에는 아무 소리도 들리지 않았다. 무려 아홉 번이나 강을 건넜지만 걱정이 없었고, 편안한 돗자리에서 앉고 눕고 일어서며 사는 것 같다.

옛날 우임금이 강을 건널 때 황룡이 배를 짊어졌다고 하니 매우 위태로웠다. 그러나 삶과 죽음의 판단이 먼저 마음에서 분명해지자, 용이라고 크게 보일 것도 아니고 도마뱀이라고 작게 보일 것도 아니었다.

소리와 빛은 우리 바깥의 사물이다. 바깥의 사물은 항상 눈과 귀를 어지럽혀 올바른 것을 보고 들을 수 없게 한다. 하물며 사람이 살아가는 세상은 강물보다 더 위태롭다. 그래서 보고 듣는 것이 병통이 되기도 한다. 나는 또 나의 산중으로 돌아가 계곡물 소리를 다시 듣고 시험해 볼 것이다. 그리고 몸을 단정히 하는 데 교만하면서 스스로가 총명하다고 생각하는 사람들에게 경고하리다.

더 읽어 보기

김문용, 『홍대용의 실학과 18세기 북학사상』, 예문서원, 2005

박지원 외, 강만길 외 옮김, 『한국의 실학 사상』, 삼성출판사, 1981

박지원 외, 정창렬 외 옮김, 『세계의 대사상』 제26권, 휘문출판사, 1981

박지원, 조면희 옮김, 『우리 옛글 백 가지』, 현암사, 2007

한형조, 『조선 유학의 거장들』, 문학동네, 2008

정약용

개혁 정책을 통해 조선의 부국강병을 꿈꾸다

정약용은 경기도 광주 초부면(지금의 경기도 남양주시 조안면)에서 태어났다. 자는 미용(美庸)이고 호는 다산(茶山) 혹은 여유당(與猶堂)이며, 시호는 문도(文度)이다. 아버지는 진주목사를 지낸 재원(載遠)이고, 어머니는 해남 윤씨이다.

4세 때 글을 배우기 시작해 7세 때 오언 절구 시를 짓기 시작했다. 15세 때 이가환(李家煥)과 이승훈(李承薰)이 소개해 이익의 저술을 접하고, 학문을 하기로 결심했다.

23세 때 이벽(李檗)으로부터 천주교에 대한 이야기를 듣고 책을 받아 읽어 보았다. 28세 때, 갑과(甲科)에 합격해 가주서(假注書), 검열(檢閱)이 되었으나, 천주교 신자라 하여 탄핵받아 10일간 해미에 유배되기도 했다. 31세 때, 수찬으로 있으면서 「기중가도설(起重架圖說)」을 지어 올려 화성(華城) 구축에 기여했다.

34세 때 병조 참의를 역임하던.중 주문모(周文謨) 사건에 형 정약전(丁若銓)이 연루되면서 금정역 찰방(金井驛察訪)으로 좌천되었다가, 1년여 만에 규장각의 부사직(副司直)을 맡으면서 중앙 정계로 복귀해 승지에 올랐다.

39세 때 정조가 죽고, 그다음 해에 천주교 신자들에 대한 대대적인 탄압이 시작되어, 장기에 유배되었다가 다시 전라남도 강진으로 유배지가 변경되었다. 18년 만인 57세 때 유배지에 풀려나 고향으로 돌아와 저술과 후진 양성을 하며 조용히 지냈다. 1836년 자택에서 숨을 거두었다. 그의 나이 75세였다.

주요 저서로는 『여유당전서(與猶堂全書)』, 『목민심서(牧民心書)』, 『경세유표(經世遺表)』, 『흠흠신서(欽欽新書)』 등이 있다.

조선의 흥망과 함께한 인생

　근래에 상자 속에 들어 있는 옛날 원고들을 살펴보았다. 어려움을 겪기 전에 궁궐에서 펄펄 날 때 지은 시는 처량하고 우울했다. 장기에 귀향 갔을 때 지은 시는 더욱 슬퍼져 비통하기까지 했다. 강진에 온 이후 지은 시는 대부분 마음이 넓어진 상태를 보여 주는 말과 뜻을 담고 있었다. 고난을 겪기 전에는 이런 기상을 갖지 못했다. 이런 기상을 가지게 된 뒤로는 힘은 들어도 걱정은 없었다.

　정약용(丁若鏞, 1762~1836년)이 강진에서 귀양살이할 때 두 아들에게 보낸 편지의 내용이다. 궁궐, 장기, 강진 세 곳은 그가 일생을 살면서 지나갔던 궤적이었다. 그는 궁에 있을 때 정조의 총애를 받으며 잘나가던 사람이었다. 그런데 왜 그곳에서 지은 시는 처량하고 우울하다 했을까?
　장기로 귀양 갔을 때는 심적으로 최악이었던 것 같다. 그때 지은 시는 비통하기까지 하다고 했다. 그러나 그곳 생활은 그리 오래가지 않았다. 강진으로 귀양 가서는 마음이 넓어졌다고 했다. 무엇인가를 버린 사람에게서 나오는 달관의 경지였다.
　추억의 장소는 세 곳이지만 정약용의 일생은 잘나가던 때와 귀양살이하던 때의 두 시기로 크게 나누어진다. 그런데 묘하게도 이 두 시기는 18세기와 19세기로 갈라진다. 정약용은 18세기에 38년을 살았고, 19세기에 36년을 살았다.

그는 잘나가던 18세기에는 동부승지, 병조 참의 등 고위 관직을 지낸 정치가였고, 귀양살이를 했던 19세기에는 500여 권에 달하는 책을 쓴 학자였다. 이렇듯 극명하게 갈리는 삶은 19세기가 시작되던 1801년 그가 장기로 귀양을 가면서 시작되었고, 이후 강진으로 귀양살이가 이어지면서 무려 18년이나 계속되었다.

조선의 역사로 보면, 18세기에서 19세기로 전환되면서 생존을 위한 마지막 시도가 실패로 끝나고, 수난과 치욕의 시기로 들어섰다. 정약용 인생의 황금기는 조선이 마지막 기회를 잡을 수 있는 때였다. 정약용의 귀양은 그 기회가 사라졌음을 보여 주는 상징적인 사건인지도 모른다.

정약용은 경기도 광주 초부면에서 태어났다. 자는 미용, 호는 다산 혹은 여유당이다. 여유당이라는 호는 "주저하기를 겨울에 개천을 건너듯 하고 조심하기를 이웃을 두려워하듯 한다."라는 말에서 따온 것이다. 어머니는 해남 윤씨였는데, 어머니의 할아버지는 문인 화가인 윤두서(尹斗緖)로, 윤선도의 후예였다.

그는 어렸을 때 아버지로부터 주로 경서와 역사서를 배웠다. 15세 때 풍산 홍씨 홍화보(洪和輔)의 딸과 결혼하고, 아버지가 호조좌랑으로 임명되자 서울 명례방으로 이사했다.

이때, 이가환과 이승훈의 소개로 이익의 저술을 접했다. 정약용은 이익의 학문을 흔쾌히 받아들였고, 그때부터 학문에 정진하기로 결심했다.

이익 학파의 철학에 입문하다

정약용이 이익 학파의 일원은 된 것은 그의 사상 형성에 중요한 의미를 가진다. 이익은 이황의 학통을 이어받은 학자였다. 그는 형 이잠(李潛)이 당쟁에 연루되는 것을 보고 난 후 관직에 대한 생각을 버리고 오로지 학문에만 전념했다. 여러 차례 관직 추천을 받기도 했지만 모두 거절했다. 그는 풍부한 학식을 바탕으로 정치와 사회, 경제 등 국가의 전 분야에 걸친 개혁을 주장했다.

이익은 특히 '생재(生財)', 즉 재물을 늘리는 것을 강조했다. 요샛말로 하면 국부(國富)의 증대를 주장한 것이다. 그가 제시한 생재의 방법은 생중(生衆, 생산하는 사람이 많을 것), 식과(食寡, 놀고먹는 사람이 적을 것), 위질(爲疾, 빨리 만들 것), 용서(用徐, 쓰기를 천천히 할 것) 등 네 가지였다. 이러한 이익의 구상은 정약용의 사회사상에 지대한 영향을 미쳤다.

철학적 측면에서도 정약용은 이익 학파로부터 큰 영향을 받았다. 이익의 이기론은 대체로 이황의 학설을 받아들인 것이지만, 이황이 이와 기의 발동을 모두 인정한 데 반해 이익은 이의 발동만을 인정했다. 그는 권대중(權台仲)에게 보낸 편지에 이렇게 썼다.

> 이는 기의 스승이다. 기는 이의 졸개이다. 무릇 움직이는 것은 이가 먼저이다. 기는 먼저 움직이는 일이 없고, 이가 움직인 이후에 따르는 게 도리이다. 마음속에 출입하는 기는 이가 먼저 발동하고 난 이후에 뒤따라오는 것이다. 기가 먼저이고 이가 그것을 올라탄다니, 어찌 이런 말이 있는가.

이가 발동하면 기가 따르는 일은 있어도, 기가 발동하면 이가 올라타는 일은 없다는 말이다. 덧붙이기를 "이의 발동만이 진정한 것이고, 기의 발동이란 사물이 형기(形氣)에 부딪힐 때 이가 발동한 것에 불과하다."라고 했다. 겉으로 보면 기의 발동처럼 보이지만 실제로는 이의 발동에 불과하다는 것이다.

이러한 이익의 철학은 그 학파 내에서 천주교 신자가 많이 나오게 된 배경이 되었다. 절대적인 이가 만물을 생성한다면, 그것은 천주교의 하느님과 상통한다. 그 당시 말로 하면 이는 곧 상제와 비슷하다.

사실 주자와 이이는 이런 사태를 경계했다. 두 사람은 이의 절대성은 인정하면서도 활동성은 인정하지 않았다. 그것을 인정한다면 현실을 초월한 것을 추구하게 되기 때문이다. 그렇게 되면 유교는 불교나 도교와 다를 바 없다. 그들의 관심사는 현실이었고, 현실 속에서 이(理)를 실현하는 것이었다. 그래서 기의 발동만 인정하고, 이는 기가 발동할 때 올라탄다고 했다.

그러나 이익의 생각은 달랐다. 그는 이의 실현을 위해 기를 제압해야 한다고 보았다. 인간은 현실에서 생기는 온갖 욕망과 욕심을 억제하고 금욕적인 생활을 해야 한다. 그것이 하늘의 이치[天理]이고 하늘의 명령[天命]이다. 그런 면에서 이익은 세속을 벗어나자는 불교나 도교에 부정적이지 않았다.

정약용이 18세 때 참여한 천진암(天眞菴) 강학회는 이익 학파 내부의 분위기를 잘 보여 주었다. 권철신(權哲身) 등이 주도한 이 강학회에 모인 학자들은 경건한 수도 생활을 했다. 새벽에는 찬물로 세수하고 난 뒤 「숙야잠(夙夜箴)」을 외우고, 해가 뜨면 「경재잠(敬齋箴)」을 외우고, 낮에는 「사물잠(四勿箴)」을 외우고, 해가 지면 「서명(西銘)」을 외웠다. 그들이 외운 것은 이황이 지은 『성학십도』 안에 있는 내용으로, 주로 학문할 때 가져야 할 마음과 자세를 다룬 것들이었다. 그렇지만 이렇듯 학자들이 집단으로 모여 경건히 수련하는 것은 과거에 볼 수 없던 색다른 모습이었다.

임금의 총애를 한 몸에 받다

이익 학파의 학풍과 분위기는 천주교 교리를 쉽게 받아들이게 했다. 마테오 리치(Matteo Ricci)가 쓴 천주교 교리서 『천주실의(天主實義)』는 일찍부터 조선에 들어와 있었다. 처음에는 그 책에 관심을 가진 사람이 별로 없었다. 백과사전적 지식을 자랑하는 이수광(李睟光)의 『지봉유설(芝峯類說)』에도 책 제목 정도만 소개되었을 뿐이었다.

그러나 이익 학파가 형성되면서 사정이 달라졌다. 여기에 속한 학자들은 적극적인 관심을 가지고 천주교를 연구했고, 그중 상당수가 신자가 되었다. 정약용의 주변 인물 중에도 천주교를 받아들인 사람이 여럿 있었다. 매부인 이승훈은 조선인 최초로 세례를 받은 천주교인이었다. 가까운 벗인 이가환 역시 천주교를 신봉했다. 이벽은 정약용에게 천주교를 소개했다.

이벽은 정약용보다 아홉 살이 많았지만 두 사람은 친구처럼 지냈다. 정약용이 임금에게 「중용강의(中庸講義)」를 제출해야 했을 때는 함께 준비할 정도로 인간적으로나 사상적으로 가까웠다. 정약용은 23세 때 이벽으로부터 천주교를 소개받고 천주교 서적도 한 권 보았다고 「자찬묘지명(自撰墓誌銘)」에서 밝혔다. 그 후로 천주교에 마음이 기울다가 정조가 금지령을 내리자 생각을 끊었다고 했다. 그렇지만 천주교와의 접촉은 정약용의 사상 형성에 상당한 영향을 미쳤다.

정약용은 22세 때 초시에 합격해 진사가 되었고, 28세 때 갑과에 합격해 한강에 주교를 설치하는 공사에 참여하면서 관직 생활을 시작했다. 그는 관직을 맡기 이전부터 정조의 총애를 받았다. 「자찬묘지명」에서 이렇게 썼다.

> 내가 벼슬하지 않던 때에도 임금을 뵙는 등 정조 대왕의 총애와 격려가 남달리 특별했다. 선물로 하사받은 것만도 책, 말, 호피, 진귀한 물건 등 이루 다 적을 수 없을 정도이다. 비밀스러운 회의에 참여해 의견이 있으면 글로 지어 올렸는데 모두 즉석에서 들어주셨다. 규장각, 홍문관에서 서적을 교정할 때는 항상 격려해 주셨지 꾸짖는 말씀은 없으셨다. 밤마다 밤참을 내려 주어 배불리 먹게 하셨고, 내부의 비밀문서를 보고자 청하면 허락해 주셨다. 매우 특별한 대우였다.

정조는 정약용의 재능을 아꼈고 특별히 대우했다. 정약용은 화성 축조 때 자신의 재능을 마음껏 발휘해 화성 축조의 규칙과 「기중가도설」을 지어 올렸다. 기중가는 요샛말로 기중기이다. 그 설계도를 그려 올렸는데, 성곽 축조가 끝나자 정조는 "기중가로 4만 냥의 비용을 절약했다."라며 칭찬했다.

이렇듯 정조의 총애를 받으며 잘나가던 시기에도 정약용은 천주교 문제로 곤욕을 치러야 했다. 막 벼슬을 시작하던 29세 때에는 천주교인으로 탄핵을 받아 10일간 해미에서 유배 생활을 해야 했다.

그 당시 천주교 서적이 성균관 유생들 사이에도 돌았다. 그러자 이기경(李基慶) 등 반대파들이 "벼슬아치와 학자들 중 열에 일고여덟은 천주교에 젖어 장차 홍건적이나 백련교도의 난 같은 난리가 있을 것입니다."라고 상소했다. 결국 이승훈 등이 서적을 퍼뜨린 주범으로 지목되었다.

정약용은 이승훈 등을 만나 임금에게 사실대로 털어놓고 용서를 빌라고 했으나 거절당했다. 오히려 그들은 이기경이 무고했다고 주장해 풀려나왔다. 그러자 이기경은 영의정 채제공이 천주교에 미온적으로 대처한다며 탄핵하고, 성균관 유생들에 천주교 서적이 유포되고 있는 사실을 낱낱이 적어 상소했다. 그러나 오히려 정조의 분노를 산 이기경이 경원에 유배되는 것으로 사건은 일단락되었다.

이승훈 등은 이런 결과에 환호했다. 그러나 정약용의 생각은 달랐다. 그는 "우리 당(黨)의 재앙은 여기서부터 비롯될 것이다."라고 했다. 그 예언은 현실이 되었다. 정조는 천주교 금지령을 내렸다. 1791년, 정약용의 나이 30세 때였다. 이제 반대파들은 금지령이라는 강력한 정치적 무기를 가지게 되었다.

너무 많은 양반

정약용의 형 정약전이 걸려들었다. 1795년이었다. 중국 신부 주문모가 몰래 조선에 들어와 전교하다 발각되는 사건이 발생했다. 주문모는 간신히 피신했지만, 함께 있던 최인길(崔仁吉) 등 세 사람이 체포되어 고문을 당하다 죽었다. 이 과정에서 정약전이 연루되었음이 드러났다.

이것이 발단이 되어 이승훈은 예산현으로 유배되고, 이가환은 충주목사로 좌천되었다. 정약용 역시 금정역 찰방으로 좌천되었다. 그의 나이 34세 때였다. 정조는 정약용에게 당부하기를 "길을 떠나면서부터 살아서 한강을 넘어올 방도를 도모하도록 하라."라고 했다. 여전히 정조는 그에게 많은 기대를 걸고 있었던 것이다.

정조의 기대대로 정약용은 한강을 넘어왔다. 1년여의 외직을 마치고 병조 참의로 임명되어 중앙 정부로 복귀했고 동부승지, 병조 참의로 벼슬이 올라갔다. 그럴수록 반대파들의 공격 역시 집요해졌다. 그는 좌천과 사임을 반복해야 했다. 따라서 당시에 지어진 시는 처량하고 우울할 수밖에 없었다.

정약용은 여러 방면에 걸친 재능으로 임금의 총애를 받았고, 한때 관심을 가졌던 천주교가 문제 되어 숱한 비방과 탄핵을 받아야 했다. 다방면의 재능과 천주교에 대한 관심은 그의 사상 형성에 주요한 요소였다.

정약용은 벼슬살이를 하면서 중세적 신분제가 동요하는 현실에 맞서야 했다. 사농공상(士農工商)으로 대별되는 신분적 질서는 양반 계층의 수가 증가하는 방향으로 변하고 있었다. 중세적 질서는 서서히 붕괴했다. 이런 현실을 저지하고 무너지는 질서를 다시 확고히 정립하는 것이 정약용의 주요한 관심사였다.

정약용의 해결 방안은 양반의 수를 줄이고 농공상 등 생산 계층을 늘리자는 것이었다. 이것은 정약용이 제출한 다양한 개혁안의 기본 바탕이 되었다. 그는 36세 때, 임금의 지시로 「응지논농정소(應旨論農政疏)」를 작성했다. 황해도 곡산부사로 재직하며 겪은 경험을 바탕으로 한 글인데, 거기에서 농업이 부진한 이유가 "농민이 신분이 미천한 것을 부끄러워하고, 이익이 없는 일을 하기 싫어하고, 힘든 일을 꺼리기 때문이다."라고 했다. 즉 농민은 선비보다 신분이 낮고, 상인보다 이익이 적고, 공장(工匠)보다 일이 힘들다는 것이다.

그러한 문제들을 해결하기 위한 방안을 제시하면서 특히 농민의 신분을 높일 것을 강조했다. 이것은 역으로 선비의 신분을 낮추는 일이었다. 정약용은 "과거에는 벼슬하거나 벼슬을 얻기 위해 공부하는 사람들을 선비라 했는데, 이제는 스스로 선비를 사칭하면 선비가 된다."라고 했다. 한 번 양반이면 과거 급제 여부와 관계없이 대대로 양반이 된다. 그 결과 양반 수가 계속 늘어날 수밖에 없다.

양반들은 공부는 하지 않고 놀고먹으면서 백성을 깔본다. 놀고먹는 사람이 늘어나니 노동력이 부족하고, 백성들을 깔보니 그들의 근로 의욕이 떨어진다. 그래서 정약용은 과거 제도를 고치자고 했다. 각 고을에서 추천한 사람만이 과거 시험을 치를 수 있게 하자는 것이다. 그들만이 실질적 선비이고 양반이다. 그 외에는 가문에 관계없이 농사짓거나 장사하거나 생업에 종사하게 해야 한다. 그러면 자연스럽게 양반 수가 줄어든다.

하지만 정약용의 주장은 받아들여지지 않았다. 그는 군포제(軍布制)를 다룬 「신포의(身布議)」에서 이렇게 썼다.

> 양반이 되어야 군포를 면제받을 수 있기 때문에 백성들은 밤낮으로 양반이 되는 길을 모색한다. 고을 호적부에 기록되면 양반이 되고, 거짓 족보를 만들면 양반이 되고, 고향을 떠나 먼 곳으로 이사하면 양반이 되고, 두건을 쓰고 과거 시험장에 드나들면 양반이 된다. 몰래 불어나고, 암암리에 늘어나고, 해마다 증가하고, 달마다 불어나 장차 온 나라 사람들이 모두 양반이 되고 말 것이다.

현실은 정약용이 우려하는 바대로 되었다. 100년도 지나지 않아 갑오개혁(1894년)이 시행되었을 때 신분제 폐지가 공포되었는데, 그때는 이미 대부분의 백성들이 양반이었기에 공포 자체가 무의미할 정도였다.

정약용은 특권층인 양반의 수를 엄격히 제한하고 생산 계층의 지위와 이득을 높임으로써 흔들리는 조선의 신분 질서를 유지하고자 했다. 그러나 그의 제안은 받아들여지지 않았다. 정약용이 속한 당파는 그 주장을 강력하게 밀고 나갈 힘이 없었다. 또한 이미 상공업의 발달 등으로 부를 축적한 사람들이 다양한 방법을 통해 양반이 되는 상황에서, 정약용의 주장을 바탕으로 조선의 신분 제도를 유지하기에는 이미 때가 늦어 버렸다.

정치가에서 학자로

1800년, 정조가 갑자기 죽었다. 정약용의 나이 39세였다. 그가 잠시 벼슬자리에서 물러나 고향에 머물던 중, 정조의 명령을 받고 막 한양으로 되돌아오던 때였다. 임금이 그에게 내린 마지막 명령은 서적 출판이었다. 그러나 결실을 보지 못한 채 정조는 죽었다.

정조가 사라지자 정약용 당파는 위기에 몰렸다. 그들의 약한 고리는 천주교였다. 반대파들은 각종 유언비어를 퍼뜨리는 등 대대적인 공세를 폈다. 반대파의 목표는 정약용 당파를 완전 해체시키고, 그 지도자들을 제거하는 것이었다. 주된 목표는 이가환, 정약용 등이었다. 1801년, 결국 천주교인들에 대한 대대적인 탄압이 시작되었다. 이승훈, 이가환 등 100여 명이 처형되고, 400여 명이 유배되었다. 정약용도 장기현으로 귀양을 갔다. 천주교와 손을 끊은 덕분에 그나마 목숨은 유지할 수 있었다.

이때 정약용은 죄가 없다고 생각했기에 다시 벼슬자리에 복귀하는 꿈을 버리지 않았다. 사건이 일어나 투옥되었을 때 꿈을 꾸었는데, 한 노인이 나타나 "소무(蘇武)는 19년 동안 참았는데, 지금 그대는 19일도 못 참는가."라 했다고 한다. 소무는 중국 한나라 무제의 신하로, 흉노에 사신으로 갔다가 19년간 억류되었던 사람이다. 이 일화는 정약용이 정계 복귀에 대한 미련을 버리지 못해 감옥살이를 견디기 어려워했음을 보여 준다.

이런 심적 상태였기에 유배 생활은 힘들었고, 그때 지은 시도 비통할 수밖에 없었다. 장기에서의 귀양살이는 오래가지 않았다. 반대파들이 정약용의 정치 생명을 완전히 끊고자 책동을 계속하는 바람에 결국 유배지가 장기에서 전라남도 강진으로 변경되었기 때문이다. 이는 정약용을 중앙 정계에서 완전히 추방해 버린다는 의미였다.

복귀에 대한 꿈은 완전히 사라졌다. 그 대신 18년간의 긴 유배 생활이 시작되었다. 정약용은 강진에서의 삶을 시작하며 "소싯적에는 학문에 뜻을 두었는데 20년간 세상일에 간여하느라 대도(大道)를 잊고 살았다. 이제야 여가를 얻었구나."라고 말했다. 그래서 이때의 홀가분함을 바탕으로 지은 시는 마음이 넓어진 말과 뜻을 나타내게 되었다.

20년 만에 주어진 긴 여가를 이용해 그는 독서와 사색과 관찰을 하고 방대한 저작을 저술했다. 불운은 행운이 되었다. 후대 사람들은 정치가 정약용이 아니라 학자 정약용을 기억할 수 있게 되었다.

유배 생활을 하면서 조선 사회가 봉착한 문제점들을 다양하게 관찰한 정약용은 조선이 서서히 무너져 내리고 있음을 깨달았다. 특히 조선 사회의 근간이 되는 농민들의 생활은 처참했다. 그는 자신의 목격담을 「전간기사(田間紀事)」라는 제목의 시에 담았다. 그 서문에서 이렇게 썼다.

기사년(1809년)에 다산 초당에 있을 때, 아주 가물어서 겨울과 봄은 물론 입추(立秋)가 될 때까지 풀 한 포기 나지 않은 땅이 천 리나 이어졌

다. 유월 초가 되니 집 떠나 방황하는 백성들이 길을 메웠다. 마음이 아
프고 그 광경이 참혹해 살고 싶지 않을 정도였다.

농촌의 상황이 이렇게 참혹한데도 관리들의 수탈은 더욱 심해졌다.

> 승냥이여, 이리여!
> 우리 소 잡아갔으니,
> 우리 양은 건드리지 마라.
> 장 안에는 저고리도 없고,
> 옷걸이에 걸 치마도 없다.
> 항아리엔 남은 장도 없고,
> 독 안에는 남은 쌀도 없다.
> 무쇠솥, 가마솥 다 빼앗아 가고,
> 숟가락, 젓가락도 모두 가져갔구나.
> 도적도 아니고 원수도 아닌데,
> 어째서 착하지 못한가!

승냥이, 이리는 농촌의 관리들을 말한다. 관리들의 가혹한 수탈은 농민
들을 절망 상태로 몰아갔다. 정약용은 결론을 내렸다. "조금이라도 병들
지 않은 곳이 없으니, 지금 당장 고치지 않으면 나라가 망할 것이다."

공자로 돌아가자

정약용은 자신의 학문에 대해 "육경과 사서로써 자기 자신을 수양하고, 1표(表) 2서(書)로써 국가를 다스리니 본말(本末)을 갖추었다."라고 했다. 1표 2서는 대표적 저작인 『경세유표』, 『목민심서』, 『흠흠신서』를 가리킨다. 자기 수양과 관련된 것이 본(本), 국가 통치와 관련된 것이 말(末)이라 했다. 앞의 것이 철학, 뒤의 것이 정치사상이다. 본말을 갖추었다는 것은 철학과 정치사상을 유기적으로 연관 지을 수 있게 되었다는 뜻이다.

그의 학문적 입장이 집약되어 있는 글이 「오학론(五學論)」이다. 여기에서 주자학, 훈고학(訓詁學), 문장학(文章學), 과거학(科擧學), 술수학(術數學) 등 당대에 유행하는 다섯 가지 학문을 다루면서 그것들이 모두 "손을 맞잡고 요순, 주공, 공자의 문에 함께 들어갈 수 없는 것"이라 했다. 즉 그 다섯 가지 학문이 모두 잘못되었다는 것이다. 특히 이 중에서 주자학에 대한 비판은 정약용 철학의 핵심에 해당한다.

정약용은 당대의 주자학자들을 이런 식으로 비판했다.

> 오늘날 성리학자들은 이(理)다, 기(氣)다, 성(性)이다, 정(情)이다, 체(體)다, 용(用)이다 하고 말한다. 본연이니 기질이니 하고, 이가 발동하느냐 기가 발동하느냐 하고 말한다. 이미 발동했느냐 아직 발동하지 않았느냐를 따지고, 한 가지만 지적한 것이냐 두 가지 모두 지적한 것이냐 하고 말한다. 이는 같은데 기는 다르다느니, 마음은 본래 선해 악이 없다느니 마음에는 선도 있고 악도 있다느니 하며 세 줄기 다섯 가지에 천만 가지의 잎사귀를 터럭 끝까지 분석하고, 실같이 쪼개어서 서로 성내고 서로 배척하고 있다.

이황, 이이에서부터 인물성동이론에 이르기까지 학자들의 논쟁을 이렇게 정리했다. 주자학자들이 쓸모없는 사변적 논쟁만 일삼고 있음을 비판하기 위해서였다. 정약용은 유교의 근본을 이렇게 정리했다.

> 성리학은 원래 그 근본이 있다. 옛날의 학자들은 본성이 하늘에 근본을 두고 있음을 알았고, 이치가 하늘에서 나온 것임을 알았으며, 인륜이 도와 통한다는 것을 알았다. 효제(孝悌)와 충신(忠信)은 하늘을 섬기는 근본이다. 예악과 형정(刑政)은 백성을 다스리는 도구이다. 진실함과 올바른 마음은 하늘과 사람의 바탕이다. 그것을 인(仁)이라 하고, 인의 실천을 서(恕), 인의 베풂을 경(敬)이라 하고, 인에 스스로 순종하는 것을 치우침이 없는 법도라 한다. 이것이 전부다. 많은 말이 필요 없다. 말이 많아 봐야 중언부언일 뿐 뜻은 같다.

짧은 글 속에 본과 말이 모두 담겼다. 효제와 충신은 자기 수양에 해당하고, 예악과 형정은 국가를 다스리는 일에 해당한다. 정약용은 먼저 옛 학자들을 인용해 본성과 이치가 하늘에서 나왔음을 말했다.

정약용은 「자찬묘지명」에서 "두려워하고 삼가서 상제를 밝게 밝히면 인을 실행할 수 있고, 태극을 헛되이 높여서 이(理)를 하늘로 삼으면 인을 실행할 수 없다."라고 했다. 주자학에서 말하는 태극이니 이니 하는 개념으로는 인을 실행할 수 없다. 상제, 즉 하느님을 밝혀야 한다. 그는 여기서 이라는 개념을 사용하지 않고 하늘을 상제라 했다. 상제로부터 본성과 이치가 나왔다. 여기에서 정약용의 철학에 미친 천주교의 영향을 알 수 있다.

그러나 그는 천주교와 갈라섰다. "효제와 충신이 하늘을 섬기는 근본"

이라는 구절에서 알 수 있다. 효제는 부모에 대한 효도와 형제 간의 우애를 말한다. 충신은 임금에 대한 충성과 친구 사이의 신의를 말한다. 즉 부모, 형제, 임금, 친구를 잘 섬기는 것이 하늘을 섬기는 일이라는 것이다. 반면 천주교는 하느님을 직접적인 섬김의 대상으로 삼는다.

정약용은 다시 공자에게 돌아갔다. 사서와 육경을 연구하고 그것에 대해 자기 식의 해석을 시도했다. 주자학자들이 대부분 사서와 육경에 대한 '주자의 해석'을 연구한다는 점과 대비된다.

공자는 "나이 오십에 하늘의 명령이 있음을 알았고(五十知天命), 육십이 되어서 하늘의 명령을 따를 뿐이다.(六十耳順)"라고 말했다. 15세 때 학문에 뜻을 두었다는 공자가 오랜 사색 끝에 인간 위에 하늘이 있음을 쉰 살이 되어서야 알았다는 뜻이다. 그리고 하늘의 명령을 밝혀 예순 살이 되어서는 그것을 따르기만 하면 되었다고 말했다. 정약용은 여기에 주목했다.

하늘의 명령, 즉 천명을 밝힌 공자로 돌아가자. 그것이 정약용의 철학적 표어였다. 효제와 충신은 정약용의 철학을 이루는 근본이었다. 그것은 하늘의 명령이고 하늘을 섬기는 방법이다. 그래서 그의 철학은 자기 수양으로 귀결된다.

인간의 욕망을 긍정하다

정약용은 예악과 형정이 백성을 다스리는 도구라고 했다. 예악은 예법과 음악이고, 형정은 정치와 법률을 말한다. 예법은 법률의 다른 표현이다. 종합하면 백성을 다스리기 위해서는 법이 제대로 서야 한다는 뜻이다.

그는 「자찬묘지명」에서 인간의 욕망에 대해 말했다. 선비는 고귀해지고 싶은 욕망, 백성은 잘살고 싶은 욕망을 가진다. 그런데 사람 쓰는 일이 공정하지 못하면 선비는 욕망을 충족할 수 없어 떠나 버린다. 백성의 이익을 늘리지 못하면 백성은 반란을 일으킨다. 그러면 나라는 망한다. 따라서 법이 인간의 욕망을 충족시킬 수 있어야 한다.

이렇듯 정약용은 인간의 욕망을 긍정한다. 반면 주자학은 인간의 욕망을 악으로 간주하고 그것을 버리라고 말한다. 정약용은 그런 주자학적 사고방식에 기대를 걸지 않았다. 그는 법가(法家)에서 인간 욕망을 충족할 수 있는 길을 보았다. 법가는 일체의 이상을 배척하고 냉철한 현실주의에 바탕을 둔 법치(法治)를 주장한다. 그것은 덕치를 주장하는 유교와 대치되었기 때문에 유학자들에게 배격을 받았다.

정약용의 법가적 경향이 두드러진 저작이 『경세유표』다. 그것은 그의 개혁론을 집대성한 작품으로, 정약용은 "여기에서 논하고자 하는 것은 법이다."라며 저작의 의도를 첫 줄부터 분명히 했다.

물론 정약용이 중국의 법가 사상의 내용을 그대로 가져온 것은 아니었다. 그는 조선의 법과 제도를 세밀하게 관찰하고 문제점을 파악해 『경세유표』에서 대안을 제시했다. 그는 철저히 자기가 조사한 것을 바탕으로 했고, 중국의 사례는 참고만 했다.

조선은 은·주나라가 이상적 질서를 구현한 국가라 여겨 그곳의 제도를 따랐다고 자부했다. 그러나 정약용의 관찰 결과는 달랐다. 조선의 법과 제도는 중국 한나라의 것들을 가져온 것에 불과했다. 정약용은 이렇게 썼다.

은나라와 주나라의 사람들은 생각이 밝아 계획이 슬기롭고 통하지 않음이 없었다. 그런 재주와 식견으로 요와 순이 만든 것이라도 능히 가감

해 적절하게 고칠 수 있었다. 하지만 한나라 사람들은 우둔하여, 그런 재주와 식견으로는 이사(李斯)와 상앙(商鞅)이 만든 것이라도 벗어 버릴 줄 몰랐다.

이사와 상앙은 대표적인 법가 학자이다. 한나라의 법과 제도는 이사와 상앙이 만들어 놓은 것을 그대로 사용한 것이었다. 이렇듯 조선에서 이상적 질서라 여겼던 것들의 근원을 파헤쳐 보면 실제로는 이상적 질서와 거리가 있는 것이었다. 그런데도 사람들은 그것들을 벗어 버리지 못한다고 정약용은 비판했다. 즉 그는 조선의 법과 제도의 개혁이 필요하다고 역설하고자 했던 것이다. 그는 이렇게 단언했다. "법과 제도를 고치지 못하는 이유는 사람이 어리석기 때문이지 천지의 이치가 고치지 못하게 하는 것이 아니다."

정약용의 개혁론은 유교의 이상주의가 아니라, 법가의 현실주의를 따랐다. 이런 현실주의적 시각은 이상적인 군주의 대명사인 요순에 대한 평가에서도 잘 드러난다.

마음과 몸을 다해 흥을 북돋아 천하의 사람들이 부지런히 움직여 근면하게 일하게 하고, 온 힘을 다해 일에 열중할 수 있도록 잠시라도 편안하지 않게 한 사람이 요와 순임금이다. 또 살펴보니, 자세하고 세밀하면서도 엄하게 다스려 천하의 사람들이 조심스럽고 두렵고 겁이 나서 감히 조그만 거짓도 꾸밀 수 없게 한 사람이 요와 순이다. 세상에서 요와 순임금처럼 부지런한 사람들이 없었는데, 후대의 사람들은 그들이 일을 하지 않았다고 기만했다. 세상에서 요와 순처럼 치밀하고 빈틈이 없는 사람들도 없었는데, 후대의 사람들은 그들이 사리에 어둡고 세상 물정을 모른다고 기만했다. 임금이 하고자 하는 일이 있어도 요와 순을 인용해 하지 못하게 하니, 세상이 날로 부패하고 새롭지 못하게 된 이유가 여기 에 있다.

정약용이 볼 때 요순은 치밀하고 빈틈없이 일을 열심히 하며 백성들 역시 근면했기 때문에 이상적인 군주이다. 그런데 후대의 학자들은 요순 을 일하지 않은 군주로 왜곡해 임금이 일을 하려 해도 하지 못하게 했다. 그래서 세상은 날로 부패해지고 새롭게 되지 못하고 있다고 비판했다.

그의 행운, 조선의 불운

정약용은 자신의 사상에 대해 "알아주는 사람은 적고 나무라는 사람 은 많다."라고 한탄했다. 그래서 "만약 천명이 인정해 주지 않는다면 횃불 로 태워 버려도 좋다."라고 절규했다. 그는 자신의 철학이 하늘의 뜻과 일 치한다고 보았다.

그런데 정약용의 철학에는 모순이 있었다. 그는 효제와 충신을 자신의 철학의 근본으로 삼았다. 따라서 그의 철학은 개인의 철저한 자기 수양 을 전제한다. 공자는 수양을 위해 사사로운 개인의 욕심이나 욕망을 버리 라고 말했다. 정약용은 물론 공자의 주장을 받아들인다. 그러나 그는 인 간의 욕망을 긍정했다. 특히 법, 제도의 개혁과 관련해 그 개혁이 인간의 욕망을 만족시키는 방향에서 이루어져야 함을 역설했다. 즉 개인의 수양 차원에서는 욕망을 버리라 하면서도 국가적, 사회적 개혁과 관련해서는 개인의 욕망을 긍정하는 모순을 드러냈다.

이것은 정약용이 일관된 철학 체계를 갖추지 못했음을 의미한다. 그렇게 된 이유는 주자학자들의 지나친 사변성과 현실 개혁의 시급성 때문이었다. 정약용은 주자학자들이 사변적 논쟁에 몰두하느라 현실 개혁을 이루지 못하고 있다고 보았다. 그래서 한편으로는 주자학을 비판하면서 공자로 돌아가자 하고, 다른 한편으로는 개혁이 시급하다면서 법가를 끌어들였던 것이다. 그러나 공자의 사상과 법가 사상은 서로 화해하기 어려운 대립적 사상이었다.

정약용은 주자학이 공자의 사상이 가진 한계를 극복하면서 형성된 것이라는 점을 간과했다. 또한 조선에서 주자학자들이 벌인 논쟁을 면밀히 검토하지 않음으로써, 그것과 현실의 관계를 통일적으로 파악하지 못했다. 주자학자들의 논쟁은 겉으로는 철학 논쟁이었지만 내면적으로는 현실 변화에 대한 대처를 둘러싼 논쟁이었다. 이 과정에서 이기이원론을 극복하는 기일원론이 나타나 발전하고 있었다. 정약용은 이런 과정을 깊이 고찰하지 못함으로써, 개혁론은 앞섰으나 철학은 일관된 체계를 못 갖춘 형편에 놓이고 말았다.

1818년, 정약용은 드디어 유배지에서 풀려나 고향집으로 돌아왔다. 그의 나이 57세였다. 조정에서 그의 정계 복귀 문제가 논의되기도 했지만, 반대파들의 거부로 부결되었다. 그는 고향에서 저술을 하고 학생을 가르치며 평온한 생활을 하다 1836년 사망했다. 그의 나이 75세였다.

정약용은 500여 권에 달하는 방대한 저술을 남겼다. 철학, 정치, 경제, 사회, 문화, 역사 등 다루지 않은 분야가 거의 없었다. 스스로 학문의 본말을 모두 갖추었다고 자부했지만, 그가 집대성한 것은 이이 시대 이래의 실용적인 학문, 즉 실학이었다. 그것만으로도 정약용은 위대한 업적을 남겼다. 그러나 철학의 측면에서 보면 그는 당대의 철학적 발전을 제대로 따라가지 못했다.

정약용은 「자찬묘지명」에서 "임금의 복심 되어 밤낮으로 모셨다."라고 젊은 날을 회고하며 "육경을 정밀하게 연구해 미묘한 이치를 깨치고 통달했다."라고 자부했다. 그리고 자신이 통달한 이치가 "장차 훨훨 날아 먼 곳에서도 받들어지리라."라고 끝맺었다. 그러나 그 이치는 먼 곳까지 퍼지지 않았다. 오히려 임금의 복심으로 일하는 데 필요한 실용적 학문의 영역에서 그의 이름이 널리 알려졌다.

학자 정약용으로 후대에 알려진 것은 정약용 개인의 행운이었지만, 열정과 비전을 갖춘 정치가 정약용에게 기회를 주지 않은 것은 조선의 불운이었다.

오학론

정약용이 지은 철학 논문이다. 그는 이 글을 통해 주자학, 훈고학, 문장학, 과거학, 술수학 등 다섯 가지 학문을 비판하며 자신의 철학을 제시했다. 여기에서는 주자학에 관한 부분을 싣는다.

성리학은 도를 알고 자기를 알아 실천하기를 게을리하지 않는 학문이다. 『주역대전(周易大傳)』에서 "이치를 깊이 연구하고 본성을 다해야 천명에 이른다."라고 했다. 『중용』에서는 "자신의 본성을 다해야 사람의 본성에 이르고 사물의 본성에 이른다."라고 했다. 또 『맹자』에서는 "마음을 다해야 본성을 알게 되고, 본성을 알아야 하늘을 알게 된다."라고 했다.

성리학은 원래 그 근본이 있다. 옛날의 학자들은 본성이 하늘에 근본을 두고 있음을 알았고, 이치가 하늘에서 나온 것임을 알았으며, 인륜이 도와 통한다는 것을 알았다. 효제와 충신은 하늘을 섬기는 근본이다. 예악과 형정은 백성을 다스리는 도구이다. 진실함과 올바른 마음은 하늘과 사람의 바탕이다. 그것을 인(仁)이라 하고, 인의 실천을 서(恕), 인의 베풂을 경(敬)이라 하고, 인에 스스로 순종하는 것을 치우침이 없는 법도라 한다. 이것이 전부다. 많은 말이 필요 없다. 말이 많아 봐야 중언부언일 뿐 뜻은 같다.

오늘날 성리학자들은 이다, 기(氣)다, 성(性)이다, 정(情)이다, 체(體)다, 용(用)이다 하고 말한다. 본연이니 기질이니 하고, 이가 발동하느냐 기가 발동하느냐 하고 말한다. 이미 발동했느냐 아직 발동하지 않았느냐를 따지고, 한 가지만 지적한 것이냐 두 가지 모두 지적한 것이냐 하고 말한다. 이는 같은데 기는 다르다느니, 마음은 본래 선해 악이 없다느니 마음에는 선도 있고 악도 있다느니 하며 세 줄기 다섯 가지에 천만 가지의 잎사귀를 터럭 끝까지 분석하고, 실같이 쪼개어서 서로 성내고 서로 배척하고 있다. 마음으로 묵묵히 연구하지 않고 목덜미까지 벌겋게 핏대를 올리며 천하의 오묘한 이치를 알았다고 하면서 이쪽저쪽 공격해 댄다. 머리는 놓치고 꼬리만 잡은 채, 문마다 깃발 하나씩 꽂아 놓고 집마다 진지를 구축하니, 한세상 끝날 때까지 그 논쟁은 해결할 수 없고, 세대가 이어져 내려가도 그 원한은 해소할 수 없다. 집으로 들어온 자는 주인 대접을 받고 집에서 나간 자는 노예 취급을 당한다. 의견이 같은 자는 대우하고 다른 자는 토벌을 하면서, 자기의 주장은 극히 올바르다고 하니 어찌 서로 멀어지지 않겠는가.

예는 효제와 충신의 실천 규범인데 그것을 알지 못하고, "그것은 명목(名目), 사물(事物), 법도(法度), 수량(數量)에 불과해 도의 변두리이다."라고 말한다. 또 "제사용 제기에 관해서는 그것을 담당하는 사람이 따로 있다."라고 말한다. 악(樂)은 효제와 충신의 실천을 매우 기뻐하는 것인데 그것을 알지 못하고, "그것은 노래 부르고 춤추는 것이니 학문 바깥의 일이다."라고 말한다. 또 "음악이라, 음악이라. 종과 북을 말하는군."이라고 말한다. 형정은 효제와 충신의 실천을 보충해 완성하는 것인데 그것을 알지 못해 "형벌은 실용의 학문에서 다루는 것이라 성인의 학문에서는 버린 것이다."라고 말한다. 규칙은 효제와 충신의 실천이 유지되도록 하는 것이다. 제사를 지낼 때, 손님맞이를 할 때, 상을 당했을 때, 한가

할 때, 조정에서 국사를 논할 때, 군대를 지휘할 때 규칙은 이를 각각 다르게 규정하고 있어서 서로 섞일 수 없다. 그것도 모르면서 무릎 꿇고 절한다는 한마디로 개괄해 버린다. 300가지, 3000가지나 되는 규칙을 무릎 꿇고 절한다는 한마디로 개괄해 끝낼 수 있겠는가.

옛날부터 도를 공부하는 사람을 선비라 했다. 선비 사(士) 자는 종사한다는 사(仕)와 같은 의미이다. 뛰어난 자는 국가의 일에 종사하고, 그보다 못한 자는 높은 관직에 있는 사람에게 종사한다. 이렇듯 임금을 섬기고 백성에게 은혜를 베풀어 천하와 국가의 일을 하는 자를 선비라고 했다. 그중에서 백이(伯夷), 숙제(叔齊)[1], 우중(虞仲), 이일(夷逸)[2]과 같이 인륜의 변란을 당한 사람들은 은거했지만, 그 외에 은거한 사람은 없다. 그래서 처음부터 은거하는 해괴한 행동을 성인이 경계했다.

오늘날 성리학자들은 스스로 은거한다 하며, 세상에 나와 재상으로서 일해 기쁨과 슬픔을 함께해야 함에도 벼슬을 하지 않는다. 세 번 부르고 일곱 번 권하는 등 예에 어긋남 없이 했는데도 벼슬을 하지 않는다. 임금이 계신 곳에서 태어나 성장한 자가 학문을 한다며 산으로 들어가니, 그들을 산림학자라 부른다. 그들은 벼슬을 해도 임금과 함께 학문을 논하고 가르치는 일이나 세자를 가르치는 일에만 주의를 기울인다. 만약 그들에게 경제, 국방, 법무, 외교 같은 일을 맡기면 무리들이 들고일어나 "대학자를 그렇게 대우하면 안 된다."라고 항의한다. 이런 식이라면 주공(周公)은 영의정을 맡을 수 없고, 공자는 형조 판서를 맡을 수 없고, 자로(子路)는

1) 중국 은나라 때의 사람들로, 주나라의 무왕이 은나라를 정벌하는 것에 반대했으나, 무왕이 은나라를 정벌하자 산속으로 들어가 고사리를 캐 먹고 살다 죽었다고 한다.

2) 우중은 주나라 태왕의 아들로 임금이 되지 않으려고 은거했고, 이일은 주나라 때의 선비로 벼슬을 하지 않으려고 은거했다.

재판하는 일을 맡을 수 없고, 공서화(公西華)[3]는 외국 손님을 맞이하는 일을 할 수 없을 것이다. 그렇다면 성인은 사람을 가르칠 때 무엇을 가르쳐야 하고, 임금은 사람을 쓸 때 어디에 써야 하겠는가.

그들은 기묘하게 그것을 꾸며 대면서 "우리는 주자를 높이 숭상한다."라고 말한다. 아! 주자가 어찌 그러했는가. 주자는 육경을 연마해 참과 거짓을 구별하고, 사서의 뜻을 밝게 드러내어 그 깊은 이치를 보여 주었다. 또 조정에 들어와 홍문관으로서 자신의 생사를 돌보지 않고 임금이 범한 잘못을 비판하는 충언을 서슴지 않았다. 권력을 가진 신하들과 격렬하게 논쟁해 그들의 미움을 사기도 했다. 천하의 대세를 논하고 군사의 기밀도 거침없이 말하면서 복수해 치욕을 씻고자 하는 천추의 큰 뜻을 펴고자 했다. 지방의 장이 되어서는 인자한 규범으로 백성들의 자잘한 것까지 살폈다. 부역을 균등하게 하고 흉년과 역병을 구제했다. 큰 원칙과 세세한 규칙은 한 나라를 다스리기에도 충분해 그 방향이 올발랐다. 임금이 부르면 들어오고 놓아주면 몸을 감추었다. 임금과 부모를 사랑하는 마음을 소중히 간직해 잊지 않았다. 주자는 이렇게 했다.

지금 비속한 학문에 빠져 주자를 지킨다고 하는 자들은 모두 주자를 왜곡하고 있다. 주자가 어찌 그들의 말과 같았는가. 비록 수양하는 척하고 행실을 단속하는 것은 방종하고 음탕한 것보다는 낫지만, 속은 텅 비고 마음만 높아 자기만 옳다고 하는구나. 함께 손잡고 요순과 주공과 공자의 문에 들어갈 수 없는 것이 지금의 성리학이다.

3) 공자의 제자.

전론(田論)

토지 제도에 관한 논문으로, 총 일곱 개의 장으로 구성되어 있다. 여기에서 정약용은 자신만의 독특한 여전제(閭田制)를 주장하는데, 그중 세 번째와 다섯 번째 장을 싣는다.

3장

농사를 짓는 사람만 토지를 갖고 짓지 않는 사람은 갖지 못하게 하려면 여전제를 실시해야 한다. 그래야 내 주장을 실현할 수 있다.

여전제란 무엇인가? 산골짜기나 개천과 같은 지형을 경계로 구역을 나누고 그 경계 안의 지역을 여(閭)라 한다. 중국 주나라에서는 스물다섯 호를 1여라 했는데, 그 이름을 빌려 대략 서른 가구 내외로 1여라 하지만, 그 가구 수가 일정하지 않아도 좋다. 세 여를 합해 리(里)라고 한다. 풍속에 따르면 쉰 가구를 1리라 했는데, 그 이름을 빌려 명칭을 사용하되 꼭 쉰 가구가 아니어도 괜찮다. 다섯 리를 합해 방(坊)이라 한다. 방은 읍(邑) 규모의 리를 말한다. 중국 한나라 때에는 구자방(九子坊)이 있었는데, 지금도 이것이 있다. 다섯 방을 합해 읍이라 한다. 중국 주나라에서는 사정(四井)을 읍이라 했는데, 지금은 군현(郡縣)의 관청이 있는 곳을 읍이라 한다.

여에는 여장(閭長)을 두고, 1여의 토지는 1여의 사람들이 공동으로 경작한다. 내 땅 네 땅의 경계를 없애고, 여장의 명령에 따라 일을 하게 한다. 여의 사람들이 하루 일을 할 때마다 여장은 개인의 노동량을 장부에 기록해 둔다. 추수 때에는 수확물을 여장의 사무실로 운반한 다음 그것을 분배한다. 먼저 국가에 바치는 세금을 제하고 다음으로 여장의 봉급을 제한다. 그 나머지를 가지고 노동량을 기록한 장부에 따라 분배한다.

예를 들어 세금과 여장의 봉급을 제외한 수확물이 1000곡(斛)(10두(斗)가 1곡이다.)이 되고, 장부에 기록된 노동 일수가 2만 일이라면 하루에 대한 배분량은 5승(升)이 될 것이다. 이런 계산에 따라 어떤 집안에 부부와 아들, 며느리의 노동 일수가 합쳐서 800일이라면 그 집안이 배분받는 양은 40곡이 될 것이다. 또 어떤 사람의 기록된 노동 일수가 10일이라면 분배받는 양은 5두에 불과할 것이다. 노동을 많이 한 사람은 그만큼 분배량이 많고, 노동을 적게 한 사람은 그만큼 분배량이 적을 것이니 힘을 다해 많은 일을 하려고 하지 않을 사람이 있겠는가.

사람들이 힘을 다함으로써 토지가 지력을 다할 것이다. 지력이 발휘되면 백성들의 재산이 풍족해지고, 백성들의 재산이 풍족해지면 풍속이 순수해져 효제가 확립될 것이다. 이것이 토지 제도로서 가장 좋은 방법이라 할 것이다.

5장

농사를 짓는 사람은 토지를 갖게 하고, 농사를 짓지 않는 사람은 토지를 갖지 못하게 한다. 농사를 짓는 사람은 곡식을 분배받을 수 있게 하고, 농사를 짓지 않는 사람은 곡식을 분배받을 수 없게 해야 한다. 공장을 하는 사람은 자신들이 만든 기계를 곡식과 바꾸게 하고, 장사를 하는 사람은 다른 물건을 가지고 곡식을 사게 한다면 아무 문제가 없다.

선비는 열 손가락이 연약해 힘든 작업을 감당하지 못하니, 밭을 갈겠는가, 김을 매겠는가, 화전을 개간하겠는가, 거름을 주겠는가. 그들의 이름이 노동 장부에 기록되지 못하면 가을에 곡식을 분배받지 못하게 될 것이다. 내가 여전제를 실시하자는 이유가 바로 이 문제를 해결하기 위해서다.

선비란 무엇을 하는 사람인가? 어째서 선비는 손발을 놀리지 않고 땅에서 생산된 것을 빼앗아 먹으며 남이 노동한 것을 삼키는가? 선비가 놀고먹기 때문에 땅에서 나는 이익이 제대로 개척되지 않는다. 놀면 곡식을 분배받을 수 없다는 것을 알면, 장차 직업을 옮겨 농사를 지을 것이다. 선비가 직업을 바꾸어 농사꾼이 되면 땅에서 나오는 이익이 개척될 것이다. 선비가 직업을 바꾸어 농사꾼이 되면 풍속이 순수해질 것이다. 선비가 직업을 바꾸어 농사꾼이 되면 난민(亂民)이 없어질 것이다.

선비 중에는 직업을 바꾸어 농사꾼이 되지 못하는 사람도 있다. 장차 그들을 어찌할 것인가? 공장을 하거나 장사를 하는 사람도 생겨날 것이고, 아침에는 들에 나가 농사를 짓고 저녁에는 집에 돌아와 옛사람의 책을 읽는 사람도 있을 것이다. 부유한 사람의 자녀를 가르치는 것으로 살아갈 방도를 마련하는 사람도 있을 것이다. 또한 실용적인 이치를 연구해 토지에 적합한 농작물을 구별하고 수리 사업을 할 수 있게 하는 사람도 있을 것이다. 기계를 제작해 사람의 힘을 줄여 주기도 하고 농사 기술과 목축업을 가르쳐서 농민에게 도움을 줄 수 있는 사람도 있을 것이다. 이런 사람들의 노고가 어찌 육체노동을 하는 사람의 것과 비교될 수 있겠는가.

하루의 일을 열흘로 기록하고 열흘 동안 한 일을 백 일로 기록해 그에 따라 곡식을 분배받을 수 있게 하는 것이 옳을 것이다. 선비에게 어찌 분배하지 않겠는가.

더 읽어 보기

박지원 외, 강만길 외 옮김, 『한국의 실학 사상』, 삼성출판사, 1981

유형원 외, 정창렬 외 옮김, 『세계의 대사상』 제26권, 휘문출판사, 1981

정약용, 박석무 옮김, 『유배지에서 보낸 편지』, 창비, 2009

한형조, 『조선 유학의 거장들』, 문학동네, 2008

현상윤, 이형성 교주, 『현상윤의 조선유학사』, 심산, 2010

최한기

기에서 출발하는 새로운 인식론을 펼치다

최한기는 개성에서 태어났다. 자는 지로(芝老)이고, 호는 혜강(惠岡), 패동(浿東), 명남루(明南樓), 기화당(氣和堂)이다. 아버지는 치현(致鉉)이고, 어머니는 청주 한씨이다. 치현의 큰형 광현(光鉉)에게 자식이 없어서, 양자로 들어가 한양에서 살았다. 양아버지인 광현은 무과에 급제해 곤양군수를 지냈다.

23세 때, 생원시에 합격해 생원이 되었다. 그러나 더 이상 과거 시험은 보지 않았다. 70세 때, 아들 병대(炳大)가 고종을 모시는 시종신(侍從臣)이 된 덕에 통정첨지(通政僉知)라는 호칭을 받았다.

그는 한평생 학문에 열중해 무려 1000권에 이르는 저작을 썼다. 1877년, 75세의 나이에 죽었다.

주요 작품으로 『농정회요(農政會要)』, 『심기도설(心器圖說)』, 『신기통(神氣通)』, 『추측록(推測錄)』, 『명남루총서(明南樓叢書)』, 『기측체의(氣測體義)』, 『기학(氣學)』, 『인정(人政)』 등이 있다.

유행과 추측

'유행에 뒤떨어졌다.' 혹은 '유행을 선도한다.' 등등 유행이라는 말은 일상생활에서 매우 자주 쓰인다. 사전에서는 유행을 "특정한 행동 양식이나 사상 따위가 일시적으로 많은 사람의 추종을 받아서 널리 퍼지는 것"으로 정의해 놓았다. 그러나 실제로는 이보다 훨씬 가벼운 의미로 사용된다.

추측이라는 말이 있다. 이것 역시 일상적으로 많이 사용되는 단어이다. 사전에서는 추측을 "과거나 현재의 일에 대한 불확실한 판단을 나타낼 때 사용한다."라고 정의한다. 이처럼 추측은 불확실한 판단 혹은 생각을 나타낼 때 주로 사용된다.

그런데 최한기(崔漢綺, 1803~1877년)가 이 단어들을 사용했을 때는 그 의미가 사뭇 달랐다. 그는 유행을 천지 만물의 이치를 나타내는 말로 사용했다. 즉 천지 만물이 끊임없이 움직이면서 생겨나고 작용하는 원리를 '유행지리(流行之理)'라 표현했다. 요즘의 뜻과는 말 그대로 천양지차다.

또한 추측은 확실한 것을 바탕으로 다른 것을 헤아린다는 의미로 사용했다. 여기에서 '추(推)'는 근거를 나타내는 말이고, '측(測)'은 알아낸다는 의미이다. 예를 들어 '추기측리(推氣測理)'라 하면 기를 근거로 이를 알아낸다는 뜻이다. 이런 원리를 '추측지리(推測之理)'라 했다. 요즘처럼 추측을 불확실한 판단을 내린다는 뜻으로 사용한 것이 아니라, 뭔가를 확실하게 알아낸다는 의미로 사용했다. 그러니 그 의미가 180도 다르다.

유행과 추측은 최한기의 철학에서 핵심적인 개념이다. 그의 철학은 한마디로 "천지 만물의 본래 모습인 유행을 추측을 통해 알아내"자는 것이다. 유행과 추측을 지금의 의미로 해석하면 무슨 말인지 알 수 없게 된다. 천지 만물을 불확실하게 판단하자는 게 말이 되겠는가. 그런 것을 철학이라고 말할 수 있겠는가.

현대인과 한국 철학의 전통 사이의 단절은 단어 사용의 차이에서 가장 크게 나타나는 것 같다. 유교 철학의 핵심 개념인 이와 기라는 말은 이제 거의 통용되지 않는다. 기의 경우 "기를 세워 줘야 한다." 혹은 "기가 막혔다."라고 할 때 사용되기는 하지만, 본래의 기와 의미가 다르다.

최한기는 무려 1000권 이상의 책을 썼다. 저작의 수로만 따져 보면 그 이전에 그만큼 많은 저작을 남긴 사람이 없었고, 아마 앞으로도 나오지 않을 것이다. 그런데도 그는 잊힌 철학자였다. 그리고 지금도 역시 매우 생소하다. 1960년대 말에 들어서야 최한기에 대한 연구가 시작되었고, 1980년대에 이르러서야 연구가 본격화했다.

흔히 최한기를 실학사상과 개화사상을 연결한 사상가로 평가한다. 하지만 이 평가는 두 가지 측면에서 문제가 있다. 첫째, 최한기는 실학과 같은 실용 학문을 중요하게 여겨 다양한 실학적 저작을 쓰기도 했지만, "한 마을이나 한 국가에나 적용되는 학문"이라 하여 실학이 지닌 한계 역시 지적했다. 대신 자신은 "온 천하에 언제든 적용될 수 있는 학문", 즉 철학을 하겠다고 했다.

둘째, 개화사상가들은 최한기의 존재를 알지도 못했다. 이것은 참으로 모순적인 일이다. 최한기는 평생 한양에 살았지만 그를 아는 사람은 많지 않았다. 설령 개화사상가들이 그를 알았다 하더라도, 그의 철학은 무시되었을 것이다. 개화사상가들은 일본을 통해 들어오는 유럽의 문명과 철학에 온통 관심을 기울이고 있었기 때문이다.

한미한 집안의 선비

최한기는 지금으로부터 불과 100여 년 전에 살았던 사람이다. 그럼에도 그의 삶에 대해서는 알려진 것이 별로 없다. 그 이유는 몇 가지로 추론된다. 첫째, 그는 벼슬을 전혀 하지 않았다. 과거 시험이라고는 생원 시험을 한 차례 본 것이 전부였다. 벼슬이라 해 봐야 70세 때 아들이 고종을 모시는 시종신이 되어서, 그 덕에 통정첨지라는 호칭을 받은 게 전부였다. 벼슬을 했어야 어디엔가 기록이 남았을 텐데 그러지 못했다.

둘째, 그는 노론 계열이 아니었다. 벼슬하지 않았더라도 집권당인 노론에 속했다면 역시 어디엔가 기록이 남았을 것이다.

셋째, 교우 관계가 대단히 좁았다. 최한기와 가까웠던 사람들로는 『대동여지도(大東輿地圖)』를 만든 김정호(金正浩)와 북학파인 이덕무의 손자 이규경(李圭景) 정도가 꼽힐 뿐이다. 교우 관계가 넓었다면 추억담, 서신 등에 기록이 남든가, 죽은 후에 누군가 전기를 써 주든가 했을 것이다.

넷째, 방대한 저술을 했지만 그 저작들 속에 자신의 삶을 언급하지 않았던 것 역시 최한기의 삶에 대해 알기 어려운 이유 중 하나이다. 사마천이 주저 『사기』에 자신의 집안 내력부터 자세히 기록한 것으로 볼 때, 저작에 자신에 관해 쓰는 것은 문제가 되지 않는다. 그러나 최한기는 철저히 학문에 관한 글만을 썼지 사사로운 이야기는 남기지 않았다.

이건창(李建昌)이 쓴 「혜강최공전(惠岡崔公傳)」과 아들 최병대가 쓴 「여

현산소묘지명(礪峴山所墓誌銘)」 초안 정도가 현재까지 남아 있는 최한기에 대한 기록이다. 이건창이 그 글을 쓸 때는 20대였고, 최한기는 70대였다. 이건창이 어떤 연고로 최한기에 관한 글을 썼는지는 알 수 없다. 두 사람이 면식이 있었다거나 서신 왕래를 했다거나 하는 기록도 없다.

최한기는 개성에서 태어났다. 자는 지로이고, 호는 혜강이다. 아버지는 치현이고, 어머니는 청주 한씨이다. 치현의 큰형 광현에게 자식이 없어서, 최한기가 양자로 들어가 한양에서 살게 되었다.

최한기의 직계 조상 중 10여 대에 걸쳐 문과 시험에 합격한 사람이 단 한 사람도 없었다. 다만 증조할아버지, 할아버지, 양아버지가 무과에 급제해 양반의 명맥은 유지하고 있었다. 그러나 무늬만 양반일 뿐, 사회적 처지는 중인(中人)이나 평민층과 다를 바 없었다. 최한기와 깊이 교유했던 김정호가 평민 출신이고, 이규경이 서자 출신이었다는 사실은 최한기의 집안의 사회적 위치를 보여 준다.

이런 집안 출신이면 당연히 문과 시험에 합격하기를 꿈꾸게 된다. 최한기도 역시 23세 때 생원시에 합격했다. 그러나 더 이상 과거 시험은 보지 않았다. 생원시 합격은 양반 자격증을 받는 정도에 불과하며, 대과에 합격해야 벼슬을 얻을 수 있었다. 하지만 최한기는 벼슬에 대한 꿈을 접고 양반 자격증 획득에 만족했다. 당시에는 양반이라야 학문할 수 있었기 때문일 것이다.

벼슬하지 않은 이유

최한기에게는 벼슬할 기회가 몇 번 있었다. 「혜강최공전」에 세 차례의 기회가 기록되어 있다. 한 번은 조인영(趙寅永)이 유일사(遺逸士)로 그를 추천하려 했던 경우다. 조선 24대 임금 헌종이 불과 8세에 왕위에 오르자 외척인 조씨(趙氏)가 세도를 잡았다. 조인영은 영의정으로서 실권자였다. 유일사는 산림에 은거해 학문하는 선비 중에 명망 있는 사람을 추천해 벼슬을 주는 것을 말한다. 그때의 사정을 보자.

> 상국(相國) 조인영이 장차 유일사로 뽑으려고 사람을 시켜 최한기에게 "한양 바깥에 옮겨 살지 않겠는가?"라고 물었다. 최한기는 "이름을 훔쳐 벼슬에 나아가는 짓을 할 수 없다."라고 했다. 조인영이 군이 최한기를 끌어들이려 사람을 보내 과거에 응시할 생각이 있는지를 물었다. 최한기는 "책 상자를 끼고 다니지 않은지 오래되었다."라고 했다.

한양 바깥에 옮겨 살라는 이유는 그것이 유일사로 추천받을 수 있는 조건이었기 때문이다. 즉 산림에 은거해야 자격을 얻을 수 있었다. 최한기는 '이름을 훔쳐 벼슬에 나아가는 짓을 할 수 없다.'라고 했다. 유일사는 한마디로 어용학자가 되는 것이니, 거절했던 것이다.

그래도 미련이 남았던지 조인영은 최한기에게 과거 시험을 보라고 말했다. 시험만 보면 합격시켜 주겠다는 것이었다. 이번에도 거절하기를 '책 상자를 끼고 다니지 않은지 오래되었다.'라고 했다. 과거 시험 공부 같은 건 하지 않는다는 뜻이다.

정치 붕당에서 명망 있는 학자를 물색해 발탁하려는 건 예나 지금이나 마찬가지인 모양이다. 이번에는 노론에서 제의가 들어왔다. 그때의 상황은 이러했다.

호서 지방 송우암(宋尤庵, 송시열) 서원의 선비들이 의심스러운 일이 있어 상국 홍석주에게 물었다. 홍공(洪公)은 "이것은 반드시 예학(禮學)을 잘 아는 선비가 책임자로 된 이후에야 결정할 수 있는 일이다."라고 말했다. 마침 노량(鷺梁)의 사상사(四相祠)에 책임자가 비어 있었다. 홍석주는 최한기를 노량 사상사의 책임자로 임명해 호서 지방 서원의 일을 처리하려고 했다. 당시 사람들은 노량의 책임자를 극히 영광스러운 자리라고 일컬었다. 그러나 최한기의 뜻을 몰라서 매일 호서의 선비를 시켜 최한기에게 다녀오도록 하고, 홍석주의 뜻을 은밀히 표시하도록 했다. 최한기는 정색하며 "홍석주 공은 훌륭한 재상이신데, 어찌 이익과 세력으로 사람을 회유하려 하는가. 내가 비록 한미해 이름 있는 가문은 아니지만, 대대로 혼인하는 집안이 있어 내 집안의 성향은 모든 사람들이 잘 알고 있다. 다시 살피기를 바란다."라고 했다. 이에 말한 사람이 무안해서 가 버렸다.

노량의 사상사란 소론의 공격을 받고 죽은 네 명의 노론 대신, 즉 김창집(金昌集), 이이명(李頤命), 조태채(趙泰采), 이건명(李健命)을 모신 곳이다. 이곳은 노론의 당론에 상당한 영향을 미칠 수 있는 곳이었으므로 그 책임자는 출세길이 보장되었다. 그래서 사람들이 '극히 영광스러운 자리'라고 한 것이었다.

이번에도 최한기는 제안을 거절했다. 거절 사유가 집안의 성향 때문이라 했다. 자신의 가문은 노론과 다른 붕당이라는 말이다. 비록 몰락했지만 혼맥, 인맥으로 이미 자신의 집안이 어떤 성향을 가지고 있는지는 사람들이 모두 안다고 했다.

최한기가 당색을 내세운 것이 이상했던지 어떤 사람이 그에게 물었다. 「혜강최공전」에는 그의 대답이 이렇게 나타나 있다.

"그대는 평생 당파를 말하지 않더니 이번엔 어째서 그리 단호한가?"
그러자 최한기가 대답했다. "선대부터 조정에서 이름을 알린 사람은 없지
만, 사사로이 전해 들은 바가 있다. 어찌 내 대에 와서 변할 수 있겠는가.
또한 내가 거절한 이유는 당파 때문만은 아니다. 내가 그쪽에 붙는다면
그야말로 당파의 앞잡이가 되고 마는 것이다."

당파의 앞잡이가 될 수 없다는 것이 그 자리를 거절한 핵심적인 이유
였다.

또 한 번의 기회는 1866년에 있었다. 그때 프랑스 군이 강화도에 침입했
다. 그러자 강화 유수(江華留守) 정기원(鄭岐源)이 평소 친근한 사이였던 최
한기에게 자문을 청했다.

하루는 오랑캐(프랑스 군)가 급히 모래를 운반해 배 위로 가져가는데
아무도 그 이유를 알지 못했다. 최한기가 그 소식을 듣고 말하기를 "저들
은 필시 먹는 물이 떨어졌다. 모래를 독에 넣고 바닷물을 담아 두면 짠
물이 민물로 된다. 그러나 저들이 이미 깊이 들어와 물을 공급할 방법이
없으니 머지않아 스스로 물러날 것이다."라고 했다. 며칠 뒤 오랑캐는 달
아났다. 정기원이 장계(狀啓)를 올려 보고하고, (최한기를) 장차 보직 없이
군 전략에 참여시켜야 한다고 했다. 최한기는 "그것은 내가 알지 못하는
분야이다."라며 사양했다.

최한기는 과학적 지식을 활용해 프랑스 군이 물러갈 것을 예언했다. 그
러면서도 군 전략에 참여하는 것을 사양했다. 그 분야를 잘 몰라서이기
도 하지만, 당시 조정의 분위기 때문이기도 했다. 그때 조정에서는 홍선

대원군이 강력한 쇄국 정책을 펴고 있었다.

이상의 세 가지 사례에서 보듯 당시 조정의 사정은 최한기가 벼슬을 할 수 있는 상황이 아니었다. 그 대신 그가 선택한 것이 학문이었다.

책 때문에 가세가 기울다

최한기가 학문에 전념한 것은 그의 성격과도 연관된다. 「혜강최공전」에서는 이에 대해 다음과 같이 썼다.

> 최한기는 평생의 사람됨이 배우기를 좋아하고 구차하지 않았다. 총명하고 이해력이 뛰어나 하나라도 모르는 것이 있으면 부끄러워했다. 깨우친 것이 있으면, 종이를 펼쳐 빨리 써 나가는데 잠깐 사이에 수천 자가 되었다. 어떤 사람이 "자구나 문장에 잘못된 것이 있다."라고 지적하면, "그런가. 나를 위해 고쳐 주게. 나는 문장가가 아니지 않은가."라고 말했다.

평생 배우기를 좋아했고 깨우친 것이 있으면 마구 써 댔다고 했다. 문장이 올바른지 어떤지는 관심사가 아니었다. 그저 생각나는 대로 써 내려 갔다. 문장이나 자구가 잘못된 건 나중에 고치면 될 일이다.

최한기가 이렇게 읽고 쓰며 생활할 수 있었던 것은 집안의 재력 때문이다. 그의 집안은 비록 몰락한 양반 가문이었지만 조상 대대로 개성에 살면서 재산을 모아 상당한 경제력을 갖추었던 것 같다. 개성이라는 지역의 특성상 상업에 종사했기 때문으로 보인다. 집안의 재력과 책에 대한 애착 그리고 그로 인한 고난 등에 대해 「혜강최공전」에는 이렇게 기록되어 있다.

집안이 본래 부유했다. 좋은 책이 있다는 소문이 들리면 돈을 아끼지 않고 후한 값을 주고 샀다. 읽은 다음에는 헐값에 팔았다. 이 때문에 전국에서 책장사들이 다투어 몰려와 책을 팔려고 했다. 중국 북경의 출판사에서 새로 출판된 책이 우리나라에 들어오면 최한기가 보지 않은 것이 없었다. 책을 사는 데 돈을 너무 많이 쓴다고 말하는 사람이 있으면, 최한기는 말했다. "만약 이 책 속의 사람이 나와 한 시대에 살고 있다면, 천 리 길이라도 마다하지 않고 찾아갈 것이다. 지금 나는 앉아서 책을 통해 만나는 것이 가능하다. 책 사는 데 돈이 많이 들어도 먹을 것을 싸 가지고 멀리 찾아가는 것보다 낫지 않은가."

이렇듯 최한기는 책의 가치를 높이 평가했다. 책을 쓴 사람을 만나려면 엄청난 비용이 든다. 따라서 책값이 아무리 비싸도 그 비용보다는 적게 든다. 이것만큼 책의 가치에 대한 명쾌한 설명도 없을 것이다.

그러나 재력에도 한계가 있는 법. 특별한 벌이 없이 비싼 값에 책을 사서 헐값에 팔아 대니 버틸 재간이 없었다. 그로 인해 가세가 기울었다.

옛 집을 팔고 도성 밖에서 셋방살이를 했다. 시골에 가서 농사라도 지으라고 하면, 최한기는 "그것도 내가 바라는 바이지만 더 크게 바라는 바가 있다. 견문을 넓히고 지혜를 열 수 있는 건 오로지 책 덕분이다. 책을 구하는 데 한양보다 더 편한 곳은 없다. 굶주림의 고통을 피한답시고 견문을 좁혀 비루해질 이유가 없지 않은가."

최한기가 한양에서 사는 이유는 책을 쉽게 구할 수 있었기 때문이었다. 책이 없어 견문을 넓히지 못하고 지혜를 얻을 수 없는 것보다 굶주림이 낫다고 했다. 대단한 책벌레였다.

오늘을 선택하라

최한기의 학문은 책 읽기로부터 시작된다. 왜 그토록 책을 중요시 하는가에 대해 「장수루기(藏修樓記)」에서 이렇게 썼다.

> 천년의 세월을 오르내리면서 성스러운 정신은 계속 생겨난다. 세월이 오래되어 티끌처럼 되니 진실로 참모습을 보고 듣기가 어렵지만, 1만 리 밖에서도 현명한 인재가 계속 배출되어 왔다. 땅이 멀고 지역이 달라 소리를 듣고 언어를 통할 수는 없지만, 그 인재들의 삶을 헤아려 그들을 만나고 그 시절의 향기로운 말을 들을 수 있다. 여러 성현들의 말과 동작, 정신과 정수는 전해 오는 책 속에 모두 들어 있다. 찾아서 모을 수만 있다면 우주와 통하고 피차의 구분이 없어진다.

동서고금의 성스러운 정신은 모두 책 속에 들어 있다. 책을 통하면 천년 전의 성스러운 정신도 1만 리 밖 현명한 인재의 향기로운 말도 모두 만나고 들을 수 있다. 그것들을 모두 모을 수 있다면 우주와 통할 수 있다. 그러니 책 이외의 별다른 스승은 필요하지 않다. 오로지 수많은 책을 읽으며 스스로 이치를 깨우쳐 나가면 된다.

동서고금의 현명한 인재들이 쓴 책들을 모아야 우주와 통할 있는 이치를 알 수 있다. 이 말 속에는 당시로는 불온한 생각이 담겨 있다. 주자의 학설에만 매달려서는 이치에 제대로 통할 수 없다는 뜻으로 받아들여질 수 있기 때문이다. 최한기는 『기학』에서 대담한 발언을 했다.

옛 사람의 언어와 문자 중에 기(氣)에까지 다다른 것이 매우 드문데, 어떤 것은 그 자취를 보았지만 그 본체에는 다다르지 못한 것이 있고, 어떤 것은 그 단서를 발견하기는 했지만 근본에까지 다다르지 못한 것도 있다.

옛 성현들의 글 중에 기에 다다른 것이 아주 드물다고 했다. 성현들의 글을 애지중지 떠받드는 학문 풍토에서 용인되기 힘든 파격이자 위험천만한 발언이다. 그러나 최한기의 설명은 명쾌하다. 기는 변화하기 때문에 시대와 지역에 따라 다르다. 옛 성현들의 글은 그 시대, 그 장소의 기를 설명한 것은 될지언정 지금 이곳의 기를 설명하지는 못한다. 이에 대해 『인정』에서 더욱 분명하게 썼다.

만약 옛날과 오늘날 가운데 취사선택을 해야 한다면, 내가 살아가고 의지해야 할 것은 오늘날에 있지 옛날에 있는 게 아니다. 사용하면서 따라야 할 것이 오늘날에 있지 옛날에 있지 않다. 차라리 옛날을 버릴지언정 오늘날을 버려서는 안 된다. 글을 배우고 학문을 하는 선비가 오늘날 기의 변화를 모르고 옛날 글의 자취만을 따른다면, 오늘날의 백성을 다스리는 데 어긋나는 것이 많을 것이다.

옛날과 오늘날 중 하나를 선택하라 하면 당연히 오늘날을 선택해야 한다. 옛 성현들의 글에 매달리면 오늘날의 백성을 다스리는 데 많은 차질이 생긴다. 그것은 오늘날의 변화를 밝히는 하나의 지침일 수는 있지만,

이를 설명하지는 않기 때문이다.

여기에서 최한기의 학문하는 자세를 알 수 있다. 그의 관심은 책의 내용이 아니라, 그것을 바탕으로 늘 새롭게 생겨나는 현실의 변화를 탐구하고 밝혀내는 일이었다. 그래서 학문에는 끝이 없다. 새로운 것은 항시 생겨나기에 일생을 통해 밝혀낼 수 있는 것에는 한계가 있다. 이에 대해 『인정』에서 다음과 같이 썼다.

> 학문의 근본적인 의의는 필생의 연구를 통해 이전에 발견하지 못했던 것을 발견하는 것이다. 나중의 것은 당연히 나중에 발견된다. 어찌 생전에 교만하게 상대를 공격하다가 모욕을 당하고, 심기를 건드려 박해를 받는가.

일생을 걸고 탐구하더라도 발견할 수 있는 것과 발견할 수 없는 것이 있다. 따라서 무언가를 밝혀냈다고 교만하게 다른 사람을 공격할 이유가 없다. 밝혀내지 못한 것이 수없이 많기 때문이다. 괜스레 교만하게 굴다가 박해만 받을 뿐이다. 최한기가 주변 사람들과 논쟁하지 않은 이유가 여기에 있다. 그것은 지적 겸손함이기도 하고 자신이 가진 생각의 파격으로 인해 수모와 고난을 당하는 일을 피하려는 것이기도 했다.

신기로 통한다

현실의 변화는 무궁무진하고 미래에도 역시 그러할 것이다. 그러면 새롭게 나타나는 변화에 대해 탐구만 하다 끝낼 것인가? 최한기는 그 탐구의 방법을 튼튼하게 하고자 했다. 대표적인 저서를 통해 그의 철학을 살펴보자. 그는 34세 때 『기측체의』, 55세 때 『기학』, 58세 때 『인정』을 썼다.

『기측체의』는 『신기통』과 『추측록』 등 두 편의 저작을 한데 모아 놓은 것이다. 최한기는 그 둘의 관계에 대해 "기의 본체를 논해 『신기통』을 짓고, 기의 작용을 밝혀 『추측록』을 지었다."라고 했지만, 각각의 내용이 서로 중첩되어 있다.

그는 「서문」에서 이렇게 말했다.

> 기(氣)는 진실한 이(理)의 근본이고, 추측은 앎을 넓히는 요체이다. 이 기에 근거하지 않으면 탐구하는 것이 모두 허망하고 괴이한 이가 된다. 추측을 통하지 않으면 앎의 근거가 없어져 증명하지 못할 말이 될 뿐이다.

기에 근거해야 진실한 이를 알 수 있고, 추측의 방법을 사용해야 앎을 넓힐 수 있다고 했다. 이 중에서 앞부분은 이미 서경덕, 임성주 등이 주장한 바 있는 기일원론이고, 뒷부분이 최한기가 새롭게 개척한 분야이다. 추측을 통해 앎을 넓히는 것, 요샛말로 하면 인식론이다.

최한기는 기의 본체를 논해 『신기통』을 썼다고 했다. 신기(神氣)는 기(氣)와 같은 말이다. 기의 운동이 신령스럽다고 하여 신기라 하는데, 인간이 태어나면서 받은 기이다. 인식론으로 말하면 인식의 주체이다. 그것이 통한다. 무엇과 통하는가? 외부 세계와 통한다. 『신기통』은 인식의 주체가 외부 세계와 어떻게 통하는가에 대해 쓴 글이다.

최한기는 그 통로를 제규(諸竅), 제촉(諸觸)이라 했다. 제규는 사람의 몸과 외부 세계가 통하는 구멍을, 제촉은 사람의 몸과 외부 세계가 접촉하는 곳을 말하는데, 한마디로 인간의 감각 기관 전체다. 이것에 대해 다음과 같이 말했다.

> 빛이 눈을 통해야 천하의 빛이 모두 신기의 작용이 되고, 소리가 귀를 통해야 천하의 소리가 모두 신기의 작용이 되고, 냄새와 맛과 모든 촉감은 코와 입, 손과 발을 통해야 그것들이 모두 신기의 작용이 된다.

빛, 소리, 냄새, 맛, 촉감 등이 감각 기관을 통해야 인식의 주체인 신기가 알 수 있다는 얘기이다. 최한기는 이치를 탐구한다는 사람들이 이런 감각 기관을 비루하고 지엽적이라 치부하는 것은 눈 감고 귀 막은 채 학문하는 것에 불과하다며 다음과 같이 비판했다.

> 자기 형체에 있는 통하는 것을 버리고 사람이나 사물과 통하기를 바라거나, 사람이나 사물에 통하는 것을 버리고 오직 허망한 그림자나 번득이는 빛과 같은 것을 탐구한다면, 이는 덕을 성취했다고 말하지만 기질이 어둡고 쇠잔해 죽음에 가까이 간 자가 하는 짓이고, 학문을 해 장차 무거운 책임을 지고 원대한 목적을 이루려는 사람이 할 일이 아니다.

감각 기관을 사소한 것으로 치부하면서 오로지 마음만을 중시하는 학문에 대한 신랄한 공격이다. 그런 학문은 죽음에 가까이 간 자가 하는 것일 뿐이다. 최한기은 『추측록』에서 인식론을 집약했다. 그는 천지 만물의 유행과 사람의 추측이 부합해야 한다면서, 그러지 않으면 이치가 어긋난다고 했다. 이를 위한 방법을 다음과 같이 썼다.

기를 근거로 이를 알아내고, 드러난 마음을 근거로 타고난 본성을 알아내고, 움직이는 것을 근거로 움직임이 없는 것을 알아내고, 나를 근거로 남을 알아내고, 사물을 근거로 그 법칙을 알아낼 뿐이다. 하루하루 점점 쌓아 은밀한 것을 알아내고, 알아낸 것을 통하게 하면 추측과 유행이 자연히 합쳐져 하나의 이치가 된다.

원리는 이렇다. 기, 드러난 마음, 움직이는 것, 나, 사물은 보고 듣고 냄새 맡고 만질 수 있어 확실하게 알 수 있는 것들이다. 이, 본성, 움직임이 없는 것, 남, 법칙은 감각을 통해서는 알 수 없는 것들이다. 확실한 것을 근거로 삼아 감각으로 알아낼 수 없는 것을 밝혀내자는 것이 최한기의 인식론이다.

근본 이치를 밝히는 학문, 기학

서경덕으로부터 시작된 기일원론 철학은 최한기의 인식론에 이르러 완성되었다. 서경덕은 이가 근본이라는 주장을 뒤집어 기가 만물의 근원이라 하고, 기가 상생(相生)과 상극(相剋)의 운동을 통해 만물을 생성, 발전, 소멸하게 한다고 했다. 임성주, 홍대용, 박지원 등은 이는 선하고 기는 악하다는 주장을 뒤집어, 선의 근거가 따로 있을 수 없고 사람이든 사물이든 주어진 삶을 누리는 것이 선이라고 했다.

최한기는 이가 기의 고정불변한 원리라는 주장을 뒤집어, 기를 통해서만 이를 알 수 있으니 이가 고정불변하다는 생각은 잘못되었음을 밝혔다. 이로써 이기이원론을 바탕으로 하는 정통 유교는 존재론, 본성론, 인식론적 근거를 잃었고, 기일원론이 새로운 철학으로서 그 토대를 확고히 갖추게 되었다.

최한기는 기일원론 철학을 기학(氣學)이라 이름 지었다. 기학은 이학(理學)과 대비되는 학문이다. 그는 『기학』에서 기존의 학문이 "형체가 없는 이(理)와 신(神)을 근본으로 삼아 이것을 심원하고 고매한 것으로 여기고, 형체가 있는 물체와 검증할 수 있는 사실을 근본으로 삼는 것은 천박하고 보잘것없는 것이라 했다."라고 비판했다. 이와 신을 근본으로 삼는 학문이 바로 이학이다.

이학을 고매하게 여기고 기학을 천박하게 생각하는 이유는 "기의 근본이 이미 드러나 있었지만 그것을 보지 못했기 때문"이다. 덧붙여 다음과 같이 말했다.

> 기는 본래 움직여 운동하고 변화하는 것이다. 그것이 우주 안에 가득 차서 털끝만큼의 빈틈도 없다. 기가 밀고 움직이고 도약해 무궁무진하게 사물을 만들어 낸다. 그 맑고 투명한 형체를 보지 못하는 자들은 공허하다고 한다. 오직 만물을 만드는 항상적인 움직임을 깨달은 자만이 그것을 도라고도 말하고 이치라고도 한다. (중략) 이 기를 배워 앞의 기를 근거로 뒤의 기를 검증하고, 이 기를 가지고 저 기를 증명해 서로 부합하면 스스로 깨달아 기뻐한다.

기가 만물의 근원임을 재차 확인하면서 기의 움직임이 도이고 이치라 했다. 확실하게 알 수 있는 기를 가지고 다른 기와 견주어 보아 부합하면 스스로 깨달음을 얻게 된다. 기를 알아야 이치를 깨닫고, 이치를 깨달으면 당연히 기쁨이 넘쳐난다.

그래서 최한기는 이렇게 결론짓는다.

> 이렇게 할 수도 있고 저렇게 할 수도 있어 있으나 없으나 관계없는 것
> 이 췌마학(揣摩學)이다. 화니 복이니 재앙이니 행복이니 하여 해롭기만
> 하고 이로움이 없는 것이 낭유학(稂莠學)이다. 말하지 않으면 그만이지만
> 말하면 천하의 사람들이 가져다 쓰고, 드러나지 않으면 그만이지만 드러
> 나면 우주 안의 사람들이 감동해 탄복하는 것은 오직 기학일 뿐이다.

췌마란 남의 마음을 미루어 헤아린다는 뜻으로, 췌마학은 주자학을 두
고 한 말이다. 그것은 있어도 그만 없어도 그만이라고 했다. 낭유는 곡식
에 해가 되는 잡초를 가리키는 말로, 낭유학은 불교, 도교, 천주교 등을
가리킨다. 그것은 해롭기만 하다고 했다. 췌마학과 낭유학은 모두 이학이
다. 오로지 사람을 감동시키는 것은 기학뿐이다. 기학만이 근본 이치를
밝힐 수 있는 학문이라는 주장을 이렇게 표현했다.

천하 만세에 적용되는 학문을 얻고자 하다

『인정』은 최한기가 49세부터 58세까지 집필한 저작으로, 사회 생활의
다양한 측면을 다루고 있다. 일종의 사회 철학이라 할 수 있다. 그중에서
학문에 관련된 부분을 보자. 그는 모든 학문에는 오류가 있다며 이렇게
썼다.

> 모든 학문에는 오류가 없을 수 없다. 허무학(虛無學)의 오류는 의거할

것이 없는 곳으로 달려가는 것인데, 그 오류는 고치기 어렵다. 성실학(成實學)의 오류는 자기를 속박하는 경계를 점점 두껍게 하는 것인데, 그 오류는 알아차리기 힘들다. 운화학(運化學)의 오류는 벗어나거나 넘어서는 것인데, 그 오류는 고치기 쉽다.

허무학은 의거할 것이 없다고 했으니 공(空)이나 무(無)를 주장하는 불교와 도교를 지칭한 말이다. 이런 학문에서는 오류가 무엇인지 알기도 어렵고 고치기도 어렵다. 성실학은 개인의 수양을 가리키는 성(誠)과 세상을 이롭게 한다는 경세의 사상을 나타내는 실(實)을 썼으므로 실학을 포함한 유교를 가리킨다. 그것의 오류는 자기 속박인데, 자기중심성으로 인해 알아차리기 어렵다고 했다. 운화학은 기학의 다른 명칭으로, 기를 기준으로 하므로 벗어나고 넘어서는 오류가 생기더라도 고치기 쉽다고 했다.

특히 최한기는 유교의 여러 행태를 들어 비판했다. "항상 이기고자 하는 마음에 바람이 그친 뒤에도 파도를 일으킨다."라거나, "항상 결함을 감추기 위해 문자를 이용해 가리고 보호하려는 술책을 쓴다."라거나, "붓으로 사람을 죽이는 극단에까지 이르니 이 학문을 조정에서 사용하면 붕당의 화가 일어나고, 후세에 전해지면 가문 사이의 다툼이 극심해진다."라고 했다.

이런 학문을 바로잡기 위해 어떻게 해야 할 것인가? 실용의 학문, 즉 실학을 하면 되는가? 최한기는 그것 역시도 성실학의 한 종류라고 보았고, "한 국가나 한 마을에 적용되는 학문"이라고 생각했다. 즉 실학은 특정 지역이나 시대를 넘어서 적용할 수 없는 한계가 있다고 보았다. 그래서 "천하 어디에서나 만세(萬世)에 걸쳐 적용되는 학문"을 하자고 했다. 그것이 바로 기학이다.

1877년 최한기는 75세의 나이에 죽었다. 일본의 무력에 의해 불평등한 강화도 조약을 맺은 그다음 해였다. 그는 조선이 내우외환에 극심하게 시달리던 시대를 살았다. 일본이 조선의 개항을 압박하던 때, 아들 병대가 화친(和親)에만 기대해 방비를 소홀히 해서는 안 된다는 상소를 올렸다가 대신들의 탄핵을 받고 멀리 유배를 가게 되었다.

아들을 전송하며 최한기는 담담하게 말했다. "너는 말 때문에 죄를 받을 수 있으니 영광이라 할 만하다. 화와 복은 근심할 바가 못 된다. 말 한마디 할 수 없는 백성의 처지는 더욱 비참하다. 그들의 처지와 비교하면 한 개인의 불운과 행운은 큰 문제가 되지 않는다."

효성이 지극한 집안이었음을 생각하면, 아들이 상소한 내용이 아버지의 뜻과 크게 다를 리 없다. 최한기는 학문에만 열중했지만 세상과 담쌓고 살 수 있는 시절이 아니었다. 그러나 나아가 벼슬을 하기에는 조정의 상황이 여의치 않았다. 그렇다고 자신의 처지를 한탄만 하지 않았다. 그는 할 일을 묵묵히 했다. 비록 잊힌 사람이었지만, 최한기의 학문은 때 묻지 않은 신선함을 지니고 있었다. 아마도 이런 마음가짐으로 학문했기 때문이리라.

시대의 움직임이 뜻한 바와 다르면 학문을 갈고 닦을 일이다. 생각한 바와 어긋나는 사물을 만나면 학문을 고치고 바꿀 일이다. 근심과 즐거움에 요란을 떨고 마음을 빼앗기지 말고, (기의) 운동과 변화가 차차 이루어짐에 유념하라. 그래야 때를 만나든 만나지 못하든 잃는 바가 없고, 평화로운 때든 어려운 때든 언제든 얻음이 있다.

기측체의

최한기가 34세 때 지은 철학서로, '추측론(推測論)'이라는 특유의
인식론에 대해 설명한 책이다. 여기에서는 『기측체의』 서문을 싣
는다.

주공과 공자가 백세(百世)의 스승인 이유는 주공과 공자
라는 존칭이나 용모, 법도, 신비로운 광채에 있지 않다. 하
물며 그들의 거처, 동작, 의복, 궁실(宮室)이나 살았던 시대에
있겠는가. 그 이유는 벼리를 세우고 윤리와 수신 치국의 도
를 밝혔기 때문이다. 옛것과 지금의 것을 헤아리고 드러난
실상을 따져 보아 도를 밝히고 도리를 바르게 하여, 후세 사
람들이 하늘과 사람의 마땅한 도리를 따르도록 가르쳤다. 이
것이 백세의 스승인 이유이다. 후세에 주공과 공자로부터 배
우는 사람은 오로지 헤아리고 따져 보고 하는 것을 배워야
지, 어찌 그런 것이 없었다고 배우고 있는가.

나라의 제도와 풍습에 이르기까지 옛것과 지금의 것은
다르다. 천문과 사물의 이치는 후대로 오면서 더욱 밝게 드
러났다. 그러므로 주공과 공자가 통달한 큰 도를 배우겠다
는 자가 주공과 공자가 남긴 자취만을 고집스레 지키면서
융통성이 없어야 되겠는가. 주공과 공자가 통달한 도를 따르
면서 변천해 온 내력을 알아야 하지 않겠는가.

기의 조화에 의해 하늘과 땅, 사람과 사물이 생겨난다. 후
대에 다양한 경험을 통해 기가 점차 밝게 드러났다. 이치를
탐구하는 자는 기준이 생겨 분란을 끝낼 수 있게 되었고,
수행을 하는 자는 나루와 다리가 생겨 어긋나거나 넘어서

는 일이 없게 되었다. 기의 본체를 논해 『신기통』을 썼고, 기의 작용을 밝히고자 『추측록』을 썼다. 두 저서는 서로 표리 관계에 있다. 기는 일상생활에서 길러지고 드러나 작용한다. 이 기를 버리고자 해도 버릴 수 없다. 지식의 중요한 부분도 이 기를 통해 가려낸다. 기를 논하는 이 글에서 대략 그 단서를 밝혀 놓았다. 그 두 개의 글을 묶어 편찬했는데 『추측록』이 여섯 권, 『신기통』이 세 권, 총 아홉 권이다. 그 이름을 『기측체의』라고 붙였다.

이 글을 읽는 사람은 주공과 공자의 도를 배우는 데 어떤 도움을 받을 수 있는가? 주공과 공자의 학문은 진실한 이(理)를 추구하고 앎을 확장해 나라를 다스리고 천하를 평정하고자 하는 것이다. 기는 진실한 이의 근본이고, 추측은 앎을 넓히는 요체이다. 이 기에 근거하지 않으면 탐구하는 것이 모두 허망하고 괴이한 이가 된다. 추측의 방법을 통하지 않으면 앎의 근거가 없어져 증명하지 못할 말이 될 뿐이다. 근자의 잡학이나 이설은 제거하려 하지 않아도 자연히 제거된다.

정성스럽게 가꾼 종자는 스스로 자라나고 빛을 밝게 하면 스스로 드러나는 법이다. 옛것과 지금의 것을 헤아리고 이것과 저것을 융통성 있게 처리하는 방법을 스스로 배워야 한다. 예전에는 드러나지 않았던 것이 지금에 와서는 밝게 드러나기도 한다. 예전에는 올발랐던 것이 지금에 와서는 잘못된 것이 되기도 한다. 지금 숭상하는 것이 예전의 것만 못한 경우도 있다. 지금 밝혀진 것이 예전 사람들은 버렸던 것인 경우도 있다. 이런 사실들을 염두에 두고 주공과 공자의 도에 통달하면 옛날이나 지금이나 다를 게 없다. 헤아려 만 반의 준비를 하고 수신과 치국의 도를 탐구해 밝히면, 참되고 진실한 이치가 쉽게 질서를 갖추게 되고, 삼강오륜(三綱五倫)의 법도가 뿌리내리게 된다.

주공과 공자는 후세에 그것을 가르치며, 덕이 성대해지는 대업(大業)이 이루어지기를 기대했다. 실제적인 쓸모가 있다면 나무꾼의 말도 가져다 써야 하고, 후세의 말이라고 쓸어버려서는 안 된다. 주공과 공자의 말이라도 쓸모가 없으면 아무리 번드레한 말이라도 가져다 쓸 수 없다. 진실로 학문이 하늘과 사람의 마땅한 도리에 도달하면, 신기와 추측에 의존하지 않아도 신기와 추측의 경지에 도달할 수 있다. 주공과 공자의 도에 의존하지 않고도 스스로 주공과 공자의 도를 터득할 수 있다.

도광(道光, 청나라 연호) 16년, 병신년(1836년) 초겨울에 최한기 쓰다.

인정

최한기가 49세부터 58세까지 만 10년간에 걸쳐 저술한 것으로,
사회생활의 다양한 측면에 대해 다룬 일종의 사회 철학서이다. 여
기에는 그 서문을 싣는다.

해와 달과 별은 땅에서 올라온 증기로 향기롭게 빚어낸
기(氣)이다. 생겨나고 성장하고 거두어들이고 감추는 것은
사람과 사물을 순환시키는 운동이다. 예나 지금이나 한결같
아서 벗어나거나 넘어설 수 없다. 이것이 우주의 대정(大政)
이다. 사물의 입장에서 보면 사물을 위해 정(政)을 행하는
것 같지만 사실은 사물이 변화해 만들어 내고 쉬고 하는 것
일 뿐이다. 사람의 입장에서 보아도 어찌 사람만을 위해 정
을 베풀겠는가. 사실은 사람이 자기 스스로 경험해 성취해
야 하는 것일 뿐이다.

사물에는 지각이 있듯이 사람에게는 추측이 있다. 우리
신기의 지각과 추측이 없다면 대정을 인식할 수 없다. 그러
므로 사람은 미세한 마음과 눈으로 크고 작은 운동과 변화
를 추측할 수 있다. 그 운동과 변화가 하늘과 땅이 하는 일
이다. 기가 변화하는 정이 우리의 신기로 들어와 사람에게
작용하니, 그것이 인정(人政)의 맹아이다.

정(政)은 올바름[正]이다. 올바르지 못한 일로 사람을 해
치는 것을 금하고 올바른 도로써 하늘에 순응하는 것을 본
받게 한다. 우주 안의 백성을 두루 살피면서 정의 큰 본체는
거동을 다스린다. 때때로 한 지방의 풍속을 관찰하면서 정
의 이완과 긴장은 방책을 가진다. 식견이 여기에 이르면 하

늘과 사람의 정을 논할 수 있다. 백성을 편안하게 해 자기 자신이 편하고, 백성을 먹여 살려 자기 자신이 먹고살며, 백성을 교육해 자기 자신을 교육한다.

식견이 얕은 자는 마음속으로 하늘, 땅, 사람, 사물과 자기 자신을 구분해 그것들을 자기 바깥의 것으로 여긴다. 자기 자신을 주인이라 생각하고, 바깥의 것을 손님 취급한다. 대부분 마음을 위주로 정을 논하기 때문에, 바깥에서 얻고 바깥에 작용하는 것이 신기와 통해 안과 밖이 하나이고, 멀고 가까운 것이 다르지 않다는 것을 깨닫지 못한다.

이런 이유로 예와 법률, 상과 벌에 숙련된 사람을 쓰지 않고, 다만 스스로 예와 법률, 상과 벌에 대해 한번 얻은 식견을 자랑한다. 저속한 인용과 비유로써 질 낮은 평판에 영합하려 하고, 병폐를 심하게 나무라는 것으로 곤란한 상황을 벗어나려고 한다. 이것은 정의 지엽 말단에 불과하다. 목숨이 다할 때가지 열심히 익혀도 간사한 거짓이 쉽게 생겨나 정의 가르침을 좀먹어 들어간다. 정이 미진함을 걱정하지 말고 식견이 못 미치는 것을 걱정하라.

대개 땅이 넓으면 작은 곳까지 통제하기 어렵듯이 백성을 홀로 다스릴 수 없다. 신중히 선택해 현명한 인재와 함께 백성을 다스리고 백성이 바라는 바를 좇아야 한다. 높은 관직과 후한 녹봉은 현명한 사람을 숭상하려는 게 아니라, 정치의 근본을 밝게 해 흥이 나고 눈으로 보고 느끼게 하고자 하는 것이다. 낮은 지위와 하찮은 일은 비천하게 취급하자는 게 아니고 백성의 일에 직접 접하는 직책을 맡기려는 것이다. 등용과 축출, 영광과 오욕의 문을 열어 놓지 않을 수 없다. 백방으로 인재 조련을 탐구한다면 어찌 옛 성왕의 정치를 모방할 필요가 있겠는가. 자신도 알지 못하는 사이에 그것과 부합하게 된다.

어려서부터 운동하고 변화하는 기에 대한 가르침을 익히면 대부분 애써 권하지 않아도 잘 따라 하게 된다. 사람이 올바르지 않은 일을 하지 않으면 어찌 올바른 정신을 가지려고 수고할 필요가 있겠는가. 아무런 노력을 하지 않아도 올바르지 않은 일이 없게 된다.

수많은 사람들이 탐욕을 부리니 어찌 올바르지 않은 행동이 없겠는가. 올바르지 않은 행동에 세 가지가 있다. 타고난 바탕은 올바르나 혼자서는 해서는 안 되는 행동을 알지 못한다. 항상 보통 사람들의 올바르지 못한 행동을 염려하고 그 연유를 깊이 탐구해 교화로서 이것을 막는 것이 최상이다. 비록 올바르지 않은 마음을 가지고 있지만 왕법(王法)을 두려워하고 친구의 충고를 두려워해 감히 하지 못하게 하는 것이 그다음이다. 끔찍한 형벌을 원하지 않으나 사람과 사물을 해치게 되는 것이 최악이다.

아무리 융성한 시대라도 올바르지 못한 사람이 없겠는가. 그것을 바로잡는 도리가 근원적이고 흐름에 맞는 것이어야 한다. 올바른 사람에게 맡겨 올바르지 못한 사람을 바로잡는다면 형세에 순응하는 것이니 쉽게 된다. 과격하게 억압하고 억누르는 데서 시작하면 스스로 올바르지 않은 정치로 되돌아가게 된다. 반기를 들어 서로 책망하게 되니 형세를 역행하는 것이어서 어렵게 된다.

정치는 사람에게 중대사다. 한 사람이 자기 일만 하다 죽으면 정치가 없어도 괜찮다. 그러나 나랏일이든 집안일이든 어찌 하나의 일관된 통치가 없을 수 있겠는가. 일관되게 사람을 판단하고, 일관되게 사람을 가르치고, 일관되게 사람을 선택하고, 일관되게 사람을 쓴다. 그러면 경색하고 분열할 걱정이 없고, 하늘과 사람의 대정에 부합하게 된다. 진실로 일관되게 사람을 쓰려면 먼저 일관되게 사람을 뽑아야 한다. 일관되게 사람을 뽑으려면 우선 일관되게 사람을 가르쳐야 한다. 일관되게 사람을 가르치려면 먼저 일관되게 사람을 헤아려야 한다. 사람을 헤아리는 데 뒤섞여 어지러우면 사람을 가르치는 데 기준이 없게 된다. 사람을 가르치는 데 기준이 없으면 사람을 뽑는 데 정성이 없게 된다. 사람을 뽑는 데 정성이 없으면 사람을 쓰더라도 대부분 어긋나서, 제대로 뽑았다고 생각했던 자가 올바르지 않은 행동을 하고, 사사로이 쓰려던 자가 배신을 한다.

이제 사람을 헤아리는 일[測人], 사람을 가르치는 일[敎人], 사람을 선택하는 일[選人], 사람을 쓰는 일[用人] 등 네 부문으로 나누고 각각의 조목을 나열해 그 이름을 『인정』이라 했다. 공을 들여야 하는 일은 사람을 헤아리고 쓰는 일이다. 사람을 가르치고 선택하는 일은 그 가운데에서 조종하고 변통하는 바른 법칙이다.

제왕이 나라를 세우고 왕통을 이어받는 것이나, 대인이 덕업을 널리 이루는 것이나, 백성이 일가를 튼튼하게 가꾸는 것이나 모두 인정에 따르는 일이다. 마땅한 도리를 얻으면 번성하고 그렇지 못하면 패배한다.

하는 일 없이 집에서 한가한 날에 이 정(政)을 탐구하지 않으면 급히 필요한 때에 어떻게 대처하겠는가. 진실로 세상의 일에 뜻을 두었다면 인정을 하늘처럼 받들어라. 근본과 말단을 탐구하고 밝히고, 이익과 병폐를 깊이 힘써 연구해 두면 사람과 교섭할 때 두루 통하게 된다. 움직임과 고요함을 반복하며, 글을 읽어 타이르고 훈계하는 인정을 몸에 익히면 일을 하면서 얻는 것이 있다. 인정을 시험해 쌓아 둔다면 그만큼의 범위에서 스스로 얻는 바가 있게 된다. 탐구하고 익혀 삶을 밝히면 어찌 앞뒤가 맞지 않겠는가.

천지를 기준으로 하여 인정을 세워 모든 것이 다 편안해진다. 사람이 하는 일을 기준으로 인정을 세우면 무리 전체가 위태로워진다. 이제까지 정을 논한 자는 대부분 사람의 일에 매몰되어 말과 글이 번듯한 듯하지만 거칠고 그 뜻이 격되었다. 그래서 사람의 신기가 편안하지도 못했고 일도 번창하지 못했다. 어찌 우주 대정을 근본으로 하지 않는가.

고유한 습성에 물들어 있는 인간 본성을 끌어당겨 인도하니, 말을 하면 메아리가 울리고 말이 없어도 낌새를 알아챈다. 움직이고 변화하는 활동의 법칙에 의거하면서 그것을 보여 주면 정을 논하는 기준이 되고, 정을 행해 스스로 하늘이 될 것이다.

경신(庚申, 1860년) 초여름에 최한기가 기화당에서 쓰다.

더 읽어 보기

이우성, 『실시학사산고 : 한국인의 저변』, 창비, 1995

진단학회, 『명남루총서』, 일조각, 2001

최한기, 민족문화추진회 옮김, 『(신편 국역) 기측체의』, 한국
학술정보, 2007

최한기, 민족문화추진회 옮김, 『(신편 국역) 인정』, 한국학술
정보, 2007

최한기, 손병욱 옮김, 『기학 : 19세기 한 지식인의 우주론』, 통
나무, 2004

한형조, 『조선 유학의 거장들』, 문학동네, 2008

최제우

사람을 하늘로 여기는 종교, 동학을 창시하다

최제우는 경주군(지금의 경주시) 현곡면 가정리에서 태어났다. 아버지는 최옥(崔鋈)이고 어머니는 곡산 한씨이다. 자는 성묵(性默)이고, 호는 수운(水雲)이다.

6세 때 어머니가 돌아가시고, 17세 때 아버지가 돌아가셨다. 19세 때 월성 박씨와 결혼했으나, 21세 때부터 떠돌이 생활을 하며 봇짐장사 등을 했다. 10년 만에 집으로 돌아와 처가가 있는 울산에서 조그만 철물점을 하며 살았다.

고향을 떠난 지 20년 만에 돌아와 구미산 용담(龍潭)으로 들어갔다. 도를 깨치기 전에는 산을 내려가지 않겠다는 결심으로 본격적인 수행에 들어가 6개월 만인 1860년 4월 5일 득도했다. 그의 나이 37세였다. 동학을 창시하고 포교를 하던 중 1863년 12월 10일 체포되어 그 이듬해 3월 2일 효수형에 처해졌다. 그의 나이 41세였다.

주요 저서로는 『동경대전(東經大全)』, 『용담유사(龍潭遺詞)』가 있다.

붕괴하는 신분제도

우리가 의(義)를 일으켜 여기에 이른 것은 그 본의가 결단코 다른 데에 있지 아니하고, 백성을 도탄에서 건지고, 국가를 반석 위에 두려 함이다. 안으로는 탐학한 관리의 머리를 베고, 밖으로는 횡포하고 강한 외적의 무리를 몰아내고자 함이다. 양반과 부호 앞에서 고통을 받는 민중들과, 방백과 수령 밑에서 굴욕을 받고 있는 소리(小吏)들은 우리와 같이 원한이 깊은 사람들이다. 조금도 주저하지 말고 이 시각으로 일어나라. 만일 기회를 잃으면 후회해도 소용이 없을 것이다.

동학 농민군 1만 명이 1894년 3월 전라북도 부안의 백산에 모여 발표한 격문(檄文)이다. 자신들이 봉기한 이유를 '백성을 도탄에서 건지고, 국가를 반석 위에다 두'기 위해서라 했다. 그 목적을 달성하기 위해 '탐학한 관리의 머리를 베고', '횡포하고 강한 외적의 무리를 몰아내'겠다고 했다.

동학 농민 운동은 1811년 홍경래(洪景來)의 난을 필두로 시작된 19세기 민란(民亂)의 최절정이었다. 근 한 세기에 걸쳐 전국 각지에서 크고 작은 민란이 일어나 조선 사회를 뒤흔들었다. 조선의 19세기는 가히 민란의 시대라 할 수 있다.

조선의 19세기는 정조에 이어 23대 임금 순조가 1800년에 왕위에 오르면서 시작되었다. 순조가 불과 8세의 나이에 임금이 되면서, 정조의 유언에 따라 김조순(金祖淳)이 순조의 후견인이 되었다. 김조순은 딸을 순조의 비(妃)로 들였고 무려 30년 동안 국구(國舅)로서 안동 김씨 세도 정치의 기틀을 마련했다. 그로부터 시작된 세도 정치는 헌종, 철종에 이르기까지 60여 년간 이어졌다.

세도 정치가 시작되면서 정치의 기강이 문란해졌다. 특히 매관매직이 극성을 부렸다. 매관매직은 이미 임진왜란과 병자호란 이후 국가의 재정이 위기에 봉착하자, 재정 수입의 일환으로 정부 차원에서 행하고 있었다.

그런데 세도 정치로 권력이 한 집안에 집중되면서 매관매직은 더욱 극심해졌다. 이제 그것은 국가 재정 수입보다 사적 이익을 추구하는 수단이 되었다. 그만큼 그로 인한 폐해는 심각할 수밖에 없었다. 줄 잘 잡아 출세하려는 자들이 앞다투어 안동 김씨 문중으로 몰려들었다.

과거 시험에 합격하려면 소과(小科) 합격에 3만 냥, 대과 합격에 10만 냥을 바쳐야 했다. 게다가 시험에 합격했다 해서 누구나 직책을 부여받는 것은 아니었다. 이를 얻기 위해 또다시 10만 냥을 뇌물로 상납해야 했다.

매관매직은 백성들에 대한 가혹한 수탈로 이어졌다. 막대한 돈을 주고 벼슬을 샀으니, 재임 기간에 본전 이상을 뽑아내야 했기 때문이다. 백성들은 말 그대로 도탄에 빠졌다. 동학 농민군이 "탐학한 관리의 목을 베고 백성을 도탄 중에서 건지자."라고 한 이유가 여기에 있다.

한편 조선 후기에 들면서 신분제가 심하게 동요했다. 정약용도 지적했듯 백성들이 수탈을 벗어날 수 있는 유일한 길은 양반이 되는 것밖에 없었다. 그래서 농업이나 상공업을 통해 부를 축적한 일부 백성들은 돈으로 양반 신분을 사들였다. 이로 인해 양반의 숫자가 급격히 늘어났다.

현재의 대구시의 한 지역을 조사한 자료에 의하면, 1670년대에 200여

호였던 양반집이 1850년대에는 1600여 호로 여덟 배 이상 늘어났다. 반면 상민의 집 수는 같은 기간 동안 1300여 호에서 800여 호로 급격히 줄어들었고, 노비의 경우 1000여 호에서 40여 호로 거의 소멸되었다. 조선을 떠받치던 중세적 신분 체계는 붕괴하고 있었다.

양반이라고 다 같은 양반일 수는 없다. 집권층과 끈이 닿아 있는 일부 고급 관리들이나 대토지를 소유하고 있던 양반층 이외에는 몰락에 몰락을 거듭했다. 이런 몰락 양반의 생활은 일반 백성의 생활과 다를 바 없었다. 그들은 조선 사회에 불만을 품고, 개혁을 꿈꾸었다.

대규모 민란이 가능한 이유

몰락 양반 중에 이필제(李弼濟)라는 사람이 있었다. 그는 1860년대 말부터 진천, 진주, 영해, 문경 등에서 잇달아 민란을 일으켰다. 체포령이 내려지자 이름을 바꾸어 신분을 위장하고 경상도와 충청도에 걸쳐 넓은 지역에서 활약했다. 한마디로 그는 직업적인 민란꾼이었다.

그런데 이필제가 일으킨 민란은 당시의 다른 민란과 성격이 달랐다. 지방 관리들은 그가 일으킨 민란에 대해 "도대체 어떤 적도들인지 모르겠다."라고 보고하기까지 했다. 어떤 면에서 달랐을까?

보통의 민란은 지방 관리들의 학정에 못 이긴 백성들에 의해 자연 발생적으로 일어났다. 주동 인물과 참여자들은 주로 그 지역 주민들이었다. 민란이 일어나면 중앙 정부에서 해당 지방 관리를 파면하고 새로운 관리를 임명하는 것으로 마무리되고는 했다.

하지만 이필제의 민란은 달랐다. 1871년에 일어난 영해 민란의 경우 영해는 물론 울진, 영덕, 청하, 흥해, 경주, 영양, 상주, 문경 등에서 온 사람들이 참여했다. 이필제가 광범한 지역의 사람들을 동원한 것이었다.

민란의 목적도 달랐다. 이필제는 심문 조서에서 "바다 가운데 빈 섬이 많으므로 무리를 불러 모아 진주의 군기를 탈취해 금병도로 가서 바로 중원으로 들어가려 했다."라고 밝혔다. 민란의 목적이 관리들의 학정에 대한 저항이 아니라 군기 탈취였던 것이다.

이필제는 무리를 모아 관아의 무기를 탈취해 무인도로 들어가려고 했다. 군사 훈련을 하겠다는 것이다. 그 후 군대를 이끌고 중원, 즉 중국에 쳐들어가려 했다고 말했다. 그런 진술은 죄를 경감받고자 둘러댄 말일 뿐, 최종 목적지는 한양이었을 것이다.

이필제는 무장한 백성들을 이끌고 한양으로 침입하고자 했다. 기록이 많지 않아 그가 어떤 과정을 거쳐 이런 야망을 가지게 되었는지 알 수는 없다. 이필제의 시도는 고립된 지역에서 산발적, 자연 발생적으로 일어났던 민란이 광범위한 지역에서 조직적으로 일어나는 민란으로 전환할 수 있는 가능성을 보여 주었다.

그런 시도가 가능했던 것은 동학이라는 조직이 있었기 때문이다. 이필제는 1863년에 동학에 입문했다고 주장했다. 영해와 문경에서 일어난 민란 때 동원된 사람들이 동학교도들이었다. 민란이 발생한 3월 10일은 동학의 1대 교주 최제우(崔濟愚, 1824~1864년)가 처형을 당한 날로, 동학교도들에게는 원한의 날이었다. 이날 이필제는 교조 신원을 명분으로 충청도, 경상도 일대의 동학교도를 동원해 민란을 일으켰던 것이다. 그러면 동학은 어떤 종교였기에 수많은 농민들의 동원이 가능했던 것일까?

18세기부터 이미 서학이라 불리는 천주교가 급속히 확산되고 있었다. 조선 정부는 1801년 신유박해를 시작으로 수차례에 걸쳐 천주교인들을 대대적으로 탄압했다. 프랑스 선교사를 처형한 데 항의해 프랑스가 군대를 파견했고, 조선과 프랑스가 무력 충돌한 병인양요(1866년)가 일어났다. 또한 바다에서는 서양 함선이 자주 출몰했다. 함선을 끌고 온 서양인들은 주로 통상을 요구했는데, 그중에는 약탈을 자행하는 자들도 있었다.

이런 사건들로 민심이 크게 동요하는 가운데 충격적인 소식이 전해졌다. 청나라와 영국이 아편 문제로 전쟁을 벌여 청나라가 항복했다는 것이었다. 대국으로 알았던 청나라가 무기력하게 항복했다는 소식은 곧 조선 역시 서양인들의 침략으로 무너질지 모른다는 불안감을 증폭시켰다.

이렇듯 나라 안팎으로 정세가 요동치면서 민심이 극도로 혼란스러워지고 백성들 사이에 불안감이 날로 커지던 그때, 최제우가 득도했다.

최제우, 득도하다

최제우는 득도하는 상황을 「포덕문(布德文)」에서 이렇게 썼다.

> 뜻밖에도 4월에, 마음이 오싹하고 몸이 부들부들 떨렸다. 아팠지만 증세가 분명하지 않고 말로는 형용할 수 없었다. 그때 어떤 신비스러운 말이 문득 들려 왔다. 깜짝 놀라 탐문하자 "무서워 말고 두려워 말라. 세상 사람들이 나를 상제라고 부르는데, 너는 상제를 알지 못하느냐?"라고 말씀하셨다.
>
> 그 까닭을 묻자 "나도 역시 보람이 없었다. 그래서 너를 이 세상에 보내 이 법을 사람들에게 가르치려고 한다. 결코 의심하지 말라."라고 말씀하셨다.

"서도(西道, 천주교)를 사람들에게 가르치라는 말씀이십니까?"라고 물었다.

"그렇지 않다. 나는 영부(靈符, 영험한 부적)를 가지고 있다. 그 이름은 선약(僊藥, 신선의 약)이고, 그 모양은 태극 또는 궁궁(弓弓, 두 개의 활)과 같다. 이 부적을 받아서 사람들의 병을 고쳐라. 주문(呪文)을 받아서 나를 대신해 사람들을 가르쳐라. 그러면 너는 오래 살 것이고, 세상에 덕이 널리 퍼질 것이다."라고 말씀하셨다.

1860년 4월 5일에 있었던 일이다. 갑자기 몸과 마음이 떨리는 가운데 상제의 말씀이 들려왔다고 했다. 상제는 부적과 주문을 주면서, 부적으로는 사람의 병을 고치고, 주문으로는 사람을 가르치라고 했다.

부적은 몸의 병을 고치는 수단이고, 주문은 마음의 병을 고치는 수단이다. 최제우는 득도를 통해 백성의 피폐한 심신을 치유할 수 있는 수단을 얻게 된 것이다.

최제우는 경주군 현곡면 가정리에서 태어났다. 그는 자신의 집안을 소개하면서 7대조 할아버지는 임진왜란과 병자호란 때 의병을 일으킨 최진립(崔震立)이고, 아버지 최옥은 이름난 유학자라고 했다. 그 사이의 조상 중에는 명성도 벼슬도 내세울 만한 사람이 없으니, 그 집안은 소위 몰락한 양반 가문이었다.

아버지 최옥에 대한 일화가 전해진다. 최옥은 과거 급제를 유일한 희망으로 하여 한양을 드나들며 열두 번이나 시험을 보았지만 모두 낙방했다. 마지막으로 낙방하고 문경 새재를 넘어 돌아오다가 고향 산천을 바라보며 눈물을 흘렸는데, 이를 본 주막집 주인이 "당신이 눈물을 흘리면 열두 번 낙방한 최옥 같은 사람이야 자결해야 하지 않겠느냐."라고 말했다. 그는 자기 이름이 그만큼 났으니 과거를 더 볼 것 없다며 단념했다 한다.

최옥은 첫째 부인과 사별하고 지내던 중 우연히 과부를 만나 아이를 낳았는데, 바로 최제우였다. 최제우는 몰락한 가문의 서자 출신으로 천대받으며 자랄 수밖에 없었고, 특별히 하는 일도 없었다. 6세 때 어머니가 돌아가시고 17세 때 아버지가 돌아가셔서 천애의 고아가 되었다.

19세 때 월성 박씨와 결혼했으나, 21세 때부터 처자를 돌보지 않고 떠돌이 생활을 했다. 봇짐장사도 해 보았고, 글방에서 글도 가르쳐 보았고, 무술도 배워 보았고, 점 치고 병 고치는 일도 해 보았다. 몰락한 양반집 서자의 생활이 그러했다.

이미 신분제가 무너지기 시작하면서 양반 체면을 따질 필요도, 이유도 없었다. 먹고살기 위해서는 무슨 일이든 하지 않으면 안 되었다. 그러나 그 어느 것 하나 제대로 되는 일이 없었다.

최제우는 10년 만에 떠돌이 생활을 청산하고 집으로 돌아와 가족과 함께 처가가 있는 울산으로 갔다. 조그만 가게를 얻어 철물점을 운영하면서 도를 닦는답시고 이 산 저 산에 들어가 기도를 하며, 그 자신의 표현대로 "세월을 축냈다".

고향을 떠난 지 20년 만에 돌아와 구미산 용담으로 들어갔다. 도를 깨치기 전에는 산을 내려가지 않겠다는 결심으로 본격적인 수양에 들어갔다. 그렇게 하기를 6개월, 1860년 4월 5일 최제우는 마침내 득도했다. 그의 나이 37세였다.

그는 주변에 자신의 체험을 자세하게 설명했지만 사람들은 이해하지 못했다. 오히려 득도를 인정하지 않고 괴이한 말을 한다며 험담까지 해 댔다. 그는 다시 1년 가까이 자신이 체험한 내용을 되새기며 탐구했다. 마침내 그는 자신이 체득한 도가 올바르다는 확신을 하고, 이를 전파하기 위해 세상으로 나왔다. 이렇게 하여 동학이 탄생했다.

동학을 창시한 이유

역사적 전환기에 백성의 삶 속을 파고드는 종교가 출현하는 것은 오래 전부터 반복된 일이다. 신라 후기에는 민란이 계속되면서 미륵의 출현을 고대하는 신앙이 널리 퍼졌다. 고려 후기에도 지배 질서의 위기가 일어나자 수많은 예언가들이 등장해 백성을 선동했다. 조선 후기 역시 마찬가지였다. 『정감록(鄭鑑錄)』과 같은 온갖 예언집이 퍼지고, 이와 연관된 민란이 일어나기도 했다.

이러한 종교 운동은 기존 지배 체제가 흔들리고 주도적인 이념이 설득력을 상실하면서 나타난다. 새로운 종교 운동은 백성들의 요구를 적극 수용하는 내용을 지님으로써 급속히 세력을 확대하기도 했다.

동학 역시 마찬가지였다. 중세에서 근대로 이행하던 역사적 전환기, 국내적으로는 민란이 빈발하고 국제적으로는 서양의 동양 침략이 노골화하고 있던 시기에 새로운 종교가 탄생했다. 특히 백성을 사로잡던 서학(천주교)에 맞서 동학이란 이름으로 모습을 드러냈다. 어느 한 사람이 스스로 득도하고 종교를 창시하는 일은 우리나라 역사에서 유례가 없는 일이었다.

최제우는 조선이 처한 현실을 「포덕문」에서 이렇게 썼다.

> 우리나라에는 나쁜 질병이 가득 차 있고, 백성들은 사시사철 편한 날이 없다. 이것 역시 크게 상처를 입을 운수이다. 서양은 싸우면 이기고 공격하면 빼앗으니 이루지 못하는 일이 없다. 중국은 거의 멸망했다. 우

리나라는 입술이 없어 이가 시린 상황이 될 우려가 없지 않다. 나라를 돕고 백성을 편안하게 할 계책이 장차 어디에서 나올 것인가?

안타깝도다. 지금 세상 사람들은 시대의 운수를 알지 못하고 있다. 나의 말을 들으면 집에 들어가서는 마음으로 비난하고, 밖으로 나와서는 길거리에서 험담을 한다. 도덕에 따르지 않으니 참으로 두려운 일이다.

백성은 편안한 날이 없고 서양의 기세는 드세다. 중국이 거의 멸망했으니 조선 역시 그렇게 될 가능성이 높은데, 나라를 구하고 백성을 편안하게 할 계책이 없다. 그런데도 자신의 설교에 대해서는 비난하거나 험담만 한다고 했다. 그래서 나라와 백성의 앞날을 생각하니 매우 두렵다고 한탄했다.

최제우는 간곡히 호소했다.

현명한 사람들이 나의 말을 듣고 그중 어떤 사람은 그렇지 않다고 말한다. 우리의 미래가 대단히 개탄스럽다. 세상이 이러니 어찌할 바를 모르겠다. 기억나는 대로 간략히 써서 타이르면서 가르치고자 한다. 공손하게 이 글을 받고, 나의 말을 공경하는 마음으로 받들기 바란다.

현명하다고 자부하는 자들은 최제우의 말이 틀렸다고 했다. 그들은 조선과 백성의 앞날을 어둡게 할 뿐이다. 그러나 백성은 달랐다. 그의 호소대로 공손하게 그의 글을 받았고, 공경하는 마음으로 그의 말을 받들었다.

선전관 정운구(鄭雲龜)는 임금에게 "조령에서 경주까지 400여 리가 되고 도읍이 스무 개 가깝습니다. 동학에 대한 이야기가 귀에 들어오지 않은 날이 없습니다. 경주에 가까워질수록 점점 심해져서 주막집 여인과 산

골짜기 아이들까지 동학의 주문을 외우고 있습니다."라고 보고를 올렸다.
동학은 백성의 삶 깊숙이 뿌리를 내리고 있었다.

서학은 자기 자신만을 위한 종교

최제우가 포교를 시작하면서 제일 먼저 받았던 질문은 천주교, 즉 서
학과 동학의 차이가 무엇이냐는 것이었다. 천주교에서도 하느님을 말하
고, 동학에서도 상제, 즉 하느님을 말하니 처음에는 그 둘의 차이를 알기
어려웠다. 특히 서학에 대한 탄압이 극심한 상황에서 이 질문에 대한 답
변은 매우 중요했다.
최제우는 「논학문(論學文)」에서 동학과 서학의 차이를 상세하게 밝혔다.

> 경신년(庚申年, 1860년) 건사월(建巳月, 음력 4월)에 천하에 분란이 일어
> 나고 민심이 각박해 어디로 나아가야 하는지 알지 못했다. 또한 괴이한
> 말들이 세상에 물 끓듯이 요란하게 돌아다녔다. "서양 사람들이 도와 덕
> 을 세워 조화를 부리니 이루지 못하는 일이 없고, 그들이 공격하고 싸우
> 는 무기 앞에 맞설 사람이 없다. 중국이 불타 멸망하니 우리나라가 어찌
> 입술이 없으면 이가 시린 것과 같은 상황이 되지 않을 수 있겠는가."라고
> 했다. 그러한 말들이 돌아다니는 까닭은 그 사람들이 서도(西道)를 도(道)
> 라 하고, 천주(天主)를 학(學)이라 하고, 성교(聖教, 기독교)를 교(教)라 하
> 기 때문이다. 그것들은 천시를 알지 못하는데, 천명을 받았다고 할 수 있
> 겠는가.

서학은 자신을 도요 학이요 교라고 하기 때문에 백성들이 여기에 현혹되고 있다. 그러나 그것은 하늘의 뜻을 모르므로 하늘의 명령을 받았다고 할 수 없다. 최제우가 생각하는 동학과 서학의 가장 근본적인 차이점이다.

최제우는 이 차이점을 한 선비와의 대화 형식으로 풀어 자세히 설명했다.

해가 바뀌어 신유년(辛酉年, 1861년)에 선비들이 사방에서 나를 찾아와 "지금 하늘의 신령스러운 기운이 선생님께 내렸다고 하는데 어찌하여 그렇게 되었습니까?"라고 물었다.

"가는 것이 없으면 돌아오는 것도 없다는 이치를 받았기 때문이다."라고 대답했다.

"그렇다면 받으신 도의 이름은 무엇입니까?"라고 물었다.

"천도라 한다."라고 대답했다.

"서양의 도와 다른 점이 없습니까?"라고 물었다.

"서양의 학은 이것과 다르다. 상제에게 비는 것은 같으나 내용은 다르다. 따라서 운수와 도는 같지만 이치가 다르다."라고 대답했다.

"어찌하여 그렇습니까?"라고 물었다.

"내가 받은 도는 인위적으로 하지 않아도 변화가 일어난다. 마음을 지키고 기를 바르게 하고, 본성에 따르고, 가르침을 받으면 변화가 자연스럽게 일어난다. 서양인들은 말에 차례가 없고, 글에 옳고 그름이 없다. 하느님을 위하는 마음 없이 엎드리기만 하고, 오로지 자기 자신만을 위해 기도한다. 그 본체는 기가 변화하는 신(神)이 아니고, 그 학(學)은 천주의 가르침이 아니다. 형식은 있으나 하느님의 자취는 없고, 하느님을 생각하는 것 같으나 빌지도 않는다. 도는 텅 비어 아무것도 없고, 학은 천주의

학이 아닌데 어찌 다르지 않다고 하겠는가."라고 대답했다.

가는 것이 없으면 돌아오는 것도 없다. 최제우는 이런 순환의 이치를 받았다고 했다. 하느님께 받을 것만 생각하지 말고 드리는 것을 먼저 해야 한다는 이치를 깨우쳤다는 뜻이다. 또한 자신이 받은 도는 인위적으로 하지 않아도 변화가 일어난다고 했다. 마음을 바르게 하고 본성에 따르며 가르침을 제대로 받으면 변화는 저절로 일어나게 마련이다. 자신의 수양이 먼저이지, 무언가를 바꾸어 달라고 하느님에게 빌 필요가 없다는 얘기이다.

그런데 서학은 이와 반대다. 그것은 자기 자신만을 위할 뿐이다. 서학에서는 자기 자신을 위해 무언가 해 달라고 하느님께 빈다. 따라서 그것은 하느님이 중심이 아니고, 하느님의 가르침도 아니다. 서학은 하느님이라는 형식만을 따르지 실제로 그 안에 하느님의 자취는 없다. 이렇듯 내용이 다르니 이름 역시 달라야 한다. 최제우는 자신이 도를 동쪽에 있는 조선 땅에서 받았으므로 이름을 동학이라 한다고 했다.

개벽의 시대가 왔다

하지만 동학이 서학과 다르다는 점을 강조한다고 하여 탄압을 피할 수는 없었다. 최제우는 경주에서 체포되었다. 죄명은 혹세무민(惑世誣民)이었다. 그의 나이 39세였다. 그러자 제자들이 몰려가 석방을 요구하며 시위를 벌였다. 그 결과 그는 무죄로 석방되었다.

그러나 이런 일종의 세 과시는 도리어 동학에 대한 정부의 경계심을 더욱 높였다. 이에 공공연한 포교가 어려워지자. 접(接) 단위로 조직을 짜서 점조직 형태를 만들어 포교와 교인 확대를 꾀했다.

감시와 탄압에도 동학의 세는 더욱 확대되었다. 이것을 경계한 영남 지방의 유학자들은 대책을 강구하기 위해 사발통문을 돌렸다. 여기에는 동학교인이 급격히 늘어났음을 알 수 있는 내용이 담겨 있다. 유학자들은 이구동성으로 "정작 두려운 일은 (동학) 무리들이 엄청 많다는 것이다."라며 불안감을 표시했다.

동학교도가 급격히 확대된 이유는 무엇인가? 조선 정부와 유학자들은 왜 동학을 경계한 것인가? 그 해답의 실마리를 최제우가 지은 「불연기연(不然其然)」에서 찾을 수 있다. 불연기연이란 그렇게 하지 않아도 그렇게 된다는 뜻이다. 인위적으로 하지 않더라도 세상은 필연적으로 바뀔 수밖에 없다는 것이다.

최제우는 "성인(聖人)이 태어나 1000년에 한 번 황하를 맑게 한다. 운수가 스스로 찾아와 회복하고, 물이 스스로 알아 변화한다."라고 썼다. 백년하청(百年河淸)이라 했던가. 누런 황하 강물은 변하지 않는다는 옛말이 있다. 그런데 성인이 나타나면 그 누런 황하 강물도 맑게 된다.

운수가 찾아오니 물이 알아서 스스로 변한다. 세상이 바뀔 날이 오고, 백성들이 그 운수를 알게 되면 스스로 세상을 바꿀 것이라는 뜻이다. 최제우는 그 때가 왔음을 알리고자 한 성인이었다.

그는 백성들이 자신의 주장을 쉽게 알 수 있도록 하기 위해 한글로 『용담유사』를 지었다. 가사 형태로 시를 짓고 곡을 붙여 퍼뜨려 백성들이 쉽게 따라하며 암기할 수 있게 했다.

그중 금강산에서 어떤 도승을 만나 이야기를 주고받은 꿈을 꾼 후 그 내용을 기록했다는 「몽중로소문답가(夢中老少問答歌)」에서 이렇게 노래했다.

십이제국(十二諸國) 괴질운수(怪疾運數) 다시 개벽 아닐런가.

태평성세 다시 정해 국태민안(國泰民安) 할 것이니,

개탄지심(慨嘆之心) 두지 말고 차차차차 지내서라.

하원갑(下元甲) 지내거든 상원갑(上元甲) 호시절에

만고(萬古) 없는 무극대도(無極大道) 이 세상에 날 것이니

너도 또한 연천(年淺)해서 억조창생 격양가(擊壤歌)를 불구(不久)에 볼
것이니

이 세상 무극대도 영세무궁(永世無窮) 아닐런가.

열두 제국이 괴질에 걸렸으니 위기가 심각하다. 이것은 개벽의 징조다.
그러니 개탄만 하지 말고 지내야 한다. 하원갑이 지나면 상원갑 좋은 시
절이 온다. 이것이 개벽이다. 개벽이 시작되었으니 백성들은 희망을 가져
야 한다.

왜 희망을 가져야 하는가? 「교훈가(教訓歌)」에 그 답이 있다. 여기서는
상원갑 시절이 되면 "부(富)하고 귀한 사람 이전 시절 빈천이오, 빈(貧)하
고 천한 사람 오는 시절 부귀로세."라고 했다. 상원갑 시절이 되면 지금의
부귀한 사람은 빈천하게 되고, 지금 빈천한 백성들은 부귀하게 된다. 백성
이 주인 되는 시절이 온다는 것이다.

용천검을 아니 쓰랴

그렇다면 개벽은 필연이니 기다리면 될 것인가? 그렇지 않다. 황하 강
물이 운수를 알아 스스로 변하듯, 백성들 역시 변화의 운수를 알아 세상

을 바꾸는 일에 나서야 한다. 최제우는 「인결(釼訣)」에서 이렇게 노래했다.

> 시호(時乎) 시호, 이내 시호 부재래지(不再來之) 시호로다.
>
> 만세일지(萬世一之) 장부로서 오만년지(五萬年之) 시호로다.
>
> 용천검(龍泉劍) 드는 칼을 아니 쓰고 무엇하리.
>
> 무수장삼(舞袖長衫) 떨쳐입고 이 칼 저 칼 넌짓 들어
>
> 호호망망(浩浩茫茫) 넓은 천지 일신(一身)으로 비켜서서
>
> 칼 노래 한 곡조를 시호 시호 불러내니
>
> (후략)

시호 시호. 때가 왔다, 때가 왔다. 부재래지 시호로다. 두 번 다시 안 올 기회가 왔다. 5만 년 만에 한 번 찾아온 이 기회에 용천검을 아니 쓰면 언제 쓸 것인가. 용천검뿐만 아니라 이 칼 저 칼 넌지시 들고 때가 왔다고 노래하자고 했다. 세상을 바꾸는 일에 함께 일어나자고 했다.

최제우의 설교는 도탄에 빠진 백성들에게 희망의 메시지였다. 이에 호응해 백성들은 일어섰다. 그러나 그의 설교는 조선 왕실에는 위협이었다. 「인결」은 조선 왕실이 더 이상 동학을 방치할 수 없다고 판단하는 계기가 되었다. 이번에는 중앙에서 직접 나서 최제우를 체포하기 위해 선전관 정운구를 파견했다.

최제우는 자신에게 닥쳐올 고난을 예감하고 최시형(崔時亨)에게 교주의 자리를 넘겨주었다. 그리고 피신하라는 주변의 권고에도 오히려 공개적으로 포교 활동을 했다.

1863년 12월 10일 최제우는 체포되었다. 그런데 12월 11일 경주를 떠나 20일 과천에 도착한 압송 행렬은 다시 대구로 돌아가야 했다. 철종이 후손

없이 죽고 고종이 등극하면서 중앙 정계가 어수선했기 때문이다. 1864년 1월 6일 압송 행렬이 대구에 도착했고, 20일부터 최제우에 대한 심문이 시작되었다. 3월 2일 중앙 정부에서 최제우에게 효수형을 언도했고, 3월 10일 대구 남문 밖 관덕당 뜰에서 형이 집행되었다. 최제우의 나이 41세였다.

최제우는 갔지만 그 뜻은 사라지지 않았다. 그의 죽음은 오히려 동학 교도들이 단결하는 계기가 되었다. 1892년부터 조직적인 교조 신원 운동이 일어났다. 최제우의 억울함을 벗기고 동학의 자유를 얻기 위한 목적에서 일어난 운동이었다. 교조 신원 운동은 급기야 한양에서도 일어나게 되었다.

이를 통해 동학교도의 조직은 더욱 탄탄해졌다. 이제 대규모 봉기는 시간문제였다. 드디어 1894년 고부군수 조병갑(趙秉甲)의 탐학에 항의하는 봉기가 일어나 삽시간에 동학 농민 운동으로 발전했다. 동학교도들은 용천검, 이 칼 저 칼을 들고 때가 왔음을 노래했다.

정부는 청나라와 일본의 군대를 동원해 동학 농민군을 처참하게 진압했다. 비록 동학 농민 운동은 실패로 끝났지만, 국내외 정세에 커다란 영향을 미쳤다.

국제적으로는 청나라와 일본 사이에 전쟁이 일어났다. 1895년에 일어난 청일 전쟁의 결과 일본이 승리함으로써 한반도 주변 세력 관계가 크게 변화했다. 국내적으로는 갑오개혁이 시행되어 신분제가 공식적으로 폐지되고 임금의 권한이 대폭 축소, 제한되었다. 조선을 지탱해 온 중세 질서는 근본적인 타격을 입었다. 그리하여 중세 시대는 실질적으로 종말을 고하고 근대로의 이행이 본격화되었다. 이것은 민족적 수난의 과정이기도 했다.

나라를 지키고 백성을 편안히 하는 길

최제우의 사상은 "사람은 누구나 하늘처럼 받들라.(侍天主)"며 만인 평등을 앞세워 중세 신분제를 뛰어넘었다. 그것은 백성 스스로 각성하기를 촉구하는 사상이었다. 최제우는 백성이 부귀해지는 개벽의 도래를 예견하고, 백성이 각성해 상원갑의 좋은 시절을 만들어 나가자고 주장했다.

또한 그는 외세의 침략에 맞서 스스로 나라를 지키고 백성을 편안하게 하자고 했다. 서학에 맞선 동학의 창시는 이러한 민족적 자각의 뚜렷한 증거였다.

체포령이 내려지고 시시각각 포위망이 좁혀지는 가운데서도 최제우는 새로운 시대의 도래에 대한 믿음과 백성들의 각성에 대한 희망을 간직했다. 그 시절 최제우가 지은 다음의 시는 여전히 백성들의 희망가(希望歌)이다.

> 다 함께 그 운세를 밝혀 모든 사람이 지혜롭고,
> 모두 함께 배움의 맛을 얻으니 모든 사람의 생각이 같구나.
> 만 년이나 된 나뭇가지에 천 송이 꽃이 피고,
> 온 세상에 구름이 껴도 한 줄기 달빛 빛나는구나.
> 누각에 오르니 사람이 학을 탄 신선과 같고,
> 배를 띄우니 말이 하늘을 나는 용과 같구나.
> 사람은 공자가 아니어도 그 뜻은 똑같고,
> 만 권의 글을 못 쓰더라도 그 뜻은 능히 웅대하도다.

공자가 아니어도, 글을 못 쓴다 할지라도 사람은 누구나 그 뜻이 똑같고 웅대하다.

동경대전

최제우가 득도한 후 쓴 글들을 모아 놓은 책이다. 여기에는 그중
에서 최제우의 사상을 보여 주는 대표적인 글인 「논학문」과 「수
덕문(修德文)」을 싣는다. 앞의 글에서는 서학과의 차이점을 밝혔
고, 뒤의 글에서는 자신의 인생 역정과 동학의 기본 원리에 대해
밝혔다.

논학문

무릇 천도는 형체는 없지만 그 자취는 있다. 땅은 넓지만
방위(方位)가 있는 게 이치이다. 따라서 하늘에 아홉 개의 별
이 있어 아홉 개의 주(州)가 있고, 땅에 여덟 개의 방위가 있
어 여덟 개의 괘(卦)가 있다. 그래서 꽉 찼다 텅 비었다 하는
것은 교대로 일어나지만, 움직임[動]과 고요함[靜]은 바뀌지
않는다.

음과 양이 서로 균등해 수많은 사물이 그 가운데서 생겨
나는데 유독 사람만이 가장 신령스러운 존재이다. 따라서
하늘과 땅과 사람 등 삼재(三才)의 이치가 정해지고, 오행의
원리가 생겨난다. 오행이란 무엇인가? 하늘은 오행의 근본이
고, 땅은 오행의 바탕이며, 사람은 오행의 기(氣)이다. 하늘과
땅과 사람 등 삼재의 원리가 이러함을 알 수 있다.

네 계절이 오가고, 바람, 이슬, 서리, 눈이 제때를 놓치지
않아 그 순서가 바뀌지 않는다. 이슬과 같은 세상 사람들은
그 이유를 알지 못해, 어떤 사람은 천주의 은혜라고 하고 어
떤 사람은 하늘의 조화가 이루어진 흔적이라고 말한다. 그러
나 은혜라고 하면 볼 수 없는 일이고, 조화라고 하면 상태를

말하기 어렵다. 왜냐하면 옛날이나 지금이나 그중에 꼭 그렇지 않은 것이 있기 때문이다.

경신년 건사월에 천하에 분란이 일어나고 민심이 각박해 어디로 나아가야 하는지 알지 못했다. 또한 괴이한 말들이 세상에 물 끓듯이 요란하게 돌아다녔다. "서양 사람들이 도와 덕을 세워 조화를 부리니 이루지 못하는 일이 없고, 그들이 공격하고 싸우는 무기 앞에 맞설 사람이 없다. 중국이 불타 멸망하니 우리나라가 어찌 입술이 없으면 이가 시린 것과 같은 상황이 되지 않을 수 있겠는가."라고 했다. 그러한 말들이 돌아다니는 까닭은 그 사람들이 서도를 도라 하고, 천주를 학이라 하고, 성교를 교라 하기 때문이다. 그것들은 천시를 알지 못하는데, 천명을 받았다고 할 수 있겠는가.

이런 일을 일일이 열거할 수 없다. 나 역시 두려워 뒤늦게 태어난 것을 한스럽게 생각하고 있을 때, 몸이 마구 떨리면서 밖으로는 신령스러운 기와 접촉하고 안으로는 가르침의 말씀이 내려왔다. 눈으로 보려 해도 볼 수 없었고, 귀로 들으려 해도 들을 수 없었다. 마음은 더욱 괴상했다. 마음을 가다듬고 기를 바르게 하면서 물었다. "어찌하여 그러십니까?"

"내 마음이 곧 너의 마음이다. 도대체 사람들은 무엇을 안다고 하느냐? 그들은 하늘과 땅은 알지만 귀신은 모른다. 그 귀신이 바로 나다. 너에게 무궁한 도를 줄 것이니 그것으로 수양하고 연마해라. 그에 관한 글을 지어 사람들을 가르치고, 그에 관한 법도를 바르게 해 덕을 베풀어라. 그러면 너는 장생(長生)을 얻을 것이고 천하에 빛나게 되리라."라고 말씀하셨다.

1년 가까이 수양하고 연마하니, 저절로 그렇게 되는 이치가 없지 않았다. 그래서 주문을 짓는가 하면 신령을 내리는 법도를 만들고 또한 잊어서는 안 되는 글을 지었다. 그 도와 법은 오직 스물한 자일 뿐이다.

해가 바뀌어 신유년에 선비들이 사방에서 찾아와 "하늘의 신령스러운 기운이 선생님께 내렸다고 하는데 어찌하여 그렇게 되었습니까?"라고 물었다.

"가는 것이 없으면 돌아오는 것도 없다는 이치를 받았기 때문이다."라고 대답했다.

"그렇다면 받으신 도의 이름은 무엇입니까?"라고 물었다.

"천도라 한다."라고 대답했다.

"서양의 도와 다른 점이 없습니까?"라고 물었다.

"서양의 학은 이것과 다르다. 상제에게 비는 것은 같으나 내용은 다르다. 따라서 운수와 도는 같지만 이치가 다르다."라고 대답했다.

"어찌하여 그렇습니까?"라고 물었다.

"내가 받은 도는 인위적으로 하지 않아도 변화가 일어난다. 마음을 지키고 기를 바르게 하고, 본성에 따르고, 가르침을 받으면 변화가 자연스럽게 일어난다. 서양인들은 말에 차례가 없고, 글에 옳고 그름이 없다. 하느님을 위하는 마음 없이 엎드리기만 하고, 오로지 자기 자신만을 위해 기도한다. 그 본체는 기가 변화하는 신이 아니고, 그 학은 천주의 가르침이 아니다. 형식은 있으나 하느님의 자취는 없고, 하느님을 생각하는 것 같으나 빌지도 않는다. 도는 텅 비어 아무것도 없고, 학은 천주의 학이 아닌데 어찌 다르지 않다고 하겠는가."라고 대답했다.

"도가 같다면 그 이름은 서학입니까?"라고 물었다.

"그렇지 않다. 나는 동쪽에서 태어나 동쪽에서 도를 받았다. 천도로 나아가지만 학은 동학이다. 더욱이 땅이 동서로 나누어져 있는데, 어찌 동쪽을 서쪽이라 하고 서쪽을 동쪽이라 하겠느냐. 공자는 노나라에서 태어나 추나라에서 가르쳤기에 추노의 가르침이 이 세상에 전해졌다. 나의 도는 여기에서 받았고 여기에서 베풀었는데 어찌 서쪽이라 이름 짓겠는가."라고 대답했다.

"주문이란 무엇입니까?"라고 물었다.

"천주의 글자이다. 주문에는 오늘날의 주문이 있고 옛날의 주문이 있다."라고 대답했다.

"신령이 내리는 글이라 하셨는데 그 뜻은 무엇입니까?"라고 물었다.

"지(至)는 지극함을 가리킨다. 기는 텅 비었으나 신령스러움이 아득하게 멀리 퍼져 있는 것이다. 간섭하지 않는 일이 없고 명령하지 않는 일이 없다. 그러나 형체는 있되 형용하기는 어렵고 들을 수는 있지만 볼 수는 없다. 그것 역시 모두 하나의 기이다. 지란 여기에서 도에 들어와 그 기를 알고 접촉하는 것을 말한다. 원위(願爲)란 축복을 바란다는 뜻이다. 대강(大降)이란 기가 변화하기 바란다는 말이다. 시(侍)는 안으로는 신령이 있고 밖으로는 기의 변화가 있으니 세상의 사람들이 그것을 알아 흔들리지 않는다는 말이다. 주(主)는 제사라 할 수 있는데, 부모처럼 모시는 것을 말한다. 조화(造化)는 인위적으로 하지 않아도 변화하는 것을 말한다. 정(定)

은 덕과 합쳐져 마음이 흔들리지 않는다는 말이다. 영세(永世)란 사람의 한평생이다. 불망(不忘)이란 마음속에 있는 뜻이다. 만사(萬事)란 세상일이 많다는 말이다. 지(知)란 도를 알고 그 아는 것을 받아들인다는 것이다. 따라서 그 덕을 명쾌하게 밝혀 잊지 않고 깊이 간직한다면, 변화에 이르고 기에 이르며 완전히 성인의 경지에 이르게 된다는 뜻이다."라고 대답했다.

"천심이 인심이라면 어찌하여 선과 악이 있습니까?"라고 물었다.

"천명으로 귀한 사람과 천한 사람이 나누어지고, 사람에 따라 괴로울 수도 있고 즐거울 수도 있도록 정해진다. 그러나 군자의 덕은 기가 바르고 마음이 흔들리지 않아서, 그 덕이 천지와 부합한다. 소인의 덕은 기가 바르지 않고 마음이 흔들려서, 천지와 어긋난다. 이처럼 성쇠의 이치가 있는 것 아니겠는가."라고 대답했다.

"세상 사람들이 어찌하여 천주를 공경하지 않습니까?"라고 물었다.

"죽을 때는 하느님을 부르는 게 인지상정이다. '사람의 목숨은 하늘에 달려 있다.'느니 '하늘은 모든 사람을 내셨다.'느니 하는 옛 성인들의 말씀은 지금까지도 남아 있다. 그러나 그럴 것 같기도 하고 그렇지 않을 것 같기도 하여 확실하게 알지 못하기 때문이다."라고 대답했다.

"도를 훼손하는 것은 어떻습니까?"라고 물었다.

"그럴 수도 있다."라고 대답했다.

"왜 그럴 수 있습니까?"라고 물었다.

"나의 도는 지금도 들어 보지 못하고 옛날에도 들어 보지 못한 것이다. 지금도 비교할 것이 없고 옛날에도 비교할 것이 없던 법도이다. 수양하는 자는 텅 빈 것 같으나 내실이 있고, 듣는 자는 내실이 있는 것 같으나 텅 비어 있다."라고 대답했다.

"도를 배반하고 돌아가는 자는 왜 그렇습니까?"라고 물었다.

"그런 사람들은 거론할 바가 못 된다."라고 대답했다.

"어찌하여 거론할 바가 없습니까?"라고 물었다.

"경계하여 멀리하고자 함이다."라고 대답했다.

"들어올 때는 어떤 마음이었고, 나갈 때는 어떤 마음입니까?"라고 물었다.

"풀 위로 바람이 지나가는 것과 같다."라고 대답했다.

"그러면 어찌하여 신령이 그 사람들에게도 내려옵니까?"라고 물었다.

"신령은 특별히 선과 악을 선택하지 않는다."라고 대답했다.

"해악도 없고 덕도 없습니까?"라고 물었다.

"요순시대에 백성은 모두 요순처럼 되었다. 이 세상의 운세는 세상 사람들에게 똑같이 미친다. 해악이 있느냐 덕이 있느냐는 천주에게 달린 문제이지 나에게 달린 문제가 아니다. 일일이 마음을 관찰해도 해로움이 그 몸에 미칠지 분명하게 알 수는 없다. 그러나 이런 사람이 복을 누리는 사실을 다른 사람에게 말해서는 안 되고, 그대가 물을 바도 아니고 내가 관여할 바도 아니다."라고 대답했다.

아아, 제군들은 어찌하여 도에 대해 꼬치꼬치 캐묻는가. 나의 글이 졸렬해 의를 정밀하게 쓰지 못하고 근본을 제대로 쓰지는 못했지만, 사람을 바로잡고 몸을 수양하고 재능을 기르고 마음을 바르게 하는 데 어찌 부족함이 있다는 말인가. 천지의 무궁한 원리, 도의 한없는 이치는 모두 나의 글에 실려 있다. 나의 제군들이여, 이 글을 공경하게 받고 글의 도움으로 성덕을 쌓아 나와 비교를 하게 되면, 단 맛은 다른 맛과 어울리기 쉽고 흰색 위에 채색하기 쉬운 것처럼 기쁨을 느낄 것이다. 나는 지금 도를 즐기며 기쁨과 찬탄을 이기지 못해, 그것을 말로 하고 눈으로 볼 수 있게 보여 주니, 그것을 관찰하고 밝혀 그 깊은 기미를 놓치지 말기 바란다.

수덕문

탄생, 성장, 이익을 누림, 소멸은 변함없는 천도이다. 천도는 치우침이 없이 가운데로 실행하는 것이며, 인간사의 윤리이다. 따라서 태어나면서 그것을 안 것이 공자가 성인이 된 자질이었다. 옛 선비들은 그것을 배우고 알아서 서로 전달해 주었다. 비록 그것을 터득하는 게 어렵고 식견이 천박해도, 우리 스승들의 성덕에 힘입어 어진 임금들의 예(禮)를 잊지 않았다.

내가 동쪽 나라에서 태어나 하릴없이 하루하루를 보내며 근근이 가문의 이름을 지켰으나 한미한 선비의 신세를 면하지는 못했다. 선조의 충절의 자취는 용산서원(龍山書院)에 남아 있고, 우리 임금님의 성덕은 임진년과 병자년마다 다시 돌아왔다. 이렇듯 선조가 남긴 음덕은 흐르는 강물처럼 끊김이 없었다. 아버지께서 세상에 나오자 명성이 온 도내에 퍼졌고 선비들 가운데 모르는 사람이 없었다. 여섯 대에 걸쳐 음덕을 이어받았으니 어찌 자손의 경사가 아니겠는가.

아, 아버지의 한평생은 한순간의 춘몽이구나. 나이 40세에 이르기까지 공부해 아는 것은 대나무 울타리에 있는 것뿐이고 마음에는 청운의 큰 뜻이 없었다. 전원으로 돌아가겠다는 「귀거래사」를 짓고, 그 구절의 시비를 가리는 노래를 불렀다. 지팡이 짚고 나막신 신은 모습은 선비의 몸가짐이었다. 산은 높고 강은 길듯 선비의 풍모가 아닌 것이 없었다.

구미산의 기괴한 봉우리와 바위는 월성과 금오산 북쪽에 있고, 용추(龍湫)의 맑은 연못과 보배로운 시냇물은 옛 도시 마룡(馬龍)의 서쪽에 있다. 정원에 핀 복숭아꽃은 어부의 배가 알까 두려워하고, 집 앞 푸른 파도는 강태공의 낚시를 그리워한다. 난간이 못가에 닿아 있으니 주염계(周濂溪)[1]의 뜻과 다르지 않구나. 용담이라 이름 지으니 어찌 제갈량을 사모하지 않을 수 있겠는가.

세월이 유수처럼 흐르는 것을 막을 수가 없구나. 애처롭게도 돌아가시어 하루 만에 신선이 되셨구나. 홀로 남은 나는 17세, 무엇을 알 수 있었겠는가. 어린애와 다름없었다. 아버지께서 평생 하신 일이 불에 타 흔적도 없이 사라졌으니 자손으로서 불초한 마음이 한으로 남는구나. 이 세상에 마음을 두지 않게 되었다. 어찌 애통하고 애석하지 않겠는가. 가정 살림을 위한 일을 하고 싶으나 농사일은 제대로 모르고, 글은 깊이 읽지 않아 과거 시험의 꿈은 가질 수 없었다. 가세는 점차 기울고 어떻게 될지 알 수가 없었다. 나이는 점점 많아지고 신세를 한탄할 수밖에 없었다. 팔자를 알 수 없고 추위와 배고픔에 시달릴 걱정이 컸다. 나이 마흔이 다 되도

1) 북송의 유학자.

록 이루어 놓은 것이 없으니 어찌 한탄스럽지 않겠는가. 아직 거처도 정하지 못했으니, 누가 천지는 넓다고 하는가. 하는 일마다 틀어지고 홀로 이 한 몸 감출 곳 없어 슬퍼했다.

어지럽고 시끄러운 이 세상에서 벗어나 가슴속에 담긴 응어리를 털어 버리기로 결심했다. 용담의 옛집은 아버지가 계시던 곳이고 동쪽의 새로운 도시[2]는 나의 고향이다. 처자를 거느리고 옛집으로 돌아온 날이 기미년(己未年, 1859년) 10월이고, 천운을 타서 도를 받은 날은 경신년 4월이었다. 이것은 꿈속에서 일어난 일 같아 말로 형용할 수 없다.

역괘(易卦)의 대정(大定) 운수를 살펴보고, 하(夏)·은(殷)·주(周)[3] 삼대에 공경한 하늘의 이치를 되새겨 보니 맞구나. 옛 선비들이 천명을 잘 따르고 있었음을 알게 되고, 후학들이 망각하고 있음을 한탄했다. 수양하고 연마하면 저절로 그렇게 되지 않음이 없다. 공자의 도를 깨닫고 보니 이치는 한 가지이다. 나의 도와 비교하면 대동소이이다. 의심스러운 마음을 없애고 보면 사리에 맞다. 옛날과 지금을 비교해 보면 마땅히 해야 하는 사람의 도리이다. 덕을 펴려는 마음을 먹지 않고 진실한 마음을 다하려고 생각했다.

그러나 미루다가 해가 바뀌어 신유년을 맞이했다. 때는 6월 여름이었다. 좋은 벗들이 방 안을 가득 채우자 먼저 도 닦는 법을 정했다. 현명한 선비들이 나에게 물었고 덕을 펼 것을 권유했다. 가슴에는 영생(永生)의 약을 간직하고 있는데, 그 모양이 궁(弓) 자 을(乙) 자 같았다. 입으로는 장생의 주문을 외우는데 그 글자 수가 서른일곱 자였다. 문을 열어 손님을 맞아들였는데, 그 숫자가 바라던 대로였다. 돗자리를 깔아

2) 경주를 가리킨다.

3) 이상적인 정치를 했다는 중국의 고대 국가들.

도장을 만드니 그 맛이 뜻하던 대로였다. 어른들이 들어오고 나가는데 그 숫자가 3000명이었다. 아이들이 절을 하는데 과연 옛날 증석(曾晳)[4]이 꿈꾸었던 예닐곱 명의 아이들과 함께 시가를 읊는 맛 그대로였다. 나보다 나이 많은 사람들이 있으니 자공이 공자를 모시던 예(禮)와 같았다. 노래 부르고 춤을 추니 어찌 공자의 춤이 아니겠는가.

인의예지는 옛 성현들이 가르친 것이고, 수심정기(守心正氣, 마음을 굳게 지키고 기를 올바르게 함.)는 내가 새로 정한 것이다. 제사를 한 번 드리는 이유는 하느님을 영원히 모실 것을 엄숙히 맹세하는 것이다. 온갖 의혹을 털어 버리는 것은 진실함을 지켜 나가기 위함이다. 옷차림을 단정히 하는 것은 군자가 행하는 도리이고, 길거리에서 음식을 먹거나 뒷짐을 지는 것은 천한 사람이 하는 짓이다. 도를 닦는 집에서는 네 발 달린 나쁜 짐승의 고기를 먹지 않는다. 그것은 몸에 해롭기 때문이다. 찬물에 급히 들어가도 역시 몸을 해친다. 유부녀를 범하는 것은 국법에서도 금지하고 있다. 누워서 큰 소리로 주문을 외우는 것은 우리의 진실한 도를 태만히 하는 행위이다. 지금까지 늘어놓은 것이 규칙이다.

우리의 도를 행하는 모습은 아름답구나. 붓을 휘둘러 글자를 쓰면 사람들은 왕희지(王羲之)의 필적인가 하고 의심한다. 입을 열어 시를 읊으면 나무꾼 앞에서도 복종하지 않을 수 없다. 참회를 한 사람은 석숭(石崇)[5]의 재산을 바라지 않고, 정성을 다한 아이는 사광(師曠)[6]의 총명을 다시 부러워하지 않는다. 용모가 환상적으로 되니 신선의 바람이 불어오는가 생각하게 되고, 오랜 질병이 스스로 고쳐지니 저명한

4) 공자의 제자.

5) 중국 진나라의 유명한 부자.

6) 중국 춘추 시대의 악사로 귀가 밝았다고 한다.

의사의 이름을 잊어버린다.

그러나 도덕을 제대로 세우려면 저마다 정성을 다해야 한다. 어떤 사람은 흘러 다니는 말을 듣고 수양을 하고, 어떤 사람은 흘러 다니는 주문을 듣고 암송을 한다. 어찌 그릇된 일이 아니겠는가. 참으로 딱한 일이구나. 나는 매일 빛나는 성덕에 잘못됨이 있을까 걱정을 한다. 서로 만나지 못하기 때문이기도 하고 신도 수가 많기 때문이기도 하다. 멀리서 소식을 주고받지만 역시 그리워하는 마음이 심해지는구나. 가까이에서 정을 나누고 싶으나 주목받을 염려가 없지 않다. 그래서 이 글을 지어 널리 알리니, 현명한 나의 제군들이여, 나의 말을 신중히 들으라.

대저 우리의 도는 마음으로 믿는 것을 성(誠)이라 한다. 믿음이 성이다. 믿을 신(信) 자는 사람 인(人)과 말씀 언(言)이 합쳐진 것이다. 말 가운데 옳은 것도 있고 그른 것도 있으니, 옳은 것을 취하고 그른 것을 버려라. 다시 생각해 보고 마음으로 정하라. 한번 정한 후에 다른 말을 믿지 않는 것이 믿음이다. 이와 같이 수양하면 성을 이룰 수 있다. 성과 믿음은 그러하니 서로 멀지 않다. 사람 인과 말씀 언으로 믿을 신이 되고, 말씀 언과 이룰 성(成)이 모여 성이 된다. 나는 지금 비유를 들어 말했다. 어찌 믿을 만한 말이 아니겠는가. 공경하게 받들고 정성을 다해 이 가르침을 어기지 말라.

더 읽어 보기

변태섭 외,『전통시대의 민중운동』, 풀빛, 1981

오문환,『수운 최제우』, 예문서원, 2005

최제우 외, 최동희 외 옮김,『한국의 민속·종교 사상』, 삼성
출판사, 1990

최제우, 최천식 옮김,『동경대전 : 보통 사람의 양심에서 찾
은 개벽의 길』, 풀빛, 2010

최남선

계몽주의를 토대로 문명 조선을 주창하다

최남선은 한성 중부 상리동(지금의 서울특별시 중구 을지로)에서 태어났다. 자는 공육(公六)이고 호는 육당(六堂)이다. 아버지는 헌규(獻圭)이고 어머니는 강씨이다. 아버지 헌규는 전형적인 중인 출신으로 관상감(觀象監)을 지냈고, 후에 약재 무역으로 재산을 모았다.

5세 때 한글을 깨쳤고 6세 때부터 글방에 다녔다. 15세 때 황실 유학생으로 뽑혀 동경부립 제일중학교에 입학했으나 석 달 만에 자퇴했다. 17세 때 다시 일본으로 건너가 와세다 대학교에 입학했으나 자퇴하고 귀국한 뒤 아버지를 설득해 출판사 겸 인쇄소인 신문관을 설립했다.

19세 때 월간 잡지 《소년》, 24세 때 《청춘》을 창간했다. 30세 때, 3·1 독립 선언서의 초안을 작성했고, 그로 인해 체포되어 2년 6개월 형을 선고받았으나 그 이듬해 가석방되었다. 35세 때, 《시대일보》를 창간해 사장에 취임했으나 곧 사임하고 그 이듬해 《동아일보》의 객원으로 사설을 썼다.

38세 때, 조선 총독부의 조선사 편찬위원회 위원이 되었고, 49세 때 조선 총독부 중추원 참의가 되었다. 그 이듬해 일본 관동군이 만주에 세운 건국대학(建國大學) 교수가 되었고, 일본 도쿄로 건너가 조선인 유학생에게 학병 지원을 권고하는 강연을 했다.

해방 후·친일반민족행위자로 기소되어 수감되었으나 반성문을 쓰고 병보석으로 석방되었다. 1957년 묘동 자택에서 사망했다. 그의 나이 68세였다.

주요 작품으로 신체시 「해(海)에게서 소년에게」 등 각종 시, 시조집 『백팔번뇌(百八煩惱)』, 역사서 『단군론(檀君論)』 등이 있다.

변화하는 조선

한양을 작별하는 기적 소리는

연화봉(蓮花峰)을 진동하며 작별을 하고

한 바퀴 두 바퀴는 차례로 굴러

(중략)

번화한 좌우 시가를 다투어 비키고

굉굉한 바퀴 소리는 땅을 가르는데

천지를 울리는 기적일성은

(중략)

원산(遠山)을 우구려 가깝게 하고

근산(近山)에 뻗치어 멀게 하면서

우렁찬 기적을 울리는 철마

어느덧 제물포에 다다랐도다.

1899년 우리나라 최초로 노량진과 제물포를 잇는 경인 철도가 개통되었다. 무쇠로 만든 기관차가 우레와 같은 소리를 내고 굴뚝 연기를 내뿜으며 달리는 모습에 사람들은 놀라움을 금할 수 없었다. 그 경이로움은 작자를 알 수 없는 「경인철도가(京仁鐵道歌)」에 고스란히 담겨 있다. 경인 철도는 한양을 출발하는 기적 소리를 내고는 한 바퀴, 두 바퀴 굴러 어느덧 제물포에 다다랐다. 그 속도는 사람들을 압도했다.

철도를 통해 오간 것은 우리나라 사람만이 아니었다. 외국 사람들과 온갖 물자들 또한 오가면서 세상을 바꾸어 놓았다. 최남선(崔南善, 1890~1957년)은 「세계적 지식의 필요」에서 우리나라의 하늘과 땅이 순수하게 우리만의 것이 아니게 되었음을 다음과 같이 썼다.

> 제물포구에 도래하는 파도는 이미 지중해의 염분이 섞였고, 백두산 밖까지 진동하는 기적 소리는 오래 시베리아의 연기를 전파했는데, 종로 가로에는 사하라 사막의 모래가 흑인들의 신발 밑에서 떨어지고, 남산의 수풀은 유럽 중원의 탄소 가스를 백인의 입안에서 흡수하니, 아, 우리나라도 이미 순수한 우리의 하늘, 우리의 땅이 있음이 아니로다.

지중해의 염분, 시베리아의 연기, 사하라 사막의 모래, 유럽의 탄소 가스 등 이 세계의 온갖 것들이 흑인, 백인 등 여러 나라 사람들과 함께 우리나라에 들어왔다. 산천뿐만 아니라 국민의 생활 역시 달라졌다.

> 폴란드 밀 생산지의 작황이 안 좋으면 연말연시에 만두 한 개 얻지 못하는 가구가 생기고, 맨체스터 모직 공장의 파업이 지속되면 엄동설한에 양복을 입는 신사가 감소하며, 내륙에 기근이 생기면 베트남 쌀이 공급되고, 서해가 음습하면 인도의 면이 들어오며, 루손 섬의 담배를 피우면 입 냄새가 없어지고, 일본의 인(燐)을 태워 땔감으로 사용하니, 아, 우리 국민의 생활도 이미 순수한 우리의 생산만을 고집하지 아니하도다.

폴란드의 밀, 맨체스터의 모직, 베트남의 쌀, 인도의 면, 루손 섬의 담배, 일본의 인이 이미 국민의 생활 속에 들어왔음을 말했다. 고요한 동방의 나라는 이제 요란한 변화기를 맞이했다. 그리고 이 변화는 경인 철도처럼 빠른 속도로 진행되었다.

중세의 종말

급격한 변화는 1876년 조선과 일본 사이에 맺은 병자수호조약, 일명 강화도 조약에서 시작되었다. 이것은 조선과 일본의 오랜 외교 역사에서 유례가 없는 매우 굴욕적인 불평등 조약이었다. 이 조약은 조선 내에 일본인 거주지를 두고, 그곳에 거주하는 일본인들의 치외 법권을 인정했다. 또한 연해와 섬 등 조선의 해안 영토에 대해 일본이 자유롭게 조사하고 해도를 작성할 수 있게 했다.

강화도 조약을 계기로 조선은 급격히 국제 정세 속에 편입되었고, 한반도는 열강들의 각축장이 되었다. 백성들이 불안해하고 최제우가 우려했던 사태가 현실화하기 시작했다. 이에 맞서 유학자들은 위정척사(衛正斥邪)를 내걸고 봉기했다. 사악한 것을 배격해[斥邪] 올바른 것을 지킨다[衛正]는 강령을 내건 이 운동은 이항로(李恒老), 기정진(奇正鎭), 이진상(李震相)의 철학을 바탕으로 했다.

이항로는 『화서아언(華西雅言)』에서 이와 기는 분명 서로 다른 두 개의 사물이라며, "이는 존귀하고 기는 비천하며, 이는 명령하는 것이고 기는 명령을 받는 것이며, 이는 주인이고 기는 손님이다."라며 이(理) 우선론을 주장했다. 기정진과 이진상은 이론적으로 이항로의 주장을 뒷받침했다.

기정진은 이와 기를 대립시키지 않고 기를 이 가운데 포함되는 개념으로 보는 이일원론(理一元論)을 주장했다. 이것은 이는 기 가운데 포함되는 원리에 불과하다는 기일원론과 대립한다.

이진상은 기를 인정하는 것을 이단이라 규정했다. 그는 "이단의 설은 백 갈래 천 갈래이나 그 시작은 모두 기를 인정하는 것이고, 그 종착도 모두 기를 주로 하는 것으로 돌아간다."라고 말했다. 이진상은 이주기복(理主氣僕), 즉 이가 주인이고 기는 하인이라는 입장에서 기의 발동은 부정하고 이의 발동만을 인정했다. 그 역시 기정진과 같이 이일원론을 정교화했다.

이항로는 특별한 학파에 속하지 않는 인물이었고, 기정진은 이이 학통 계열의 인물인 반면 이진상은 이황 학파의 정통을 계승한 인물이었다. 따라서 세 사람이 함께 손을 잡았다는 것은 유학자들 사이에 연합 전선이 형성되었음을 의미한다. 그들은 '애군여부(愛君如父) 우국여가(憂國如家)'의 여덟 글자, 즉 임금을 부모처럼 사랑하고 나라를 자기 집처럼 걱정하라는 것을 신조로 단결했다.

그들의 일차적 비판 대상은 이이, 송시열로 이어진 이기이원론이었다. 그것은 "기가 발동하고 이는 그것에 올라탄다."라는 주장이다. 이진상은 그런 주장이 이단에 불과하다 했고, 기정진은 이의 주동성을 무시한 철학이라고 비판했다. 두 사람에 따르면 발동하는 것은 이이고, 기는 이의 명령에 따르는 하인에 불과하다.

이이 학파에서는 그런 주장이 대단히 위험하다고 생각했다. 임헌회(任憲晦)는 그들에 대해 "사문(斯文)이 위태롭기가 한 가닥의 머리털과 같은데 저들이 또 새로운 학설을 가지고 현혹시키고 있다."라고 했다. 사문이 위태롭다는 말은 외세의 침략으로 유교가 위협받고 있다는 뜻이다. 이러한 때 새로운 학설을 들고 나오는 것은 이적 행위일 뿐이라는 얘기이다.

임헌회의 제자 전우(田愚)가 그들에 대한 비판을 주로 담당했다. 전우는 "이(理)를 실질적 행위자로 간주하는 것은 물질을 넘어선 형이상(形而上)의 존재를 형이하(形而下)의 세계로 오히려 격하시키는 것이다."라고 했다. 그들의 주장이 이의 위상을 오히려 낮춘다는 것이었다.

전우는 이이 학파의 학자답게 이상적 세계의 실현, 즉 이의 발현은 이가 발동해서 이루어지는 것이 아니라 기가 순수성을 회복하는 데 달려 있다고 했다. 그것은 현실 너머에 있는 유교적 이상을 회복하는 길이기도 하다. 이를 위해서는 교육과 훈육을 통해 인간의 사악한 욕망을 억제하고 천리를 보존해야 한다.

이런 양측의 주장은 현실에 대한 대처의 측면에서 각기 다른 행동으로 나타났다. 이항로, 기정진, 이진상 학파의 유학자들은 위정척사를 내걸고 의병 투쟁에 나섰다. 주체적 행동을 통해 사악한 질서를 쳐부수고 올바른 질서를 세워 이를 실현하는 것이 그들이 생각하는 이의 발동이었다. 반면 전우는 은거를 택했다. 나라가 혼란하면 할수록, 도가 흔들리면 흔들릴수록 경거망동하기보다 도를 지키고 인재를 양성하며 이가 실현될 날을 기다려야 한다는 것이다.

한쪽은 싸웠고 다른 한쪽은 기다렸지만 결국 이(理)는 실현되지 않았다. 조선은 회복되지 않고 오히려 붕괴했다. 이기이원론이든 이일원론이든 중세적 질서를 이로 여기며 절대화했던 철학의 현실적 토대는 사라졌다. 이리하여 조선 성리학은 막을 내렸고, 중세 시대는 종말을 고했다.

조선을 동양의 프랑스로 만들자

1876년 개항 이후의 시기를 통칭 개화기라고 하는데 이러한 시대 구분
은 적절치 않다. 개화가 주요한 쟁점으로 등장하기는 했지만, 개화를 주
장한 사람들이 이 시기를 이끌었던 것은 아니기 때문이다. 오히려 조선이
국내외적으로 위기에 처하자 다양한 세력들이 자신들의 철학에 따라 위
기를 극복하기 위해 논쟁하고 대안을 제시하며, 이를 실현하기 위해 직접
투쟁에 나섰던 시기라고 해야 올바르다.

조선 왕실은 개항으로 흥선 대원군의 쇄국 정책이 패퇴하자 명성 황후
일족을 중심으로 외세와 결탁해 자신들의 권력을 유지하고자 했다. 반면
유학자들은 위정척사를 기치로 철저한 반외세적 입장에서 봉기를 일으켰
다. 또한 농민들은 외세 배격과 조선의 근본적 개혁을 내걸고 새로운 시
대를 열자며 동학 농민 운동 등 민란을 일으켰다.

이러한 외세 배격의 흐름과 달리 조선이 서양 문물을 받아들여 개화
하는 것만이 국난을 극복할 수 있는 길이라고 주장한 일군의 젊은이들이
있었다. 그들은 양반과 중인 출신으로, 초기에는 박지원의 손자 박규수
(朴珪壽) 등으로부터 배우며 영향을 받았다. 그 당시의 사정에 대해 서재
필(徐載弼)은 훗날 「회고 갑신정변」에서 이렇게 썼다.

> 일본의 외교 사절이 조선에 오기 전에 몇 년간 몇몇 조선의 지식 분자
> 는 일본을 왕래해 일본어를 능통하게 하는 한 총명한 승려를 통해 일본
> 과 비밀 통신을 했다. 그 승려는 일본에서 유럽 문명에 관한 많은 책을
> 가져왔다. 그리하여 그들은 그 서적들을 탐독해 조선이란 울타리를 벗어
> 나 바깥세상에서 되어가는 일을 차츰차츰 알게 되었다. 이 젊은 지식 분

자 일단의 지도자는 김옥균이었다.

김옥균(金玉均)은 당시의 세도가인 안동 김씨 집안의 사람으로 과거 시험에 합격한 이후 승승장구하던 젊은이였다. 그렇지만 박규수에게 배우고 서양 서적을 탐독하면서 조선을 부정하는 쪽으로 나아갔다. 김옥균은 조선의 위기가 양반에서 비롯되었다며 「지운영사건규탄상소문(池運永事件糾彈上疏文)」에서 이렇게 썼다.

> 신이 여러 해 동안 보고 들은 바를 폐하께 아뢴 바 있사온데, 폐하께서는 기억하시나이까? 그 뜻은 오늘날 우리나라에서 양반을 없애는 데 있습니다. 우리나라는 예전에 국가의 운수가 융성할 때 일체의 기계와 산물이 동양 두 나라에서 으뜸이었습니다. 그런데 지금에는 모두 이것이 폐지되어서 다시 그 흔적을 볼 수 없게 되었습니다. 그 이유는 오직 양반의 발호와 전횡 때문입니다. (중략)
> 이제 온 세계는 산업을 주장하여 서로가 생산을 많이 하려고 경쟁하고 있습니다. 이런 때 양반을 없애고, 그 폐단의 근원을 없애는데 힘쓰지 않는다면, 국가가 망해 없어지기를 기다리는 꼴이 될 것입니다.

국가가 융성할 때는 산업이 일본보다 앞섰다고 했다. 그런데 양반이 전횡해 산업이 몰락했다. 양반을 없애고 산업을 발전시키지 않으면 국가가 망하기를 기다리는 꼴이다. 김옥균 이전에도 박지원, 정약용 등이 이 문제를 지적한 적이 있다. 그러나 그들은 양반 제도 자체를 없애자는 주장으로 나아가지는 않았다. 김옥균은 아예 양반을 없애자고 했다. 조선을 떠받치고 있는 신분 제도에 대한 근본적인 부정이었고, 따라서 조선에 대한 부정이었다.

김옥균이 산업이란 용어를 사용하고 있음에도 유의할 필요가 있다. 양반 제도를 산업의 발전과 연관 지어 언급한 것은 김옥균이 일본을 여러 차례 방문하면서 얻은 견문의 결과였다. 산업이란 개념은 이전에 조선에 존재하지 않았다. 이런 개념을 사용한다는 것은 김옥균이 서양의 서적 등에 상당한 영향을 받았음을 보여 준다.

김옥균은 서양 국가, 특히 프랑스를 나라의 발전 모델로 삼았다. 그는 "일본이 동양의 영국 노릇을 하려 하니, 우리는 우리나라를 동양의 프랑스로 만들어야 한다."라고 말했다. 서재필은 그것이 김옥균의 유일한 꿈이자 야심이었다고 증언했다.

김옥균은 1880년경 자신을 따르던 젊은이들을 규합해 개화당이라는 비밀 결사를 만들었다. 개화당의 젊은이들은 패기만만했지만 경험이 적고 조급했다. 자신들의 주장이 조선 정부에서 전혀 받아들여지지 않을 것 같자, 세력이 미약함에도 불구하고 일본의 지원 약속을 믿고 정변을 일으켰다. 1884년 12월 4일에 일어난 갑신정변이다.

그러나 일본의 배신과 청나라의 개입으로 갑신정변은 3일 만에 실패로 끝났다. 김옥균은 일본으로 망명했다가, 국제 정치의 희생양이 되어 조선 정부가 보낸 자객에 의해 죽임을 당했다. 외국의 사정을 잘 안다고 생각했지만, 국제 정세와 정치의 원리에 대해 제대로 알지 못했던 것이다. 김옥균의 묘지에는 "오호(嗚呼)라, 비상한 재능을 가지고 비상한 때를 만나 비상한 업적도 남기지 못하고 비상하게 죽었다."라고 새겨져 있다. 그의 일생에 대한 비상한 표현이다.

김옥균 등 개화파의 등장은 중세를 넘어서는 근대적 사고가 우리나라에서 본격적으로 등장했음을 보여주는 한편, 그 사고가 우리의 전통 철학과 단절된 채로 나타나게 되었음을 보여 준다. 김옥균이 어렸을 때부터 이이 학통의 유교를 공부했고 박규수로부터 영향을 받았음에도 이러한 단절은 불가피했다. 조선 사회의 지배적인 유교는 그 한계를 분명하게 드러내기 시작하고 창조적인 작업을 수행했던 학자들의 철학은 확산되지 못한 상태에서, 갑자기 들이닥친 서양 문명의 영향력이 조선 사회 내에 급격히 확대되면서 그러한 단절이 일어나기 시작했다.

이후 수많은 유학자들의 봉기, 농민들의 민란, 개화파 젊은이들의 정변이 모두 실패로 그치고, 청일 전쟁에서 승리한 일본이 조선에 대한 내정 간섭을 본격화하면서 조선의 운명은 급격히 기울었다. 1905년 을사조약이 체결되면서 조선은 국권 상실의 길로 들어섰다.

이런 시기에 새로운 지식인들이 등장했다. 이들은 불과 한 세대 전의 학자와는 전혀 다른 부류의 사람들이었다. 양반보다는 중인 신분들이 다수를 차지했고, 교육받은 내용도 달랐다. 이른바 신식 교육을 받고 일본에 유학까지 다녀온 이 지식인들은 조선과 우리나라의 전통을 시대에 뒤떨어진 것이라 나무라고 전면 부정하며, 서양 문물을 무조건적으로 받아들이자는 문명개화를 주장했다. 그 선두에 최남선(崔南善, 1890~1957)이 있었다.

근면하라, 문명하라

최남선은 한성 중부 상리동에서 태어났다. 자는 공육이고 호는 육당이다. 5세 때 한글을 깨쳤고 6세 때부터 글방에 다녔다. 15세 때 황실 유학생으로 뽑혀 동경부립 제일중학교에 입학했으나 석 달 만에 자퇴했다. 17

세 때 다시 일본으로 건너가 와세다 대학교에 입학했으나 자퇴하고 귀국한 뒤 아버지를 설득해 출판사 겸 인쇄소인 신문관을 설립했다.

19세 때 월간 잡지 《소년》을 창간해 본격적인 문필 활동을 시작했다. 이때가 1908년이었다. 조선의 외교권과 국방 등 국가의 주요 기능을 박탈한 을사조약이 체결된 3년 후이고, 조선의 국권을 완전히 박탈한 경술국치(庚戌國恥) 2년 전이었다. 이때로부터 일제 강점기 전 기간을 걸쳐 최남선은 왕성한 문필활동을 했다.

국권이 박탈된 시기에 그 원인을 밝히고 이를 극복하기 위한 방향을 찾는 것은 당연한 일이다. 여기에서 중요한 것은 그 극복 방향이 국권 회복을 위한 시도와 결부되어야 한다는 점이다. 최남선은 원인을 밝히고 방향을 제시하려는 시도는 했지만 국권 회복을 위한 노력까지 나아가지는 못했다.

최남선은 「현시대의 요구하는 인물」에서 다섯 가지 유형의 인물을 언급하는데, 그중에 "건설적 수완이 있는 인물이 아니라 파괴적 성질을 가진 인물"이 필요하다고 했다. 덧붙이기를 "지금 시대에 요구하는 인물은 곤봉을 가지고 재앙이 남아 있는 건물을 완전히 부수어 건설할 계획을 세우는 자이다."라고도 했다.

그는 파괴하고 건설하자고 했다. 파괴해야 할 건물은 물론 조선이다. 국권 상실의 원인은 조선 내부에 있다. 특히 지배층인 양반에게 일차적인 책임이 있다. 양반 제도는 공식적으로 폐지되었지만 양반풍, 즉 양반의 습성은 계속 남아 있다. 이를 일소하기 위해 최남선은 「풍기혁신론(風氣革新論)」을 썼다.

그는 '반풍(班風)을 거(去) 하고 반가(班枷)를 탈(脫)하라.'라고 부제를 달았다. 반풍은 양반풍을 말한다. 반가는 죄인들 목에 씌우는 칼인데, 그처럼 양반풍이 조선에 씌워져 있음을 말한다. "양반풍을 없애고 목에 씌워진 양반의 칼을 벗어 버려라." 그것이 주장의 요지였다.

최남선은 박지원의 「양반전」에서 한 대목을 인용했다. 한 부자가 양반을 사려다가 양반의 내막을 들은 후 "허망한 일이구나, 나를 장차 도둑놈으로 만들려 하는구나."라고 외친 대목이다. 그는 이 대목을 자기주장의 근거로 삼아 양반과 상민을 이렇게 비교했다.

> 양반과 상민의 경계선을 보건대, 얼굴이 하얗고 손이 부드러운 것은 양반의 표시이고, 붉게 탄 얼굴에 강한 근육은 상민의 증거이며, 이[齒]를 마주치고 머리를 두드리면서 하는 일 없이 지내는 것은 양반의 태도이고, 얼굴에 땀을 뻘뻘 흘리고 발에 진흙을 묻혀가면서 죽을 때까지 일하는 것은 상민의 습성이며, 정담(情談)과 겉치레 글을 숭상하는 게 양반 중의 양반이고, 힘들게 일하고 노동하는 일을 맡을수록 상민 중의 상민이라 하여 소위 양반은 실제적인 일을 하지도 않고 할 능력도 없건만, 푸른빛과 자줏빛 관복을 그들의 대청위에 걸어놓고 비단과 보석을 놓면서도 봉급으로 받고 있으니, 실사구시(實事求是)하고 실익을 따지는 현대인의 눈에는 거의 사실이 아니라고 의심할 만큼 그 표준이 전도되지 않았는가.

일하지 않고 놀고먹어 얼굴이 하얗고 손이 고우며, 겉치레 같은 글이나 숭상하는 게 양반이다. 반면 평생 땀을 뻘뻘 흘리며 일해 얼굴이 벌겋게 타고 강한 근육을 가진 게 상민이다. 이렇게 양반과 상민을 비교한 후 상민의 시대가 왔음을 천명했다. "과학 만능의 현대가 왔고 그 주동자인 상민이 뽐내게 되는 신세계가 출현했다." 이런 신세계에서는 양반의 습성을 버리고 상민의 습성에 따라 열심히 일하고 노력해야 한다. 실사구시하고 실익을 따지는 현대인이 되어야 한다.

최남선은 열심히 일하는 문제를 문명과 연관 지어 열심히 일하면 문명인이 되고, 그렇지 않으면 비문명인이 된다고 했다. 「예술과 근면」이라는 글에서 그는 "진보는 근면의 형체화"라며, 동서고금을 비교해 서양은 르네상스 이후 비상하게 근면해져 문명을 이루었지만 조선은 양반풍 때문에 게으르고 나태해 "문명촌(文明村) 중의 탕아"가 되었다고 했다. 그러면서 다음과 같이 썼다.

> 금일의 세계는 문명인의 세계니, 오직 문명인만이 생존의 권리를 향유하며 오직 문명 강자만이 번영과 권위를 가지는 세계이다. 문명인에게는 천지에 기쁨이 있지만, 비문명인에게는 비참함이 있을 뿐이며, 문명인은 기쁨의 숲에서 거닐지만, 비문명인은 눈물의 바다에 빠질 따름이니, 인자한 하늘 아래 함께 살면서도 불행과 행복이 갈라지는 이유는 품성은 같으나 문명과 야만이 판이한 때문이다.

인류를 문명인과 비문명인으로 나누었다. 문명인은 생존의 권리를 향유할 수 있어 행복하지만, 비문명인은 눈물의 바다에 빠질 따름이어서 불행하다고 했다. 서양은 문명화했고, 조선은 문명촌의 탕아이다. 서양인은 문명인이어서 천지의 기쁨을 누릴 자격이 있지만, 조선은 야만이어서 비참할 따름이다. 그래서 최남선은 "근면하라! 근면하라! 근면하라!(Work! Work! Work!)"라고 외쳤다.

서양을 지향하자

최남선은 양반의 습성과 게으름 때문에 조선 사회가 야만이 되었다고 했다. 야만 사회가 문명사회의 식민지가 되는 것은 당연하다. 결국 그의 주장은 다분히 식민지를 긍정하는 논리가 되어 버리고 만다. 이것의 최남선이 행한 파괴 작업의 귀결이었다.

이제 건설할 계획을 세워야 한다. 그 작업을 위해 최남선이 들고 나온 것은 양명학이었다.

그는 먼저 조선 사상계의 상황을 말했다. "사문난적의 독한 화살이 쏘는 곳과 '척사식정(斥邪植正)'의 굳은 방패가 번득이는 때에" 조선의 사상계는 멸망했다. 사문난적은 조선 중·후기 주자학만을 정통이라 하고 다른 사상에 대해 통제한 것을 말한다. 척사식정은 위정척사와 같은 말로, 외래의 사상을 배격했던 것을 말한다. 이런 통제로 조선의 사상계는 황폐화되었다.

이제 죽었던 사상을 살려내야 한다. 그래서 최남선은 양명학을 제창했다. 그는 「왕학(王學) 제창에 대하여」에서 양명학이 "옛 성현과 철학자들이 감행하지 못한 것, 능히 하지 못한 것, 급하게 하지 않은 것을 발명하여 빠르고 곧은 새 길을 개척"했다고 했다.

또한 "가장 많은 사람을 가장 옳은 곳에 가장 잘 인도하는 것이 가장 좋은 도이거늘, 왕자(王子, 왕양명)의 배움은 이 여러 가지 요건을 구비했다."라고도 했다. 이처럼 양명학이 좋은 학설이라고 장황하게 설명한 뒤, 양명학을 제창하는 이유에 대해 이렇게 썼다.

실상을 말하면, 예수교의 새로 널림과, 유교의 다시 고침과, 불교의 도로 일으킴에 대하여는, 모든 사람이 알기도 하고 하기도 하나, 왕학, 즉 더욱 빨리 이 무감각하고 무기력한 죽음의 구렁에서 꿈꾸는 사람의 마음을 감동시켜 힘을 북돋우는데 현저하고 확실한 효과가 있는 양지(良知)를 이루고 잘못된 행동을 없애는 양명자(陽明子)의 발명에 대하여는 조금도 뜻하는 자가 없는 듯하여, 남들이 다른 약으로써 거기 당한 병을 고치려 할 때에, 얼마 동안 우리는 이 약으로 갈아 붙이고 뜸뜨고 하여 여기 당한 상처를 완치하고자 할 뿐이다.

최남선은 양명학에 뜻을 둔 사람이 없는 듯해 자신이 제창한다고 했다. 이제 방해할 자도 없고 탄압할 자도 없으니 양명학의 기치를 높이 들자고 했다. 그런데 양명학은 새삼스러운 학문이 아니었다. 그것은 주자학에 반발해 명나라 때 왕양명이 주장한 학설로, 이미 조선 시대부터 장유, 정제두(鄭齊斗) 같은 사람들에 의해 꾸준히 연구되었다. 비록 그 시대에는 드러내 놓고 주장되지는 못했지만 주자학과 다른 유교로서 이어졌다.

개화기에 이르러 사상 통제가 풀리자 양명학을 공공연하게 주장하는 학자들이 여럿 등장했다. 박은식(朴殷植), 정인보(鄭寅普) 같은 계몽사상가들이 그들이다. 즉 양명학은 성리학에 비판적인 학자들을 통해 이어져 왔고, 최남선이 살던 당시만 해도 이미 여러 학자들이 그것을 주장하고 있었다.

최남선은 양명학을 제창했지만 그 철학에 대해 자세하게 설명하지는 않았다. 조선 사회의 지배적 철학에 대한 부정이 그 목적이었기에 양명학의 세세한 내용은 최남선에게 중요하지 않았던 것인지도 모른다. 다만 그는 양명학의 개념 중 양지를 매우 중요시했다. 양지란 사람이 선천적으로 가지는 앎의 능력을 말한다. 이런 능력을 강조한 이유는 그것을 발휘해 많은 지식을 쌓으라고 얘기하고 싶었기 때문이다. 그러면 어떤 지식을 쌓으라는 말인가?

최남선은 사람들이 많은 지식을 얻을 수 있도록 서양 책의 일본어 번역본을 열심히 가져다 근면하게 번역했다. 그에게 있어 쌓아야 할 지식은 서양에 대한 지식이었다. 문명사회인 서양의 사상, 문화 등을 잘 알아야 우리나라 역시 문명화할 수 있다. 여기에 이르면 일본의 지식인 후쿠자와 유키치(福澤諭吉)를 떠올리지 않을 수 없다.

후쿠자와 유키치는 일본이 나아가야 할 길로 탈아입구(脫亞入歐), 즉 아시아를 벗어나 서양을 지향해야 한다는 주장을 내세워 일본의 정책에 깊은 영향을 미치며 사상계를 지배했다. 또한 조선인 유학생에게도 지대한 영향을 주었다. 그는 『문명론의 개략(文明論之槪略)』에서 다음과 같이 썼다.

지금 나라의 문명론을 꾀함에 있어 모조리 서양을 목표로 하는 것은 적합하지 않고, 또 모름지기 그쪽의 문명을 채택함에 우리의 인심과 풍속을 살펴 그 국체(國體)에 따라 정치를 준수하고 우리에게 적합한 것을 골라 취사선택해야 적절한 조화를 얻게 될 것이다. 그러나 문명에는 밖으로 드러나는 사물과 그 안에 담겨 있는 정신의 구별이 있는데, 밖으로 드러나는 문명은 취하기가 쉽고, 그 안에 담겨 있는 정신은 찾아내기 어렵다. 나라의 문명화를 꾀함에 있어서는 어려운 쪽을 먼저하고 쉬운 쪽을 나중에 해야 한다.

매우 조심스러운 논법을 펴고 있지만 주장은 명확하다. 어려운 쪽, 즉 서양의 정신을 먼저 받아들여야 문명이 이루어진다는 말이다. 최남선은 후쿠자와의 이론에 큰 영향을 받아 실천에 옮겼다. 그가 서양 사상 서적을 열심히 번역해 조선의 지식층이 배우고 익힐 수 있도록 노력한 이유다. 최남선은 양명학을 제창했지만 그것을 자신의 철학으로 소화한 것은 아니었다. 최남선의 관심은 서양 문명이었고, 이에 대한 지식 습득을 통한 우리나라의 문명화였다. 이것이 최남선이 세운 건설 계획이었다.

결국 이(理) 중심론으로

그런데 최남선은 돌연 방향을 바꾸었다. 단군을 칭송하기 시작한 것이다. 그는 「단군(檀君)께의 표성(表誠)」에서 "우리 몸과 마음을 최대한으로 확대한 점에서 만나는 것이 단군이니, 단군과 각 개인의 자아를 합해서 보는 것이 조선인이요, 이러한 조선인으로서 생명을 영원히 편안하고 강하게 하자는 공동욕구가 곧 조선심이다."라고 했다. 조선인은 몸과 마음으로 단군과 하나라는 말이다. 그리하여 그는 이렇게 결론 지었다.

> 단군을 생각해야 하며, 단군으로 돌아와야 하며, 단군에서 출발해야 하며, 단군 위에 건설해야 할 것이다. 조선의 부활 원리와 조선인의 생활 윤리는 오직 단군에 있을 뿐이다.

그가 그토록 강조한 서양 문명과 단군 사이의 거리는 너무 멀어 보인다. 그러나 둘 사이에는 공통점도 있다. 한쪽은 거리상으로 먼 곳(서양)이고, 다른 한쪽은 시간상으로 먼 옛날이다. 즉 양쪽 모두 멀리 있다는 점, 그래서 지금의 현실은 없다는 점이 공통적이다. 식민지 조국의 현실은 민족의 삶의 문제를 제기한다. 서양 문명을 통한 문명화든, 단군을 통한 조선의 부활이든 우리 민족이 당면한 현실을 극복하려는 지향점을 갖지 않는 한 의미가 없다. 최남선은 이러한 현실을 직시하고 현실과 대결하려는 의지를 보여 주지 못했다.

최남선의 주장을 이기이원론으로 해석해 볼 수 있다. 서양 문명이든 단군 정신이든 모두 최남선이 생각하는 이(理)이다. 이것은 현실을 초월한 절대적인 가치이다. 현실, 즉 기(氣)는 잘못되고 부정해야 할 대상일 뿐이다. 잘못된 현실을 그 속에서 변화시키고 바꾸어 나가려는 시도는 최남선에게는 없다. 다만 이가 구현되면 된다.

이렇게 보면 최남선의 주장은 기 역시 중시하는 이이 학통의 이기이원론이 아니라, 이(理)의 절대적 중요성을 주장하는 이황 학통의 이기이원론에 닿아 있다. 그러나 차이점도 있다. 이황 학통의 유학자들은 이가 발동할 것이라는 믿음을 가진 낙관주의자들이었고, 그래서 이의 발동을 위해 직접 행동을 하기도 했다. 그러나 최남선은 그런 믿음도 없는 비관주의자였다. 이 점은 그가 일제 강점기에 보여 준 행적을 이해하는 하나의 열쇠이다.

「단군께의 표성」이 발표된 것은 1926년이었다. 3·1 운동이 일어난 지 7년이 세월이 지난 뒤였다. 최남선은 3·1 운동 당시 독립 선언서의 초안을 작성해 옥고를 치렀다. 그러나 그는 이후 변절했다. 그러고는 자신의 변절 행위를 가리기 위해 단군을 들고 나옴으로써 자신이 대단히 민족적인 일을 하고 있는 것처럼 보이려 했다. 그 뒤에도 최남선은 계속해서 불함문화론 등을 주장하며 민족의 현실을 더욱 외면하는 길로 나아갔다. 우리나라의 국권 회복에 대한 기대를 실질적으로 포기했던 것이다. 독립에 대한 단념은 일제 강점기 말에 일본 유학생들을 상대로 천황을 위해 싸우라고 선동하는 등 노골적인 친일 행위로 나타났다.

해방 후 최남선은 친일반민족행위자로 체포되어 수감되었다. 얼마 지나지 않아 석방되었으나 과거의 영예를 누릴 수는 없었다. 최남선은 스스로 천재라 자부하듯 일제 강점기 내내 지식층에 가장 영향력 있는 사람이었다. 해방이 되자 상황은 완전히 달라졌고, 그에게는 불우한 삶만 남았다. 1957년 최남선은 68세의 나이에 영욕으로 점철되었던 삶을 마감했다.

최남선은 감옥에 있을 때 「자열서(自列書)」를 작성했다. 친일 행위에 대한 일종의 자기 변명서인데, 그 글에서 "나는 분명히 한평생 하나의 길로 마음을 다해 매진한 것을 자신하는 사람이다."라고 썼다. 그 나름대로는 일관되게 민족을 위한 삶을 살았다는 말이다. 3·1 독립 선언문 작성, 민족의 뿌리 찾기 작업 등을 근거로 삼는 듯하다.

최남선은 서양 문명을 통한 문명화든 단군 위에서 이루어지는 조선의 부활이든 주장은 했지만, 그것의 실현은 믿지 않았다. 문명화된 조국, 부활된 조국을 위해서는 당연히 먼저 식민지 현실이 극복되어야 한다. 만약 최남선이 자신이 주장한 것을 진실로 믿었다면 소극적이 되었든 적극적이 되었든 민족 해방을 위해 노력하지 않을 수 없었을 것이다.

최남선은 자신이 절대적 가치를 부여한 이(理)의 실현조차 믿지 않은 비관주의자였고, 그런 사고는 결국 친일 행위로 귀결될 수밖에 없었다. 그런 점에서 그는 하나의 길로 매진한 사람인지도 모른다.

왕학 제창에 대하여

최남선이 1911년에 쓴 글로서 5월 13일자《소년》지에 실렸다. 여기에서는 주요 부분을 발췌해 싣되, 국한문 혼용체를 현재의 표기와 맞춤법에 맞춰 싣는다.

어떤 악마가 시켰는지 최근 몇백 년 사이에 조상들은 온갖 광채 나는 일에는 궁극적인 파괴자가 되고, 이익이 되는 일에는 궁극적인 방해자들이었다. 더욱이 활동력의 원천인 사상계에서 온갖 세력과 흉악스러움으로 사람에게 활기를 주고 세상에 의기가 차게 할 만큼 힘 있는 것이면, 그것이 생겨나서 어찌하게 하면서 싹이 나기 전에 호미질을 하고, 줄기가 뻗기 전에 도끼질을 했다. 슬프다, 천금 같은 보배가 얼마나 많이 그 밑에서 부서졌는가. 만겁(萬劫)을 내리울리고 삼계를 널리 비칠 소리와 빛이 얼마나 많이 그 칼 아래 희생되었는가. 사문난적의 독한 화살이 쏘는 곳과 척사식정의 굳은 방패가 번득이는 때에, 아, 누가 능히 고개를 드는 자가 있었던가. 이 타이랜드(tyrant, 독재자)의 손에 우리의 사상계는 보기 좋게 멸망했다.

남의 것을 깨뜨려 겨우 불같은 욕심을 누르던 자는 그것이 다한 때에는 제 것이라도 깨뜨리니, 자기의 주위에 남이란 것은 형상도 그림자도 없어져 할 수 없이 그의 독한 어금니가 자기 집안사람에게 향했다. 맨 먼저 물린 자가 우리 양명 선생(陽明先生)과 그의 양지학(良知學)이었다.

도(道)는 시간과 공간을 초월해 한결같은 모양으로 충만하게 있는 것이니, 움직이는 것도 아니고, 변하는 것도 아니고, 또 임자 찾아다니는 것도 아니라, 우뚝하고 당당하고 지극히 크고 굳세며 지극히 정대하고 공명할 뿐이다. 학파가 그것을 어찌 전횡하고 권력이 어찌 그것을 제압할 수 있겠는가. 하물며 일시적인 한 사람의 작은 감정이 그것을 어찌 흔들고, 몇 사람의 손에 들어가 그 몸을 맡기겠는가. 크고 거룩한 도 앞에서는 누구든지 다 어린 자이니 누구든지 공손하고 유순해야 하며, 또 평등해야 한다.

일반적으로 도를 위하는 것이면, 부처도 괜찮고 예수도 괜찮고 공자 또한 괜찮고 순자도 괜찮고 주자도 괜찮고 왕자 또한 괜찮을 것이니, 누구든 도 앞에 충성스러운 신하됨이 다른 사람만 못하겠는가. 도는 새로 발명하고 만드는 기기(機器)가 아니니 전매특허가 있는 것이 아니며, 도는 벼슬자리가 아니니 임자가 있는 것도 아니다.

하물며 왕양명은 같은 유교의 후예이고 우리 도의 도통이니, 그 사상의 근거와 교화의 이상이 조금도 성현의 문 앞에서 부끄러울 것이 없을 뿐 아니라, 옛 성현과 철학자들이 감행하지 못한 것, 능히 하지 못한 것, 급하게 하지 않은 것을 발명해 빠르고 곧은 새 길을 개척한 점에서, 성현의 가르침을 이어받아 후손에게 가르친 공이 소멸치 않을 것이다. 그런데 우리가 그 이름을 번듯하게 부르지 못하고, 그 배움이 모기만 한 소리도 내지 못하게 심히 눌림은 어찌 된 까닭인가? 이를 사상사적으로 관찰해 보면 여러 가지 원인을 들수 있을 것이다. 편협한 누군가의 생각에 의해 이단이라는 혐의를 받음도 하나의 원인일 것이고, 완고한 누군가의 소견에 의해 유치한 학설로 지목을 받음도 그 하나의 원인일 것이다. 더욱이 수백 년 사이에 우리 사상계의 전제자이던 누군가가 물질과 정신 양면에서 불같은 공명심을 만족하기 위해 활기차게 생동하는 원기를 공급하는 것이 있어서는 안 되고, 용감하게 싸우는 분발심을 일으키는 것이 있어서는 안 되었기에, 심즉리를 제창하고 지즉행(知卽行)을 주장한 양명학을 뿌리부터 없애려 함도 그 한 원인일 것이다. 양명학이 과연 잘못된 것인가? 유교에 난 가시이고 사문의 난적일까? 아니다, 아니다. 그는 천리의 신비로운 기운을 영혼으로 각성했으며 스승들의 깊은 뜻을 마음으로부터 받아들였다. 다만 일부 편벽하고 고루한 자의 생각을 만족시키지 못하고, 완고하고 음험한 자의 희망을 방해하기 쉬울 뿐이다.

도가 비록 크지만 사악한 학설을 거두어들일 여지는 없고, 도가 비록 너그럽지만 궤변을 용납할 넓은 아량이 없으니, 그 말이 만일 이치에 어긋난다면 누군들 그 앞에서 용서를 받을 수 있겠는가. 깍쟁이는 아궁이로 들어갈 것이고, 사악한 요괴는 불지옥으로 떨어질 것이다. 그러나 그 말에 도교의 냄새가 섞였다 하여 사악하다 하고, 그 뜻에 불교의 그림자가 있다 하여 요괴라고 하면, 이는 도에 충성한 듯하지만 실제로는 도를 해롭게 하는 자라 할 것이다. 도의 본체는 어디 가고 자신의 사견만 지키는 데 그리 끔찍하고, 말의 공들인 보람은 어디 갔는지 자기 문파의 편협한 이론만 주장함이 무엇이 옳겠는가. 도의 전체를 얻지 못하기는 모든 문파가 다 똑같고, 도의 한 부분만을 떼어 오기는 모든 종파가 똑같다. 이렇다면 모든 학설이 도를 얻지 못했다 할 수 있고, 또 도가 모든 학설에 있다고 할 수 있다. 양명학에 약간 다른 문파의 맛과 색깔이 들어왔다고 하여 그 무엇이 욕되고 흉이 되겠는가. 차라리 도를 위해 남달리 충실한 행동을 함이 옳지 않겠는가. 공중에 매단 전선만이 교통에 편리를 주는 것이 아니고, 땅에 깔아 놓은 전선과 지하에 매설한 전선 역시 편리를 준다. 인도양만 서양에 이르는 길이 아니고, 태평양 유라시아의 길도 역시 서양에 이르는 길이다. 그것들 사이에 무엇은 되고 무엇은 안 되고 함이 있으며, 옳고 그름이 있겠는가. 하물며 양명학은 공평하게 퍼지고 화창한 점에서 편하기로는 무선 전신이고, 간명하고 바른 점에서는 장안대로 같다. 많은 사람이 하루 빨리 대도(大道)의 본원으로 돌아오게 하는 데는 신비하고 빠른 효과가 있다. 참으로 도를 생각하는 자가 이것을 그르다 하면 그가 좋아하는 도는 바른 도가 아닐 것이다. 참으로 도를 높인다는 나라가 이것을 용납지 못한다 하면 거기에서 행하는 도는 옳은 도가 아닐 것이다. 대개 가장 쉬운 길로 가장 많은 사람을 가장 옳은 곳에 가장 잘 인도하는 것이 가장 좋은 도이므로, 왕양명의 학설은 이 여러 가지 요건을 구비했다 할 만하다.

도의 본체로부터 보면 사람과 사물은 모두 무극한 도의 가운데 있다. 그러나 도의 사람에 대한 공리적 측면에서 보면 도가 사람과 사람의 무리 그리고 사람의 살림을 위해 있는 것이라 할 것이다. 그렇다면 그 시대 그 인심을 가장 잘 주관하고, 그 시대 그 사회를 가장 잘 도화(道化)할 만한 도와 학(學)이 가장 필요한 것이다. 또한 그 시대의 도의 스승들이 이런 것을 앞장서서 주장하고 그 시대의 인심이 그것을 숭상할 것이다. 이런 측면에서 생각하면, 오늘날 우리 사회와 인심의 경향을 보고 통절하게 그 필요를 느끼는 사람은 오랫동안 압박받아 숨죽여 왔던 왕양명이 개척한 도와 학을 다시 일으켜 밝힐 것이다. 우리도 뜻하기를, 모든 것에서 결핍된 우리 사회의 일이므로 사방팔방으로 가지각색의 저기압이 우레 소리 번개 걸음으로 벅차게 우리에게 모일 것인즉, 그동안에는 무엇이든지 파괴하고 둑을 무너뜨림만 있을 것이다. 혹시 쓰러져 무너지고 황폐해 가는 이때, 이 인심에 대해 우리 양명학도 사나운 말을 썩은 동아줄로 묶는 것과 같이 될 염려가 없지 않지만, 우리와 함께 성패(成敗)를 꾀하지 않고, 영리함과 우둔함을 가려내지 못하는 사람들에게 더욱 소리 높여 전달하고 물이 스며들어 가듯이 해 효험과 효과를 보고자 한다. 따라서 평지풍파를 호사가(好事家)들이 자청하게 되었다. 우리는 도만 생각할 뿐이다. 세상에 대한 도만 생각할 뿐이다.

모든 기능이 장해되고 모든 조직이 병들었으니, 이치에는 맞지 않으나 실제적으로 말하면 모든 약이 긴급히 필요한 것이 오늘날 우리 사회의 상황이다. 그러므로 우리는 한 종파에 구애되지 않고 모든 종교와 윤리관이 들어와서 각기 필요한 부분의 요구에 응하는 것이 옳다고 믿는다. 이렇게 하면 하나를 기준으로 돌아가지 못하는 폐단은 있지만, 그것을 억지로 통일하려다 오히려 큰 결함을 생기게 하는 것보다 모든 것을 길러서 속히 건강을 회복한 뒤에 지선(至善)이라는 목적에서 서로 합쳐지게 함이 옳은 것이라 생각한다. 그러므로 우리가 특별히 양명학을 제창하기 위해 두어 마디 말을 하는 이유는 결코 편협하게 우리만을 위한다는 생각 때문이 아니다. 실상을 말하면, 예수교의 새로 널림과, 유교의 다시 고침과, 불교의 도로 일으킴에 대해서는 모든 사람이 알기도 하고 하기도 하나, 왕학, 즉 더욱 빨리 이 무감각하고 무기력한 죽음의 구렁에서 꿈꾸는 사람의 마음을 감동시켜 힘을 북돋우는 데 현저하고 확실한 효과가 있는 양지를 이루고 잘못된 행동을 없애는 양명자의 발명에 대해서는 조금도 뜻하는 자가 없는 듯해, 남들이 다른 약으로써 거기 당한 병을 고치려 할 때에, 얼마 동안 우리는 이 약으로 갈아 붙이고 뜸 뜨고 해서 여기 당한 상처를 완치하고자 할 뿐이다. 우리는 이것 이외에 다른 아무것도 모른다. 다만 우리 사회의 결함을 보충하고 상처를 치유하는 데 필요한 것이면, 그런 것을 만들고 기르고 얻어 널리 해야 한다는 것만을 알 뿐이다. 우리의 소망은 잠으로부터 다 함께 깨어나 없어지지 않고 다 함께 살자고 하는 것일 뿐이다.

단군께의 표성 ― 조선심(朝鮮心)을 구현하라

최남선이 1926년 12월 12일 《동아일보》에 발표했던 글이다. 여기에서는 주요 부분을 발췌해 싣되, 국한문 혼용체를 현재의 표기와 맞춤법에 맞춰 싣는다.

1.

단군은 조선과 조선심의 궁극적 표식이다. 역사적으로는 단군이 조선 국토의 개척자요, 조선 문화의 창조자요, 조선 생활의 건설자이다. 혈연적으로는 단군이 조선 민족 전체의 조상이요, 조선 겨레가 모셔야 할 큰 사당이요, 조선이라는 집의 큰 동량이다. 신앙적으로는 단군이 조선 정신의 인격화요, 조선 이상의 최고조요, 조선 원리의 총괄점이다. 조선의 모든 것이 단군으로 모아지고, 단군으로부터 조선의 모든 것이 나타나는 것과 같으니 한 마디로 단군이 곧 조선이다. 단군은 다만 어느 때 한 번 다녀가신 한 인격체가 아니라 조선심의 구체적인 표상인 점에서 조선 역사에 영원히 남아 있을 것이다. 또한 단군은 역사적으로 생멸(生滅)한 객관적인 한 존재가 아니라 조선인이라는 공통된 삶과 조선심이라는 전통적 마음이란 면에서 조선인의 자아이기 때문에, 단군과 내가 하나요 둘이 아니다. 쉽게 말하면 우리의 몸과 마음을 최대한도로 확장해 만나는 것이 단군이다. 단군과 각자의 자아를 합해서 보는 것이 조선인이요, 조선인으로서의 삶을 영원히 편안하고 매우 아름답게 하자는 공동 욕구가 조선심이다. 따라서 지엽 말단에 불과한 조선인의 번영과 쇠퇴는 그 근본인 단군 의식의 수축과 팽창에 달려 있는 것이고, 겉으로 드러나는 조선 생활의 아름다움과 추함은 그 거울인 단군으로 귀의하느냐 마느냐로 드러나는 것이다. 민족 생활의 체온계인 단군은 조선이라는 몸의 건강을 정직하게 표현하고, 단체 운명의 점지자인 단군은 조선의 앞날의 성패를 명확하게 드러낸다. 그러므로 조선의 모든 평지풍파는 온통 단군이라는 태양의 움직임과 팽창, 축소에 의해 판단될 것이라는 것은 당연한 일이다. 진실로 조선인으로서, 뜨거운 생명욕의 소유자로서, 단체 생활의 순수한 이상을 가지고 있는 자로서 그 누가 단군을 떠나서 이념을 세우고 진리를 내세울 수 있겠는가. 단군의 위업을 기리고 침상에서도 단군을 뵈옵지 아니할 자 있겠느냐. 그렇다. 조선 하늘의 무수한 별들은 단군에 기대어서 빛을 내고 비등점을 얻을 것이다. 단군이라는 기둥을 바로잡고 튼튼하게 하지 아니하면서, 조선을 가지고 이러고저러고 함은 공허한 망상인 이유가 여기에 있다.

7.

조선의 건국 신화는 전 세계에 있는 원시 철학, 특히 그 인생관, 세계관 중에서 가장 순수하고 건전한 것이다. 세 가지로 나누어 말하면, 첫째, 하늘에서 인간으로 확장되는 것으로써 국가의 기원을 설명하고, 둘째, 인간이 하늘의 뜻을 복종하는 것으로써 국민의 생활을 생각하고, 셋째, 삶의 터전을 궁극적인 인생의 목적으로 이상화하는 것이 조선 건국 신화의 골자이다. 그것은 이 민족의 커다란 정신적 건물이다. 이렇게 커다랗고 올바른 이상을 역사적 건국자의 몸에서 읽어 내고 건국의 발전 과정을 몸으로 느껴 일종의 실험론적 민족 철학을 형성한 것이 단군 중심 조선사의 출발점이다. 태백산과 평양과 아사달은 청천강 좌우가 조선 문화의 요람지인 사실에 의거해 이 영광스러운 장면을 연출하는 무대로 설정된 것이다. 단군이 이룩한 조선의 창업, 그리고 그 창업이 이루어졌던 세 지역은, 그것을 역사적으로 보든 혹은 이상적으로 보든, 즉 유구한 과거 사실의 흔적으로 보든 아니면 영구한 민족 이상의 상징으로 보든 진실로 고귀하고 신성한 유적으로 우리가 최고로 존경해야 할 가치가 있는 것이다. 비록 과거의 일시적인 유적이라 할지라도 그것이 성장 발전의 한 고리라면 거기에 깊은 감동을 느껴야 하거늘, 그것이 조선 민족의 영구적인 이상을 올린 봉화대요 조선 생명의 영원한 원동력을 공급하는 저수지임을 생각하면 다행스럽게도 전해져 오는 이 신성한 유적을 어떻게든 정성스럽게 지키고 보전해야 함을 깨달을 것이다. 이 봉화가 꺼지고 이 수원이 말라 버린다면 그것은 조선 민족의 정신적 황폐를 보여 주는 것이고, 조선 생활의 근본적인 위축을 의미하는 것이며, 조선의 모든 운명이 참담한 상황에 처해 있음을 증명하는 것이 될 것이다. 이와 달리 암흑 속에 침체되었던 조선에 부활의 서광이 비친다면, 무엇보다도 먼저 밝은 빛이 단군의 머리에 비추어 신성한 유적에 기쁨의 햇살이 넓게 퍼져 나갈 것이다. 자기를 되돌아보지 않고 어찌 갱생을 하겠는가. 조선아(朝鮮我)에 눈을 뜨면 단군 생각이 어찌 나지 않을 수 있겠는가. 단군께로 고개를 돌리면 그 하늘의 뜻을 이룩한 자취를 어찌 초야에 파묻어 두기만 하겠는가.

9.

조선인은 지금 입만 열면 민족애를 말하고 국토에 대한 사랑을 말한다. 그것의 부활을 믿으며 그것의 쇄신에 힘쓴다. 마음속에 가진 생각이 어찌 이것뿐이겠는가. 인간에게 가장 큰 것이 신념이다. 만약 그 신념을 실제로 가지고 있다면 천하에 이것보다도 더 명확한 사실은 없을 것이다. 그러나 무엇을 신념으로 가지고 있는가를 살펴보면 답답하고, 어디에 그 신념의 징조가 나타났다 하여 둘러보면 참으로 기가 막힌다. 자기에 대한 자각이 있는가? 자기의식이 어디에서 출발하고 무엇에 집중하고 의지해 있는지에 대해 얼마만큼 반성과 각성을 하고 있는가? 남을 움직이고자 할 때 내가 발밑에 딛고 설 곳을 정했는가 그렇지 아니한가? 조선인으로서 생활 철학, 생활 욕구가 있는가 없는가? 멀리 본 것은 있을지 모르지만 발 앞은 캄캄하지 아니한가? 다른 사람에 대해서는 잘 아는지 모르지만 자기 자신에 대해서는 제대로 모르지 아니한가? 어떻게 우리의 보조를 맞추고 정신을 집중하여 하나의 목표로 집약한 노력을 할는지, 그 초점이 무엇이고 핵심이 되는 것이 무엇인지 착실하게 생각하는가? 단군을 생각해야 하며 단군으로 돌아와야 하며 단군에서 출발해야 하며 단군 위에 건설해야 할 것이다. 조선의 부활 원리와 조선인의 생활 윤리는 오직 단군에 있을 뿐이다. 마음을 바로잡아 단군으로 모으고 어지러운 발걸음을 바로잡아 단군으로 향한 뒤에야 비로소 그 다음의 다른 모든 것에 대해 말할 나위가 있을 것이다. 이론적으로는 어떠하든 사실에 있어서는 오직 '조선인으로'만이 우리에게 허락된 앞날의 광명이니, 조선인의 구심이자 원심은 단군 이외의 무엇이 있겠는가.

생각이 한 번 여기 미치면 단군의 앞에서 똑똑한 체한 것이 얼마나 부끄러운 줄을 생각하지 않을 수 없을 것이다. 따라서 단군을 통한 조선 정신의 다보탑을 모신 곳인 하늘에서 내려오신 곳, 나라를 세우신 곳, 신화가 남아 있는 곳 등 세 곳의 옛 유적을 저 꼴로 버려 두고 있는 것은 조선인의 큰 죄악이며 조선 부활에 대한 큰 저주임을 깨달을 것이다. 조선의 부활은 정신에서 비롯될 것이요, 단군 정신의 부흥은 단군에서 비롯될 것이요, 단군에 대한 감동은 신성한 유적에서 비롯될 것이다. 신성한 유적을 이렇게 방치해 놓으면 잠도 입도 닿지 않게 될 때, 진정한 부활이 우리의 마음에서 싹 돋을 것이다. 단군에 대한 정성이 이래야 되겠는가. 생각하자. 참회하자. 그리하여 하나 된 조선심으로 하나하나 옛 유적을 존경하고 보전하는 일을 구체화해 가자.

더 읽어 보기

고려대학교 아세아문제연구소 육당전집편찬위원회 엮음,『육당 최남선 전집』, 현암사, 1973

김옥균 외, 이민수 외 옮김,『한국의 근대 사상』, 삼성출판사, 1981

류시현,『최남선 연구』, 역사비평사, 2009

한형조,『조선 유학의 거장들』, 문학동네, 2008

현상윤, 이형성 교주,『현상윤의 조선유학사』, 심산, 2010

신채호

올바른 역사 인식으로 조선의 진정한 독립을 바라다

신채호는 충청남도 대덕군 산내면(지금의 대전광역시 중구 어남동)에서 태어났다. 호는 단재(丹齋)이다. 아버지는 광식(光植)이다. 신숙주(申叔舟)의 후예로, 전통적인 유생 집안 출신이다.

6세 때부터 정언을 지낸 할아버지 신성우(申星雨)에게서 한학을 배우기 시작해, 10세 때에는 행시(行時)를 지어 주위 사람들을 놀라게 했다. 12세 때 사서삼경을 독파해 신동이라는 소리를 들었다.

18세 때 할아버지의 소개로 학부대신 신기선(申箕善)의 집을 드나들며 신구 서적을 두루 섭렵했다. 19세 때 신기선의 추천으로 성균관에 입학했다. 26세 때는 성균관 박사가 되었다. 성균관에서 공부할 때부터 독립협회에 가담해 활동했고, 성균관을 졸업한 후《황성신문》논설위원,《대한매일신보》주필을 맡아 일본의 침략을 규탄하는 논설을 쏟아 냈다.

31세 때 중국으로 망명해 러시아령 블라디보스토크에서 광복회, 북경에서 대한독립청년단을 조직했다. 1919년 3·1 운동 이후 상해에서 임시 정부를 수립하기 위한 회의가 개최되자 발기인으로 참여했다. 그러나 임시 정부 의정원 회의에서 이승만(李承晩)을 국무총리로 선출하자 이에 반대해 임시 정부와 결별했다.

재중국조선무정부주의자연맹에 가입해 활동하던 중 1928년 체포되었다. 10년 형을 선고받고 복역 중 1936년 여순 감옥에서 옥사했다. 그의 나이 57세였다.

주요 작품으로는 『조선상고사(朝鮮上古史)』, 『조선사론(朝鮮史論)』, 『독사신론(讀史新論)』, 『조선역사상 일천년래 제일대사건(朝鮮歷史上 一千年內 第一大事件)』등이 있다.

수많은 주의로 분열된 조선

석가가 들어오면 조선의 석가가 되지 않고 석가의 조선이 되며, 공자
가 들어오면 조선의 공자가 되지 않고 공자의 조선이 되며, 무슨 주의(主
義)가 들어와도 조선의 주의가 되지 않고 주의의 조선이 되려 한다. 그리
하여 도덕과 주의를 위하는 조선은 있고, 조선을 위하는 도덕과 주의는
없다.

신채호(申采浩, 1880~1936년)는 「낭객(浪客)의 신년만필(新年漫筆)」에서 이
렇게 한탄했다. 1925년이었다. 일제 강점이 시작된 지 15년이 지났고, 3·1 운
동이 일어난 지 6년이 지난 뒤였다.

1900년대에 이르러 조선에는 온갖 주의가 들어왔다. 일본 유학이 늘어
나면서 지식층들은 귀국할 때 서양 사상을 한 가지씩 가지고 들어왔다.
이것들을 신문명, 신학문, 신문학, 신소설, 신문화라 하며 조선이 배우고
따라야 한다고 했다.

문예 사조만 해도 낭만주의, 자연주의, 신낭만주의, 사실주의 등 조선
의 지식층이 수입해 온 주의가 넘쳐났다. 조선의 사상계가 풍요로워진 것
처럼 보였다. 그러나 일본이 조선을 강점한 현실에 대한 치열한 고민은 찾
아보기 어려웠다.

지식층들은 자신들이 가지고 들어온 사상을 들먹이며 지적 만족과 유희를 즐길 뿐이었다. 그들은 민족의 현실은 외면하고 각자가 수입한 주의를 내세워 한 자리씩 차지하는 데 열중했다.

이와 달리 일본의 침략이 노골화할 때에는 계몽 운동 등으로 맞서다, 일제 강점기에는 독립운동에 나선 지식층이 있었다. 그들 역시 다양한 주의를 들여왔다. 자유주의, 사회주의, 공산주의, 무정부주의 등 다양한 주의가 번성했고, 독립운동 조직은 그러한 주의에 따라 나누어졌다. 이런 주의들은 지적 유희의 수단은 아니었지만, 저마다 내세운 주의에 따라 독립운동 진영이 분열했다.

이 상황에서 신채호는 "주의를 위해 조선이 있느냐, 조선을 위해 주의가 있느냐."라고 일갈했다. 그는 무정부주의자였다. 훗날 일본 경찰에 체포되어 재판을 받는 과정에서 자신이 무정부주의를 받아들인 이유에 대해 다음과 같이 진술했다.

> 내가 본시 무정부주의 연맹을 조직할 때 어떤 책을 보고 동기가 되었다고 하나 절대로 그런 것은 아니다. 현 제국주의 제도에 대한 불평과 약소민족의 미래를 위해 단행한 것이다.

주의를 위한 주의가 아니라 독립운동의 한 수단으로써 무정부주의를 받아들였다는 말이다. 또한 신채호는 실천에 있어서는 무정부주의 단체에 속했지만, 철학적으로는 무정부주의 사상에 깊이 천착하지 않았다. 그에게 있어 절대적 가치는 국가와 민족이었다.

신채호는 조선의 독립을 최우선 가치로 두고, 독립을 위해서는 무엇이든 할 수 있다고 생각했다. 재판을 받는 과정에서 "사기를 나쁘다고 생각하지 않나?"라는 질문을 받았을 때 그는 다음과 같이 답변했다.

우리 동포가 나라를 찾기 위해 취하는 수단은 모두 정당하다. 사기가
아니라 도둑질이라 할지라도 부끄러움이나 거리낌이 없다.

그는 주의가 너무 많다고 비판한 것이 아니었다. 다만 그 주의가 조선
을 위해 쓰이고 있는지를 따진 것이다.

오늘날 주의의 간판을 붙이며 자유, 개조, 혁명 같은 명사(名詞)나 외
우는 형식적 인물의 마음보다, 주의대로 명사대로 혈전(血戰)을 벌이는
정신적 인물이 하나라도 있어야 할 것이다.

유교 사상을 거부한 꼿꼿한 선비

신채호는 충청남도 대덕군 산내면에서 태어났다. 호는 단재이다.

6세 때부터 정언을 지낸 할아버지 신성우로부터 한학을 배우기 시작해
10세 때에는 행시를 지어 주위 사람들을 놀라게 했다. 12세 때 사서삼경
을 독파해 신동이라는 소리를 들었다.

18세 때 할아버지의 소개로 학부대신 신기선의 집을 드나들며 신구 서
적을 두루 섭렵했다. 신기선은 조선의 국체는 지키되 서양의 물질문명은
적극 받아들이자는 동도서기론(東道西器論)의 사상을 가진 정치가였다.
신기선을 통해 신채호는 개화에 대한 인식을 배웠다.

19세 때 신기선의 추천으로 성균관에 입학하고 26세 때 성균관 박사

가 되었다. 이때가 1905년으로 을사조약이 체결된 해였다. 당시 독립협회가 결성되어 일본의 조선 침략을 규탄하고 백성들을 계몽하기 위한 운동을 전개하고 있었다. 신채호는 성균관에서 공부할 때부터 독립협회에 가담해 활동하고 있었다.

신채호는 성균관을 졸업한 후 《황성신문》 논설위원, 《대한매일신보》 주필을 맡아 일본의 침략을 규탄하는 논설을 쏟아 냈다. 이러한 활동은 그가 유학자로서의 삶을 포기했음을 의미한다. 유학자는 과거 시험을 치러 관리가 되거나, 조용히 물러나 은거하며 수양하는 것을 기본적인 삶의 방식으로 삼았다. 1905년 을사조약이 체결되자 과거를 통해 관리가 되는 것이 무의미해졌다. 실질적으로 국권이 일본에 넘어갔기 때문이었다. 그렇다고 조국의 참담한 현실을 외면한 채 은거해 수양하는 것 또한 올바른 자세가 아니었다. 신채호는 유학자가 아닌 독립운동가로서의 삶을 시작했다.

당시 그의 모습에 대해 훗날 이광수는 《조광(朝光)》에 이렇게 썼다.

> 《대한매일신보》 주필이나 되는 단재(신채호)는 풍채가 초라한 샌님이지만 이상한 눈빛을 갖고 있었다. 세수할 때 고개를 빳빳이 든 채로 물을 찍어다 바르는 버릇 때문에 마룻바닥, 저고리 소매와 바짓가랑이가 온통 물투성이가 됐다. 누가 핀잔을 주려 하면 "그러면 어때요."라고 했다. 남의 말을 듣고 소신을 고치는 인물은 아니었다. 그러면서도 웃고 얘기할 땐 다정스러웠다.

꼿꼿한 선비의 모습이다. 그렇지만 유교를 믿는 선비는 아니었다. 신채호는 비록 어린 시절부터 유교를 공부했고 성균관에서 박사가 되기도 했지만 유교에 대해 절망하고 있었다. 그는 「서분(書憤)」이란 시에서 이렇게 썼다.

마음의 허황함은 육경에서 시작됐지,
통쾌하게 진시황은 하나의 횃불로 유교를 재로 만들었다.
안타깝구나, 그때 몽땅 태우지 못하고
한나라에서 복생(伏生)이 나타났구나.

서분은 자신의 분노에 대해 쓴다는 말이다. 무엇에 대해 분노하는가? 바로 유교다. 그것은 허황함의 원천이다. 진시황이 유교 서적을 모두 불사르지 못해 한나라 때 유교가 소생한 것을 안타깝다고 했다.

신채호가 이렇게 분노한 이유는 유교 때문에 조선이 약해져 결국 국권을 상실하게 되었다고 생각했기 때문이다. 그는 유교를 사대주의적이고 보수적이며 강압적인 사상이라고 보았다. 신채호는 유교가 조선을 지배하게 된 연원을 고려 시대 묘청이 주도한 서경 천도 운동의 실패에서 찾았다.

「조선역사상 일천년래 제일대사건」에서 그렇게 썼다. 우리 민족 고유의 낭가 사상과 불교를 대표하는 진취적이고 독립적인 묘청파가 패배하고, 김부식파가 승리함으로써 사대적, 보수적, 강압적 사상인 유교가 조선을 지배하게 되었다는 것이다.

그는 유교 철학을 거부했다. 그리고 새로운 철학을 제시했다. 그것은 중세를 뛰어넘는 근대적 사상이었다.

나라의 주인공은 민족

신채호는 평생에 걸쳐 우리 역사를 연구했다. 역사 연구에 몰두한 이유는 유교적 화이사상에 의해 조선의 역사가 심각하게 왜곡되었다고 보았기 때문이다. 다음과 같은 발언은 이런 그의 인식을 잘 보여 준다.

안정복(安鼎福)이 『동사강목(東史綱目)』을 짓다가 몹시 원통해하며 빈번한 내란과 외구의 출몰이 우리나라의 옛 역사를 탕진케 했다고 한탄했으나, 내가 보기에 조선사는 내란이나 외구의 전화(戰禍)보다 조선사를 저작하던 사람들의 손에서 더 탕진되었다.

화이사상은 중국을 중심에 놓는 역사관이다. 이에 따르면 조선의 역사는 종속적인 것에 불과하고, 마치 조선은 오랫동안 중국의 식민지였던 것처럼 보인다. 신채호는 이것이 자칫 일본의 조선 침략을 정당화하는 논리로 흐를 위험성이 높다고 보았다.

신채호는 이순신(李舜臣), 을지문덕(乙支文德), 주세페 마치니(Giuseppe Mazzini) 등에 대한 전기를 써서 발표했다. 그들은 모두 조국을 위기에서 구한 위인이다. 신채호는 그들의 전기를 통해 국민에게 조국의 위기를 극복하기 위해 나서자는 메시지를 전달하려 했다.

물론 연구 대상이 위인들에게만 집중되었던 것은 아니다. 그는 오히려 국민의 역량에 관심을 기울였다. 《대한매일신보》에 「20세기 신국민」이라는 제목의 논설을 연재하면서 옛 영웅들의 한계를 지적하고, 20세기를 이끌 원동력은 한두 명의 영웅이 아니라 국민에게서 나온다고 역설했다. 국민이 국권을 회복하고 근대적인 국가를 수립하는 역사와 사회의 주체라고도 했다. 「대한의 희망」에서는 이렇게 썼다.

크구나, 대한의 오늘의 희망이여! 아름답구나, 대한의 오늘의 희망이여! 머지않아 조물주가 세계 각 국민의 시험 성적을 발표할 것이니, 우리 국민이 제일의 자격을 가질 것이다.

신채호는 국민이라는 개념에서 민족이라는 개념으로 넘어간다. 민족은 근대에 들어 생겨난 개념이다. 제국주의 국가들은 민족주의를 내걸어 자국 내의 단결을 이루고, 침략을 정당화했다. 이에 맞서 신채호는 제국주의의 침략에 대항하는 민족주의로 한민족(韓民族)을 단결시켜 민중의 혁명적 각오를 높이고자 했다.

그는 어떠한 역사를 써야 하는지에 대해 『독사신론』에서 이렇게 말했다.

역사를 집필하는 자는 반드시 그 나라의 주인공이 되는 민족을 선명히 내놓고 그것을 주체로 삼아야 한다. 그리하여 그것의 정치가 어떻게 긴장하고 해이해졌으며, 그 실업(實業)은 어떻게 발전하고 정체했으며, 그 무력(武力)이 어떻게 성하고 쇠퇴했으며, 그 습속이 어떻게 변했으며, 기타 다른 나라들과 어떻게 외교하고 무역했는가를 서술해야 한다. 이렇게 해야 역사라고 말할 수 있다. 만일 그렇게 못하면 그것은 무정신(無精神)의 역사이다. 무정신의 역사는 무정신의 민족을 낳으며 무정신의 국가를 만들어 낼 것이니, 어찌 두렵지 않을 수 있겠는가.

나라의 주인공은 민족이다. 그러므로 역사 연구는 민족에 대한 연구이고, 역사 서술은 민족을 주체로 해야 한다. 그러지 않을 경우 무정신의 역사를 쓸 수밖에 없고, 그렇게 되면 무정신의 민족이 되어 버린다. 유교의 화사상과 선명하게 대비되는 근대적인 민족주의 역사관이다.

신채호는 역사 연구를 통해 획득한 민족주의 사상을 간직하고 망명길에 올랐다. 1910년, 그의 나이 31세였다.

민중의 직접 혁명을 주장하다

신채호의 첫 망명지는 중국 청도였다. 청도에는 항일 비밀 결사체인 신민회의 간부들이 모여 있었다. 망명 후 그는 넓은 지역에서 분주히 활동했다. 러시아령 블라디보스토크에서 광복회를 조직하고, 북경으로 가서는 대한독립청년단을 조직했다. 1919년 3·1 운동 이후 상해에서 임시 정부를 수립하기 위한 회의가 개최되자 발기인으로 참여하기도 했다.

그러나 임시 정부에서의 활동은 길지 않았다. 임시 정부 의정원 회의에서 이승만을 국무총리로 선출하자 신채호는 이에 반대해 임시 정부와 결별했다. 이승만이 미국 대통령 토머스 윌슨(Thomas Wilson)에게 조선에 대한 위임 통치 청원서를 제출한 일이 있었기 때문이다. 신채호는 이승만의 행동이 독립운동과는 거리가 멀다고 보았다.

신채호는 군사 행동을 통해 일본을 물리치자는 무장 투쟁 노선을 지지했다. 그러한 생각이 집약적으로 표현된 것이 44세 때 작성한 「조선 혁명 선언」이다.

그는 먼저 새로운 시대의 혁명의 성격에 대해 밝혔다.

구시대의 혁명으로 말하면 국민은 국가의 노예가 되고 그 위에 국민을 지배하는 상전 곧 특수 세력이 있어, 그 소위 혁명이란 것은 특수 세력의 명칭을 변경함에 불과했다.

유럽에서 일어난 혁명은 물론 러시아 혁명까지도 연구한 결과였다. 그러한 혁명들은 지배 집단을 변경할 뿐, 그 지배 집단에 의해 국민이 지배되는 것에는 변함이 없다고 했다. 새로운 혁명은 그 성격을 달리한다.

> 금일 혁명으로 말하면 민중이 곧 민중 자기를 위하여 하는 혁명이기 때문에 민중 혁명이나 직접 혁명이라 부른다. 민중의 직접 혁명이기 때문에 끓어오르고 팽창하는 정도가 숫자상의 강약(强弱)으로 비교될 수 있다는 생각을 깨 버린다. 그 결과의 성패는 전쟁학(戰爭學)상의 규칙을 벗어나, 돈도 무기도 없는 민중이 백만의 군대와 억만의 재력을 가진 제왕도 타도할 수 있고, 외국으로부터 처들어오는 적도 몰아낼 수 있다. 그러므로 우리 혁명의 제일보는 민중의 각오이다.

다가오는 혁명은 민중의 직접 혁명이라고 했다. 민중이 비록 돈도 없고 군대도 갖추지 못했지만, 주체가 됨으로써 백만 대군과 억만금을 가진 제왕도 타도하고, 외국의 적들도 몰아낼 수 있다고 했다.

신채호는 민중 혁명이 파괴로부터 시작된다고 말한다. 파괴 대상을 다섯 가지로 설정했는데 이족 통치(異族統治), 특권 계급, 경제 약탈 제도, 사회적 불평균, 노예적 문화 사상이 그것이다. 이 다섯 가지를 파괴한 후 "고유한 조선의", "자유적 조선 민중의", "민중적 경제의", "민중적 사회의", "민중적 문화의" 조선을 건설하자고 했다.

이족 통치의 파괴는 일본의 지배를 물리치자는 것인데, 그는 독립운동의 목표를 단지 일본의 축출에만 두지 않았다. 민중이 주체가 되어 특권 계급을 물리치고 사회, 경제, 문화적 불평등을 일소하는 혁명을 이루는 것이 독립운동의 목표였다.

신채호의 민중 혁명 사상에는 극단적인 주장이 포함되어 있다. 그는 암살, 파괴, 폭동 등 폭력만을 혁명의 수단으로 강조했다. 그것이 민중 각오의 수단이라 생각했기 때문이다. 민중이 두려움 없이 혁명의 길로 나서게 하기 위해 일본의 조선 지배 기구를 파괴하고 친일 인사를 암살하자는 것이다.

일본의 엄혹한 지배에 맞서는 투쟁 수단으로 폭력을 선택한 것이기는 하지만, 그것 이외의 방법을 배제했다는 데에 문제가 있다. 그것은 망명 생활을 하면서 다양한 형태의 독립운동에 대해 살피지 못한 경험의 한계를 보여 주는 것이기도 했다.

역사란 무엇인가?

신채호는 민족주의 역사관을 넘어 자신의 철학을 세우는 길로 나아갔다. 『조선상고사』 총론에서 역사란 무엇인지를 설명하면서 자신의 철학을 밝혔다.

> 역사란 무엇인가? 인류 사회의 아(我)와 비아(非我)의 투쟁이 시간적으로 발전하고 공간적으로 확대하는 심적 활동의 상태의 기록이니, 세계사라 하면 세계 인류가 그렇게 되어 온 상태의 기록이며, 조선사라 하면 조선 민족이 그렇게 되어 온 상태의 기록이다.

무엇을 아라 하며 무엇을 비아라 하는가? 깊이 팔 것도 없이 얕게 말하자면, 무릇 주관적 위치에 선 자를 아라 하고 그 외에는 비아라 한다. 이를테면 조선인은 조선을 아라 하고, 영국·러시아·프랑스·미국 등을 비아라 하지만, 영국·러시아·프랑스·미국 등은 제 나라를 아라 하고 조선을 비아라 한다. 무산 계급은 무산 계급을 아라 하고, 지주나 자본가 등을 비아라 하지만, 지주나 자본가 등은 각기 제붙이를 아라 하고, 무산 계급을 비아라 한다. 이것뿐 아니라 학문에나 기술에나 직업에나 의견에나 그 밖에 무엇이든지, 반드시 본위인 아가 있으면, 따라서 아와 대치한 비아가 있다. 아 중에 아와 비아가 있으면, 비아 중에도 또 아와 비아가 있다. 그리하여 아에 대한 비아의 접촉이 빈번할수록 비아에 대한 아의 투쟁이 더욱 맹렬해 인류 사회의 활동이 휴식될 사이가 없으며 역사의 전도(前途)가 완결될 날이 없다. 그러므로 역사는 아와 비아의 투쟁의 기록이다.

역사란 아와 비아의 투쟁이라고 했다. 이런 주장은 음과 양의 투쟁이라는 동양 사상과 변증법이라는 서양 사상에서 영감을 받은 것이다. 그러나 그는 재래의 음양론이나 변증법과 달리 아(我)가 어디에 속하는지를 분명히 했다. 대립하는 음과 양 중 자신은 어느 쪽에 속하는가? 대립하는 정(正)과 반(反) 중 자신은 어느 쪽에 속하는가? 자신이 속한 쪽이 '아'이고 그렇지 않은 쪽이 '비아'이다.

신채호는 이렇듯 자아를 중시했다. 그럼으로써 사물의 운동 법칙인 음양론과 변증법을 자아의 실천 철학으로 바꾸어 놓았다. 국권 상실은 자아의 상실이다. 상실된 자아를 찾는 것이 시대적 과제이다. 자아는 비아가 있으므로 비로소 자아가 된다. 자아는 비아와 맞서는 투쟁을 통해서 자신을 드러내고, 자신의 본모습을 회복한다. 식민지 현실을 타파하고자 하는 독립운동가의 시대적 요구가 철학으로 표현되었다.

신채호는 자신의 철학을 조선 역사에 대한 연구에만 적용하지 않았다. 세계의 역사 역시 아와 비아의 투쟁의 기록이라고 했다. 그뿐만 아니라 학문, 기술, 직업에서도 아와 비아의 투쟁이 일어난다고 말했다. 그 투쟁의 양상에 따라 역사의 변화와 발전의 모습이 달라지고, 학문과 기술, 직업에서의 내용 역시 다르게 된다.

따라서 신채호의 철학은 우주와 자연, 인간과 인간 사회에 두루 적용된다. 그는 유교를 버린 자리에 아와 비아의 투쟁을 통한 자아의 확립이라는 철학을 세웠다. 근대 철학은 자아의 확립을 주요 특징으로 한다. 신채호의 철학은 이 땅에서 근대 철학이 탄생했음을 알렸다.

그의 철학은 자기중심적 독단에 빠지지 않을 수 있는 길 또한 열어 주었다. 그는 조선의 입장에서 보면 조선이 아(我)이고 외국이 비아라 했다. 외국의 입장에서 보면 외국이 아이고 조선이 비아이다. 상대적 세계관의 제시였다.

감옥을 나서지 못하고

신채호에게는 투쟁 대상이 두 가지였다. 하나는 자아와 대립되는 비아이다. 그 비아는 물론 일본이었다. 또 하나의 투쟁 대상은 자아 속에 있는 비아이다. 그 비아는 우리 민족 안에서 독립을 방해하거나 저지하려는 세력들이었다. 그는 「조선 혁명 선언」에서 일본에 대한 직접적인 투쟁 대신에 내정(內政) 독립이나 참정권이나 자치를 주장하는 자들을 우리 민족 속의 비아로 규정했다.

신채호는 그들에 대해 다음과 같이 신랄하게 비판했다.

> 설혹 강도 일본이 관대한 도량이 있어 그러한 요구를 허락한다고 하자. 소위 내정 독립을 찾고 각종 이권을 찾지 못하면 조선 민족은 대개 굶주린 아귀(餓鬼)가 될 뿐이지 않은가. 참정권을 획득한다고 하자. 자기 나라 무산 계급의 혈액까지 착취하는 자본주의 강도국의 식민지 백성이 되어 몇 명 노예적인 의원을 선출한다고 굶어 죽는 화를 면할 수 있겠는가. 자치를 얻는다 하자. 어떠한 종류의 자치인지 불문하고 일본의 강도적 침략주의의 초패(招牌)인 '제국'이란 명칭이 존재하는 이상, 거기에 부속된 조선 백성이 어찌 구구한 자치라는 헛된 이름으로 민족의 생존을 유지하겠는가.

내정 독립을 하든 참정권을 얻든 자치를 하든 허울뿐이라는 것이다. 그래서 그는 "우리는 우리의 생존의 적인 강도 일본과 타협하려는 자나 강도 정치 아래에서 기생하려는 주의를 가진 자나 모두 우리의 적임을 선언한다."라고 했다. 오직 비타협적인 투쟁만이 완전한 자주독립을 가져올 수 있다.

신채호는 무정부주의 독립운동을 비타협적 운동이라 여겨 여기에 깊숙이 뛰어들었다. 재중국조선무정부주의자연맹에 가입해 맹렬한 투쟁을 전개하기도 했다. 그러던 중 대만에서 외국환을 위조하는 등 독립운동 자금을 마련하는 일에 나섰다가 체포되었다. 1928년, 그의 나이 49세였다.

체포된 독립운동가가 겪어야 하는 고초에 대해 그는 「조선 혁명 선언」에서 이렇게 쓴 바가 있다.

감옥에 구류되어 주리, 단근질, 채찍질, 전기질, 바늘로 손톱 밑과 발톱 밑을 쑤시기, 수족을 묶어 달기, 콧구멍에 물 붓기, 생식기에 심지 박기 등 모든 악형, 곧 야만 전제국의 법률 사전에도 없는 갖은 악형을 다 당해 죽거나, 요행히 살아서 감옥 문을 나온다고 해 봐야 평생 불구의 폐질자(廢疾者)가 될 뿐이다.

그는 살아서 감옥 문을 나서지 못했다. 10년 형을 선고받고 복역 중 1936년 여순 감옥에서 옥사했다. 그의 나이 57세였다.

평생 조국의 독립을 위해 싸운 한 독립운동가는 이렇게 일생을 마감했다. 신채호는 유학자 집안에서 태어나 유학을 공부했다. 그러나 바람 앞의 등불 같은 조국의 현실을 목격하면서 유교를 버렸다. 그는 탄식했다. "그렇게 큰소리치더니, 나라가 멸망한 후 오랑캐를 향해 화살 한 대 쏘는 놈이 없는가."라고. 유교는 나라를 망쳤고, 유학자는 비굴했다.

그가 던진 질문

신채호는 「술회(述懷)」라는 시에서 유교의 이상주의를 신랄하게 비판했다.

> 닭과 개는 사람에게 아무 죄가 없다.
> 단지 사람들이 입과 배를 위해 매일 그것들을 죽일 뿐이다.
> 오로지 힘과 권력만이 있구나.
> 인의(仁義)라는 빈말 해 봐야 무슨 소용 있는가.
> 거적을 친 문에서 도를 읊조리는 진짜 우둔한 선비들.

칼을 잡고 사람을 베어야 진짜 사나이지.

성인과 철인(哲人) 운운하니 도대체 무엇하자는 자들인가.

성(聖)과 철(哲) 두 자를 들고 서로 속이고 있구나.

인의, 도, 성인, 철인 등을 아무리 말해 봐야 소용없는 세상이 되었다. 오직 이 세상에는 힘과 권력만이 있을 뿐이다. 칼을 들고 나서야 할 때, 나라가 거덜이 나서 거적으로 문을 삼아야 하는데도 도(道)나 읊조리는 자들이 유학자들이라고 했다.

신채호는 유학을 떨쳐 내고 자아라는 개념을 통해 독립운동의 철학을 세웠다. 그것은 전통과 단절하고 근대를 말하는 철학이자 독립 이후의 세상까지 바라보는 철학이었다. 물론 아와 비아의 투쟁이라 하여 투쟁만을 중요시한 데에 일면성의 한계가 있다. 세상은 투쟁과 화합이 통일되어 운동한다. 일찍이 원효가 간파했고, 서경덕이 구체화했듯 화합 속에 투쟁이 있고, 투쟁 속에 화합이 있다.

신채호의 철학이 가진 한계는 시대적 상황의 산물일 것이다. 그는 무력으로 일본과 투쟁했고, 어떠한 타협도 용납하지 않았다. 그것은 우국지사(憂國之士)의 모습이기도 했다. 물 앞에 고개를 숙일 수 없다며 뻣뻣이 선 채 세수했던 지조 있는 선비의 모습이었다.

그의 철학은 분명 한계를 지녔지만, 동시에 그것은 현실을 타개하기 위해 창조를 시도했다는 의의를 가진다. "주의를 위한 조선이 아니라 조선을 위한 주의를 만들자."라고 했던 정신의 표현이었다. 그가 『조선상고사』 총론에서 던진 질문은 지금도 여전히 타당하지 않을까?

오늘 이후는 서구의 문화와 북구의 사상이 세계사의 중심이 된바, 우리 조선은 그 문화 사상의 노예가 되어 소멸하고 말 것인가, 아니면 그것 들을 저작(咀嚼)해 소화하고 신문화를 건설할 것인가?

신채호

조선상고사

신채호가 1931년 저술해《조선일보》에 연재했던 『조선상고사』의
제1편이다. 여기에서는 그의 역사관과 철학이 잘 드러나는 서두
부분을 신되, 문어체 표현은 구어체 표현으로 풀어 싣는다.

역사란 무엇인가? 인류 사회의 아(我)와 비아(非我)의 투
쟁이 시간적으로 발전하고 공간적으로 확대하는 심적 활동
의 상태의 기록이니, 세계사라 하면 세계 인류가 그렇게 되
어 온 상태의 기록이며, 조선사라 하면 조선 민족이 그렇게
되어 온 상태의 기록이다.

무엇을 아라 하며 무엇을 비아라 하는가? 깊이 팔 것도
없이 얕게 말하자면, 무릇 주관적 위치에 선 자를 아라 하
고 그 외에는 비아라 한다. 이를테면 조선인은 조선을 아라
하고, 영국·러시아·프랑스·미국 등을 비아라 하지만, 영국·
러시아·프랑스·미국 등은 제 나라를 아라 하고 조선을 비
아라 한다. 무산 계급은 무산 계급을 아라 하고 지주나 자
본가 등을 비아라 하지만, 지주나 자본가 등은 각기 제붙이
를 아라 하고 무산 계급을 비아라 한다. 이것뿐 아니라 학문
에나 기술에나 직업에나 의견에나 그 밖에 무엇이든지, 반드
시 본위인 아가 있으면, 따라서 아와 대치한 비아가 있다. 아
중에 아와 비아가 있으면, 비아 중에도 또 아와 비아가 있다.
그리하여 아에 대한 비아의 접촉이 빈번할수록 비아에 대한
아의 투쟁이 더욱 맹렬해 인류 사회의 활동이 휴식될 사이
가 없으며 역사의 전도가 완결될 날이 없다. 그러므로 역사
는 아와 비아의 투쟁의 기록이다.

아나 아와 상대되는 비아의 아도, 역사적인 아가 되려면 반드시 두 가지 속성이 필요하다. (1) 계속성이다. 시간의 흐름에 따라 생명이 끊어지지 않아야 하기 때문이다. (2) 보편성이다. 공간에 있어 영향이 파급되어야 하기 때문이다. 그러므로 인류 이외에 다른 생물에게도 아와 비아의 투쟁이 있지만, 그 아의 의식이 너무 미약(혹은 전무)해 계속적, 보편적이 되지 못하므로 마침내 역사를 만드는 일은 인류가 하게 된다.

사회를 떠나서 개인적인 아와 비아의 투쟁도 없지 않지만, 그 아의 범위가 매우 약소하고 계속적, 보편적이 되지 못하므로 인류에 있어서도 사회의 행동이라야 역사가 된다. 동일한 사건이라도 두 가지 속성, 즉 계속성과 보편성의 강약을 비교해 역사의 재료가 될 만한 분량이 크고 적음을 정한다. 예를 들면 김석문(金錫文)이 300년 전에 지구가 둥글다는 지원설(地圓說)을 주장한 조선의 학자이지만, 그의 주장이 조르다노 브루노(Giordano Bruno)의 지원설과 같은 역사적 가치를 갖지 못하는 이유는, 브루노의 지원설은 유럽 각국의 탐험열을 불러일으켜 아메리카 신대륙을 발견하는 일이 있었지만, 김석문의 지원설은 그런 결과가 없었기 때문이다. 정여립(鄭汝立)은 400년 전에 군신강상설(君臣綱常說)[1]을 타파하려던 동양의 위인이지만, 그를 『민약론(民約論)』을 저작한 장자크 루소(Jean Jacques Rousseau)와 동등한 역사적 인물이라 할수 없다. 왜냐하면 당시에 다소간 정여립의 설에 영향을 받아 인계(鍛稧)나 양반살륙계(兩班殺戮稧) 등의 일시적인 움직임이 없지 않았지만, 루소 이후에 파도와 같이 밀어닥친 프

1) 임금과 신하 사이에 지켜야 할 도리가 있다는 설.

랑스 혁명에 비길 수 없기 때문이다.

비아를 정복해 아를 세상에 알리면 투쟁의 승리자가 되어 미래 역사의 생명을 이으며, 아를 소멸케 해 비아에 공헌하는 자는 투쟁의 패망자가 되어 과거 역사의 묵은 자취만 남기나니, 이것은 동서고금의 역사에서 바꿀 수 없는 원칙이다. 승리자가 되려 하고 패배자가 되지 않으려 함은 인류가 가진 공통적인 본성인데, 매번 예상과 달리 승리자가 되지 못하고 패배가가 되는 이유는 무엇인가? 선천적인 실상으로 보면 아가 생긴 뒤에 비아가 생기지만, 후천적인 형식으로 보면 비아가 있은 후에 아가 있다. 말하자면 조선 민족, 즉 아가 출현한 뒤에 조선 민족과 상대되는 묘족(苗族), 한족(漢族)이 있었으니, 이것은 선천적인 것에 속한다. 그러나 만일 묘족, 한족 등 비아라는 상대자가 없었다면, 조선이란 국명(國名)을 세운다, 삼경(三京)²⁾을 만든다, 오군(五軍)³⁾을 둔다 하는 등의 아의 작용이 생기지 않았을 것이니, 이것은 후천적인 것에 속한다.

정신의 확립으로 선천적인 것을 호위하고 환경에 순응해 후천적인 것을 유지하더라도, 양자 중 하나가 부족하면 패망의 길로 가게 된다. 따라서 유대교나 돌궐(突厥)의 무력으로도 침몰의 재앙을 면하지 못한 이유는 후자가 부족한 까닭이고, 북미(北美)의 공화(共和)와 이집트 말기의 학문의 융성으로도 쇠퇴하는 것을 막지 못한 이유는 전자가 부족한 까닭이다.

2) 고려 시대의 중요한 세 도시, 중경(개성), 서경(평양), 동경(경주)을 말한다.

3) 고려 시대에 설치했던 전·후·좌·우·중의 다섯 군영(軍營)을 말한다.

조선역사상 일천년래 제일대사건

신채호가 1924년 10월 13일부터 1925년 3월 16일까지《동아일보》
에 연재했던 것으로, 여기에서는 서론과 결론을 싣는다. 문어체는
구어체로 풀어 싣는다.

1. 서론

민족의 성쇠는 항상 그 사상의 추세에 달린 것이고, 사
상의 추세가 진보적이냐 보수적이냐 하는 것은 항상 모종의
사건에 영향을 입는다.

그러면 조선 근세에 종교나 학술이나 정치나 풍속이 사
대주의의 노예가 된 것은 어떤 사건에 원인이 있는가? 어찌
하여 효(孝)라 하고 어찌하여 충(忠)라 하는가? 어찌하
여 공자를 높이고 어찌하여 이단을 배척하라 하는가? 어찌
하여 태극이 음과 양의 두 기를 낳고 두 기가 팔괘를 낳는다
고 하는가? 어찌하여 수신한 연후에 제가하고, 제가한 연후
에 치국하라 하는가? 어찌하여 두통이 나더라도 갓과 망건
을 끄르지 않고, 티눈이 있을지라도 버선을 신는 것이 예의
인가? 옛 성현의 말이면 그대로 좇고, 선대의 일이면 그대로
행해 한 시대를 허약하고 쇠퇴하고 부자유스러운 길로 몰고
들어간 원인은 무엇인가? 왕건이 고려를 세웠기 때문인가?
위화도 회군[1] 때문인가? 임진왜란 때문인가, 병자호란 때문
인가? 사색당파(四色黨派) 때문인가, 양반과 상민의 계급 때
문인가? 문(文)을 숭상하고 무(武)를 천하게 여겼기 때문인
가? 주자학이 남긴 해독 때문인가? 어떤 사건이 앞서 말한
종교, 학술, 정치, 풍속 등 각 방면에서 노예 사상을 만들어

[1] 1388년 요동 정벌에
나섰던 이성계가 압록강
하류 위화도에서 군대를
돌린 사건. 이 사건으로
이성계는 실권을 쥐게
되고 이후 조선 건국의
기초를 다지게 되었다.

냈는가? 나는 한마디로 고려 인종 13년 서경 전쟁, 즉 묘청이 김부식에게 패한 것이 그 원인이라 말한다.

서경 전쟁 시 양쪽의 병력이 수만 명에 불과하고 전쟁 기간이 채 2년도 안 되었지만, 그 전쟁의 결과가 조선에 미친 영향은 서경 전쟁 이전에 있었던 고구려의 후예이자 북방의 대국인 발해가 멸망한 것보다도, 서경 전쟁 이후 고려와 몽골의 60년 전쟁보다도 몇 갑절이나 크게 미쳤으니, 대개 고려에 이르기까지 1000년 사이에 서경 전쟁 이상의 대사건은 없었을 것이다. 서경 전쟁을 역대의 역사가들은 왕사(王師)가 반역을 일으킨 전쟁으로 알았지만, 그것은 근시안적인 관찰이었다. 실상은 이 전쟁이 낭(郎)·불(佛) 양가(兩家) 대 유가(儒家)의 싸움이고, 국풍파(國風派) 대 사대당(事大黨)의 싸움이며, 진취 사상 대 보수 사상의 싸움이니 묘청은 전자의 대표이고 김부식은 후자의 대표였던 것이다. 이 전쟁에서 묘청 등이 패배하고 김부식이 승리했으므로 조선 역사가 사대적, 보수적, 강압적 사상, 즉 유교 사상에 정복되고 말았다. 만약 이와 반대로 김부식이 패배하고 묘청 등이 승리했더라면 조선 역사가 독립적, 진취적 방향으로 진행되었을 것이니, 이 전쟁을 어찌 일천년래 제일대사건이라 하지 않을 수 있겠는가.

10. 결론

조선의 역사가 원래 낭가의 독립사상과 유가의 사대주의로 나뉘어 오다가, 돌연 묘청이 불교도로서 낭가의 이상을 실현하려 했지만 그 거동이 너무 망령되어 패망하고, 마침내 사대주의파의 천하가 되어 낭가의 윤언이 등은 유가의 압박

아래에서 겨우 그 목숨을 보전하게 되었다. 그 뒤 몽골의 난을 지나면서 더욱 유가의 사대주의가 득세하게 되고, 조선은 이 사상으로 건국했으니 낭가는 아주 멸망해 버렸다.

정치가 이렇게 되니 종교나 학술이나 기타 분야가 모두 사대주의의 노예가 되어, 불교를 믿으면 옛 경전을 소리 높여 떠받드는 태고(太古)²⁾가 날지언정 평지에서 벌떡 일어서는 원효가 날 수 없었다. 유교를 따르게 되면 정이와 주자의 규칙만 떠받드는 이황이나 이이가 될지언정 자립적인 학문을 하려 한 정죽도(鄭竹島)³⁾는 존립할 곳이 없게 되었다. 세종이 훈민정음을 만든 뒤에도 원랑도(原郞徒)의 송가(頌歌)는 나타나지 않고 당나라 사람들이 읊었던 달과 이슬이나 읊는 한시를 짓는 작자들만 가득 쌓였다. 갑오년과 을미년 때를 다시 만난다 할지라도 진흥 대왕과 같은 경세가가 생겨나지 않고 외세를 따라가는 사회가 될 뿐이니, 아, 서경 전쟁이 낳은 결과를 어찌 중대하다 하지 않을 것인가.

2) 고려 말의 승려 보우를 이른다.

3) 조선 중기 "천하는 주인이 따로 없다."라는 주장을 내세웠던 정여립을 가리킨다.

더 읽어 보기

김삼웅, 『단재 신채호 평전』, 시대의창, 2005

김옥균 외, 이민수 외 옮김, 『한국의 근대 사상』, 삼성출판사, 1981

신채호, 단재 신채호 전집 편찬위원회 엮음, 『단재 신채호 전집』, 을유문화사, 1972

임중빈, 『단재 신채호 일대기』, 범우사, 2003

조정래, 『신채호』, 문학동네, 2007

한용운

자아의 확장을 바탕으로 무한한 자유를 열망하다

한용운은 충청남도 홍성군 서부면 용호리에서 태어났다. 어릴 때 이름은 유천(裕天)이고, 자는 정옥(貞玉)이다. 용운은 법명이고 법호는 만해(萬海)이다. 아버지는 응준(應俊)이고 어머니는 온양 사람 방씨이다.

6세 때부터 동네 서당에서 한학을 배웠고, 9세 때 시서인 『기삼백주(幷三百註)』에 통달하고 『서상기(西廂記)』를 읽는 등 신동으로 불렸다. 『소학』, 『자치통감』에서 시작해 사서삼경을 두루 배웠다.

18세 때 집을 떠나 백담사로 들어가 불목하니가 되었다. 27세 때 득도해 정식 승려가 되었고, 31세 때 불교 유신을 제창해 불교 개혁 운동을 시작했다. 1919년 독립 선언서에 서명하고 공약 3장을 지어 독립 선언서에 추가했으며 이를 낭독했다. 그의 나이 41세였다.

3·1 운동으로 체포되어 3년간 감옥살이를 했고, 49세 때 신간회(新幹會)가 창립되자 중앙집행위원 겸 경성지회 초대 지회장이 되었다. 1929년 광주 학생 항일 운동이 일어나자 이를 전국적으로 확산하기 위한 운동을 전개하는 등 독립운동에 헌신하던 중, 1944년 지병으로 자택에서 숨을 거두었다. 그의 나이 66세였다.

주요 작품으로는 시집 『님의 침묵』을 비롯해 『조선불교유신론(朝鮮佛敎維新論)』, 『십현담주해(十玄談註解)』 등이 있다.

서울 가는 길

뜻을 품고 내가 서울로 향해 고향을 떠난 것은 열여덟 살 때였다. 그 때 나는 서울이 어디 있는 줄도 모르고 그저 서북쪽으로 난 길만 따라가면 만호장안이 나오겠지 하는 막연한 생각으로 떠났다. 그러면 30년 전 시골구석에 파묻혔던 나이 어린 소년은 무엇 때문에 서울로 향했던가?

내 고향은 충청도 홍주(洪州)이다. 지금은 세월이 변해서 그 이름조차 충청남도 홍성으로 되어 있다. 고향에 있을 때 나는 선친에게 밤낮으로 좋은 말씀을 많이 들었다. 선친은 서적을 보시다가 가끔 어린 나를 불러 세우시고, 역사상에 빛나는 의인, 걸사(傑士)의 언행을 가르쳐 주시고, 세상 형편과 국가 사회의 모든 일을 알아듣도록 타일러 주셨다. 이런 말씀을 한두 번 듣는 사이에 내 가슴에는 이상한 불길이 일어나고, 그리고 '나도 그 의인, 걸사와 같은 훌륭한 사람이 되었으면.' 하는 숭배의 생각이 바짝 났었다.

그해가 바로 갑진년으로, 반도의 대세가 기울어지기 시작해 서울에서는 무슨 조약이 체결되었다며 뜻있는 지방 사람들이 자꾸 서울로 향해 떠났다. 그때 어찌 신문이나 우체부가 있었으랴만, 너무 크게 일이 벌어져 가는 판국이라, 소문이 바람을 타고 자꾸 흘러서 시골, 서울 할 것 없이 웅성웅성하던 판이었다.

그래서 나는 여러 날 두고 생각한 끝에 '지금 이렇게 산골에 파묻힐 때가 아니구나.' 하는 결심을 품고, 어떤 날 어떤 아침 담뱃대 하나만 들고 해진 도포에 남루한 옷차림으로 집을 나와 서울 길에 올랐다.

노잣돈도 지닌 것이 없었다. 그래도 내 마음은 태연했다. 서울 가는 길 방향도 몰랐다. 그러나 남이 가르쳐 주겠거니 하고 퍽 태연했다. 그러나 해는 이미 기울고, 발에는 노독이 쌓이고 배는 고파 오장이 주려 한 걸음도 더 옮겨 디딜 수 없게 되었다. 그래서 길가에 있는 어떤 주막집에 들어가 팔베개를 하고 하룻밤 지내는데, 그제야 이번 걸음이 너무나 무모했구나 하는 생각이 났다. 큰 뜻을 이룬다고 했는데, 한학 소양밖에 없는 내가 무슨 지식으로 큰 뜻을 이루겠는가.

이런 생각을 하자니 문득 아홉 살 때 읽었던 『서상기』의 통곡 한 장이 떠올랐다. 인생이란 덧없는 것 아닌가. 밤낮으로 부지런 떨다가 생명이 가면 무엇이 남는가. 명예인가, 부귀인가. 모두 아쉬운 것이 아닌가. 결국 모든 것이 공(空)이 되고 무색(無色)하고 무형(無形)한 것이 되어 버리지 않는가. 나의 회의는 점점 커져 갔다. 나는 이 회의 때문에 머리가 끝없이 혼란스러워짐을 느꼈다.

'에라, 인생이란 무엇인지 그것부터 알고 일하자.' 하는 결론을 얻고, 나는 서울 가던 길을 버리고 강원도 오대산 백담사에 이름 높은 도사가 있다는 말을 듣고 산골길을 여러 날 걸어서 그곳으로 갔다. 그래서 곧 동냥중이 되어 물욕, 색욕을 모두 버리고 한갓 염불을 외고 도 닦으며 몇 년을 보냈다.

그러나 수년 동안 승방에 머물러 보아도 인생을 잘 알 수 없었고, 또 청춘의 뜻을 내리누를 길 없어 다시 번민하기 시작했다. 그러던 차에 마침 『영환지략(瀛環地略)』이라는 책을 통해 비로소 조선 이외에도 넓은 천지가 있다는 것을 알고, 짐을 꾸려 원산을 거쳐 서백리아(西伯利亞)로 갔다. 몇 해 동안 덧없이 방랑 생활을 하다가 다시 귀국하여 안변 석왕사(釋王寺)에 파묻혀 참선 생활을 했다.

그러다가 동양 문명의 집산지가 도쿄라 하여 도쿄로 가는 참에 이듬해 봄에 처음으로 서울에 발을 들여놓았다. 나의 최초 상경기는 이러하다.

한용운(韓龍雲, 1879~1944년)이 「서백리아 거쳐 서울로」에서 쓴 서울 상경기이다. 서백리아는 시베리아를 말한다. 18세에 집을 떠났고, 30세에 서울에 처음 발을 들여놓았으니, 무작정 상경을 시도한 지 12년 만에 서울에 도착한 셈이다.

시대를 거스른 삶

한용운이 고향을 떠난 때가 1896년이고 서울에 첫발을 내딛은 때는 1908년이었다. 한용운 개인에게는 '인생이란 무엇인가?'에 대한 답을 얻어 보려는 번민과 번뇌의 기간이었다면, 조선 역사상으로는 급격한 국내외적 정치 변동을 겪으며 국권을 빼앗겨 가는 기간이었다.

한용운은 27세 때 득도해 정식 승려가 되었다. 1905년이었다. 서울이 어디에 있는지도 모른 채 길을 나섰던 한 소년은 번민과 방랑의 세월을 거쳐 승려가 되었다. 그 사이 조선은 청일 전쟁, 러일 전쟁 등을 통해 동아시아의 강자로 부상한 일본과 을사조약을 체결해 실질적으로 주권을 상실했다.

개인의 번뇌와 조국의 암담한 현실은 한용운에게 별개의 것이 아니었다. 한용운은 그 두 가지를 동일한 것으로 보았다. 그래서 그는 개인의 해탈을 넘어 민중 불교의 제창자이자 독립운동가로 다시 태어났다.

한용운은 충청남도 홍성군 서부면 용호리에서 태어났다. 어릴 때 이름은 유천이고, 자는 정옥이다. 용운은 법명이고 법호는 만해이다.

6세 때부터 동네 서당에서 한학을 배웠고, 9세 때 시서인 『기삼백주』에 통달하고 『서상기』를 읽는 등 신동으로 불렸다. 『서상기』는 중국 원나라 때의 희곡으로, 그 나이에 읽기에는 쉽지 않은 책이었다. 그는 『소학』, 『자치통감』에서 시작해 사서삼경을 두루 배우며 스스로 말했듯 한학에 대한 소양을 갖추었다.

18세 때 집을 떠나게 된 배경에 대해 한용운은 단지 시골에 파묻혀서는 안 된다는 생각에서였다고 했지만, 여기에는 기록되지 않은 사실이 있다. 아마도 발표를 염두에 두었기에 검열을 고려해 누락시킨 것으로 보인다.

아버지 한응준은 의병 운동에 가담하고 있었다. 그래서 아들에게 의인, 걸사에 대해 이야기하고 세상 돌아가는 소식을 알려 주었던 것이다. 한응준은 의병 활동 중 사망했다. 한용운 역시 동학교도가 이끌던 의병 활동에 참여했다. 당시 군청 창고인 홍주 호방을 습격해 군자금을 탈취하는 등 활약하다가 이 운동이 실패로 돌아가자, 집을 떠나 서울로 향했다.

서울로 가던 중 방향을 바꾸어 백담사로 들어갔다. 한용운은 여기에서 불경뿐만 아니라 다양한 서양 사상을 접했다. 그는 『영환지략』을 읽었다고 했는데, 그것은 중국 청나라 사람 서계여(徐繼畬)가 수많은 서양인들과 사귀면서 입수한 지도를 바탕으로 지은 책이다. 또한 중국의 양계초(梁啓超)가 지은 『음빙실문집(飮氷室文集)』을 읽었다. 그 책은 서양의 근대 사상을 소개한 것이었다. 그리고 27세 때 득도해 정식 승려가 되었다.

한용운은 시대를 거스르는 삶을 살았다. 문명개화하자며 일본을 배우고 서양 문명을 받아들이자는 주장이 횡행할 때, 외세를 배척하자는 동학 운동에 가담했다. 신문명, 신문화, 신교육을 배우자며 많은 지식인들이 일본으로 몰려갈 때, 산속으로 들어가 승려가 되었다. 자기 부정을 통한 거듭남의 삶이었다.

산속에서 세상으로 다시 나왔을 때, 이번에는 불교가 요구하는 수행을 버렸다. 시와 소설을 쓰고 사회 활동에 전심전력했다. 세상을 거스르는 삶은 한용운의 운명이었는지도 모른다. 그는 조선 전기의 방외인 김시습의 삶에 대해 이렇게 평가했다.

> 김시습이 지킨 지조는 세상과 서로 용납되지 않았다. 불우한 환경에 처해 세상을 피해 때로는 원숭이처럼 때로는 학처럼 살았다. 그러나 끝내 세상에 굴복하지 않고, 천하 만세에 이르도록 스스로를 깨끗하게 했다. 그 뜻은 괴로웠고, 그 마음은 슬펐다.

한용운의 지조 역시 세상과 서로 용납되지 않았다. 그 역시 세상에 굴복하지 않았다. 그러나 김시습과 달리 세상을 피해 살지 않았다. 함께하는 '님'이 있었기 때문이다. 그는 "당신의 명령이라면 생명의 옷까지도 벗겠습니다."라고 지은 시처럼 님에게 헌신했다. 그래서 그 뜻은 결코 괴롭지 않았고, 그 마음 또한 슬프지 않았다.

불교 유신을 외치는 사람은 왜 없는가?

한용운은 "승려로서 대중에게 가자."라고 외치며 산속에서 거리로 내려왔다. 그것은 불제자로서의 수행에 반기를 든 것이었다. 깊은 산속에 들어앉아 참선을 한다는 건 염세와 독단을 낳을 뿐이다. 『조선불교유신론』
에는 그런 내용이 잘 드러나 있다.

> 요즘 참선하는 사람들은 참 이상하다. 옛사람들은 그 마음을 고요하
> 게 가졌는데, 요즘 사람들은 그 처소를 고요하게 가지고 있다. 옛사람들
> 은 그 마음을 움직이지 않았는데, 요즘 사람들은 그 몸을 움직이지 않고
> 있다. 그 처소를 고요하게 가지면 염세가 되는 것뿐이고, 그 몸을 움직이
> 지 않으면 독선이 안 되려야 안 될 수가 없다. 불교는 구세(救世)의 가르
> 침이요 중생 계도의 가르침인 터에, 부처님의 제자 된 사람으로서 염세와
> 독선에 빠져 있을 따름이라면 잘못된 것이 아니겠는가.

참선은 마음을 고요히 하고 마음을 움직이지 않는 것이 본체인데, 요
즘 참선한다는 사람들은 세상과 떨어진 곳에 가만히 앉아 있는 형식을
중요시한다. 세상과 떨어져 있으면 염세가 될 뿐이고, 가만히 앉아 있으면
독선이 될 수밖에 없다. 중생 계도의 가르침은 어찌해야 하는가?
은둔이 불제자들의 문제라면, 불교 자체는 더 큰 잘못을 저지르고 있
다. 한용운은 조선 불교의 현실에 절망했다. 그래서 과연 조선 불교에 미
래가 있는가를 물으며 「불교유신회(佛敎維新會)」에서 이렇게 썼다.

> 재래의 불교는 권력자와 합해 망했으며, 부호와 합해 망했다. 원래 불
> 교는 계급에 반항해 평등의 진리를 선양한 것이 아닌가. 이것이 권력과
> 합해 그 생명의 대부분을 잃어버렸다. 원래 불교는 소유욕을 부인하고
> 우주적 생명을 취하는 것을 골자로 하지 않는가. 부호와 합해 안일과 탐
> 욕으로 그 생명의 태반을 잃었다. 이제 불교가 실로 진흥하고자 하면 권

력 계급과 관계를 단절하고 민중의 신앙을 세워야 한다. 진실로 그 본래의 생명을 회복하고자 하면 재산을 탐하지 말고, 이 재산으로써 민중을 위해 법을 넓히고 도를 전하는 실제적 수단으로 해야 할 것이다.

불교는 권력과 야합하고 부호들과 어울릴 때 망했다. 조선 불교는 이를 그대로 답습하고 있다. 불교를 진흥하고자 한다면 민중의 신앙을 세워야 한다. 그래서 한용운은 교리, 경전, 제도, 재산을 민중화하라고 소리를 높였다. 원효가 제창한 민중 불교의 전통이 천년 세월의 흐름을 거쳐 한용운에 이르러 다시 부활했다.

그러면 어떻게 해야 하는가? 조선 불교를 개혁하는 길뿐이다. 그는 자신이 그 일에 앞장서겠다고 했다.

학술의 유신을 외치는 이가 있고, 정치의 유신을 외치는 이가 있고, 종교의 유신을 외치는 이가 있고, 그 밖에도 각 방면에서 유신을 부르짖는 소리가 천하에 가득해 이미 유신을 했거나 지금 유신을 하고 있거나 장차 유신하고자 하는 사람들이 헤아릴 수 없도록 계속 불어나고 있는 상태임에도, 유독 조선의 불교에서는 유신의 소리가 조금도 들리지 않으니 모르겠구나. 과연 무슨 징조일까? 조선 불교는 유신할 것이 없는 탓일까? 아니면 유신할 만한 것이 못 되는 까닭일까? 곰곰이 생각해 보나 그 이유를 알지 못하겠다. 아, 그러나 이것 역시 알 수 있는 일이다. 어디까지나 책임은 나에게 있는 것임에 틀림없다.

불교 유신이 안 된 책임은 나에게 있으니 나부터 시작해야 한다고 했다. 덧붙여 불교가 우수한 종교인가 그렇지 않은가는 중요하지 않다고 했

다. 불교의 미래는 인류 문명의 진보에 기여할 수 있느냐에 달려 있다고
도 했다. 불교의 미래를 위해서도 당장 유신해야 한다. 그 방향은 산속에
서 길거리로 나오는 것, 권력 계급 및 부호와 단절하고 민중의 신앙을 세
우는 것이었다.

마지막 한 사람까지 최선을 다하자

일하고자 하는 사람에게는 일해야 할 때가 따로 있는 게 아니다. 그런
사람에게는 언제든 일할 때이다. 한용운은 이를 강조했다.

> 일을 하는 사람에게는 어느 때라고 일할 만한 때 아님이 없을 것이며,
> 일 안 하는 사람에게는 어느 때라고 일할 만하지 못한 때가 아님이 없을
> 것이다. 그러므로 뜻이 있는 사람은 오직 시대의 대세를 만들 뿐이고, 세
> 상 돌아가기를 기다린다는 말은 들어 보지 못했다.

세상 돌아가는 일에 뛰어들어 시대의 대세를 만들어 가자고 했다. 그런
데 일을 해야만 대세가 만들어진다. 한용운이 해야 할 일은 승려로서의
일만이 아니었다. 민족의 일원으로서 해야 할 일도 있었다. 불교 개혁이
승려로서 자기 자신부터 책임을 다해야 하는 일이라면, 민족의 독립은 그
일원으로서 책임을 다해야 하는 일이었다.
한용운에게 조선 불교의 유신과 조선의 독립은 별개의 문제가 아니었
다. 그 두 가지 모두 조선 민중에 관한 문제였기 때문이다. 그는 3·1 운동
때 민족 대표의 한 사람으로 참여해 공약 3장을 마련하고 독립 선언서를

낭독하는 등 적극적인 역할을 담당했다. 그의 나이 41세였다.

한용운이 작성해 독립 선언서에 첨가한 공약 3장은 독자적인 의미를 가진다. 그 내용은 아래와 같다.

하나. 오늘 우리들의 이 거사는 정의·인도·생존·번영을 위한 겨레의 요구이니, 오직 자유의 정신을 발휘할 것이요, 결코 배타적 감정으로 치닫지 말라.

하나. 마지막 한 사람에 이르기까지, 마지막 한 순간에 다다를 때까지, 민족의 정당한 의사를 시원스럽게 발표하라.

하나. 모든 행동은 질서를 가장 존중하고, 우리들의 주장과 태도를 어디까지나 떳떳하고 정당하게 하라.

독립 선언서의 본문이 독립 선언 자체에 의미를 두고 있었다면, 공약 3장은 행동 지침을 밝히고 있다. 민족의 정당한 요구를 어디에서나 떳떳하게 밝히라고 했다. 마지막 한 사람까지, 마지막 한 순간까지 시원스럽게 발표하라는 부분에서는 짙은 호소력과 아울러 비장감이 묻어난다.

그러나 민족 대표라고 자부했던 사람들부터, 조선의 최고 지식인이라 자부했던 사람들부터 '마지막 한 사람까지, 마지막 한 순간까지'라는 한용운의 호소를 받아들이지 않았다. 3·1 운동이 일어난 3년 후인 1922년 이광수는 「민족개조론(民族改造論)」을 발표했다.

지금은 개조의 시대이다. (중략) 조선인이 한 개인으로 또는 한 민족으로 문명 생활을 경영할 만한 실력을 가지게 된 후에야, 비로소 자신의 운명을 자신의 의견대로 결정할 자격과 능력이 생길 것이다. 그때가 되어야 동화(同化)를 하든, 자치를 하든, 또는 세계적인 의의를 가진 대혁명을 하든 자신들의 의사대로 할 수 있을 것이다.

조선은 문명 생활을 할 만한 실력을 갖추고 난 다음에야 일본에 동화하든 자치를 요구하든 독립을 하든 할 수 있다는 말이다. 문명개화를 외치며 달려오던 지식인들이 여기에 이르렀다. 최남선은 "조선은 문명촌의 탕아"라고 했다. 이광수는 조선 독립은커녕 자치, 심지어 일본에 동화되는 것조차 아직 꿈도 꾸지 말라고 한다.

이 글이 발표되었을 때 한용운은 막 감옥 문을 나섰다. 그는 3·1 운동으로 체포되어 3년형을 선고받고 만기 출소했다. 감옥에서 그는 「조선 독립의 서(書)」를 작성했다. 그것은 일본인 검사의 심문에 대한 답변으로, 비밀리에 밖으로 흘러나와 1919년 11월에 중국 상해에서 발행되고 있던 《독립신문》에 게재, 발표되었다.

그는 "국가는 반드시 물질상의 문명이 일일이 완비된 후에 비로소 독립하는 게 아니라, 독립할 만한 자존(自存)의 기운과 정신상의 준비만 있으면 족하다."라고 했다. 그러면서 일본에 대해 이렇게 비판했다.

일본인은 번번이 조선의 물질문명이 부족하다고 말하지만, 조선인을 우매하게 하고 야비하게 하고자 하는 학정과 열등 교육을 폐지하지 않는다면 문명의 실현은 가능하지 않으니, 문명의 부족이 어찌 조선인의 자질 때문인가.

이것은 일본에 대한 비판일 뿐만 아니라 신채호의 표현대로 하면 "아속의 비아"에 대한 비판이었다.

자아 실현이냐, 자아 상실이냐

한용운은 조선이 독립해야 할 이유를 이렇게 말했다.

> 자유는 만물의 생명이고 평화는 인류의 행복이다. (중략) 자기 민족이
> 다른 민족의 간섭을 받지 않으려 함은 인류의 공통된 본성이니, 이것에
> 대해서는 다른 어떠한 것도 방해하지 못할 뿐 아니라, 자기 민족이 스스
> 로 자기 민족의 자존성을 억제하고자 해도 불가능하다.

핵심어는 '자존'이다. 이것은 이광수가 말한 '개조'와 대비된다. 자존론
과 개조론은 상황 인식의 차이 혹은 방법론상의 차이를 넘어선 철학적
근본 원리의 차이를 가지고 있다. 개조론은 문명을 주요 근거로 했고, 자
존론은 자유를 주요 근거로 한다. 문명이 이룩해야 할 목표라면 자유는
타고난 조건이다.

개조론은 문명을 목표로 노력하고 실현해야 한다고 했다. 반면, 자존론
은 타고난 조건을 왜곡하지 않고 온전하게 실현하는 것이 더욱 필요하다
고 했다. 이기론으로 말하면, 개조론은 이를 내세워 기를 부정한 반면 자
존론은 이를 설정하지 않고 기를 돌보는 것이 소중하다고 했다.

개조론은 차별적 세계관이다. 이는 세계를 문명과 비문명으로 나누고
문명인, 문명국가만이 삶의 권리를 누릴 수 있다고 말한다. 반면 개조론
은 평등의 세계관이다. 이에 따르면 "자유는 만물의 생명"이므로 인간뿐
만 아니라 살아 있는 모든 것이 삶을 누릴 권리를 가진다. 그래서 평화가
이루어지고 행복해진다.

한용운의 자존론은 조선 독립의 이유이기도 하면서 행동의 철학이기

도 하다. 우리 민족은 삶의 권리를 누릴 수 있도록 싸워야 한다. 그는 수 많은 사람들이 좌절하고 변절하는 가운데에서도 꿋꿋하게 자기의 길을 갔다. 그것은 민족의 자유를 실현하는 일이기도 하지만 자신의 자유를 실현하는 일이기도 했다.

한용운은 다른 한편으로 자아라는 개념의 새로운 해석을 통해 자신의 철학을 더욱 확고히 했다. 자아는 흔히 '나'를 가리키는 말로 이해된다. 한용운은 이런 상식적인 생각에 의문을 던진다. '나'가 자아라면 '나' 이 외의 모든 것은 비아가 되지 않느냐는 문제를 제기한 것이다. 그렇다면 가 족은? 사회는? 모두 비아가 된다. 가족이 파괴되고, 사회가 파괴되고, 국 가가 파괴되는 일은 모두 자아 밖의 비아의 일이 될 뿐이다.

그래서 그는 「선(禪)과 자아」라는 글에서 자아에 대해 새롭게 정의를 내린다.

> 자아는 신체만을 가리키는 것이 아니고, 육체와 정신을 통괄 주재하는 심(心)을 가리키는 말이다. (중략) 심이 자아인 이상 그 자아는 무한적으 로 외연을 확대할 수 있다. 왼손의 안전을 위해 오른손을 절단할 때에는 왼손이 자아가 되고, 가족을 위해 신체의 일부를 희생할 때에는 가족이 자아가 되고, 국가와 사회를 위해 자기를 희생할 때에는 국가와 사회가 자아가 되고, 종교, 학술, 기타 모든 것을 위해 생명을 희생할 때에는 종 교, 학술, 기타 모든 것이 자아가 된다. (중략) 자아를 확대 연장해 부모와 처자에 미치고, 사회와 국가에 미치도록 한다. 또한 전 우주를 관통해 산 하(山河)와 대지(大地)가 모두 자아가 되고, 일체 중생이 자아에 속하게 되 니, 구구하게 여섯 척의 몸을 자아로 삼는 것이 어찌 오류가 아니겠는가.

가족, 사회, 국가, 자연, 우주 등 내가 내 몸을 던지고 희생해야 하는 것이 모두 자아다. 그래서 한용운에게 독립운동은 자기희생이 아니라 자아실현이다. 독립운동을 자기희생이라 생각하는 사람들은 힘들면 좌절하고 고통스러우면 변절한다. 그런 행동들이 자아 상실임을 각성한다면 힘들고 고통스러운 것은 자아실현을 위한 채찍질에 불과하게 된다.

한용운은 자신에게 두 가지 길밖에 없다고 했다. 자아실현이냐, 아니면 자아 상실이냐. 「나의 길」이란 시에서는 이렇게 노래했다.

> 그러나 나의 길은 이 세상에 둘밖에 없습니다.
> 하나는 님의 품에 안기는 길입니다.
> 그렇지 아니하면 죽음의 품에 안기는 길입니다.
> 그것은 만일 님의 품에 안기지 못하면 다른 길은
> 죽음의 길보다 험하고 괴로운 까닭입니다.

자아는 '나'가 아니라 '님'이다. 님의 품에 안기느냐, 죽음의 품의 안기느냐, 길은 두 갈래뿐이다. 그러나 님의 품이 아니면 죽음의 품인 줄 알면서도 그 사이에서 방황하고 갈등하고 번민한다. 님은 침묵하고 있기 때문이다.

해탈은 속박에서 얻는다

한용운은 시집 『님의 침묵』의 머리말에 해당하는 「군말」에서 이렇게 썼다.

님만이 님이 아니라 그리운 것은 다 님이다. 중생이 석가의 님이라면 철학은 칸트의 님이다. 장미꽃의 님은 봄비라면, 마치니의 님은 이탈리아이다. 님은 내가 사랑할 뿐 아니라 나를 사랑하느니라.

연애가 자유라면 님도 자유일 것이다. 그러나 너희는 이름 좋은 자유에 알뜰한 구속을 받지 않느냐. 너에게도 님은 있느냐. 있다면 님이 아니라 너의 그림자니라.

나는 해 저문 들판에서 돌아가는 길을 잃고 헤매는 어린 양(羊)이 그리워서 이 시를 쓴다.

그리운 것은 모두 님이라 했다. 따라서 누구에게나 님은 있다. 당연히 우리에게도 님은 있다. 그런데 혹시 그 님은 우리들의 그림자가 아닐까? 우리가 생각하는 대로, 행동하는 대로 움직여 주기를 바라는 그런 님이 아닐까? 그렇다면 그것은 진정한 님이 아니다.

님은 자유다. 자유는 만물의 생명이라 하지 않았던가. 님은 어떠한 구속도 받지 않아야 한다. 그러나 자아를 '나'라 생각하기에 님은 비아이고, 님은 나를 위해 존재해야 한다고 생각하기에 님은 구속이 된다. 결국 그런 생각에서 나는 자아를 잃고 방랑하고 번민하고 갈등하다 죽음의 품에 안기게 된다. 한용운은 '해 저문 들판에서 길을 잃고 헤매는 어린 양'을 자신의 님이라 했다. 그 어린 양은 보통의 사람들이다. 그들이 자신의 님, 즉 자아라는 것에 한용운의 깨달음이 있다. 보통 사람들은 독립운동의 논리에서 보아 주체이기 때문에 님인 것이 아니다. 그 이전에 철학적으로 그들은 님이다.

한용운은 『십현담요해』에서 "넓은 땅에 사는 보통의 사람들은 본래 스스로 만족함을 갖추고 있으며, 일체의 성현은 도가 깨져서 얻을 수 없다."

라고 했다. 보통의 사람들이 만족함을 갖추고 있는 반면 성현은 오히려 그것을 얻을 수 없다고 했다.

이것을 보충 설명하면서 "가르침의 스승인 조사(祖師)의 뜻은 보통 사람의 뜻이라."라고 했다. 그러므로 사람들은 가르침을 받기 위해 스승을 찾아다닐 필요가 없다. 스스로 자기가 가진 뜻을 알면 가르침을 얻는 것이다. 따라서 보통 사람 속에 있는 가르침을 알고, 그들이 살아가는 일상생활 속에서 깨우치고 통찰해야 한다.

한용운은 「선사(禪師)의 설법」이란 시에서 "대해탈(大解脫)은 속박에서 얻는 것입니다."라고 했다. 속박이란 현실에 들어가 현실의 고민을 끌어안는 것을 말한다. 그 속박에서 얻는 해탈만이 진정한 해탈이다. 그가 현실로 들어가 보통 사람과 함께하고자 한 이유이다. 그들은 한용운의 님이다.

그런데 보통 사람들은 길 잃은 양처럼 삶의 방향과 자아를 잃어버린 채 살아가고 있다. 그렇지만 희망은 오로지 그들에게 있다. 그래서 한용운은 「님의 침묵」에서 "아아 님은 갔지마는 나는 님을 보내지 아니하였습니다."라고 노래했다. 님을 보내지 않음으로써 희망의 끈을 놓지 않았다.

그 희망으로 한용운은 일제 강점기에 시련을 견디며 싸웠다. 독립 선언서에 서명한 33인 중 변절해 노골적인 친일 행각을 벌이는 자가 있는가 하면, 독립 청원을 하자며 민족의 현실을 왜곡, 호도하는 자들도 있었다. 그러나 한용운은 단호하게 그들을 비판하고 자기의 길을 갔다.

님은 갔지만 없어진 것이 아니고, 침묵하고 있을 뿐이기 때문이다. 님은 언젠가 자기 자신의 말을 하게 될 것이다. 이런 희망을 간직한 채, 1944년 한용운은 지병으로 숨을 거두었다. 그의 나이 66세였다.

님을 향한 사랑의 노래

한용운은 『님의 침묵』 후기에 해당하는 「독자에게」에서 자기의 바람을 나타냈다.

> 독자여 나는 시인으로 여러분의 앞에 보이는 것을 부끄러워합니다.
> 여러분이 나의 시를 읽을 때에 나를 슬퍼하고 스스로 슬퍼할 줄을 압니다.
> 나는 나의 시를 독자의 자손에게까지 읽히고 싶은 마음은 없습니다.
> 그때에는 나의 시를 읽는 것이 늦은 봄의 꽃 수풀에 앉아서 마른 국화를 비벼서 코에 대는 것과 같을는지 모르겠습니다.

그는 자신의 시를 후손들에게까지 읽히고 싶은 마음이 없다고 했다. 혹시라도 후손들이 읽게 된다면, 그때에 자기 시는 늦은 봄날에 보는 마른 국화처럼 이미 철이 지나도 한참 지난 이야기가 되기를 희망했다.

그러나 소원했던 일제 강점기가 끝나고 반세기가 훨씬 넘은 오늘날까지도 그의 시는 애송되고 있다. 한용운이 시 속에 담아내고자 했던 '깨달음'을 찾고자 하는 후손들의 행렬은 계속 이어지고 있다.

오늘날에도 님은 자아를 상실한 채 침묵하고 있기 때문인지도 모른다. 그래서 님을 향한 한용운의 사랑 노래는 여전히 희망의 메시지가 되고, 가을에 피어날 국화꽃을 가꾸기 위해 늦은 봄날에도 분주한 사람들에게 깨달음을 주고 있는지도 모른다. 여전히 그의 사랑 노래는 우리 주위를 휩싸고 돌고 있다.

> 제 곡조를 못 이기는 사랑의 노래는 님의 침묵을 휩싸고 돕니다.

불교유신회

한용운이 1924년 《불교》에 기고한 글로, 불교 개혁 단체인 불교유
신회가 나아가야 할 방향에 대해 다루고 있으며, 그의 민중 불교
사상이 압축되어 있다. 국한문 혼용체로 되어 있는 것을 현대 문
법과 용례에 맞게 고쳐 싣는다.

　어느 종교든 종교라고 이름 붙인 이상에는 세상 사람들을
구제하는 것을 목적으로 하는 것은 물론이다. 세상 사람들
의 구제를 목적으로 하면 세상을 떠나 세상을 구할 것이 아
니라, 세상에 들어와서 세상을 구해야 한다. 이것은 마치 병
자를 떠나 병자를 치료할 수 없고, 병자의 손을 잡아 맥을
보고 가슴을 두드려 진찰한 후에 적당한 약을 투여하는 것
과 같다. 종교는 그 종류를 불문하고 모두 세상을 초월하기
를 권하며 현 세상의 바깥에 낙원이 있다고 말하지만, 그것
들이 주장하는 근거는 결코 이 세상과 이별한 후의 낙원이
아니고, 현생을 초탈한 후의 새로운 탄생이 아니다. 이 세상
속의 천당이고 현생 속의 새로운 생활을 말하는 것이니, 재
래 종교가 산중에 은거해야만 도를 깨닫는 줄 알고, 인생을
초탈해야만 도인이 되는 것으로 알아 온 것은 하나의 폐단
이라 할 것이지, 진리의 발견이라 할 수 없다. 종교는 사람을
초월하는 것 같으나 사실은 사람을 참사람답게 하는 것이
고, 사람을 참생명으로 인도해 참생활을 하게 하는 것이다.
바꾸어 말하면 무한한 생명이란 곧 유한한 이 세상에서 실
현되는 것이다. 절대(絶對)가 어찌 상대(相對)를 떠나서 존재
할 수 있겠는가. 만일 그러하다면 절대가 아니다. 절대는 상

대에 대해 절대이고, 상대는 절대에 대해 상대이다. 우리는 이것을 깨달아야 할 것이다.

재래의 불교를 생명을 끊으라고 하는 적멸교(寂滅敎)라 배척한 것은 진리를 진리대로 인정하지 않았기 때문이다. 종교는 그 어떠한 종교를 막론하고 생명이 있는 것이다. 생명은 활력을 가지는 것인데 어찌 그것을 적멸하라 하겠는가. 그 생명은 세속적 생명이 아니라 광명의 생명을 말하는데, 그것은 이 세상의 영화를 유일한 대상으로 하지 않고, 이 세상의 부귀를 절대의 가치로 인정하지 않으며, 오직 그 광명 자체를 절대로 인정하고, 그 광명의 생명을 만족하는 것을 유일한 가치로 인정하는 점에서 적멸을 말하는 듯하다. 그러나 사실은 충실하고 활용하자는 것이다. 세상의 제도와 법률, 도덕으로 말하면 이 생명과 광명이 수시로 드러나는 한 표현이다. 그것이 절대는 아니지만 귀하고 중하다는 것을 말한 것일 뿐, 적멸의 불교가 일찍이 국법을 어기고 가정을 파멸시키고 인생을 벗어남으로써 도를 본뜨라고 설명한 일이 있는가? 아니다. 오직 그 이상의 생명이 있음을 역설했을 따름이다. 나는 불교를 위해 구구한 변명을 하지 않겠다. 그러나 활동적인 종교를 적멸의 종교라 함은 옳지 않다고 생각해, 생명이 있는 종교를 오해해 실제의 인생과 맞지 않는 죽음의 종교로 만드는 것에 분개해 이 말을 했다. 불교가 그 재산을 늘리는 것이 그 본질에 위반될 것이 무엇이고, 그 교리와 문장을 민중을 위해 평이하게 하는 것이 그 진리에 위반될 것이 무엇인가. 이와 같이 해서 그 광명을 민중의 가슴속에 그 생명을 민중의 골수에 주입하는 불교의 본뜻에 위반

될 일이 무엇인가. 불교는 사찰에 있는가? 아니다. 불교는 승려에게 있는가? 아니다. 불교는 경전에 있는가? 그 또한 아니다. 불교는 실로 모든 사람의 정신적 생명에 존재하며, 그 자각에 존재하는 것 아니겠는가. 이 자각을 널리 알려 모든 사람의 가치를 광명해 인정하는 길이 한둘이 아니다. 그러므로 나는 불교가 가진 큰 이치에 입각해 민중과 만나고 민중으로 더불어 동화하기 바란다. 불교가 민중과 더불어 동화하는 첫째 길은 무엇인가?

(1) 불교를 민중화하고, 그 경전을 민중화하는 것이다.
(2) 그 제도를 민중화하고, 그 재산을 민중화하는 것이다.

재래의 불교는 권력자와 합해 망했으며, 부호와 합해 망했다. 원래 불교는 계급에 반항해 평등의 진리를 선양한 것이 아닌가. 이것이 권력과 합해 그 생명의 대부분을 잃어버렸다. 원래 불교는 소유욕을 부인하고 우주적 생명을 취하는 것을 골자로 하지 않는가. 부호와 합해 안일과 탐욕으로 그 생명의 태반을 잃었다. 이제 불교가 실로 진흥하고자 하면 권력 계급과 관계를 단절하고 민중의 신앙을 세워야 한다. 진실로 그 본래의 생명을 회복하고자 하면 재산을 탐하지 말고, 이 재산으로써 민중을 위해 법을 넓히고 도를 전하는 실제적 수단으로 해야 할 것이다. 불상에 무릎 꿇고 절하는 것이 어찌 불교의 본뜻이고, 부처에게 존경의 예를 하는 것이라 하겠는가. 한 사람에게 이익이 된다 할지라도 그것을 위해 그 재산을 투입하고, 한 사람의 생명이라도 구제하기 위해 그 노력을 아끼지 않는 것이 오히려 마음으로 석가모니를 경배하는 것이고, 실로 석가모니의 뜻을 행하는 것이다.

그런즉 어찌해야 하는가? 나는 불교가 관청 당국의 허가를 받아 주지를 임명하는 것은 절대 불가하다고 생각하고, 주지가 그 지위에 편안히 안주하며 설법의 마음을 쓰지 않는 것 역시 절대 불가하다고 생각한다. 산속으로 은거해 목탁이나 두드리는 것도 절대로 불가하다고 생각한다. 그것은 석가모니의 본뜻도 아니고, 일찍이 불교를 위해 사찰을 세우고 재산을 기부한 신자의 본뜻도 아니라 생각한다.

그러므로 주지는 한편에서는 불교의 본뜻을 행할 신성한 책무가 있고, 다른 한편으로는 그에 의해 생활하는 신자들의 신앙심에 보답할 절대적 의무가 있다고 생각한다. 이를 깨닫지 못하는 주지를 그 어찌 실제의 주지라 하겠는가. 첫째, 나는 불교의 자치를 주장하고, 사회적 활동을 요구하고, 경전의 민중화를 희망하는 바이다. 이것이 어찌 불교계만을 위해 희망하는 것이겠는가. 조선의 전 민중을 위해 희망하는 것이다.

불교의 유신회가 생긴 것은 이미 본보에 보도했는데, 그 목적이 나의 소견과 대략 일치한다. 나는 한마디 말을 보태 그 장래를 축하하며 한층 분발하기 바란다.

선(禪)과 자아

한용운이 1933년 저술해《불교》에 실은 글로서 네 개의 장으로 구성되어 있는데, 여기에서는 3장을 싣되 현대 문법과 어법에 맞춰 싣는다.

3. 선(禪)과 철학의 관계

총론

이상에서 말한 것은 선에 대한 일반적 관념이고, 이를 종교 철학적 견지로 본다면 생명 문제, 자아 문제에 대해 선은 어떤 근거를 두었는지가 문제다. 대개 인생의 모든 문제는 생명 문제, 자아 문제와 관련되지 않는 것이 없다. 선은 종교의 중요한 수행인데, 인생에서 당면하는 문제를 방치해 아무 근거를 두지 않는다면 영원의 가치를 가질 수가 없는 것이다. 그러면 선은 이들 생명 문제, 자아 문제에 대해 어떤 근거를 가지는가? 여기에서는 생명 문제를 별도로 다루지 않고 자아 문제 중 생명 문제를 포괄해 대강을 말하고자 한다. 자아를 떠나서 생명이 존재할 수 없기 때문이다.

자아

자아 문제에 대해 예부터 종교가와 철학자들이 노심초사 그것을 해결하려 했다. 그리스의 소크라테스가 "너 자신을 알라."라고 절규한 뒤로 지금까지 자아 문제는 실로 철학상의 중심 문제가 되어 왔다. 인도에서도 석가모니 이외에 우파니샤드가 이 문제를 음미해 이른바 사변고찰(思辨考察)의 기본으로 삼았고, 톨스토이는 모스크바의 설야(雪夜)에서 대

우주를 향해 자아를 찾아보았다. 그 밖에 자아 문제를 중심으로 노심초사한 사람들은 실로 다 언급하기 어려울 정도로 많다.

상식적으로 말하면 자아는 신체를 의미한다고 할 수 있을 것이다. 사람들에게 자아가 무엇이냐고 물으면, 신체 전부가 자아라고 대답하는 것이 보통일 것이다. 신체 전부가 자아 관념의 출발점이 아닌 것은 아니지만, 자아를 신체 전부라고만 하면 궁극적인 내용이 될 수는 없는 것이다.

신체의 전부를 자아라고 하면 신체의 전부 즉 팔다리, 몸체, 수염, 머리털을 합한 것만이 자아가 되고, 신체 이외의 것은 무엇이든지 다 비아(非我)가 될 것이다. 그러면 신체의 전부 중에 수염과 머리털 혹은 팔다리를 잃으면 완전한 자아가 될 수 없게 되고, 신체 이외에 의복, 기구, 가족, 사회 등은 다 비아가 될 것이다. 그러나 수염과 머리털, 팔다리의 일부를 잃었다고 자아가 조금도 결손되는 것이 아니다. 반면 신체 이외의 것도 다 자아가 된다. 따라서 자기가 입은 의복이나 가진 기구가 손상된다면 그것은 단순히 의복이나 기구가 손상되는 것이 아니라 곧 자기가 손상되는 것이 된다. 또한 자기의 가족과 사회가 파괴되면, 그것은 자아와 관계없는 가족과 사회가 파괴되는 것이 아니라 넓은 의미의 자아가 파괴되는 것이다.

자아는 신체만을 가리키는 것이 아니고, 육체와 정신을 통괄 주재하는 심을 가리키는 말이다. 그렇다고 육체는 자아가 아니라는 것은 아니다. 심이 자아인 이상 그 자아는 무한적으로 외연을 확대할 수 있다. 왼손의 안전을 위해 오른손을 절단할 때에는 왼손이 자아가 되고, 가족을 위해 신체의 일부를 희생할 때에는 가족이 자아가 되고, 국가와 사회를 위해 자기를 희생할 때에는 국가와 사회가 자아가 되고, 종교, 학술, 기타 모든 것을 위해 생명을 희생할 때에는 종교, 학술, 기타 모든 것이 자아가 된다.

범위를 좁혀 가치가 낮은 육체 자아설에 그친다면 자아는 여섯 척밖에 안 되는 신체의 공간과 100년밖에 안 되는 수명의 시간에 지나지 않을 것이다. 그렇다면 사람은 신체가 큰 코끼리와 수명이 긴 거북에 미치지 못할 것이다. 사람이 육체적 관념에만 집착한다면 안으로는 자성(自性)의 힘이 없고 밖으로는 협조의 양(量)이 없어서, 짐승과 악마와 같은 본성과 행동을 하게 되어 인의는 조금도 없게 될 것이다.

사람은 저열한 욕망으로 함부로 행동하는 것을 억제하고 고상한 정신생활을 존귀하게 생각하기 때문에, 자아를 확대 연장해 부모와 처자에 미치고, 사회와 국가에 미치도록 한다. 또한 전 우주를 관통해 산하와 대지가 모두 자아가 되고, 일체 중생이 자아에 속하게 되니, 구구하게 여섯 척의 몸을 자아로 삼는 것이 어찌 오류가 아니겠는가.

공간적으로 그러할 뿐 아니라 시간적으로도 그러하다. 자아는 육체가 생존하는 시간 즉 100년 이내의 생명만을 표준으로 하지 않고, 과거, 현재, 미래를 관통해 영구한 생명을 가지게 된다. 선조의 영예를 위해 자기를 희생할 수도 있고, 미래 자손의 행복을 위해 자기를 희생할 수도 있으니, 그렇게 보면 자아의 생명은 삼대를 통하여 연장되는 것이다.

그러므로 자아는 유한한 것이 아니고 상대적인 것이 아니며, 무한아(無限我), 절대아(絶對我)가 되는 것이다.

더 읽어 보기

고은, 『한용운 평전』, 향연, 2004

김옥균 외, 이민수 외 옮김, 『한국의 근대 사상』, 삼성출판사, 1981

최동호, 『한용운』, 건국대학교 출판부, 1996

한용운, 고은 옮김, 『님의 침묵』, 민음사, 1999

한용운, 『한용운 전집』, 신구문화사, 1973

조소앙

삼균주의를 창시해 세상의 통합을 염원하다

조소앙은 경기도 교하군(지금의 경기도 파주시)에서 태어났다. 본명은 용은(鏞殷)이고 호는 소앙(素昻), 자는 경중(敬仲)이다. 아버지는 정규(禎奎)이고 어머니는 박필양(朴必陽)이다.

5세 때부터 할아버지에게서 사서삼경, 제자백가서 등 한학을 배웠다. 17세 때 성균관에 입학했지만, 1904년 한일 의정서가 체결되었다는 소식을 듣고 자퇴했다. 18세 때 황실 유학생으로 일본에 유학해 26세 때 일본 메이지 대학을 졸업했다.

28세 때 중국 상해로 망명해 동제사(同濟社)에서 활동했고, 32세 때 만주에서 활동하며 「대한 독립 선언서」를 기초했다. 3·1 운동 직후 상해로 가서 임시 정부에 합류하고 2년간 유럽, 러시아를 돌며 대한 독립의 필요성을 알리는 일을 했다.

43세 때 한국 독립당 창당에 참여하고 임시 정부 외교부장으로 활동했다. 해방 이후 귀국해 좌우 합작 운동에 참여했고, 1848년 남한 단독 정부 수립에 반대해 남북 협상에 참석했다.

1950년 제2대 국회의원 선거에 출마해 전국 최다 득표로 당선되었으나 6·25 전쟁 때 납북되었다. 그의 나이 64세였다. 1958년, 72세의 나이로 북한에서 사망했다.

주요 작품으로는 『한국문원(韓國文苑)』, 『소앙집(素昻集)』, 『유방집(遺芳集)』 등이 있다.

단결이 필요하다

3·1 운동 당시 나는 만주 길림에 있었다. 나의 정치 신념이라 할까 나의 정치 활동의 목표는 일찍부터 대동단결이었다.

3·1 운동 전 1917년 7월에 나는 동지들과 더불어 독립 획득에는 무엇보다도 대동단결이 필요하다는 취지 아래 국내외 대표 회의를 소집해 무상법인(無上法人)이라는 기구, 말하자면 정부를 조직하자는 선언서를 상해에서 인쇄해 가지고 국내외의 각계에 초청장을 보냈다. 그러나 각자 영웅으로 할거한 각 단체는 하나도 여기에 호응해 오지 않았다. 나는 적이 우리 민족의 단결성의 결여를 개탄하고 실망했다. 그러나 이것은 나의 짧은 생각이고 오판이었다. 그 기운이 무르익고 그 시기를 포착하면 우리 민족보다 더 단결이 강한 민족도 다시없다는 것을 나는 3·1 운동에서 발견하고 교훈을 얻었다. 10년 동안 일본의 정치, 경제, 문화적 압력하에서 조성되어 온 혁명의 불꽃은 1911년 중국의 민족 혁명과 1917년 소련의 사회 혁명에 자극받아 오다가, 드디어 일본의 악랄한 수단에 희생된 광무제(光武帝, 고종)의 국장을 계기로 그 불꽃을 폭발해 우리의 발랄한 민족정신과 위대한 단결력을 여실히 드러낸 것이다. 나는 당시 길림에서 김좌진(金佐鎭), 박남파(朴南坡), 황상규(黃尙奎) 등 동지와 대한독립의군부를 조직해 「대한 독립 선언서」를 발표하는 등 독립운동에 몰두하고 있었는

데, 연락원으로 나경석(羅景錫) 씨가 국내 「독립 선언서」의 초안을 가지고
와서 국내의 정세를 알게 되었다.

상해로부터 대표를 파견하라는 전보를 받고 내가 대표로 상해에 와서
보니 참으로 감격할 풍경이었다. 종래의 동제사를 중심으로 하는 독립운
동가 그룹을 위시해 여러 그룹이 대립 상쟁하던 알력은 일소되고, 모두
한마음 한뜻으로 단결해 산천초목까지도 모두 독립운동만으로 단합된
것같이 보였다. 이 광경을 보는 중국 각 신문을 위시해 각국 각 정계는
모두 우리를 동정, 격려했다.

나는 당시의 광경을 평생 잊을 수 없다. 우리는 의정원을 조직하고 임
시 정부를 조직하고 다시 임시 헌장을 만드는 데 사흘 밤을 뜬눈으로 세
웠으나 조금도 피로를 느끼지 않았다.

3·1 운동의 장점은 첫째, 국내의 각계가 용감히 합작한 것, 둘째, 적의
헌병 정치 아래에서 기밀이 전국적으로 엄수된 것, 셋째, 민족 투쟁의 상
징이 될 임시 정부를 조직해 독립국 자유민이라는 문자에 대한 동경과
투쟁이 27년간 줄기차게 계속되어 온 것을 들 수 있다. 27년간의 투쟁을
회고하니 실로 감개무량하다. 그러나 3·1 운동 발상지에 돌아와서 맞는
삼일절을 이런 상태하에서 맞을 줄은 꿈에도 생각지 않았다. 그러나 실
망하지 않는다. 남북 통일과 좌우 합작으로 우리의 위대한 혁명의 불꽃
이 아름다운 열매를 머지않아 맺을 것이라 굳게 믿는다.

조소앙(趙素昂, 1887~1958년)이 쓴 「3·1 운동과 나」이다. 3·1 운동으로
부터 27년이 지났다고 했으니, 1946년에 작성한 것이다. 조소앙은 여기에
서 세 가지를 말했다. 하나는 자신의 정치 신념이 대동단결이라 했다. 다
른 하나는 3·1 운동으로 우리 민족의 단결심을 확인했다고 했다. 마지막

으로는 3·1 운동이 있은 지 27년 후의 상황이 마땅치는 않으나 머지않아 좋은 결실을 맺을 것이라 했다.

3·1 운동 이전부터 조소앙은 대동단결의 필요성을 역설했다. 1917년에 작성했다는 글은 「대동단결선언(大同團結宣言)」이었다. 그것은 그의 사상과 실천의 핵심어였다. 그는 일제 강점기에는 독립운동의 단결을 위해, 해방 후에는 남북 분단을 막기 위해 분투했다. 그러나 오히려 남북 분단의 희생자가 되었다.

조소앙의 대동단결론은 단순한 구호가 아니라 철학적인 바탕을 가진 주장이었다. 그는 전통 철학의 유산을 새로운 시대의 요구에 맞게 재창조하는 길을 제시한 매우 드문 사람이었다. 그러나 그의 희생으로 그 길은 잊히고 말았다.

이이 학통의 독립운동 가문에서 자라다

조소앙은 경기도 교하군에서 태어났다. 본명은 용은이고, 소앙은 호이며, 자는 경중이다. 조소앙의 집안은 이이에서 송시열로 이어지는 학통의 유학자 집안으로, 할아버지는 다음과 같은 이야기를 들려주었다고 한다.

닭에는 네 가지 덕이 있다. 울음을 울 때를 놓치지 않으니 믿음[信]이 있다. 적을 만나서는 반드시 싸우니 용기[勇]가 있다. 머리에 아름다운 관을 쓰고 있으니 문(文)이 있다. 먹을 것을 보면 벗을 부르니 의(義)가 있다.

닭에게 네 가지 덕이 있다고 한 말이 흥미롭다. 닭에게도 사람과 같은 본성이 있다는 뜻이다. 이것은 사람과 사물의 본성이 같다는 낙론 계열의 주장이다. 그의 할아버지가 낙론 계열의 유학자였음을 알 수 있다. 이런 배경이 조소앙의 사상 형성에 영향을 미쳤다.

그의 아버지와 어머니는 1910년 조선이 멸망하자 중국으로 망명했다. 부모의 영향으로 형제 대부분이 독립운동에 참여했다. 형 조용하(趙鏞夏)는 1905년 을사조약이 체결되자 망명해 중국과 미국 등지를 다니며 독립운동을 하다, 체포되어 무기형을 선고 받았다.

바로 아래 동생 조용주(趙鏞周)는 1912년 만주로 망명한 이후 국내외를 넘나들며 독립운동을 하다 38세의 젊은 나이에 사망했다. 막내 동생 조용원(趙鏞元)은 1921년 상해로 망명해 형 조소앙을 도와 독립운동을 했다.

조소앙은 5세 때부터 할아버지에게서 사서삼경, 제자백가서 등 한학을 배웠다. 16세 때 성균관에 입학했지만, 그 이듬해인 1904년 한일 의정서가 체결되었다는 소식을 듣고 자퇴했다. 한일 의정서는 일본의 강압에 의해 체결된 것인데, 일본이 조선의 영토를 자유롭게 사용할 수 있도록 할 뿐만 아니라 조선의 내정에 간섭할 수 있도록 한 것이었다.

이때 자퇴를 결심한 배경에 대해 훗날 조소앙은 "구학문을 버리고 신학문을 하기 위해서였다."라고 했다. 그는 황실 유학생 시험에 응시, 합격해 일본 도쿄의 한 중학교에 입학했다.

유학을 떠날 때 조선 정부에서는 학생들에게 "총명하고 영특한 인재를 선발해 이웃 나라에 유학을 보내는 이유는 문명과 학문을 습득해 우리 대한의 독립을 공고하게 하고자 함이니, 여러분들은 최선을 다하라."라는 문서를 주었다고 한다. 이것을 받은 조소앙은 자신이 독립을 공고히 하는 책임을 지닌 사람이라 자부했다고 회고했다.

유학 시절, 조소앙은 일제 침략의 앞잡이 노릇을 하고 있던 일진회(一

進會)를 성토하는 대회를 개최하는 등 유학생들과 함께 일본 침략에 맞서는 활동을 했다. 공수학회(共修學會), 유학생회(留學生會), 흥학회(興學會) 등 각종 단체를 결성하고, 학보를 발행해 유학생들 사이에 민족의식을 고취하기 위해 노력했다. 그로 인해 일본 경찰로부터 끊임없이 감시를 받았다.

1910년 경술국치가 일어났다. 조소앙의 나이 24세 때였다. 그가 관여한 모든 단체는 해산되었고, 그는 일체의 문필 활동을 금지당해 철학 공부에 몰두했다. 조소앙이 어떤 공부를 했는지 알 수는 없다. 다만 유학 시절 일기인 『동유략초(同遊略抄)』에서 당시 심경에 대해 이렇게 썼다.

> 내가 동쪽으로 유학 온 지 어느덧 8년이 되었다. 옛일을 더듬어 생각해 보니 흐느끼며 통곡할 일이 많았다. 내가 나라의 은혜에 보답한 것이 털끝만큼이라도 있었던가. 고개 숙이고 학교에 매일 가는 것이 하루의 일과였다. 이것이 어찌 중생을 구제하는 길이겠는가.

'중생을 구제하는 길'이라는 문구가 눈에 띈다. 이 문구로 볼 때 당시 그가 집중적으로 연구했던 분야는 종교 철학이었던 듯하다. 이 연구 결과는 중국 망명 직후 새로운 종교 창설에 대한 구상으로 나타났다.

새로운 종교를 구상하다

조소앙은 27세 때 중국으로 망명했다. 그러나 일이 쉽지 않았다. 항시 경찰의 감시를 당하는 입장이었기 때문이다. 그는 일본에서 바로 중국으로 가려 했으나 실패하고 귀국해 경신 학교, 양정의숙에서 교편을 잡았다. 감시의 눈을 피하기 위한 방편이었다. 마침내 감시가 소홀해지자 밀항해 중국 상해에 도착했다. 1913년이었다.

상해에서 첫 번째로 한 일은 동제사에 참여해 이를 개조하는 작업이었다. 동제사는 신규식(申圭植) 등이 결성한 조직으로 재상해한인공제회(在上海韓人共濟會)라고도 했다. 조소앙이 참여하면서 동제사는 청년 교육을 위해 박달학원을 설립했다.

이때 조소앙은 새로운 민족 종교의 창설을 구상했다. 당시 지식인들 사이에 종교에 대한 관심이 높았다. 유교의 권위는 부정되고, 민족적 위기를 타개할 새로운 철학은 마련되지 않은 상황에서 지식인들은 종교로 눈을 돌렸다. 현실의 상황이 절망적이었기에 종교를 통해 나라를 구하자고 생각했던 것이다.

일제 강점 초기인 1911년 발생한 105인 사건의 주요 연루자가 기독교인이었다. 독립 선언서에 서명한 33인 대부분도 천도교, 기독교, 불교인이었다. 이런 사실은 민족의 현실을 고민하던 지식인들 상당수가 종교 운동에 가담했음을 보여 준다.

조소앙은 일본 유학 중이던 1910년 기독교 세례를 받았다. 그러나 그는 기독교에만 안주하지 않았다. 대부분의 지식인들과 달리 전통 철학을 버리지 않았기 때문이다. 그는 『동유략초』에서 다음과 같이 썼다.

> 전날 밤 꿈을 꾸었는데, 백발에 품이 넓은 옷을 입은 할아버지께서 지팡이를 짚고 위엄 있게 다가오셔서 말씀하셨다. "너는 어찌하여 외물(外物)에 마음을 풀어 놓고 책을 읽지 않느냐?" 이어 갑자기 소리를 지르시면서 지팡이로 나를 때려 울타리 가운데로 집어넣으셨다. 그러시면서 방심하지 말고 일관되게 배움을 구하라는 뜻을 나타내셨다. 나는 두렵고

송구스러워 몸 둘 바를 몰라 울타리 안으로 들어가 『시경』을 읽었다. 아침에 일어나 꿈이란 것을 알았다.

이 꿈을 꾼 다음 날 책장에서 『논어』를 발견했고, 그것을 밤새 읽었다고 했다. 그러고는 "공자를 배워 이 세상의 목탁이 되고 싶다."라고도 썼다. 이것은 1911년의 기록이다. 기독교 세례를 받기는 했지만 전통 철학으로부터 받은 영향과 그것에 대한 관심이 매우 높았음을 알 수 있다.

조소앙은 글을 쓸 때도 기독교에서 말하는 하나님보다는 상제라는 말을 즐겨 썼다. 유학 시절 발표한 글이나 일기에서 상제의 명령에 대해 자주 언급했다. 자신의 비분강개를 상제에 대한 호소나 상제의 계시로 표현하기도 했다.

이런 성향으로 인해 조소앙은 유교와 기독교를 모두 포괄하는 새로운 종교에 대해 구상했다. 그는 자신이 구상하는 새로운 종교의 강령을 '육성일체(六聖一體), 만법귀일(萬法歸一), 금식명상(禁食冥想)'이라 했다. 육성일체란 여섯 성인이 똑같다는 말이다. 여섯 성인은 단군, 석가모니, 공자, 소크라테스, 예수 그리스도, 마호메트 등을 가리킨다. 그래서 자신이 구상했던 종교를 육성교라고도 했다.

만법귀일은 모든 진리는 하나로 모인다는 말이다. 여섯 성인이 설파한 진리는 하나로 귀결될 수 있다는 말이다. 금식명상은 종교적 수련법을 가리키는 것으로, 음식을 입에 대지 않고 명상에 잠긴다는 얘기이니 불교, 기독교, 이슬람교에서 따온 것으로 보인다.

종교 통합을 시도하다

「일신교령(一神教令)」은 조소앙이 자신의 종교적 구상을 적은 글이다. 세 쪽 분량의 짧막한 글인데, 거기에서 "넓고 아득한 일신(一神)이 유일한 진리이며 유일한 성인이시니, 만물의 주인이며 모든 종교의 근본이다."라 며 다음과 같이 썼다.

> 일신이 열 가지 모습을 가지고 있어 말씀에 따라 나타나니 신의 아들 육성이 일신의 몸이다. 단군, 석가모니, 공자, 소크라테스, 예수 그리스도, 마호메트가 일신의 성스러운 이름이다.

여섯 성인은 일신의 다른 모습일 뿐이다. 그리고 이들의 사상을 요약해 단군은 독립자강(獨立自强, 독립해 스스로를 강하게 함.), 석가모니는 자비제중 (慈悲齊衆, 자비로 중생을 구제함.), 공자는 충서일관(忠恕一貫, 충성과 용서로 일 관함.), 소크라테스는 지덕합치(知德合致, 앎과 덕을 일치시킴.), 예수 그리스 도는 애인여기(愛人如己, 다른 사람을 내 몸처럼 사랑함.), 마호메트는 신행필용 (信行必勇, 믿음과 행동이 대단히 용감함.)이라 했다.

조소앙은 기존의 종교와 철학에서 주장하는 근본 진리를 하나의 구심 점으로 통합하는 포괄적인 종교를 구상했던 것이다. 이런 구상이 특별히 새로운 것은 아니었다. 유교, 불교, 도교의 삼교를 합일한 동학이 큰 세력 을 얻은 것에 고무되어, 일부 인사들에 의해 동양의 삼교는 물론 서양의 종교까지도 통합하는 구상들이 이미 시도되고 있었기 때문이다.

조소앙의 주장에서 특징적인 점은 여섯 성인 중 단군이 맨 앞에 놓였 다는 것과 세간에 별로 알려지지 않았던 마호메트를 언급했다는 것이다.

단군을 선두에 놓은 것은 조소앙의 활동과 연관된다. 그는 상해로 망명할 때부터 나철(羅喆)이 제창한 대종교(大倧敎)와 관련을 맺으며 활동했다. 대종교는 단군을 모시는 종교이다.

조소앙이 망명할 때 후원했던 신규식은 대종교 신자였다. 또한 1918년 만주에서 접촉했던 인물인 윤세복(尹世復), 이시영(李始榮), 김좌진(金佐鎭) 등이 모두 대종교 신자들이었다. 조소앙이 작성한 「대한 독립 선언서」에 서명한 39인 중 과반수가 대종교도들이었다. 그래서 그 선언문에는 다음과 같이 대종교의 기본 정신이 포함되어 있다.

> 한마음 한뜻을 가진 우리 2000만 형제자매여, 단군대황(檀君大皇)께서는 상제의 좌우에 명령하시어 우리들에게 기운을 주셨다.

조소앙이 마호메트에 관심을 가진 이유는 마호메트가 보여 준 행동성과 용기를 높이 샀기 때문이다. 조소앙은 나라가 망했는데도 말만 앞설 뿐 행동하지 못하는 현실에 분통을 터뜨렸다. 대부분의 사람들이 행동은 커녕 오히려 체념과 절망의 나날을 보내고 있었다.

20대 청년인 조소앙은 이런 상황을 용납할 수 없었다. 그는 용기와 행동을 갈망했다. "용기는 도(道)의 시작이요 끝이다."라고 강조하기도 했다. 그래서 마호메트가 제창한 이슬람교를 용기와 행동의 종교로 보았다.

하지만 조소앙의 종교 구상은 실패로 끝났다. 종교는 이론의 문제가 아니라 백성과 함께했을 때 의미를 가지게 된다. 중국으로 망명한 상황에서 국내의 백성들에게 영향을 미치기는 매우 어려웠다. 다만 그의 구상은 종교를 기반으로 독립운동에 참여하고 있는 여러 세력의 대동단결을 촉구했다는 점에서 의의를 가질 뿐이다.

물론 조소앙의 대동단결론이 종교 세력에만 국한된 것은 아니었다. 그는 「대동단결선언」을 작성해 각계에 보냈다. 그러나 종교 단체든 비종교 단체든 귀를 기울이지 않았다. 조소앙은 「자전(自傳)」에서 당시를 이렇게 회상했다.

> 제1차 세계 대전이 끝나 갈 무렵, 재외 한인 사회에는 단결의 희망이 털끝만큼도 없었다. 국내의 대중들 또한 고요해 아무런 소리도 없었다. 마음이 매우 초조해 동북 지역의 한인들을 규합할 결심을 하고 홀로 그곳으로 갔다. 당시 한인 사회의 거물들은 제각기 영웅으로 자처하면서 할거하고 있었다. 그 때문에 통일의 희망이 없어서 실패로 끝나고 말았다. 이에 길림성에서 칩거하면서 독서했다.

삼균주의를 제창하다

3·1 운동이 일어났다. 조소앙의 나이 33세 때였다. 3·1 운동은 조소앙이 표현했듯 "우리의 발랄한 민족정신과 위대한 단결력을 여실히 보여준" 사건이었다. 길림에 머물고 있던 그는 즉시 상해로 가서 임시 정부에 합류했다.

임시 정부에서 조소앙이 담당한 분야는 외교였다. 1919년 6월부터 1921년까지 만 2년간 영국, 프랑스, 스위스, 네덜란드, 벨기에, 덴마크, 리투아니아, 에스토니아, 러시아 등을 돌며 각종 국제 대회에 참석해 대한 독립을 호소하고, 각국의 진보 정당들에 대한 독립에 대한 지원을 요청하는 등 숨 가쁜 나날을 보냈다.

상해로 돌아온 후 그는 한살임(韓薩任, 일명 대동당)이란 조직을 결성했는데, 이것은 그의 이력에서 매우 독특한 부분이다. 한살임은 무정부주의를 추구했기 때문이다. 무정부주의는 무신론을 주장하므로 그가 새로운 종교를 구상했던 것과는 완전히 상반된다. 조소앙이 무정부주의에 관심을 가졌다는 사실은 종교적 외피를 벗어 버렸음을 의미했다.

또한 그것은 그의 마음이 절망의 시대에서 희망의 시대로 전환했음을 의미하기도 했다. 이번엔 희망이 낭만적 구상을 낳았다. 그는 한살임 강령에서 3단계를 거쳐 무정부 사회가 이루어진다고 하면서, 1단계인 독립 전쟁에 30년, 2단계인 계급 전쟁에는 50년이 걸릴 것이라 예상했다. 그리고 마지막 단계가 되면 전쟁도 없고 지배도 없는 극락세계가 도래할 것이라 했다.

하지만 현실의 냉혹함은 그를 다시 이상에서 현실로 끌어내렸다. 조소앙은 무정부주의를 털고 자신의 지론인 대동단결론에 따라 독립운동을 통합하기 위한 일에 뛰어들었다. 한국유일독립당촉성회(韓國唯一獨立黨促成會)에 참여하고, 한국 독립당을 결성했다.

그러나 통합 작업은 매우 어려운 일이었다. 중국 전역에 퍼져 있는 독립운동 단체는 차치하고, 임시 정부 주변에 모여 있던 정당들 사이의 통합도 이루기 어려웠다. 조소앙은 그를 중심으로 한국 독립당을 결성하고 김구 중심의 한국국민당, 김원봉 중심의 민족혁명당과 통합을 논의했지만 진척을 보지 못했다.

이 과정에서 조소앙은 자신의 독창적 이론인 삼균주의(三均主義)를 제창했다. 그것은 정치, 경제, 교육의 균등을 이루기 위해 정치의 균등인 균권(均權), 경제의 균등인 균부(均富), 교육의 균등인 균지(均智)를 독립 국가의 목표로 하자는 이론이었다.

그는 독립운동 정당 및 단체들이 삼균주의를 채택해 대동단결을 이룰 수 있다고 보았다. 그런데 정치, 경제, 교육의 균등에는 누구나 동의할 수 있다 해도, 거기에 '주의' 자가 붙는 순간 상황이 달라진다. 어떤 한 주의의 채택 여부는 그 주의의 내용과 관계없이 주도권 싸움으로 변질되어 버리기 때문이다. 쉽게 말해 상표권을 가진 자가 주인이 되는 것이다.

1940년 마침내 세 당이 통합해 한국 독립당을 결성했다. 그러나 삼균주의 때문에 통합된 것은 아니었다. 제2차 세계 대전이 발발하는 등 급변하는 정세로 인해 통합하지 않을 수 없었던 것이다. 통합 한국 독립당은 정강 정책에 삼균이란 용어를 사용했다. 하지만 이는 '삼균제도'라는 뜻으로 채택된 것이지 '삼균주의'는 아니었다. 통합의 한쪽 당사자인 조소앙파에 대한 배려일 뿐이었다.

해방 후 조소앙이 국내에 돌아왔을 때는 정당과 정파 사이에 분열과 갈등이 극심한 상황이었다. 그는 삼균주의를 내세워 통합 작업에 뛰어들었으나 사태는 오히려 반대 방향으로 진행되었다. 3·1 운동 때 보여 주었던 우리 민족을 단결성을 믿고 희망의 끈을 놓지 않았지만, 통합을 이루어낼 수 있는 정치적 기반이 매우 취약했다.

기일원론을 바탕으로

조소앙의 철학은 해방 후 발표한 「삼균주의 청년 동맹 선언」에서 그 일단이 드러난다.

이것이 삼균주의의 뿌리이며 안광이다. 심 즉 물(物), 이 즉 기의 철학에 근거한 균지(均智)와 균권(均權)과 균부(均富)의 요구는 인간의 본원(本

願)이며 신치(神治), 군치(君治), 귀치(貴治), 민치(民治)를 경과한 현 빈치세대(貧治世代)에의 역사적 명령이며 세계적 최대 요망인 것이다. 모든 주의의 정화가 이에서 결정적 광채를 나타낼 것이며 모든 학자와 철인의 진단과 처방이 이에서 최후 단안의 일치를 보일 것이다.

신이 지배하는 신치, 왕이 지배하는 군치, 귀족이 지배하는 귀치, 국민이 지배하는 귀치를 거쳐 빈치, 즉 아무 가진 것 없는 무산자가 지배하는 시대로 가는 것이 세계사의 방향이다. 이런 시대적 과제를 이루기 위해서는 균지, 균권, 균부를 내용으로 하는 삼균주의를 실행해야 한다. 또한 조소앙은 모든 학자와 철학자가 삼균주의에 동의할 수 있다고도 덧붙였다.

삼균주의의 철학적 기초는 '심즉물(心卽物), 이즉기(理卽氣)'라 했다. 「삼균주의 청년 동맹 선언」에서는 이 철학적 기초를 더욱 명확히 밝혀 "삼균주의야말로 모든 인민이 골고루 배우고 골고루 살고 골고루 먹는 유기론 철학(唯氣論哲學)에 의한 절대 진리인 지상의 이념이다."라고 했다.

삼균주의는 유기론, 즉 기일원론에 바탕을 두고 있다는 뜻이다. 이것이 조소앙의 철학이 가진 독창성이다. 동시대의 지식인 대부분은 우리나라의 전통 철학을 버리고 서양의 종교와 철학을 받아들여 그것을 자신들의 철학이라 했다. 그러나 조소앙은 기일원론을 자신의 철학으로 삼겠다고 했다.

조소앙의 기일원론이 집약되어 있는 글이 「소앙기설(素昂氣說)」이다.

기는 전자(電子)이다. 그것은 생물, 무생물을 모두 관통한다. 모든 물(物)은 전자를 가진다. 대기 중에도 역시 기가 있다. 대기는 호흡에 필요한 것이고 생명이 있는 것에 필수 불가결한 것이다. 따라서 만물에 통한다. 만물의 본체는 오직 기뿐이다.

기가 무엇인지를 밝히고 그것이 만물의 본체라고 주장해 기일원론의 입장을 분명히 밝혔다. 그런데 조소앙은 '기는 전자이다.'라고 했다. "나누어지면 오행과 사대(四大)이고, 펼치면 아흔두 개의 원자이다."라고도 덧붙였다. 기란 무엇인가를 설명하기 위해 전자, 원자 등 서양 과학적 지식을 보탠 것이다.

그는 서양 과학에 대한 지식까지 동원해 기일원론을 발전시키려 했다고 볼 수 있다. 그렇지만 기를 전자, 원자라고 함으로써 기가 물질인 것처럼 보이게 했다. 그것은 서경덕에서 최한기에까지 이르는 기일원론자들의 기에 대한 정의와 다르다. 그들은 기를 물질은 물론 정신과 생명까지를 포괄하는 개념으로 사용했다. 이렇게 정의해야 기가 만물의 근원이 된다. 조소앙의 설명은 기를 물질의 측면에서 다루고자 했던 것으로, 일종의 후퇴였다.

그의 철학적 의도가 잘 드러난 것은 다음과 같은 부분이다.

도는 기(器)고 기는 도다. 색은 공(空)이고, 공은 색이다. 사람은 하늘이고 하늘은 사람이다. 성(性)은 기고 기는 성이다. 성은 이고 이는 성이다. 기는 이고 이는 기다. 이 모두가 말장난이 아니다.

'도는 기고 기는 도다.'는 유교에서 나온 말이다. '색은 공이고 공은 색이다.'는 불교의 주장이다. '사람은 하늘이고 하늘은 사람이다.'는 동학에서 나왔다. 조소앙은 이 모두가 말장난이 아닌 옳은 주장이라 했다. 조소앙은 이렇게 유교, 불교, 동학을 하나로 연결했다. 그뿐만 아니라 '성은 기고 기는 성이다. 성은 이고 이는 성이다. 기는 이고 이는 기다.'라며 이황의 철학, 이이의 철학, 기일원론을 모두 나열한 뒤 그것들 역시 모두 옳다고 했다.

이렇게 한 이유는 '심은 물이고, 이는 기다.'라는 주장에 드러나 있다. 심과 물, 이와 기를 구분하지 말라는 것이다. 심과 이를 중시하는 우파나 물과 기를 중시하는 좌파에게 근본은 같은 것이니 다툴 필요가 없다고 말하고자 했다. 서로 화합하고 대동단결해 삼균주의를 이루자는 소망을 표현한 것이다.

무거운 과제를 남기고

조소앙이 쓴 다음과 같은 부분은 전통적인 기일원론에서는 보이지 않던 것이다.

> 만들어지지 않고 만들 수도 없는 것이 기의 본체이다. 스스로 일어나고 없어지고 소멸하고 성장하는 것이 기의 형상이다. 상생과 상극의 세를 느끼고 취할 것인지 버릴 것인지, 앞으로 나갈 것인지 후퇴할 것인지를 깨닫는 것이 기의 작용이다.

기의 본체와 형상과 작용을 구분했다. 본체는 본래의 특성이고 형상은 드러나는 모습이고 작용은 실제적인 용도를 말한다. 그는 기를 이렇게 구분해 다양하게 파악하려고 시도했다. 이런 시도를 종래의 기일원론과 비교해 보자.

서경덕은 하나의 기가 음기와 양기로 나누어지니 하나가 둘이 된다 했다. 음기와 양기가 다시 하나의 기가 된다며 둘이 다시 하나로 된다고 했다. 하나가 둘이 되는 것이 생성이고, 둘이 하나가 되는 것이 극복이라 했다. 이런 과정을 총괄해 생성이 극복이고 극복이 생성이라고 했다. 그는 현실에는 조화와 갈등이 있으니 조화 속에 갈등이 있고 갈등 속에 조화가 있음을 말했다. 서경덕에게 상생과 상극은 기의 본체이다.

조소앙은 상생과 상극을 기의 작용이라 하고, 그것을 '취할 것인지 버릴 것인지'라는 취사선택의 문제로 보았다. 그는 물론 상생을 선택했다. 민족 화합에 대한 열망이 그렇게 철학적으로 표현되었다. 일제 강점기에는 독립운동의 통합을 위한 시도를, 해방 이후에는 좌우 합작 운동을, 그리고 남북 분단이 확정된 뒤에는 남북 협상을 했다. 화합의 소망은 이렇듯 행동으로 나타났다.

그런데 조소앙의 기일원론은 기의 본체를 작용이라 함으로써 전통적인 기일원론에서 후퇴했다. 상생과 상극은 선택 대상이 아니라, 우주와 자연 그리고 인간과 사회에 항상적으로 작용하고 있는 원리이기 때문이다. 어느 한쪽만을 선택하면 현실을 온전히 이해할 수 없게 된다. 그런 면에서 조소앙의 철학에는 미흡함이 있다. 그렇지만 그의 작업은 의미가 있다. 오히려 그는 중요한 과제를 던져 주었다고 할 수 있다.

조소앙은 6·25 전쟁의 참화 속에서 납북되었다. 주위의 만류와 정적들의 비방 속에서도 민족 사이의 전쟁은 막아야 한다며 남북 협상을 위해 북행까지 결행했던 조소앙은 오히려 전쟁의 가장 큰 희생자가 되었다. 북한이 뒤늦게 묘지를 공개함으로써 그가 1958년 사망했다는 사실이 확인되었다. 그의 나이 72세였다.

조소앙은 문명개화와 신학문의 조류가 밀려오는 가운데에서도 우리나라의 전통 철학을 버리지 않았고, 그것을 바탕 삼아 새로운 시대의 과제를 해결하려는 모습을 보여 주었다.

민족 화합을 향한 그의 이상이 소중하듯이, 전통 철학의 유산을 새롭게 활용하자는 그의 주장 역시 소중하다. 그가 애송했다는 다음의 시구는 우리의 전통 철학을 오늘의 문제를 해결해 나가는 토대로 삼고자 하는 사람들이 항상 되새겨야 할 격언이 될 것이다.

도(道)는 스스로 얻지 않으면 결국 아무것도 얻지 못한다.

소앙기설

조소앙이 자신의 기일원론 철학의 입장을 밝힌 글로, 한문으로 작
성되었다.

기(氣)는 전자이다. 그것은 생물, 무생물을 모두 관통한다.
모든 물(物)은 전자를 가진다. 대기 중에도 역시 기가 있다.
대기는 호흡에 필요한 것이고 생명이 있는 것에 필수 불가결
한 것이다. 따라서 만물에 통한다. 만물의 본체는 오직 기뿐
이다. 생명이 있는 것은 반드시 생명이 없는 것을 취해 생명
을 유지하고 기를 채운다. 기로 기를 보호하고 기가 같아 서
로 구하니, 서로 버리거나 떨어지지 않고 기세가 단단하다.
하나의 기에서 생겨나니 사물이 모두 가족이고, 만물이 같
은 근원의 갈래가 아니겠는가.

만물이 한 뿌리임을 알아 나의 몸을 천지에 맞춘다. 사람
과 사물은 하나의 뿌리에서 생겨난 같은 종류이다. 모든 사
물은 하나의 태극을 갖추고 있다. 기가 언제 생겨났고 누가
만들었는지를 연구해 보니, 기는 시작과 끝이 없고, 하지 못
하는 게 없고, 모든 곳에 언제든 있고 모든 이치를 포함하고
있다.

만들어지지 않고 만들 수도 없는 것이 기의 본체이다. 스
스로 일어나고 없어지고 소멸하고 성장하는 것이 기의 형상
이다. 상생과 상극의 세를 느끼고, 취할 것인지 버릴 것인지,
앞으로 나갈 것인지 후퇴할 것인지를 깨닫는 것이 기의 작
용이다. 따라서 기는 반드시 본성을 가지고 있고, 본성이 있
으면 욕구가 있고, 욕구가 있으면 깨달음이 있다. 천명(天命)

을 기의 본체라 하고, 본성을 따르는 것을 기의 형상이라 하고, 도를 닦는 것을 기의 작용이라 한다.

기를 기르는 것보다 성대한 것이 없고, 천명을 따르는 것보다 큰 것이 없다. 그러니 욕망을 억제해 깨달음을 얻어야 한다. 타고난 천성을 지키지 못하면 기를 잃게 되고, 욕망을 끊지 못하면 기가 패배하게 되며, 깨달음을 잃어 현혹되면 기가 훼손된다. 따라서 본성을 지키고 욕망을 억제하며 깨달음을 얻는 것이 기를 기르는 근본이다.

순박하게 느끼면 마침내 천지와 통하게 되니, 천하의 덕을 밝히는 것은 둥근 원을 깨닫는 것이다. 분노를 나타내지 않고 재앙을 다른 곳으로 옮기지 않고, 기쁨과 분노의 마음이 있어도 욕망을 절제해 모두가 생명을 다하고 그 뜻을 이루는 것이 본성을 보전하는 것이다.

이(理)는 기에서 유래하는 것이다. 절목(節目), 동태(動態), 펴고 굽힘, 종적, 궤도, 노선은 한마디로 기의 작용이고, 그것이 이다. 기는 스스로 그것을 갖추고 있어 형세에 따라 작용한다. 기는 물(物)을 떠나 있지 않고 물은 기를 떠나 있지 않다. 그러므로 물을 접해 기를 알고, 기를 좇아 이를 알고, 이를 좇아 깨달음을 얻는다. 당연히 물 밖에 기가 없고, 기 밖에 이가 없고, 이 밖에 깨달음이 없고, 깨달음 밖에 이가 없고, 이 밖에 기가 없고, 기 밖에 물이 없다. 서로 떨어질 수 없는 불가분의 관계이고, 고리처럼 서로 이어져 떨어뜨릴 수 없다.

도는 기(器)고 기는 도다. 색(色)은 공(空)이고, 공은 색이다. 사람은 하늘이고 하늘은 사람이다. 성(性)은 기(氣)고 기는 성이다. 성은 이(理)고 이는 성이다. 기는 이고 이는 기다. 이 모두가 말장난이 아니다. 따라서 물의 관점에서 보면 모두가 물이고, 기의 관점에서 보면 모두가 기이고, 이의 관점에서 보면 모두가 이(理)이고, 깨달음의 관점에서 보면 모두가 깨달음이다. 따라서 삶을 비워 바다와 같은 큰 깨달음을 얻는다는 말이 망령된 것이 아니고, 기를 떠나서 이를 알지 못한다는 말이 거짓이 아니며, 이 밖에 물이 없다는 말이 공허한 것이 아니고, 물에는 규칙이 있다는 말이 허위가 아니다.

한 고리의 한 점을 잡는 것이 고리의 중심을 벗어난 게 아니다. 오직 하나의 둘레를 돌지만 잡는 건 두 개, 세 개다. 그러므로 주장이란 게 하나만 있을 수 없다. 오로지 오묘한 깨달음을 전체로 보아야 비로소 온전하게 알 수 있다. 천하에 형체가 있는 것과 없는 것을 모두를 하나로 꿰뚫는 것은 오로지 기이다. 그것의 덕을 말하면 지혜와 인자함과 용기가 그것의 빛깔이고, 태어남과 성장함과 이로움과 소멸함이 그것의 음과 양이고, 사단칠정(四端七情)이 그것의 물결이다.

그것의 깨달음으로 말하면 밝았다 어두웠다 다시 밝아지는 것이 그것의 순리이고, 그것의 도리로 말하면 생로병사(生老病死), 성주괴공(成住壞空)[1]이 그것의 질서이다. 그것의 본성으로 말하면 불가항력의 필연이고 만세에 이르도록 인정하는 당연이고, 예측할 수 없는 우연이고, 알 수도 있고 알지 못할 수도 있는 까닭[所以然]이다. 이 네 가지는 그것의 성정(性情)의 변화이다. 기의 신령스러움을 알라. 천하의 지순함은 누가 감히 할 수 있겠는가. 오로지 기가 할 수 있음을 알라.

1) 성겁(成劫), 주겁(住劫), 괴겁(壞劫), 공겁(空劫) 등 사겁을 말한다. 이 세상이 성립되어 파멸에 이르기까지의 사대기(四大期)를 가리킨다.

기가 움직여 구부러지고 꺾이는 파동을 일으키고, 때와 장소를 가리지 않고 다스리니 수없이 많은 갈래와 토막이 드러난다. 모든 물이 그것을 얻는데 그 본성의 맛은 같지가 않다. 나누어지면 오행과 사대[2]이고, 펼치면 아흔두 개의 원자이다. 오로지 사람만이 온전한 기를 얻을 수 있지만, 맑고 탁하고 온전하고 찌그러지지 않을 수 없어 모든 사람이 같지 않다. 기를 두껍게 얻으면 힘이 크고 오래감을 느끼고, 기를 얇게 얻으면 힘이 미약하고 얕게 됨을 느낀다. 만물이 하나의 몸임을 느끼고, 아무런 인연이 없는 대자대비를 얻는다. 그것이 기를 온전히 하는 것이다.

자기 한 몸의 즐거움과 욕망을 느끼는 것은 오로지 자기 이익만의 동산이고 기를 훼손하는 것이다. 오로지 호연지기를 기른 연후에 천지와 한 몸이 되고 만물과 동감을 얻게 된다. 기를 길러 참뜻을 알고, 기를 길러 의롭게 되고, 기를 길러 용기를 갖고, 기를 길러 지혜를 얻게 된다. 지혜를 넓히고, 용기를 북돋고, 의로움을 모으고, 참뜻을 깊게 아는 것은 기를 길러야 가능하다.

2) 만물을 구성하는 땅, 물, 불, 바람.

삼균주의 청년 동맹 선언

조소앙이 1946년 작성한 선언문으로 삼균주의의 내용과 그것의 철학적 기초가 설명되어 있다. 현재의 문법과 어법에 맞춰 싣는다.

동, 서양과 좌, 우익의 모든 혼란과 투쟁은 의식적으로나 실재적으로나 아름답게 종결되어 새로운 삼균주의 사회만을 초래할 것이다. 맞이하자, 삼균주의 사회를! 우리 삼균주의를 신봉하는 한국의 학생 및 청년 남녀는 삼균주의 청년 동맹을 굳세게 결성해 삼균주의에 근거한 청년 자결의 노선을 밟아 좌·우익을 지양, 통일해 우리 민족의 의기를 바로잡아 나가기 위해 만천하의 청년에게 선언한다.

1. 반의타(反依他) 민족 자결의 독립 국가, 민주 정부, 균등 사회를 건설하고 지키겠으며, 과학적인 노동자와 농민의 문화를 새로 건설하는 데 분투하겠다.

2. 균학균교(均學均敎)의 의무적 무상 교육인 균지교육제(均智敎育制) 건설에 분투하면서 빈민학회(貧民學會)를 조직해 무식한 노동자와 농민 청년을 유식하게 혁명하겠다.

3. 균선균치(均善均治)의 전 국민적 공화적 균권정치제(均權政治制) 건설에 분투하면서 빈민연맹을 조직해 무력한 노동자와 농민 청년을 유력하게 혁명하겠다.

4. 균식균로(均食均勞)의 국유적 계획적 균부경제제(均富經濟制) 건설에 분투하면서 빈민조합을 조직해 무산자인 노동자와 농민, 청년이 유산자(有産者)가 되게 혁명하겠다.

5. 사람과 사람, 민족과 민족, 국가와 국가가 서로 협력하며 고루 번영할 수 있는 세계의 평화와 안전을 위해 적극적

으로 노력하겠다.

청년들아! 이것이 삼균주의의 뿌리이며 안광이다. 심즉물, 이즉기의 철학에 근거한 균지와 균권과 균부의 요구는 인간의 본원이며 신치, 군치, 귀치, 민치를 경과한 현 빈치세대에의 역사적 명령이며 세계적 최대 요망인 것이다. 모든 주의의 정화가 이에서 결정적 광채를 나타낼 것이며 모든 학자와 철인의 진단과 처방이 이에서 최후 단안의 일치를 보일 것이다.

우리 청년들은 언제나 시간과 공간, 원인과 결과를 엄격히 규정한 일치점 위에서, 민족적 양심에 따른 참다운 동기를 가지고, 혁명적 열정에 따른 행동으로 실무적 처리에 따른 아름다운 결과가 나타나도록 삼균주의를 고집하고 신봉해 최고도의 실행력을 가다듬어 나라를 회복하고 세우는 단계적 임무를 비롯해 나라를 다스리고 세계를 하나로 만드는 최후의 발전에까지 돌진하겠다.

빈민들아! 청년들아! 삼균주의 혁명 노선에는 오직 승리만이 있을 따름이다.

혁명 청년들아! 민족정신을 고조하는 청년들아! 빈민 사회 혁명을 절규하는 청년들아! 삼균주의 노선으로 총 단결해 한국 청년의 정신적 무장 체제를 총동원해 확립하자!

더 읽어 보기

강만길 엮음, 『조소앙』, 한길사, 1982

김기승, 『조소앙이 꿈꾼 세계 : 육성교에서 삼균주의까지』, 지영사, 2003

삼균학회 엮음, 『소앙선생문집』, 횃불사, 1979

홍선희, 『조소앙 사상 : 삼균주의의 정립과 이론체계』, 태극출판사, 1975

함석헌

참된 믿음으로 시대의 양심을 피워 내다

함석헌은 평안북도 용천군 부라면 원성동, 일명 사자섬이라는 곳에서 태어났다. 아버지는 형택으로 한의사였다. 7세 때 기독교 계열의 덕일 소학교에 입학하면서 자연스럽게 기독교를 믿었다.

21세 때 오산 학교에 들어갔고, 학교 후원으로 23세 때 일본으로 유학해 그 이듬해에 도쿄 고등 사범학교에 입학했다. 28세 때 귀국해 모교인 오산 학교에서 조선사와 윤리를 가르쳤다.

40세 때 평양 근교의 송산 농사 학원을 관리, 경영하다 계우회 사건에 연루되어 1년간 감옥살이를 했고, 42세 때는 《성서조선》이 폐간되면서 체포되어 다시 1년간 감옥살이했다.

해방 이후 평안북도 인민위원회 문교부장이 되었으나 같은 해 11월에 발생한 신의주 학생 사건의 배후 인물로 지목되어 2개월간 구금되었다. 1947년 홀몸으로 월남해 성경 공부 모임을 조직하고 전국에서 강연을 했다. 1956년 《사상계(思想界)》에 「한국의 기독교는 무엇을 하고 있는가」를 발표해 기독교를 비판했다. 1958년 「생각하는 백성이라야 산다」라는 글에서 자유당 정권을 통렬히 비판해 투옥되었다.

1960년대에는 박정희 정권에 반대해 언론수호대책위원회, 3선개헌반대투쟁위원회, 민주수호국민협의회 등을 통해 반독재 민주화 운동을 했다. 1970년 《씨올의 소리》를 창간했다. 1976년의 3·1 민주구국선언 사건, 1979년의 YWCA 위장 결혼식 사건으로 투옥되었다.

1980년 《씨올의 소리》가 강제 폐간되었다. 1984년에는 민주통일국민회의 고문을 맡기도 했다. 1989년 지병으로 숨을 거두었다. 그의 나이 89세였다.

주요 작품으로는 『뜻으로 본 한국 역사』, 『함석헌 전집』 등이 있다.

한 기독교인의 자기 고해

나는 그래서 기도하다가 마지막에 "예수님 이름으로 비옵나이다."를 그
만둔 지 오래됐어요. 차마 그럴 수가 없어서, 성경에 내 이름으로 하라
한 것은 사실이지만, 내가 과연 예수에 대한 걸 그렇게…… 물론 메시아
라고 하는 걸 믿고 하나님의 아들로서의 체험이라는 걸 믿지, 안 믿지는
않아요.

그러니까 믿는다는 말이 참 어려워요. 감히 믿는다고 그럴 수가 없어
요. 내가 나를 옳다고 그러려고, 알지 못하는 동안에 그렇게 작용되어 나
오는 거예요. 참이라 그러면 자길 안 속여야겠는데, 그렇게 하지 않고서
는 하나님을 대면한다고 그럴 수가 없거든. 대면했다는 말이야 하기 쉽겠
지만, 과연 하나님을 대면한 사람이 있을까? 무신론 편에 서는 게 쉽겠
다는 그런 생각까지 해 봤어요. 그렇게 생각해서 그 사람(무신론자)이 나
한테 잡지를 보냈는지도 몰라요.

어떻게 보면 성자연하는 사람들보다 차라리 그 사람들이 나은지도 몰
라요. 그들은 자기네도 인류를 위해서 한다는 거예요. 사람들이 거짓말
에 속고 그걸 이용해서 무지한 사람들을 마구 착취해 먹고 그러니까. 신
문에 툭 하면 스트레스니 뭐니 무슨 소리가 그리 많아요. 그건 다른 게
아니고 그렇게 해서 돈 벌어먹으려니까 그러지, 스트레스가 무슨 스트레

스야? 그게 옛날엔 없었나? 있었는데 뭘 요새 와서 그렇게 유별나게 얘기 해요! 그런 게 다 사람에게 공포심 주어 가지고 물건 팔아먹고, 글 팔아먹고 그러느라고 그러는 거지. 그러니까 문제는 밖에 있는 게 아니라 속에 있는 건데.

세상이 이렇게 어두워진 책임이 어디 있는가 하면, 종교가 그 책임을 져야 해요. 믿는 사람이 잘못해서 이렇게 됐어요. 미신이 날뛰는 건 책임이 다른 데 있는 게 아니라, 하나님 믿는다는 종교가, 소위 세상을 건지기 위해 있다는 종교가 거짓말을 자꾸 하니까, 그리고 그걸 이용해서 물질적인 탐욕을 충동질하니까 세상이 잘못되어 갑니다. 아무것도 모르는 군인들이 일어나서 정치하겠다고 그러는 것도 따지고 들어가면 죄가 어디 있겠어요. 그 책임 역시 종교인에게 있어요. 믿지도 않으면서 이놈들이 믿노라고 그러고. 그러니까 하나님이 실제로 없다고 하는 걸 누가 제일 잘 증명했는가 하니 기독교 사람들이란 말이오. "저놈들 보니까 과연 하나님 없는 게 틀림없어. 악한 사람 벌준다고 그러더니 안 주는데?" 그러니까 마음 놓고 그럴 거 아네요?

'기독교인' 함석헌(咸錫憲, 1901~1989년)은 「무신론, 거짓 종교, 참종교」에서 이렇게 썼다. 인도에서 보내 온 《Atheism》이란 잡지를 받고 쓴 글이다. 그것은 무신론자들이 만드는 잡지였다. 함석헌은 기독교가 너무나 많은 거짓말을 한다고 했다. 그래서 기독교인들이 하나님이 없다는 것을 증명하고 있다고도 했다. 반면에 기독교가 세상에 대한 책임은 지지 않는다고 했다. 미신이 날뛰고 탐욕을 충동질해 세상이 잘못되어 가는 것도, '아무것도 모르는 군인들이 일어나서 정치하겠다.'라고 나서게 된 것도 역시 기독교의 책임이라 했다.

이렇듯 함석헌은 기독교인이지만 한평생 기독교의 자기반성을 촉구하며 살았다. 그는 스스로를 이단이라고까지 했다. 정통 기독교에 대한 확실한 선 긋기이자 자기가 믿는 방식대로 종교를 실천하면서 살겠다는 결의이기도 했다.

함석헌이 한 사람의 기독교인에서 스스로 이단을 선언하기에 이른 과정은 역사와 사회에 대한 인식의 과정이기도 했다. 20세기 한국은 수난과 좌절, 영광이 교차하는 역사의 현장이었다. 그 역사가 인간 함석헌에게 영향을 주었고, 그는 이를 자신이 믿는 종교와 결부하고자 했다. 그 과정은 함석헌 개인으로서는 고난의 길을 걷는 일이었다.

교회의 가르침에 충실했던 소년

함석헌은 평안북도 용천군 부라면 원성동, 일명 사자섬이라는 곳에서 태어났다. 아버지 형택은 한의사였는데, 그림을 잘 그리고 가구를 손수 짜는 등 예술적인 자질이 있었다고 한다. 함석헌이 살던 마을은 가난한 곳이었지만, 아버지의 직업 덕분에 집안 형편은 비교적 여유가 있는 편이었다.

함석헌의 집안은 종교적 분위기가 전혀 없었다. 마을에는 교회는커녕 사찰도 없었다. 마을 사람들은 기독교에 대해서는 알지도 못했고, 불교 신자들은 멀리 이웃 마을에 있는 절에 다녀야 했다.

함석헌이 예닐곱 살 되었을 무렵 기독교가 처음으로 마을에 들어왔다. 기독교를 끌어들인 사람은 함석헌의 사촌 형 함석규(咸錫奎)였다. 그의 아버지 함일형(咸一亨)은 일찍부터 신학문의 필요성을 느끼고 아들을 배재

학당에 보냈다. 함석규는 장로교 목사가 되었고 고향에 돌아와 기독교를 전교했다.

함석헌은 7세 때 덕일소학교에 입학하면서 자연스럽게 기독교를 믿게 되었다. 그 학교가 기독교 계열 학교였기 때문이다. 그의 아버지는 서당에서 한학을 공부한 사람이었지만 기독교를 믿는 것에 반대하지 않았다.

그는 기독교 학교에서 배우게 된 일이 행운이었다며, 훗날 「하나님께 차여서(Kicked by God)」에서 이렇게 회고했다.

> 나는 이상하게도 처음부터 활발한 새 교육을 받으며 자랄 수 있었습니다. 그 이유는 기독교 때문인데, 내가 태어났던 평안도에 기독교가 막 들어왔습니다. 본래 평안도는 한국의 '이방 갈릴리'여서 여러 백 년 두고 '상놈'이라 차별 대우를 받았습니다. 이상하게도 버림을 받고 천대받아 온 곳인데 그중에서도 내가 났던 마을은 더 심했습니다. 그야말로 '스불론, 납달리' 같아서 '바닷가 감탕물 먹는 놈들'이라 해서 머리도 못 들고 살았습니다. 그런데 그 불행이 도리어 복이 됐습니다. 밑바닥이니만큼 그 심한 정치적 혼란의 망국 시기에 있어서도 거기는 탐낼 것이 없는 곳이니 평화가 있었습니다. 가난하고 업신여김을 받았으니만큼 새로워지는 데는 앞장을 섰습니다. 이 '죽음의 그늘진 땅에 앉은 사람들' 속에 일찍부터 '큰 빛'이 들어왔습니다.

기독교가 자신의 마을에 들어온 것을 두고 '큰 빛이 들어왔다.'라고 했다. 또한 소학교의 교육을 활발한 새 교육이라고 평가했다. 학교 교육과 기독교에 대해 어린 함석헌이 만족해했음을 알 수 있다.

그래서 그는 교회의 가르침에 매우 충실히 따랐다. 기도 시간에 다른 아이들이 장난을 쳐도 눈 한 번 뜨지 않고 열심히 기도했다. 여기 한 일화가 있다.

> 주일날은 어른을 만나도 절을 해서는 안 되었다. 제사 음식은 먹어서는 안 되고 피도 먹어서는 안 된다. 주일 지키는 데 관해 이런 일이 한 번 있었다. 열두 살 때인데 아버지와 같이 외가에를 가게 됐다. 외가는 믿지도 않고 믿는 것을 비웃는 지방이었다. 갔다가 집으로 돌아오는데 주일날 오자는 것이었다. 내게는 큰 문제다. 내 맘을 아는 아버지는 미리 말해, 가다가 용암포 교회에 들어가 예배는 보고 가게 할 것이니 가자고 했다. 나는 약속을 믿고 떠났다. 그러나 용암포에 오자 일은 예기했던 것 같지 않아 교회에 가지 못하고 그냥 왔다. 오자니 집에 가까이 올수록 불안스러워 견딜 수 없다. 교회의 사람들을 어떻게 대하나 걱정이었다. 석규 형을 만날 때는 참 무서웠다. 물론 그도 아무 말은 없었고 나도 아버지를 원망하거나 잘못이라는 생각은 아니했다. 그러나 그 후 여러 해를 두고 불안은 없어지지 않았다.

기독교의 가르침에 따르면 일요일에는 아무 일도 해서는 안 된다. 하나님이 6일 동안 일을 하고 하루를 쉬었기 때문이다. 어린 함석헌은 이런 주일의 교칙을 어긴 것을 두고 몇 년간 불안해했다. 교회의 가르침에 따르지 않으면 벌을 받게 된다는 불안감이 소년의 마음을 짓눌렀다. 당시 교회는 요즘보다 더 엄격해 교칙 준수 의무를 강조했다.

민족의 현실에 눈뜨다

함석헌은 16세 때 평양 고등 보통학교에 입학하면서부터 교회에 나가는 것을 그만두었다. 교회가 싫어졌다거나 기독교에 대한 믿음이 흔들렸기 때문이 아니었다. 학교 친구 대부분이 기독교를 믿지 않아, 기독교 신자를 자처하기가 부끄러웠기 때문이었다. 하지만 방학 때에는 고향으로 돌아와 열심히 교회를 다녔다.

그 무렵 함석헌은 한의사인 아버지의 영향을 받아 의사가 되고자 했다. 그런데 몇 년 뒤 인생의 전환점이 되는 사건이 일어났다. 3·1 운동이었다. 그의 나이 19세 때였다.

함석헌을 적극적으로 3·1 운동에 끌어들인 사람은 사촌 형 함석은(咸錫殷)이었다. 함석은은 평양 지역에서 3·1 운동을 준비하는 중요한 역할을 맡고 있었다. 이때 함석헌은 태극기를 찍어 내고 독립 선언서를 나누어 주는 임무를 맡아 활동했다.

3·1 운동의 경험은 함석헌에게 커다란 충격이었다. 그는 민족의 현실에 대해 눈을 뜨기 시작했다. 그래서 자신이 그때까지 가졌던 인생의 목표에 대해 심각히 회의하게 되었고, 심한 내적 갈등을 겪었다. 자신이 바라던 의사로서의 삶이 가치 없게 느껴졌다.

그는 3·1 운동이 준 충격에 대해 「나의 인생 노트」에서 이렇게 회고했다.

> 뜨뜻미지근한 성격인지라 극적인 변화란 것은 없지만 그래도 내게도 시기를 짓는 변화가 없지는 않았습니다. 그것은 3·1 운동으로 인해 이루어졌습니다. 나만이 아니고 그때의 모든 젊은이가 그러했다고 해야 할 것입니다. 3·1 운동이 아니었더라면, 그때에 도저히 벗어 볼 수 있을 것 같

지 않던 일본의 명에 아래 있어서, 나는 아무 역사적인 사명감 없이 그저 하나의 사적인 인생을 살다 갔을는지 모릅니다. 그러나 그 큰 운동으로 인해 꺼져 버릴 수 없는 역사의식이 생겼습니다. 나는 이것을 무한히 고맙게 생각합니다. 그러나 역사의식이 생기고 보니 번민이 닥쳐 왔습니다. 무엇을 가지고 우리나라를 건지느냐 하는 문제입니다.

함석헌은 휴학하고 고향집에 내려와 2년 동안 머물렀다. 교회에 열심히 다니며 해답을 찾고자 했다. 주변에서는 신앙심이 돈독한 청년이라 칭찬했지만, 그는 교회 안에서 깨달음을 얻을 수 없었다. 교회는 번민에 대한 답을 주지 못했다.

그렇다고 기독교를 버린 것은 아니었다. 오히려 오랜 고민 끝에 기독교를 가지고 나라를 건질 수 있다는 결론을 내렸다. 그렇지만 방법을 알 수 없었다. 평양 고등 보통학교에 복학하는 것을 포기하고 오산 학교에 입학하면서, 그는 기독교로 나라를 구하는 방법을 모색하기 시작했다.

21세 때, 함석헌은 주변 친지들의 권유를 받아들여 평안북도 정주에 있는 오산 학교에 입학했다. 오산 학교는 이승훈(李昇薰)이 세운 기독교 계열의 학교로 민족주의적 교육 방침을 따르고 있었다. 그는 그곳에서 유영모(柳永模)를 만난다.

유영모는 기독교인이었지만 톨스토이의 영향을 받아 무교회주의적 입장을 취하고 있었다. 또한 동양 철학의 영향으로 불교 경전과 노자의 『도덕경(道德經)』에 심취하기도 했다. 함석헌은 유영모에게서 동양 철학을 배웠다. 무엇보다도 그를 통해 우치무라 간조(內村鑑三)라는 사람을 알게 되었다. 유영모가 일본 기독교계에 참된 사람이 둘 있다며 우치무라를 소개한 것이다. 몇 년 후 함석헌은 우치무라를 직접 만나 큰 영향을 받았다.

오산 학교 시절, 함석헌은 서양 사상가들의 책도 열심히 읽었다. 그중에서도 허버트 웰스(Herbert Wells)가 지은 『세계 문화사 개론(The Outline of History)』을 읽고 큰 감명을 받았다고 한다. 처음에는 성경 다음으로 많이 팔린 책이라 하여 읽기 시작했으나, 점차 그 내용에 매료되었다. 웰스는 영국 페이비언 협회의 회원으로 세계주의를 주장했다. 그 영향으로 함석헌은 과학에 관심을 가졌고, 정통적인 기독교 신앙에 만족하지 못하게 되었다.

23세 때, 함석헌은 오산 학교의 후원을 받아 일본으로 유학하게 되었다. 어떤 공부를 해야 할지가 고민이었다. 오랜 심사숙고 끝에 사범 학교에 진학하기로 했다. 조선에서 가장 필요한 것이 교육이라고 보았기 때문이다.

그런데 입학시험 공부에 매진하고 있을 때 간토 대지진이 일어났다. 인구 200만이 넘던 대도시가 하루아침에 잿더미가 되고 수십만의 사람들이 죽거나 다쳤다. 민심이 흉흉해지자 조선인들이 폭동을 일으켰다는 유언비어가 퍼졌다. 그로 인해 일본인 폭도들에게 조선인 수천 명이 학살되는 끔찍한 사건이 발생했다.

함석헌은 이 사건을 경험하면서 인간이 얼마나 악해질 수 있는지, 얼마나 보잘것없는 존재인지를 절감했다. 또한 정치가 얼마나 무책임한 것인지에 대해서도 생각하게 되었다.

학살의 여파로 대부분의 조선인 유학생들이 고향으로 돌아갔다. 그러나 함석헌은 고향에 돌아오라는 아버지의 권유도 뿌리치고 시험공부에 열중해 마침내 도쿄 고등 사범 학교에 합격했다.

우치무라 간조를 만나다

함석헌은 도쿄 고등 사범 학교에 입학하면서 다시 한번 갈등했다. 그곳 조선인 유학생들은 대부분 공산주의나 무정부주의의 영향을 받았다. 그래서 기독교인의 길을 가기로 결심한 그에게는 주위의 비판과 비난, 멸시, 따돌림, 회유 등이 뒤따랐다. 마음이 흔들리며 심각한 고민을 하지 않을 수 없었다. 과연 기독교를 믿는 것이 진짜 나라를 구하는 길인가?

당시의 번민에 대해 「하나님께 차여서」에서 이렇게 회고했다.

> 나는 번민하기 시작했습니다. 기독교를 가지고 정말 우리 민족을 건질 수 있느냐고. 정치란 것이 이런 것일진대, 지식인과 상류 사회란 것이 이런 것일진대, 그 악당을 물리치는 것은 종교 도덕으로는 도저히 될 수 없는 것이 분명했습니다. 나라를 해방시키려면 혁명밖에는 길이 없고 혁명을 한다면 사회주의 혁명 이외에 길이 없는 것으로 보였습니다. 민족주의 진영이 썩어 가는 것을 보면 혁명은 어림도 없는 일이었습니다. 그러나 그렇다고 내 신앙을 버리고 도덕이니 인도주의니 하는 것을 전혀 무시해 버리는 사회주의에 들어갈 수는 차마 없었습니다. 나는 이러지도 저러지도 못했습니다. (중략) 나는 오래 고민했습니다.

이때 함석헌은 김교신(金教臣)을 만났다. 김교신은 1919년부터 도쿄에서 유학하며 우치무라가 이끄는 성경 공부 모임에 참석하고 있었다. 함석헌은 유영모로부터 우치무라에 대해 들었던 바가 있기 때문에, 김교신을 따라 모임에 참석하기 시작했다.

우치무라는 무교회주의 운동을 벌이고 있었다. 그는 기도와 성경 공부만으로 하나님과 통하는 믿음을 가질 수 있다고 했다. 또한 일본인은 철저한 성경 공부를 통해 일본에 필요하고 일본의 전통에 맞는 기독교를 발견할 수 있다고도 했다. 우치무라는 이를 "나는 두 개의 J를 사랑한다. 하나는 예수(Jesus)이고 다른 하나는 일본(Japan)이다."라고 말했다.

우치무라의 주장을 들으며 함석헌은 참다운 믿음이 나라를 살리는 길이라는 확신을 가지게 되었다. 이런 확신은 기독교와 공산주의 사이에서 고민하던 마음을 바로잡아 주었다. 그 대신 그는 교회에 대해 회의하게 되었다.

그렇다고 교회에 나가는 것을 그만두지는 않았지만 교회에 대한 실망감은 점점 커졌다. 함석헌은 「이단자가 되기까지」에서 당시 교회에 대한 실망을 이렇게 썼다.

> 우리는, 적어도 나는, 처음부터 교회에 가지 말자는 것은 아니었다. 방학에 집에 오면, 될수록 교회에 나갔다. 그러나 갔다가는 늘 실망했다. 조금도 심령의 소생하는 것이 없고 낡아 빠지고 껍데기가 돼 버린 교회 형식만 되풀이하는 데 견딜 수가 없었다. 우리가 알기로는 신앙은 첫째 자유여야 하는데 거기는 자유가 없다. 참이어야 하는데 형식이요, 수단적이다. 심령의 문제인데, 나와 하나님 사이는 직접적인 문제인데 항상 교회란 우상이 그 중간에 선다. 이것이 견딜 수 없어 더러 말을 하면 처음엔 독선이라 고답(高踏)이라 하다가 그다음엔 교회를 부인한다고 하여 차차 멀어졌다.

함석헌이 보기에 교회는 우상이었다. 이런 말을 하면 교회가 그를 멀리했다. 말을 하면 할수록 그는 무교회주의자라는 비판만 들어야 했다. 우치무라와의 관계는 함석헌을 더욱 곤경에 빠뜨렸다. 일본인과 어울리며 민족정신을 팔아먹는 자라는 비난을 들어야 했다.

그러나 우치무라에 대한 그의 존경심은 매우 컸다. 함석헌은 해방 후에도 우치무라를 기념하는 강연을 했다. 그 일로 인해 그는 아예 교회로부터 '이단'으로 낙인찍혀 버렸다. 장로파 교단에서는 아예 함석헌에게 교회를 빌려 주지도 말라는 통문을 돌리기도 했다.

참다운 믿음이 나라를 구하는 길

함석헌과 함께 우치무라 성경 모임에 참석한 조선인은 여섯 명이었다. 그들은 《성서조선》이라는 잡지를 발행했다. 1927년, 함석헌의 나이 27세 때였다. 성서와 조선은 연결된다는 취지에서 붙인 이름인데, 우치무라가 성서와 일본을 연결한 데서 아이디어를 얻은 것이었다. 함석헌은 여기서 핵심적인 필자로 활약했다.

28세 때, 유학을 마치고 돌아와 모교인 오산 학교에서 역사와 윤리를 가르쳤다. 특히 조선사를 가르치는 데 심혈을 기울였다. 그런데 조선사 연구를 하면서 심한 좌절감을 느꼈다. 그것이 우리 민족의 영광된 역사가 아닌 굴욕과 시련의 역사로 보였기 때문이다. 그때의 심경에 대해 「고난의 여왕(Queen of Suffering)」에서 이렇게 회고했다.

나는 조그만 시골 학교에서 한국 역사를 가르치게 되었습니다. 내가 실제로 교실에서 가르치기 시작했을 때, 나는 조선사를 있는 그대로 학생들에게 가르치기가 불가능하다는 것을 깨달았습니다. 4000년의 조선

역사는 굴욕과 좌절, 실패의 연속이었습니다. (중략) 그럼에도 나는 조선
사를 정면으로 응시하기 시작했습니다. 그랬을 때 그것은 마치 버림받은
길거리의 거지 처녀 아이처럼 내 눈앞에 나타났습니다. 그 넝마를 입은
처녀 아이는 동네 건달들로부터 능욕을 당하고, 쫓겨 다니고, 숨어 다니
다가, 결국에는 길바닥에 지쳐 쓰러져서 힘없이 울고 있었습니다.

함석헌은 성공과 실패라는 잣대로 역사의 문제를 다루었다. 고난을 겪
은 후 부활이 있다는 성서적 시각을 조선 역사에 적용하려는 생각 때문
에, 역사를 지극히 단선적으로 파악했던 것이다. 그가 연구한 결과를 《성
서조선》에 연재하면서 내건 제목이 「성서적 입장에서 본 조선 역사」였다.

함석헌은 우리 민족이 고난을 당하는 '길거리의 거지 처녀 아이' 같은
처지였기에 머지않아 부활할 거라 믿었다. 그래서 민족의 수난과 부활을
연관 지어 학생들을 가르치고 글을 썼다. 그것이야말로 참다운 믿음으로
나라를 구하는 길이라고 생각했다.

1937년 일본의 만주 침략이 시작되면서 조선 전역에 대한 통제가 강화
되었다. 중요한 조치 중 하나로 학교와 교육 기관에서 조선어 사용과 조
선사 강의가 금지되었다. 함석헌은 이에 항의해 오산 학교를 떠났다.

이후 함석헌은 한 후배의 부탁을 받아 평양 근교에 위치한 송산 농사
학원의 경영과 관리를 맡았다. 그런데 후배가 공산주의 활동으로 체포되
면서 그 역시 체포되어 1년간 감옥살이를 해야 했다. 출소한 지 얼마 안
되어 《성서조선》이 폐간되었고, 그는 다시 구금되었다. 함석헌의 고난의
역사가 시작되었다.

1945년 해방이 되었다. 그의 나이 45세였다. 그러나 해방은 곧 민족 분
단을 가져왔다. 그는 소련군이 진주한 북한에서 인민 위원회 평안북도 지

역 문교부장을 맡았다. 그러나 그 생활은 오래가지 못했다.

1945년 11월 23일 신의주에서 소련과 공산주의에 반대하는 학생들의 시위가 일어났다. 함석헌은 그 시위의 배후 조종 혐의를 받게 되었다. 그는 체포되어 두 달 가까이 혹독한 심문을 당하고 구금 생활을 했다. 비록 석방은 되었지만, 항시 감시를 당하는 불안한 나날을 보내지 않을 수 없었다. 그는 남한에 오기로 결심하고, 1947년 2월 홀몸으로 월남을 감행했다. 그의 나이 47세였다.

고혈압 증세에 걸린 교회

함석헌은 천신만고 끝에 남한으로 내려왔다. 당시 남한은 매우 혼란스러운 상황이었다. 좌우익의 대립이 격화되는 가운데, 친일 세력이 활개를 치고 있었다.

함석헌은 전국을 돌며 성경 공부 모임을 만들고 공개 강좌를 열었다. 그는 기독교의 사회적 역할을 강조하는 한편 조직의 외형을 불리는 데 열중하는 교회를 비판했다. 이런 입장은 교회의 입장과 상당히 다른 것이었다. 특히 그는 기독교가 권력 집단과 결탁하고 있음을 매우 신랄하게 비판했다. 그러자 기독교계뿐만 아니라 권력층에서도 그를 불편하게 여겼다.

교회가 앞에 나서 함석헌은 이단으로 몰고 갔다. 하지만 그는 교회와 타협할 생각이 없었다. 1953년, 아예 「대선언」이라는 시를 통해 자신이 이단이라고 공개적으로 선언해 버렸다.

내 기독교에 이단자가 되리라.

참에야 어디 딴 끝 있으리오.

그것은 교회주의의 안경에 비치는 허깨비뿐이니라.

미움은 무서움 설고 무서움은 허깨비를 낳느니라.

기독교는 위대하다.

그러나 참은 보다 더 위대하다.

참을 위해 교회에 죽으리라.

교회당 탑 밑에 내 뼈다귀는 혹 있으리라.

그러나 내 영은 결단코 거기 갇힐 수 없느니라.

기독교보다 '참'이 더 위대하다고 했다. 참을 말하고 실천하기 위해 자신은 기꺼이 이단자가 되겠다고 했다. 대선언 이후 함석헌의 기독교 비판은 더욱 날카로워졌다. 1956년 《사상계》에 기고한 「한국의 기독교는 무엇을 하고 있는가」는 이런 비판을 집약한 글이다.

여기서 그는 "양심이 날카롭다면 이 사회 현상에 냉담할 수 없고, 사회를 자세히 관찰한다면 거기 죄악적인 정도가 합법적이라는 가장 구조(假裝構造)를 가지고 되어 감을 모를 수 없고, 만일 그 사실을 본다면 일신이 일 없다고 안연(晏然)하고 있을 수 없을 것이다."라고 했다.

합법적인 구조를 가장해 죄악이 벌어진다는 것이다. 이렇게 사회가 잘못되어 가는데 자기 한 몸에 피해가 없다고 걱정도 안 하고 편안히 지낼 수 없다고도 했다. 그것은 기독교의 안일한 자세에 대한 비판이었다.

덧붙여 교회가 그동안 보여 온 모습을 폭로하며 신랄하게 비판했다.

이렇게 혼란해 가는 사회를 보고도 아무 용기를 내지 못한다. 전쟁이 났다면 기독교 의용대나 조직해서 불신자로부터 병역 기피라는 비방이나 듣고, 수많은 청년을 양심의 평안도 못 얻고 육신의 생명도 못 누리고 죽게 하고, 성직자는 먼저 구해야 한다고 그 가족은 먼저 도망을 하고 신자는 또 그렇다고 비난을 하고, 교회당에 피난민이 오면 신자를 먼저 들이고 불신자를 막고, 구호물자가 오면 그 때문에 싸움이 나고 그렇지 않으면 그것을 미끼로 전도를 하려 하고, 그리고 선거를 하면 누구를 대통령으로 찍으라, 누구를 부통령으로 찍으라 하고, 기독교 연합을 만들어 추천을 하는지 매수(買收)를 하든지 하고, 교회를 지반으로 정당 운동이나 하고, 기독교 학교라는 학교도 다 남보다 못지않게, 누구보다 더 학생을 착취하고 있을 뿐이지, 이 역사를 세우려 기독적인 입장에서 높은 입장을 주장하는 커다란 사상적인 노력도, 기울어져 가는 집을 한 손으로 당해 보려는 비장한 실천적인 분투가 힘 있게 나오는 것도 없다.

이렇듯 해방 이후 6·25 전쟁을 거치며 보여 왔던 기독교의 모습을 낱낱이 지적했다. 그것은 속된 말로 양지(陽地)만을 찾아다닌 행태였다. 그렇게 된 이유에 대해 함석헌은 교회가 외형 불리기에만 몰두해 권력층과 결탁하고, 돈 있는 사람을 장로로 삼아 교회 경영을 맡기는 데 원인이 있다고 했다. 결론적으로 그는 교회가 "고혈압 증세"에 처해 있다고 했다.

노자와 장자에 주목하다

이러한 신랄한 기독교 비판에는 함석헌 특유의 종교관이 깔려 있다. 그는 종교를 인생의 종교와 역사의 종교로 구분한다. 인생의 종교는 자기 개인의 구원을 비는 종교를 말하고, 역사의 종교는 역사와 사회에 대해 책임을 질 줄 아는 종교를 말한다. 함석헌은 기독교가 인생의 종교에만 매달려 있다고 보았다. 그러나 역사의 구원 없이는 개인의 구원도 없다. 이것이 그의 결론이었다. 참다운 믿음만이 나라를 살린다는 오랜 믿음의 표현이기도 했다.

따라서 그는 여러 종교 사이에 큰 차이가 없다고 보았다. 역사적, 사회적 역할을 다하는 데 교리상의 차이는 사소한 것이라 생각했기 때문이다. 당면한 역사적, 사회적 상황은 똑같지 않은가. 따라서 그는 다양한 종교와 철학을 연구했고, 특히 동양 철학에 주목했다.

함석헌이 동양 철학에서 상당한 영감을 받았음은 『뜻으로 본 한국 역사』의 서문에 잘 드러난다. 이 책은 1930년대 《성서조선》에 연재한 것을 묶어 1950년에 『성서적 입장에서 본 한국 역사』라는 제목으로 출판했던 것인데, 1965년에 제목을 바꾸어 출판하면서 제목을 변경한 이유를 서문에 밝혔다.

> 의인, 죄인, 문명인, 야만인을 다 같이 구원하는 것이 무엇일까? 유신론자, 무신론자가 다 같이 믿으며 살고 있는 종교는 무엇일까? 그래서 한 소리가 뜻이다. 하나님은 못 믿겠다면 아니 믿어도 좋지만 뜻도 아니 믿을 수는 없지 않으냐. 긍정해도 뜻은 살아 있고 부정해도 뜻은 살아 있다. 져서도 뜻만 있으면 되고 이겨서도 뜻이 없으면 안 된다. 그래서 뜻이라고 한 것이다. 뜻이야말로 만인의 종교다. 뜻이라면 뜻이고 하나님이라면 하나님이고 생명이라 해도 좋고 역사라 해도 좋고 그저 하나라 해도 좋다. 그 자리에서 역사를 보자는 말이다.

뜻이 무엇인지에 대해 설명했다. 그것은 누구도 부정할 수 없는 만인의 종교다. 그래서 성서라는 말 대신에 뜻이라는 말을 제목으로 했다. 이것은 함석헌의 철학이 상당히 변화했음을 보여 준다. 성서를 통한 세계 해석에서 다른 철학을 통한 세계 해석으로 바뀌었음을 상징적으로 표현한 것이다. 그는 새로운 가치 체계가 필요하다면 "동양의 옛글을 연구할 필요"가 있다고 했다. 동양 철학에 주목하는 이유는 역사가 달라지고 있기 때문이라고 했다. 즉 "물질주의, 지식주의, 권력주의, 적극주의의 서구문명이 차차 사양길에 들었고, 사람들은 그 산업 방법, 그 학문, 그 종교를 근본에서 고쳐 생각하지 않으면 안 되는 때를 당했다."라고 했다. 서구 문명은 사양길에 들어섰으므로 동양 철학을 바탕으로 새로운 문명을 일으켜야 한다는 것이다. 세계사의 변화에 대한 탁견이었다.

함석헌이 특히 주목한 것은 노자와 장자의 철학이었다. 그는 1971년부터 1988년까지 무려 17년간에 걸쳐 노자와 장자에 대한 강의를 했다. 그는 노장 철학이 서구 문명의 물질주의, 지식주의, 권력주의, 적극주의에 대비된다고 보았다. 노자와 장자가 무위(無爲, 하지 않음)를 주장했음에 주목하면서, 「노장을 말한다」에서 이렇게 썼다.

> 우리가 노자, 장자를 높이 평가하는 것은 그들은 애당초 정치하자는 생각은 없었고 이상론을 한 것이니 크게 정치에 영향을 끼쳤다 할 수는 없지만, 그것은 우주 근본의 깊은 데를 파고들어 간 말이었으니만큼 앞으로도 오히려 생명을 가지고 있다고 볼 수밖에 없다.

노자와 장자가 우주의 근본 이치를 탐구했기 때문에 높이 평가한다는 것이다.

그 사람을 가졌는가

함석헌이 공자와 맹자, 노자와 장자를 비교한 내용이 흥미롭다. 그는 전자가 현실적이고 적극적인 학(學)과 유위(有爲)의 방법을 주장한 반면, 후자는 이상적이고 소극적인 도(道)와 무위의 방법을 주장했다고 말했다. 그래서 전자는 서양적이고 후자는 동양적이라고도 했다.

양측에 대한 이런 비교는 사상적 내용에 기반을 두기보다는 함석헌이 살았던 시대적 상황에 영향을 받은 것으로 보인다. 그 시대에 유교는 극단적인 평가를 받고 있었다. 한쪽에서는 나라를 망친 원흉이라며 배척하는가 하면, 다른 한쪽에서는 권력층의 이데올로기라고 배격했다. 그래서 유교 철학에 맞서 도교 철학에 대한 관심이 높았다. 그런데 흥미로운 것은, 함석헌이 말하는 '뜻'은 도교보다는 유교에서 말하는 이(理)에 가까운 개념이라는 점이다. '뜻'은 종교의 신을 대체할 수 있는 개념이므로, 무위이면서 유위인 개념이다. 동양 철학에서 그것과 유사한 개념은 이이다. 무위를 주장하는 도교의 입장에서 보면 뜻이라는 말 자체가 불필요하다. 뜻이란 무엇인가 하겠다는 유위를 내포한 말이기 때문이다.

함석헌은 참다운 기독교인이 되겠다고 한 이후 수많은 고초를 겪었다. "참다운 믿음이 나라를 구한다."라는 그의 신념은 종교와 정치 양 측면으로부터 억압을 불러왔다. '참다운 믿음' 때문에 그는 교회로부터 이단으로 배척당했다. '나라를 구한다는 것' 때문에 일본, 북한, 남한 정권으로부터 극심한 탄압을 당했다.

함석헌의 인생은 격변하는 역사 현장에서의 삶이었다. 그 속에서 그는 자신의 믿음을 실천하기 위해 쉴 틈 없이 동분서주하며 활동했다. 함석헌이 역사와 사회라는 현장을 떠난 것은 1989년이었다. 그해 그는 지병으로 사망했다. 그의 나이 89세였다.

함석헌은 기독교인, 한국인으로 일생을 시작했지만, 기독교를 넘어섰고, 한국을 넘어서려 했다. 종교를 역사·사회와 긴밀하게 연결함으로써 종교라는 울타리에 머물지 않았고, 국경과 민족의 울타리에도 머물지 않았다. 서구 문명이 사양길에 접어들었다는 탁월한 인식 아래 새로운 문명의 시대가 다가오고 있음을 예감했다. 그는 그 길을 동양 철학에서 찾으려 했다.

함석헌은 동양 철학의 유산을 새로운 문명의 창조에 활용하는 데까지 이르지는 못했다. 동양 철학에 대한 그의 연구가 현실에 대항하는 한 수단으로 이루어졌기 때문이다. 그럼에도 그가 보여 준 문명적 각성은 선구적인 의의를 가진다.

그런데 함석헌은 한국의 전통 철학에 대해서는 외면했다. 그가 말한 '뜻'이 한국 철학에는 없었기 때문일까? 아니면 우리 민족이 당했던 수난과 고통에 분노했던 나머지 우리 철학을 돌아볼 여유가 없었기 때문일까? 그래서 한국의 전통 철학에서 '뜻'을 찾고자 하는 노력은 여전히 큰 숙제로 남았다.

서울 마로니에 공원에는 함석헌의 「그 사람을 가졌는가」 시비(詩碑)가 있다. 함석헌은 '그 사람'을 가졌을까? 그는 씨올, 즉 보통의 사람을 믿었다. 그러면 이 시대를 사는 보통 사람들은 그 사람을 가지고 있을까?

만 리 길 나서는 길

처자를 내맡기며

맘 놓고 갈 만한 사람

그 사람을 그대는 가졌는가

온 세상 다 나를 버려

마음이 외로울 때에도

'저 맘이야' 하고 믿어지는

그 사람을 그대는 가졌는가

탔던 배 꺼지는 시간

구명대(救命袋) 서로 사양하며

'너만은 제발 살아다오' 할

그 사람을 그대는 가졌는가

불의(不義)의 사형장(死刑場)에서

'다 죽여도 너희 세상 빛을 위해

저만은 살려두거라' 일러 줄

그 사람을 그대는 가졌는가

잊지 못할 이 세상을 놓고 떠나려 할 때

'저 하나 있으니' 하며

빙긋이 웃고 눈을 감을

그 사람을 그대는 가졌는가

온 세상의 찬성보다도

'아니' 하고 가만히 머리 흔들 그 한 얼굴 생각에

알뜰한 유혹을 물리치게 되는

그 사람을 그대는 가졌는가

함석헌

한국 기독교의 오늘날 설 자리

함석헌이 1977년 《씨올의 소리》의 소리에 기고한 글로, 여기에서
는 처음 부분과 마지막 부분을 싣는다.

인생의 종교냐, 역사의 종교냐

이것은 역사의 자리에서 하는 말이다. 마르틴 부버(Martin
Buber)라는 사람이 '나와 너'라는 말을 하면서 그것은 어쩔
수 없이 '나와 것'으로 떨어져 버린다고 했다. 그래서 다시
나와 너와의 자리로 돌아가야 한다고 했다. 그러나 만일 어
쩔 수 없이 떨어지는 것이고, 그래서 또 어쩔 수 없이 다시
너로 돌아와야 하는 것이라면, '나와 것'은 '나와 너'보다 못
지않게 참일 것이다. '너'가 살았다면 '것'은 죽었다. 그러나
삶만이 참이고 죽음은 거짓인 것일까? 삶 없는 죽음, 죽음
없는 삶은 없다. 삶과 죽음은 생명의 안과 밖이다.

역사는 '나와 것'에서 나온다. 어떤 나도 또 한 번 죽어 보
지 않은 나 없고 또 한 번 부활해 보지 않은 나 없다. 예수
가 부활했기 때문에 부활이 진리인 것이 아니라 부활이 진
리이기 때문에 예수가 부활할 수 있었다. 그렇기 때문에 소
위 부활이라는 사실이 있기 전에 벌써 "내가 부활이다."라
했다. 또 한 번 산 나요 또 한 번 죽은 나이기 때문에 역사
는 있다. '나'는 역사적 단면이요 '것'은 너의 역사적 단면이
다. 가로 자르면 그렇지만 세로 쪼갠다면 나는 너의 저쪽이
요 너는 나의 저쪽이다. 내 안에 네가 있고 네 안에 내가 있
다. 그것이 역사다. 이런 말을 하는 것은 아직도 '인생의 종
교'라는 꿈속에 사는 사람 혹은 거울 속의 제 얼굴만을 보

고 있는 사람이 많기 때문에 하는 말이다.

인생의 종교가 있다. 그러나 그것만이 참종교라면 잘못이다. 죽지 않는 인생이 어찌 있느냐? 죽고 사는 것이지. 그러면 종교는 또 '역사의 종교' 아닌가? 인생의 종교만 믿고 있다면 그것은 꿈을 깨지 못하고 있는 것이 아닌가? 거울을 떠날 줄 모르고 들여다만 보고 있는 것 아닌가? 사람이 꿈도 꾸지만 꿈은 깨기 위해 있는 것이지 깨지 못하면 그야말로 영원한 산송장 아닌가? 거울도 보는 것이 사람이지만 거울만 보고 있으면 얼은 빠지지 않는가? 다 상대와 절대의 관계다. 절대가 타락해서 상대가 있는 것이 아니다. 절대만이 참이고 상대는 거짓이 아니다. 절대가 먼저 있어서 거기서 상대가 나온 것이 아니다. 절대↔상대로 있는 것이 참이다. 역사 없는 인생 없고 인생 없는 역사 없다.

일제 시대에 별로 한 것도 없이 법에 끌려갔던 일이 있는데 조사하는 첫말이 놀라왔다. 왈, "너희 놈들 인생의 종교를 믿고 있다면야 누가 잡아오겠느냐? 종교라는 이름 아래 독립운동 하니 잡아왔지."라 했다. 그래서 대답하기 전 우선 나는 속으로 "그럼 나도 낙제는 면했나 보다."라고 하나님께 감사했던 것을 지금도 잊지 않고 있다.

변론하자면 끝이 없을 것이다. 아마 가깝다는 신앙의 친구들조차도 김교신, 송두용(宋斗用), 유달영(柳達永) 같은 여러 분들이 같이 갔으니 말이지, 나나 누구 하나만 잡혀가서 그 말 들었다면 "과연 옳은 말이지."라 했을지도 모른다. 그러나 변론을 그만두고 청천백일 아래 부인할 수 없는 사실로 대답하게 해 봐! 민족을 온통 먹어 버리자는 그 압박 정치에서 선량한 종교로 인정받는 것이 그래 옳은 산 종교일 수 있겠는가? 그렇다면 어찌 일본 사람이 해야만 악하다 하고 다른 사람이 하면 악이 아니라 할 수 있으며, 만일 마찬가지로 악이라 할진대 어찌 그때만 역사에서 의무를 다하려는 것이 옳고 이때는 아니라 할 수 있는가?

하나 되는 높은 자리

끝으로 이 연극을 놀면서 또 구경하면서 생각을 하는 동안에 얻어진 말을 하나 끝맺음 삼아 하고자 한다. 교회라는 모임의 의미는 무엇일까? 그것을 설명하는 데는 맨 처음의 교회를 보는 것이 가장 첩경일 것이다. 예수를 중심으로 하고 모인 열두 사람의 모임 말이다. 예수께서 십자가에 달리기 직전까지 전수이 마음을 쓰신 것은 오직 이것이었다. 그것은 유다의 배신을 제자들에게 예고할 때의 말씀에서 알수 있다. 좀 더 분명히 말한다면 그것을 하나의 한 생명체로 만들자는 생각이다. 3년 동안 데리고 다니는 동안에 그것이 어느 정도 됐음을 알았다. 그래서 아주 마지막 결심을 하고 예루살렘으로 올라간 것이었다. 십자가에 달리는 것은 각오는 다 되어 있지만 그 새 생명체가 스스로 살아서 자랄 수 있다는 확신이 오기 전에는 떠날 수 없다. 예수께서 자기는 죽을 권세도 있고 살 권세도 있으므로 자진해서 삶을 버리는 것이지 결코 뺏기는 것이 아니라고 했다. 그렇다면 십자가에 달리는 것은 자기 뒤에 두고 가는 그 생명체에 확신이 가기 전에는 할 수 없었을 것이다. 예수는 보통 인간처럼 힘껏 하다 안 되면 "할 수 없지."라는 식의 패배주의를 가질 수 있는 이는 아니다. 그러나 한편 복음서에 기록되어 있는 것을 보면 제자들에게는 아직도 채 되지 못한 점이 많은 것을 알 수 있다.

그럼 예수님의 안심은 어디에서 오는 것일까? 그 약점을 예수님은 누구보다도 잘 알고 있었다. 그러나 그러면서도 안심한 것은 아직 완전히 자란 것은 아니지만 스스로 이겨 자기를 완성해 갈 수 있는 생명의 씨는 분명히 들어간 것을 알았기 때문이었다. 그것은 무엇인가? 그것을 하나됨의 원리라고 할 수 있다. 서로 다르지만 그 다른 것들이 하나가 되어 보다 높은 새 생명을 드러낸다. 예수님께서는 이것을 보혜사, 즉 성령이라 하셨고 요한 일서에는 코이노니아라고 했다. 그 코이노니아를 설명한다면 무엇이라고 할까? 나는 화(和)라고 하는 것이 가장 좋지 않을까 한다. 화음(和音)이라 할 때의 화다. 서로 다른 음들이지만 그것이 하나로 되어 아름다움을 드러내는 것이 화 곧 하모니다.

이 물질적인 우주에는 이미 그 화가 되어 있다. 테이야르가 말하는 것같이 이 우주의 신비스런 원리는 다(多)이면서 일(一)을 이루어 가지고 있는 점이다. 노자, 장자는 이것을 토대로 하는 사상이다. 그것을 도(道)라고 했는데 노자가 도충이용지(道沖而用之)라 하는 때의 이 충(沖)은 우주적인 큰 하모니를 말하는 것이었다. 장자는 부동동지지위대(不同同之之謂大)라, 같지 않은 것을 같이 하는 것이 큰 것이라 했고, 공자도 군자는 화이부동(和而不同)이요 소인은 동이불화(同而不和)라 했다. 참 하나됨은 일색(一色)이 되는 것이 아니라 서로 각각 무한히 다르면서도 하나 되는 것이다. 성령은 화(和)하는 영(靈)이지 동(同)하는 획일주의의 영이 아니다.

예수가 가르쳐 주신 것은 그런 자연적인 화만이 아니라 그 자연을 자료로 그 위에 혹은 그 속에 보다 높은 정신적인 화를 이루는 것이었다. 그런 뜻에서 볼 때 열둘의 모임은 의미가 큰 것이었다. 그런데 그것이 십자가 직전에 깨지는 것을 보았다. 그러니 마음이 아프지 않을 수 없었다. 그래서 "어서 너 할 것을 해라."라며 유다를 내보낸 다음 그 깨어진 하나됨을 다시 회복해 놓고는 "이제 내가 떠나는 것이 너희에게 좋다.", "내가 이제는 너희를 친구라 한다."라 하시고는 십자가로 나가신 것이었다.

서로 다른 것이 나타나는 것은 불행하지만 또 행(幸)이다. 자라기 위한 것이기 때문이다. 그러나 서로 다른 것을 하나로 만드는 것은 보다 높은 원리다. 거기 큰 즐거움이 있다.

보수파는 보수파의 할 말이 있고, 해방파는 해방파의 또할 말이 있다. 그러나 그것이 제 승리를 고집하고 보다 높은데 이르는 화(和)를 이루지 못한다면 의미가 없다.

이 분별에 분별, 싸움에 싸움, 고난에 고난으로 시련을 당하는 이 나라, 이 기독교의 역사의 의미는 장차 오는 세계의 구원을 위해 화의 원리를 닦는 데 있지 않을까?

보수하지만 고집으로는 말라!

싸우지만 미워함으로는 말라!

인생의 종교지만 역사의 구원 없이는 개인 구원 없다.

역사의 종교지만 덕 없이는 진보 없다.

노장을 말한다

함석헌이 노자와 장자의 사상을 설명한 글로, 여섯 개의 장으로 이루어져 있다. 여기에서는 그중에서 주요한 세 개의 장을 싣는다.

도(道)

그러므로 노자·장자의 도는 공자·맹자가 말하는 도와는 다르다. 공자가 『대학』에서 말하는 "대학의 길은 밝은 속을 밝힘에 있으며, 씨올 사랑함에 있으며, 지극한 선에 머무는 데 있다."라는 도나, 『중용』에서 말하는 "하늘이 말씀하신 것을 이른 바탈[1]이요, 바탈 따름을 이른 길이요, 길 닦음을 이른 가르침이다."의 도는 길, 곧 목적에 이르는 방법을 말하는 것이지만, 노자·장자의 도는 길이 아니라 목적 그 자체다. 그렇기 때문에 그것은 한없이 크고 넓고 깊은 것이다. 삶의 근본, 있음의 밑바닥이다. 영원 무한이다.

이것은 공자·맹자와 노자·장자의 그 시대를 보는 눈이 서로 다른 데서 나온 것일 것이다. 하나는 보다 현실적이고, 하나는 보다 이상적이다. 유교는 실천 도덕으로 단계적으로 지도하자는 것이요, 노장의 가르침은 궁극의 자리를 뚫어 단번에 현실을 초월하는 자리에 가자는 것이다.

이 관계를 생각하면 예수가 밤에 찾아와서 "선생님은 하늘에서 오신 분인 줄 압니다."라 한 니고데모에 대해 "새로 나지 않으면 하늘나라를 볼 수 없다."라며 첫머리에서부터 까 버리던 장면을 생각하지 않을 수 없다. 그 이후에도 두고두고 논쟁이 있었다.

예수가 바리새인의 길로 구원이 될 수 없는 것을 알았던

---

1) 바탕, 본성.

것같이 노자·장자도 유교의 가르침으로 춘추 전국 시대가
건져질 수 없는 것을 알고 있었다. 그래서 예수가 자기의 길
은 좁고 험하다고 했던 것같이, 노자는 자기의 길은 따져서
알 수 있는 것이 아니라고 했다. "보아도 안 보이니 그 이름
이 이(夷), 들어도 안 들리니 그 이름이 희(希), 잡아도 안 붙
잡히니 그 이름이 미(微), 이 셋은 따져 될 것이 아니다."라
했고, 또 "몸이 있어 두루뭉수리로 되어 하늘땅보다 먼저 낳
으니 괴괴하고 고요해 홀로 서서도 고치지 않고, 두루 다녀
도 위태롭지 않으니 천하의 어미로 삼을 만하더라. 내 그 이
름을 모르니 불러서 도라 하자."라 하기도 했다. 따져서 될
수 없는 것은 이성으로는 알 수 없는 것이요, 무엇이라 이를
수도 없으나 그렇기 때문에 하늘땅 이전이요, 그렇기 때문에
천하의 어미가 될 수 있다.

모든 것의 근본이기 때문에 그것은 원인 없는 원인이다.
그래서 스스로 그런 것, 곧 자연이라고 하기도 하고 아무 것
도 없음, 곧 무(無)라고 하기도 한다.

학(學)과 도

그 도를 깨달으려면 어떻게 하면 될까? 노자는 그것을 위
해 지적으로는 허무(虛無), 적막(寂寞), 염담(恬淡)을 강조했
고, 실행으로는 무위, 유약(柔弱), 부쟁(不爭), 복귀(復歸)를 말
했다.

"비움을 이루게 하기 다시 없이 하고, 고요를 지키기 도타
이 하면 모든 것이 아울러 일어나나, 나는 거기서 돌아감을
본다. 모든 것이 무럭무럭 자라지만 저마다 그 뿌리로 찾아

돌아가는 것이니, 뿌리로 돌아감을 고요라 하고, 고요를 말씀에 돌아감이라 하고, 말씀에 돌아감을 떳떳이라 하고, 떳떳을 앎은 밝음이라 한다. 떳떳을 알지 못하면 함부로 짓을 해 언짢고, 떳떳을 앎은 받아들임이오, 받아들임은 번듯이 내놓음이요, 번듯이 내놓음은 임금이요, 임금은 하늘이요, 하늘은 도요, 도는 오래 있어 몸이 꺼져도 죽지 않느니라."

비운다는 것은 곧 자기 부정이요, 고요히 함은 무한히 기다리는 태도다. 그러면 하나님의 모습대로의 나에 돌아가 우주의 근본 의미를 알게 된다. 『주역』에서 말하는 '적연부동감이수통천하지고'(寂然不動感而遂通天下之故)'다. 그러면 그것이 명(命) 곧 말씀에 돌아간 것이기 때문에 상(常) 곧 영원 무한에 하나 됨을 얻으니 자연히 밝다. 『요한복음』에 "말씀으로 모든 것이 지어졌고, 그 말씀이 생명이요, 생명이 사람에게 있어서 빛이더라."라 하는 것과 잘 맞는 말이다. 그러므로 '몰신불태(沒身不殆)'라, 곧 영원한 생명에 든다는 말이다.

그렇기 때문에 "배움은 날로 더함이요, 도를 함은 날로 덞이다. 덜고 또 덜어서 안 함에 이르면 하지 않는 것이 없을 것이다."라 한다. 학(學)은 적극주의요, 도(道)는 소극주의다. 앞의 것은 서양식이요, 뒤의 것은 동양식이다. 적극주의는 얻는 것 같은데 결국은 모르는 것이고, 소극주의는 밑지는 것 같은데 결국에 가서는 버린 것을 다 찾는다. 그래서 장자는 "날로 계산하면 모자라는데, 해로 계산하면 남는다."라고 한다. 그의 「제물론(齊物論)」은 이 적극주의, 유위주의(有爲主義), 학문주의가 진리에 이르게 할 수 없다는 것을 밝히기 위해서 한 말이다. 세상에서는 시비 토론으로 사리를 밝히려 하지만 시비로는 밝혀지지 않는다. 시비란 따지고 보면 없다. 이 상대의 세계에 객관적 표준이란 있을 수 없기 때문이다. 그래서 "하늘땅은 한 손가락이요, 만물은 한 마리 말이다." 해서 그 한 소리에 모든 학문이 그만 바벨탑처럼 무너지고 만다. 그럼 장자는 어떻게 하자는 것인가?

"하늘 고름에 쉬어 고르기를 시비로써 한다."

상대에 집착하니 옳다 그르다 크다 작다 하지, 절대의 자리에 서서 볼 때 다 하나 아니냐, 그것을 천균(天均), 즉 천예(天倪)라 하고, 그 자리에 선 것을 명(明)이라 한다. 장자가 이 말을 한 것은 전국 시대에 우후죽순처럼 일어나 서로 싸우던 제자백가를 행해 던진 것이었으니, 그러니 그 시원함을 무엇으로 형용할까? 하물며 아인슈타인 이후 한때 확고부동한 진리인 줄 알았던 과학이 토대에서부터 흔들리고 이제 불확론(不確論)을 말하는 이때에서일까?

천장구지(天將救之)

이제 역사는 크게 변하고 있다. 물질주의, 지식주의, 권력주의, 적극주의의 서구 문명이 차차 사양길에 들었고, 사람들은 그 산업 방법, 그 학문, 그 종교를 근본에서 고쳐 생각하지 않으면 안 되는 때를 당했다. 세상에서는 공연히 어렵게만 알지만, 자기로서는 "내 말은 아주 알기 쉽고 아주 행하기 쉬운 거다."라는 노자에게 한 번 겸손히 귀를 기울여 보지 않으려나. 그는 자기는 세 가지 보배를 가졌노라 했고, 하늘이 구해 주려 할 때는 사랑으로 둘러 지켜 준다고 했다.

"내게 세 가지 보배 있어 보배로이 지닌다. 첫째는 사랑,

둘째는 수수함, 셋째는 감히 천하에 앞장 못 섬이다. 그저 사랑하므로 날랠 수 있고, 덜 쓰므로 넓을 수 있고, 감히 천하에 앞장서지 않으므로 그릇의 어른 될 수 있다. 이제 그 사랑은 버리고 날래려만 하고, 덜 씀은 버리고 넓으려만 하며, 뒤 서기는 버리고 앞서기만 하면 죽는다. 그저 사랑은 가지고 싸우면 이기고, 가지고 지키면 굳는다. 하늘이 건져 주려 할 때는 사랑으로 들려준다."

지금같이 살림이 곧 정치, 정치가 곧 전쟁이 되어 죽음의 문명이 돼 버린 때에 한 번 깊이 귀를 기울여 볼 말 아닐까?

더 읽어 보기

김성수, 『함석헌 평전 : 신의 도시와 세속 도시 사이에서』, 삼인, 2001

이치석, 『씨알 함석헌 평전』, 시대의 창, 2005

함석헌, 『뜻으로 본 한국 역사』, 한길사, 1996

함석헌, 『함석헌 전집』, 한길사, 1983

함석헌기념사업회 엮음, 『함석헌 사상을 찾아서』, 삼인, 2001

한국
철학
콘서트

1판 1쇄 찍음 2012년 12월 21일
1판 1쇄 펴냄 2012년 12월 28일

지은이   홍승기
발행인   박근섭·박상준
편집인   장은수
펴낸곳   (주)민음사

출판등록   1966. 5. 19. 제16-490호
주소   (135-887) 서울시 강남구 신사동 506번지
          강남출판문화센터 5층
대표전화   515-2000 | 팩시밀리 515-2007
홈페이지   www.minumsa.com

ⓒ홍승기, 2012. Printed in Seoul, Korea

ISBN 978-89-374-8635-7 (03100)